시집전상설(詩集傳詳說) 5

−시집전상설 9권 (詩集傳詳說 卷之九)·시집전상설 10권 (詩集傳詳說 卷之十)−

이 저서는 2017년 대한민국 교육부와 한국연구재단의 지원을 받아 수행된 연구임 (NRF-2017S1A5B4056044)

호산 박문호의 칠서주상설 24

시집전상설(詩集傳詳說) 5
-시집전상설 9권 (詩集傳詳說 卷之九)·
시집전상설 10권 (詩集傳詳說 卷之十)-

책임역주(주저자): 신창호
전임역주: 김학목·빈동철·조기영
공동역주: 김언종·임헌규·허동현

일러두기

1. 본서는 1921년 풍림정사(楓林精舍)에서 간행된 박문호의 『칠서주상설(七書註詳說)』(한국학중앙연구원 장서각 소장)을 저본으로 하였다. 아울러 아세아문화사(亞細亞文化社)에서 간행한 『호산전서(壺山全書)』(1~8, 1987~1990)를 참고하였고, <호산 박문호「칠서주상설」연구번역총서>의 번호 순서는 『호산전서』(제4~5책)의 목차에 따랐다.

2. 원전(原典)은 직역(直譯)을 원칙으로 하되, 필요한 경우에는 현대적 의미를 고려하여 의역(意譯)하며 풀이하였다. 원문은 번역문과 함께 제시하되, 원문을 앞에 번역문을 뒤에 배치하였다.

3. 역주(譯註)의 경우 각주(脚註)로 처리하고, 간단한 용어나 개념 설명은 본문에서 그대로 병기하여 노출하였다(예: 잡기(雜記: 잡다하게 기록함)). 주석은 인용 출처 및 근거를 찾아 제시하고, 관련 자료의 원문 또는 번역문을 수록하였다. 내용이 중복되는 부분일지라도 편장이 달라질 경우에는 다시 수록하여 연구 토대 자료로서의 편리성을 도모하였다.

4. 원전의 원문은 칠서의 '경문(經文)', 주자의 주석인 '주주(朱註)', 박문호의 주석인 '상설(詳說)'로 구분하되, '경문-주주-상설'순으로 글자의 모양과 크기를 달리 하였다. 경문의 경우, 별도로 경문이라는 표시 없이 편장별로 번호를 붙였다(예: 『논어』「선진」 1장 첫 구절은 「선진」이 『논어』의 제11편이므로 [11-1-1]로 표시; 나머지 경전도 편-장-절의 순서에 따라 번호를 매김).

5. 경전의 맨 앞부분에 '별도의 권(卷)으로 나누어져 있지 않는 부분'은 편의상 <권0>으로 표기하여 구분하였다.

6. 박문호의 주석인 '상설(詳說)'은 모든 구절에 ○를 붙여 의미를 분명하게 하였다.

7. 원문의 표점 작업은 연구번역 저본과 참고로 활용한 판본을 대조하여 정돈하였다. 『칠서주상설』 편제의 특성상, 혼란의 소지가 있는 부분은 번역에서 원전을 다시 제시하였다. 필요한 경우에는 원문이나 각주에서 경전(經傳; 『 』)이나 편명(篇名; 「 」), 구두(句讀; , ; .) 인용문(따옴표; " " ; ' ') 강조점(따옴표; ' ') 등을 구분하여 표시하였다.

8. 원전의 특성상, 경문의 바로 아래에 제시되어 있는 음운(音韻)이나 음가(音價)는 호산이 주자의 주석을 재인용한 것이 대부분이므로 상설(詳說)로 되어 있더라도 주주(朱註)로 처리하였다.

9. 원문이나 역주 가운데, 인명이나 개념어는 기본적으로 한글과 한문을 병기하되, 상황에 맞추어서 정돈하였다(예: 주자(朱子)의 경우, 때로는 주희(朱熹)로 표기하고, 개념어는 원문을 그대로 노출하기도 하고 풀이하기도 하였는데, 도(道)의 경우, 도리(道理), 이치(理致), 방법(方法) 등으로 해석함).

시집전상설 총 목차

시집전상설 1　　　시집전서상설(詩集傳序詳說)
　　　　　　　　　시강령상설(詩綱領詳說)
　　　　　　　　　시집전상설 1권 (詩集傳詳說 卷之一)
　　　　　　　　　시집전상설 2권 (詩集傳詳說 卷之二)
시집전상설 2　　　시집전상설 3권 (詩集傳詳說 卷之三)
　　　　　　　　　시집전상설 4권 (詩集傳詳說 卷之四)
시집전상설 3　　　시집전상설 5권 (詩集傳詳說 卷之五)
　　　　　　　　　시집전상설 6권 (詩集傳詳說 卷之六)
시집전상설 4　　　시집전상설 7권 (詩集傳詳說 卷之七)
　　　　　　　　　시집전상설 8권 (詩集傳詳說 卷之八)

시집전상설 5　　　시집전상설 9권 (詩集傳詳說 卷之九)
　　　　　　　　　시집전상설 10권 (詩集傳詳說 卷之十)

시집전상설 6　　　시집전상설 11권 (詩集傳詳說 卷之十一)
　　　　　　　　　시집전상설 12권 (詩集傳詳說 卷之十二)
시집전상설 7　　　시집전상설 13권 (詩集傳詳說 卷之十三)
　　　　　　　　　시집전상설 14권 (詩集傳詳說 卷之十四)
시집전상설 8　　　시집전상설 15권 (詩集傳詳說 卷之十五)
　　　　　　　　　시집전상설 16권 (詩集傳詳說 卷之十六)
　　　　　　　　　시집전상설 17권 (詩集傳詳說 卷之十七)
시집전상설 9　　　시집전상설 18권 (詩集傳詳說 卷之十八)
　　　　　　　　　시서변설상설(상) (詩序辨說詳說 卷上)
　　　　　　　　　시서변설상설(하) (詩序辨說詳說 卷下)

차례

일러두기 / 4

시집전상설 9권 (詩集傳詳說 卷之九)
2-4. 기보지십 (祈父之什 二之四)/ 12
[2-4-1-1] 祈父予王之爪牙,/ 12
[2-4-1-2] 祈父, 予王之爪士, 胡轉予于恤, 靡所厎止./ 16
[2-4-1-3] 祈父亶不聰, 胡轉予于恤, 有母之尸饔/ 17
[2-4-2-1] 皎皎白駒, 食我場苗, 縶之維之, 以永今朝, 所謂伊人, 於焉逍遥./ 23
[2-4-2-2] 皎皎白駒, 食我場藿,/ 26
[2-4-2-3] 皎皎白駒, 賁然來思, 爾公爾侯, 逸豫無期./ 28
[2-4-2-4] 皎皎白駒, 在彼空谷, 生芻一束, 其人如玉, 毋金玉爾音, 而有遐心./ 33
[2-4-3-1] 黃鳥黃鳥, 無集于穀, 無啄我粟. 此邦之人, 不我肯穀, 言旋言歸, 復我邦族./ 35
[2-4-3-2] 黃鳥黃鳥, 無集于桑, 無啄我粱. 此邦之人, 不可與明,/ 37
[2-4-3-3] 黃鳥黃鳥, 無集于栩, 無啄我黍. 此邦之人, 不可與處, 言旋言歸, 復我諸父./ 38
[2-4-4-1] 我行其野, 蔽芾其樗. 昏姻之故, 言就爾居, 爾不我畜, 復我邦家./ 40
[2-4-4-2] 我行其野, 言采其蓫. 昏姻之故, 言就爾宿, 爾不我畜, 言歸思復./ 42
[2-4-4-3] 我行其野, 言采其葍. 不思舊姻, 求爾新特, 成不以富, 亦祗以異./ 43
[2-4-5-1] 秩秩斯干, 幽幽南山./ 49
[2-4-5-2] 似續妣祖, 築室百堵./ 55
[2-4-5-3] 約之閣閣, 椓之橐橐./ 57
[2-4-5-4] 如跂斯翼, 如矢斯棘, 如鳥斯革,/ 60
[2-4-5-5] 殖殖其庭, 有覺其楹, 噲噲其正,/ 62
[2-4-5-6] 下莞上簟, 乃安斯寢./ 65
[2-4-5-7] 大人占之, 維熊維羆, 男子之祥, 維虺維蛇, 女子之祥./ 68
[2-4-5-8] 乃生男子, 載寢之牀, 載衣之裳, 載弄之璋./ 72
[2-4-5-9] 乃生女子, 載寢之地, 載衣之裼, 載弄之瓦./ 74
[2-4-6-1] 誰謂爾無羊, 三百維羣. 誰謂爾無牛, 九十其犉./ 82
[2-4-6-2] 或降于阿, 或飲于池, 或寢或訛./ 85

[2-4-6-3] 爾牧來思, 以薪以蒸, 以雌以雄./ 88

[2-4-6-4] 牧人乃夢, 衆維魚矣, 旐維旟矣. 大人占之, 衆維魚矣, 實維豐年./ 91

[2-4-7-1] 節彼南山, 維石巖巖. 赫赫師尹, 民具爾瞻./ 95

[2-4-7-2] 節彼南山, 有實其猗./ 99

[2-4-7-3] 尹氏大師, 維周之氐,/ 104

[2-4-7-4] 弗躬弗親, 庶民弗信,/ 108

[2-4-7-5] 昊天不傭, 降此鞠訩,/ 112

[2-4-7-6] 不弔昊天, 亂靡有定./ 118

[2-4-7-7] 駕彼四牡, 四牡項領, 我瞻四方, 蹙蹙靡所騁./ 121

[2-4-7-8] 方茂爾惡, 相爾矛矣, 旣夷旣懌, 如相醻矣./ 123

[2-4-7-9] 昊天不平, 我王不寧, 不懲其心, 覆怨其正./ 124

[2-4-7-10] 家父作誦, 以究王訩,/ 126

[2-4-8-1] 正月繁霜, 我心憂傷, 民之訛言, 亦孔之將. 念我獨兮, 憂心京京,/ 132

[2-4-8-2] 父母生我, 胡俾我瘉./ 135

[2-4-8-3] 憂心惸惸,/ 138

[2-4-8-4] 瞻彼中林, 侯薪侯蒸. 民今方殆, 視天夢夢./ 141

[2-4-8-5] 謂山蓋卑, 爲岡爲陵. 民之訛言, 寧莫之懲. 召彼故老, 訊之占夢,/ 144

[2-4-8-6] 謂天蓋高, 不敢不局,/ 149

[2-4-8-7] 瞻彼阪田, 有菀其特, 天之扤我, 如不我克,/ 153

[2-4-8-8] 心之憂矣, 如或結之. 今茲之正, 胡爲厲矣./ 157

[2-4-8-9] 終其永懷, 又窘陰雨. 其車旣載,/ 162

[2-4-8-10] 無棄爾輔, 員于爾輻,/ 165

[2-4-8-11] 魚在于沼, 亦匪克樂,/ 167

[2-4-8-12] 彼有旨酒, 又有嘉殽, 洽比其鄰, 昏姻孔云, 念我獨兮, 憂心慇慇./ 170

[2-4-8-13] 佌佌彼有屋, 蔌蔌方有穀, 民今之無祿, 天夭是椓. 哿矣富人, 哀此惸獨./ 172

[2-4-9-1] 十月之交, 朔日辛卯,/ 176

[2-4-9-2] 日月告凶, 不用其行,/ 189

[2-4-9-3] 爗爗震電, 不寧不令./ 192

[2-4-9-4] 皇父卿士, 番維司徒, 家伯冢宰,/ 196

[2-4-9-5] 抑此皇父, 豈曰不時,/ 203

[2-4-9-6] 皇父孔聖, 作都于向,/ 207

[2-4-9-7] 黽勉從事, 不敢告勞,/ 212

[2-4-9-8] 悠悠我里, 亦孔之痗./ 215

[2-4-10-1] 浩浩昊天, 不駿其德, 降喪饑饉,/ 219

[2-4-10-2] 周宗既滅, 靡所止戾, 正大夫離居, 莫知我勚./ 224
[2-4-10-3] 如何昊天, 辟言不信, 如彼行邁, 則靡所臻./ 229
[2-4-10-4] 戎成不退, 饑成不遂./ 233
[2-4-10-5] 哀哉不能言. 匪舌是出, 維躬是瘁./ 238
[2-4-10-6] 維曰于仕, 孔棘且殆./ 242
[2-4-10-7] 謂爾遷于王都, 曰予未有室家./ 246

시집전상설 10권 (詩集傳詳說 卷之十)

2-5. 소민지십 (小旻之什 二之五)/ 256
[2-5-1-1] 旻天疾威, 敷于下土, 謀猶回遹 何日斯沮./ 256
[2-5-1-2] 潝潝訿訿, 亦孔之哀./ 259
[2-5-1-3] 我龜既厭, 不我告猶/ 261
[2-5-1-4] 哀哉爲猶, 匪先民是程, 匪大猶是經, 維邇言是聽,/ 265
[2-5-1-5] 國雖靡止, 或聖或否/ 269
[2-5-1-6] 不敢暴虎, 不敢馮河/ 273
[2-5-2-1] 宛彼鳴鳩, 翰飛戾天./ 276
[2-5-2-2] 人之齊聖, 飮酒溫克, 彼昏不知, 壹醉日富/ 279
[2-5-2-3] 中原有菽, 庶民采之/ 282
[2-5-2-4] 題彼脊令, 載飛載鳴. 我日斯邁,/ 286
[2-5-2-5] 交交桑扈, 率場啄粟/ 289
[2-5-2-6] 溫溫恭人, 如集于木,/ 294
[2-5-3-1] 弁彼鸒斯, 歸飛提提/ 297
[2-5-3-2] 踧踧周道, 鞠爲茂草/ 299
[2-5-3-3] 維桑與梓, 必恭敬止/ 303
[2-5-3-4] 菀彼柳斯, 鳴蜩嘒嘒/ 308
[2-5-3-5] 鹿斯之奔, 維足伎伎/ 311
[2-5-3-6] 相彼投兔, 尙或先之/ 314
[2-5-3-7] 君子信讒, 如或醻之/ 316
[2-5-3-8] 莫高匪山, 莫浚匪泉/ 320
[2-5-4-1] 悠悠昊天, 曰父母且/ 331
[2-5-4-2] 亂之初生, 僭始既涵/ 333
[2-5-4-3] 君子屢盟, 亂是用長/ 337
[2-5-4-4] 奕奕寢廟, 君子作之/ 342
[2-5-4-5] 荏染柔木, 君子樹之/ 346
[2-5-4-6] 彼何人斯. 居河之麋/ 351

[2-5-5-1] 彼何人斯, 其心孔艱./ 356
[2-5-5-2] 二人從行, 誰爲此禍. 胡逝我梁, 不入唁我. 始者不如今, 云不我可./ 360
[2-5-5-3] 彼何人斯. 胡逝我陳. 我聞其聲, 不見其身. 不愧于人, 不畏于天./ 362
[2-5-5-4] 彼何人斯. 其爲飄風./ 364
[2-5-5-5] 爾之安行, 亦不遑舍./ 366
[2-5-5-6] 爾還而入, 我心易也,/ 370
[2-5-5-7] 伯氏吹壎, 仲氏吹箎./ 372
[2-5-5-8] 爲鬼爲蜮, 則不可得./ 376
[2-5-6-1] 萋兮斐兮, 成是貝錦./ 383
[2-5-6-2] 哆兮侈兮, 成是南箕./ 385
[2-5-6-3] 緝緝翩翩, 謀欲譖人./ 388
[2-5-6-4] 捷捷幡幡, 謀欲譖言./ 390
[2-5-6-5] 驕人好好, 勞人草草. 蒼天蒼天, 視彼驕人, 矜此勞人./ 393
[2-5-6-6] 彼譖人者, 誰適與謀./ 394
[2-5-6-7] 楊園之道. 猗于畝丘./ 399
[2-5-7-1] 習習谷風, 維風及雨./ 406
[2-5-7-2] 習習谷風, 維風及頹./ 407
[2-5-7-3] 習習谷風, 維山崔嵬./ 410
[2-5-8-1] 蓼蓼者莪, 匪莪伊蒿./ 413
[2-5-8-2] 蓼蓼者莪, 匪莪伊蔚./ 416
[2-5-8-3] 缾之罄矣, 維罍之恥. 鮮民之生, 不如死之久矣../ 418
[2-5-8-4] 父兮生我, 母兮鞠我, 拊我畜我, 長我育我,/ 421
[2-5-8-5] 南山烈烈, 飄風發發. 民莫不穀, 我獨何害./ 426
[2-5-8-6] 南山律律, 飄風弗弗./ 427
[2-5-9-1] 有饛簋飧, 有捄棘匕./ 431
[2-5-9-2] 小東大東, 杼柚其空./ 437
[2-5-9-3] 有冽氿泉, 無浸穫薪./ 440
[2-5-9-4] 東人之子, 職勞不來./ 444
[2-5-9-5] 或以其酒, 不以其漿./ 447
[2-5-9-6] 雖則七襄, 不成報章./ 453
[2-5-9-7] 維南有箕, 不可以簸揚./ 459
[2-5-10-1] 四月維夏, 六月徂暑./ 466
[2-5-10-2] 秋日淒淒, 百卉具腓./ 469
[2-5-10-3] 冬日烈烈, 飄風發發. 民莫不穀, 我獨何害./ 470
[2-5-10-4] 山有嘉卉, 侯栗侯梅./ 473

[2-5-10-5] 相彼泉水, 載淸載濁./ 475
[2-5-10-6] 滔滔江漢, 南國之紀./ 476
[2-5-10-7] 匪鶉匪鳶, 翰飛戾天./ 478
[2-5-10-8] 山有蕨薇, 隰有杞桋./ 481

시집전상설 9권
詩集傳詳說 卷之九

2-4. 기보지십 (祈父之什 二之四)

[2-4-1-1]
祈父予王之爪牙, 胡轉予于恤, 靡所止居.

기보(祈父)야 나는 왕의 발톱과 이빨인데
어찌하여 나를 근심으로 전전하며 머물러 살 곳이 없게 하는고?

詳說
○ 音甫.
'보(父)'의 음은 '보(甫)'이다.

○ 牙, 五胡反.[1)]
'아(牙)'는 협운으로 음은 '오(五)'와 '호(胡)'의 반절이다.

朱註
賦也. 祈父, 司馬也, 職掌封圻
부(賦)이다. 기보(祈父)는 사마(司馬)이니, 직책이 국경 안의

詳說
○ 猶言圻內.
경기의 안이라고 말하는 것과 같다.

朱註
之兵甲, 故以爲號. 酒誥
병기와 갑옷을 관장하기 때문에 관직의 칭호로 삼았다. 「주고(酒誥)」에서

詳說
○ 書.

---
1) 牙, 五胡反:『시전대전(詩傳大全)』에도 동일하게 되어 있다.

「주고(酒誥)」는 『서경』이다.

朱註

曰圻父薄違, 是也.
"기보(圻父)가 명령을 어기는 자들을 축출한다."라고 한 것이 여기에 해당한다.

詳說

○ 孔氏曰 : "古者, 祈圻畿通用, 故此作祈書作圻."[2]
공씨가 말하였다 : "옛날에 기(祈)·은(圻)·기(畿)는 통용했기 때문에 여기에서는 기(祈)라고 했던 것이고, 『서경』에서는 은(圻)이라고 했던 것이다."

○ 九峯蔡氏曰 : "圻父, 迫逐違命者."[3]
구봉 채씨가 말하였다 : "기보는 명령을 어기는 자들을 축출한다."

朱註

予, 六軍之士也.
여(予)는 육군(六軍)의 군사이다.

詳說

○ 豊城朱氏曰 : "封圻之兵甲, 不過衛王室而已."[4]
풍성 주씨가 말하였다 : "경기를 지키는 군대는 왕실을 호위하는 것에 불과할 뿐이다."[5]

朱註

或曰, 司右, 虎賁之屬也.

---

[2] 『시전대전(詩傳大全)』에 공씨의 말로 거의 동일하게 실려 있다.
[3] 『시전대전(詩傳大全)』에 구봉 채씨의 말로 거의 동일하게 실려 있다.
[4] 『시전대전(詩傳大全)』에 풍성 주씨의 말로 거의 동일하게 실려 있다.
[5] 『시전대전(詩傳大全)』에는 "풍성 주씨가 말하였다 : '선왕의 제도에 제후에게 일이 생기면 방백이 통솔자가 되어 제후의 군대를 거느리고 토벌하고, 왕실에 일이 생기면, 방백이 통솔하여 제후의 군대를 거느리고 구원한다. 그러니 경기를 지키는 군대는 왕실을 호위하는 것에 불과할 뿐이다.'(豐城朱氏曰 : 先王之制, 諸侯有故, 則方伯連帥, 以諸侯之師討之, 王室有故, 則方伯連帥, 以諸侯之師救之, 司馬所掌封圻之兵甲, 不過衛王室而已. ….)"라고 되어 있다.

어떤 이는 "사우(司右), 호분(虎賁)의 등속이라 한다."

詳說

○ 音奔.

'분(賁)'의 음은 '분(奔)'이다.

○ 並見周禮.

아울러 『주례』에 있다.

○ 董氏曰 : "司馬之屬, 有司右虎賁旅賁, 皆奉事王之左6)右者, 此所謂爪牙也."7)

동씨가 말하였다 : "사마와 같은 것에는 사우·호분·여분이 있는데, 모두 왕의 좌우를 받들어 섬기는 자들이니, 이들을 발톱과 이빨이라고 한다."8)

朱註

爪牙鳥獸所用以爲威者也

조아(爪牙)는 새와 짐승이 사용하여 위엄을 삼는 것이다.

詳說

○ 孔氏曰 : "鳥用爪, 獸用牙, 此人自以鳥獸爲喩."9)

공씨가 말하였다 : "새는 발톱을 사용하고 짐승은 이빨을 사용하니, 이 사람이 스스로 새와 짐승으로 비유한 것이다."10)

---

6) 左 : '右'자로 되어 있는 것을 『시전대전』을 참고하여 바로 잡았다.
7) 『시전대전(詩傳大全)』에 동씨의 말로 실려 있다.
8) 『시전대전(詩傳大全)』에는 "동씨가 말하였다 : '사마와 같은 것에는 사우·호분·여분이 있는데, 모두 왕의 좌우를 받들어 섬기는 자들이다. 그러므로 사우는 나라에서 용력있는 군사로 다섯 군대를 동원하는 것이 그에게 속한다고 한다. 호분은 …. 이들을 발톱과 이빨이라고 한다.'(董氏曰 : 司馬之屬, 有司右虎賁旅賁, 皆奉事王之左右者也. 故司右曰, 凡國之勇力之士, 能用五兵者屬焉. 虎賁曰, …. 此所謂爪牙者也.)"라고 되어 있다.
9) 『시전대전(詩傳大全)』에 공씨의 말로 실려 있다.
10) 『시전대전(詩傳大全)』에는 "공씨가 말하였다 : '새는 발톱을 사용하고 짐승은 이빨을 사용해서 방어하니, 이 사람이 스스로 왕의 발톱과 이빨이라고 함으로써 새와 짐승으로 비유한 것이다.'(孔氏曰 : 鳥用爪, 獸用牙, 以防衛, 此人自謂王之爪牙, 以鳥獸爲喩也.)"라고 되어 있다.

朱註

恤, 憂也. ○ 軍士怨於久役.

휼(恤)은 근심함이다. ○ 군사들이 오랜 부역(賦役)을 원망하였다.

詳說

○ 諺音誤.

'휼(恤)'은 『언해』의 음이 잘못되었다.

詳說

○ 張子曰 : "遠戍."11)

장자가 말하였다 : "멀리서 수자리를 하는 것이다."12)

朱註

故呼祈父,

그러므로 기보(祈父)을 불러

詳說

○ 官名亦物名, 故以二字爲一句.

관직의 이름이 또한 사람의 이름이기 때문에 두 글자를 한 구로 한 것이다.

朱註

而告之

깨우쳐주기를

詳說

○ 鄭氏曰 : "責司馬."13)

---

11) 『시전대전(詩傳大全)』에 장자의 말로 실려 있다.
12) "장자가 말하였다 : '천자를 지키는 발톱과 이빨로 멀리서 수자리를 하게 했으니, 이른바 근심하는 곳에서 나를 전전하게 한 것이다. ….'(張子曰 : 禁衛天子之爪牙, 而使之遠戍, 所謂轉予於恤也. ….)"라고 되어 있다.
13) 『시전대전(詩傳大全)』에 정씨의 말로 실려 있다.

정씨가 말하였다 : "사마를 문책한 것이다."14)

朱註
曰予乃王之爪牙, 汝何轉我於憂恤之地, 使我無所止居乎.
"나는 바로 왕(王)의 조아(爪牙)이거늘, 네 어찌하여 나를 근심하는 곳에 전전하게 해서 나로 하여금 머물러 살 곳이 없게 하는가?"라고 한 것이다.

詳說
○ 猶驅也.
'전(轉)'은 '구(驅 : 말을 달리다)'와 같다.

[2-4-1-2]
祈父, 予王之爪士, 胡轉予于恤, 靡所厎止.

기보(祈父)야 나는 왕(王)의 조아(爪牙)와 같은 군사인데, 어찌하여 나를 근심에 전전하여 이르러 그칠 곳이 없게 하는고?

詳說
○ 音抵.
'지(厎)'의 음은 '저(抵)'이다.

朱註
賦也. 爪士, 爪牙之士也.
부(賦)이다. 조사(爪士)는 조아(爪牙)의 군사이다. 저(厎)는 이름이다.

詳說
○ 牙字省文.
'아(牙)'자는 생략된 글이다.

---

14) 『시전대전(詩傳大全)』에는 "정씨가 말하였다 : '이것은 사마를 문책하는 말이다. ⋯.'(鄭氏曰 : 此責司馬之辭, ⋯.)"라고 되어 있다.

朱註

厎, 至也.
저(厎)는 이르러는 것이다.

詳說

○ 止非語辭
'지(止)'는 어조사가 아니다.

[2-4-1-3]
祈父亶不聰, 胡轉予于恤, 有母之尸饔

기보(祈父)여 진실로 총명하지 못하도다. 어찌하여 나를 근심으로 전전하며 어머니가 음식을 주관하게 하는고?

朱註

賦也. 亶, 誠. 尸, 主也. 饔, 熟食也. 言不得奉養,
부(賦)이다. 단(亶)은 진실로이다. 시(尸)는 주관함이고, 옹(饔)은 익은 밥이니, 봉양하지 못하여

詳說

○ 去聲, 下同.
'양(養)'은 거성으로 아래에서도 같다.

朱註

而使母反主勞苦之事也. ○ 東萊呂氏曰 : 越句踐伐吳, 有父母耆老,
어머니가 도리어 노고하는 일을 주관하게 함을 말한 것이다. ○ 동래여씨가 말하였다 : "월왕 구천이 오나라를 정벌할 적에 부모가 늙고

詳說

○ 親老.
어버이가 늙은 것이다.

朱註

而無昆弟者, 皆遣歸,
형제가 없는 자들은 모두 돌려보냈으며,

> **詳說**
> ○ 見國語吳語.
> 『국어(國語)』「오어(吳語)」에 있다.

朱註

魏公子無忌, 救趙, 亦令獨子無兄弟者, 歸養,
위(魏)나라 공자(公子) 무기(無忌)가 조(趙)나라를 구원할 적에 또한 독자로서 형제가 없는 자들은 돌아가 부모를 봉양하게 하였으니,

> **詳說**
> ○ 見史記信陵君傳.
> 『사기』「신릉군전」에 있다.

朱註

則古者, 有親老而無兄弟, 其當免征役, 必有成法
옛날에 어버이가 늙고 형제가 없는 자가 있으면 마땅히 정역(征役)을 면제함에 반드시 이루어진 법이 있었을 것이다."

> **詳說**
> ○ 慶源輔氏曰 : "自秦以下, 不復如此".15)
> 경원 보씨가 말하였다 : "진나라 이후부터는 다시 이와 같이 하지 않았다."16)

朱註

---

15) 『시전대전(詩傳大全)』에 경원 보씨의 말로 실려 있다.
16) 『시전대전(詩傳大全)』에는 : "경원 보씨가 말하였다 : '…. 구천과 무기의 일은 군사를 동원함에 여전히 예날에 전해진 법이 있었던 것이다. 그런데 진나라 이후부터는 다시 이와 같이 하지 않았다.'(慶源輔氏曰 : …. 勾踐無忌之事, 其用兵, 猶有古之遺法. 自秦而下, 不復如此矣.)"라고 되어 있다.

故責司馬之不聰, 其意, 謂此法, 人皆聞之, 汝獨不聞乎. 乃驅吾從戎, 使吾親不免薪水之勞也.

그러므로 귀 밝지 못한 사마를 꾸짖었으니, 그 의미는 "이 법을 사람들이 모두 듣고 있거늘 너만 듣지 못하였는가? 나를 몰아 수자리에 종사하게 해서, 내 어버이가 나무하고 물 긷는 수고로움을 면치 못하게 했다."라고 하는 것이다.

詳說

○ 薪水之勞, 見南史陶潛傳.

나무하고 물 긷는 수고로움은 『남사』 「도잠전」에 있다.

朱註

責司馬者, 不敢斥王也.

사마를 꾸짖음은 감히 왕을 지적하지 못하기 때문이다.

詳說

○ 安成劉氏曰 : "此詩人之忠厚也, 亦若北山所謂大夫不均之意.17)

안성 유씨가 말하였다 : "여기의 시는 사람의 충후함으로 또한 「북산」에서 이른바 '대부가 균등하지 못하다.'는 의미이다."18)

○ 以論釋之

경문의 의미로 해석한 것이다.

朱註

祈父三章, 章四句.

「기보」는 3장으로 장은 4구이다.

詳說

---

17) 『시전대전(詩傳大全)』에 안성 유씨의 말로 실려 있다.
18) 『시전대전(詩傳大全)』에는 "안성 유씨가 말하였다 : '왕을 지적하지 않고 사마를 꾸짖었다. 여기의 시는 사람의 충후함으로 또한 「북산」에서 이른바 「대부가 균등하지 못하다.」는 의미이다.'(安成劉氏曰 : 不斥王而責司馬. 此詩人之忠厚也, 亦若北山所謂大夫不均之意.)"라고 되어 있다.

○ 慶源輔氏曰 : "上兩章, 言自戕其上之衛, 末章, 言不體其下之
情, 其言之序, 亦先公而後私也."19)
경원 보씨가 말하였다 : "위의 두 장은 윗사람을 헤치려는 것을 호위하는 것에
대해 말하였고, 끝의 장은 아랫사람들의 심정을 자신의 몸처럼 여기지 못하는
것에 대해 말하였으니, 그 말의 순서에 또한 선공 이후의 사사로움 때문이다
."20)

○ 豐城朱氏曰 : "不忠不仁, 刺之也宜哉."21)
풍성 주씨가 말하였다 : "충성스럽지 못하고 어질지 못하니 풍자하는 것은 당연
하다."22)

朱註

序以爲刺宣王之詩, 說者,
서(序)에서 선왕(宣王)을 풍자한 시(詩)라 여겼고, 해설하는 자가

詳說

○ 箋說.
주해에서 설명한 것이다.

朱註

又以爲宣王三十九年, 戰于千畝,
또 선왕(宣王) 39년에 천묘(千畝)에서 싸워

---

19) 『시전대전(詩傳大全)』에 경원 보씨의 말로 실려 있다.
20) 『시전대전(詩傳大全)』에는 "경원 보씨가 말하였다 : '위의 두 장에서 「나는 왕의 발톱과 이빨인데, 어찌하여 나를 근심으로 전전하며 머물러 살 곳이 없게 하는고?」라고 하였으니, 이와 같은 것은 윗사람을 헤치려는 것을 호위하는 것이다. 에 대해 말하였고, 끝의 장에서 「나를 근심으로 전전하며 나의 부모가 나무하고 물 긷는 수고를 면하지 못하게 하는 것」에 대해 말하였으니, 이와 같은 것은 아랫사람들의 심정을 자신의 몸처럼 여기지 못하는 것으로 그 말의 순서에 또한 선공 이후의 사사로움 때문이다. ….'(慶源輔氏曰 : 上兩章, 言我乃王之爪牙, 汝何轉我於憂恤之地, 使我無所止居, 如此則是自戕其上之衛. 末章, 言汝乃驅吾從戎, 而使吾親不免薪水之勞, 如此則是不體其下之情, 其言之序, 亦先公而後私也. ….)"라고 되어 있다.
21) 『시전대전(詩傳大全)』에 풍성 주씨의 말로 실려 있다.
22) 『시전대전(詩傳大全)』에는 "풍성 주씨가 말하였다 : '…. 왕이 발톱과 이빨을 버리게 했다면 지혜롭지 못한 것이고, 사마가 왕의 발톱과 이빨을 버리게 했다면 충성스럽지 못한 것이며, 심지어 독자들이 부모를 봉양하게 하지 못했다면 어질지 못한 것이다. 하나의 일에서 세 가지 잘못이 갖추어졌으니, 풍자하는 것은 당연하다.'(豐城朱氏曰 : 使王而自棄其爪牙, 則謂之不智, 使司馬棄王之爪牙, 則謂之不忠, 至於使孤子之無以爲養, 則又謂之不仁. 一事而三失具焉, 其刺之也宜哉.)"라고 되어 있다.

|詳說|

○ 地名.
　천묘는 지명이다.

|朱註|

王師敗績于姜氏之戎
왕의 군대가 강씨(姜氏)의 오랑캐에게 패배했기

|詳說|

○ 韋氏昭曰 : "西夷別種, 四岳之後."23)
　위씨 소가 말하였다 : "서이는 사악의 후예이다."24)

○ 見史記周紀
　『사기』「주기」에 있다.

|朱註|

故軍士怨而作此詩. 東萊呂氏曰 : 太子晉諫靈王之辭, 曰自我先王厲宣幽平, 而貪天禍, 至于今未弭.
군사들이 원망하여 이 시를 지은 것이라고 여겼다. 동래여씨가 말하였다. 태자(太子) 진(晉)이 영왕(靈王)에게 간하는 말에 "우리 선왕인 여왕, 선왕, 유왕, 평왕에서 하늘의 재앙을 탐하여 지금에 이르도록 그치지 않았다."라고 하였다.

|詳說|

○ 音敉.
　'미(弭)'의 음은 '미(敉)'이다.

○ 見國語周語.
　『국어』「주어」에 있다.

---

23) 『사기(史記)』「주본기(周本紀)」『집해』에서 위소의 말로 실려 있다.
24) 『사기(史記)』「주본기(周本紀)」에는 "『집해』에서 위소가 말하였다 : '서이는 사악의 후예이다.'(集解韋昭曰 : 西夷別種, 四嶽之後也.)"라고 되어 있다.

朱註

宣王中興之主也, 至與幽厲並數之, 其辭雖過, 觀是詩所刺, 則子晉之言, 豈無所自歟

선왕은 중흥의 임금인데 유왕(幽王), 여왕(厲王)과 함께 나란히 헤아렸으니, 그 말이 비록 지나칠지라도 여기의 시에서 풍자한 말을 보면 태자 진의 말이 어찌 근거한 바가 없겠는가?"

詳說

○ 上聲.

'수(數)'는 상성이다.

○ 東萊呂氏曰 : "宣王變古制者二, 以宿衛之士從征役, 親老無兄弟者, 驅之從戎也."25)

동래 여씨가 말하였다 : "선왕이 옛 제도를 바꾼 것이 둘이니, 숙위의 병사들을 정역에 종사하게 하고, 어버이가 늙고 형제가 없는 자들을 수자리에서 전전하게 한 것이다."26)

朱註

但今考之詩文,

다만 이제 시문(詩文)을 상고해 보면,

詳說

○ 句.

구두해야 한다.

朱註

---

25) 『시전대전(詩傳大全)』에 동래 여씨의 말로 실려 있다.
26) 『시전대전(詩傳大全)』에는 "동래 여씨가 말하였다 : '이 시를 읽어보면 선왕이 옛 제도를 바꾼 것이 둘임이 드러난다. 앞의 두 장에서는 숙위의 병사들을 정역에 종사하게 함을 풍자했고, 끝의 장에서는 어버이가 늙고 형제가 없는 자들은 정역을 면제해야 하는데, 수자리에서 전전하게 한 것이 드러난다.(東萊呂氏曰 : 讀是詩, 見宣王變古制者二焉. 前兩章, 刺其以宿衛之士從征役, 末章, 見其有親老而無他兄弟者, 當免征役, 乃驅之從戎也.)"라고 되어 있다.

未有以見其必爲宣王耳. 下篇放此.
그가 반드시 선왕임을 알 수가 없다. 아래 편(篇)도 이와 같다.

詳說

○ 但以下. 蓋朱子論斷也.
다만 이하는 주자의 논의하며 단정한 것이다.

[2-4-2-1]

皎皎白駒, 食我場苗, 縶之維之, 以永今朝, 所謂伊人, 於焉逍遙.

깨끗하고 깨끗한 흰 망아지 우리 마당의 싹을 먹는다고 발을 동여매고 고삐를 매어 오늘 아침을 더 오래 있게 하여 이른바 그 분이 여기에서 소요하게 하리라.

詳說

○ 古了反.27)
'교(皎)'의 음은 '고(古)'와 '료(了)'의 반절이다.

○ 陟立反.28)
'집(縶)'의 음은 '척(陟)'과 '립(立)'의 반절이다.

朱註

賦也. 皎皎, 潔白也. 駒, 馬之未壯者,
부(賦)이다. 교교(皎皎)는 결백함이고, 구(駒)는 말이 아직 크지 않은 것이니,

詳說

○ 漢廣株林註, 參看.
「한광」과 「주림」의 주를 참고하여 보라.

---

27) 古了反 : 『시전대전(詩傳大全)』에도 동일하게 되어 있다.
28) 陟立反 : 『시전대전(詩傳大全)』에도 동일하게 되어 있다.

朱註

謂賢者所乘也. 場, 圃也.
현자(賢者)가 타고 온 것을 이른다. 장(場)은 채전(菜田)이다.

詳說

○ 孔氏曰 : 苗而云場者, 以場圃同, 地對則異, 名散則通.29)
공씨가 말하였다 : "싹인데 마당을 말한 것은 마당의 밭을 가지고 동일하게 땅으로 짝지우면 다르고 이름으로 흩어지면 통하기 때문이다."

朱註

縶, 絆其足, 維, 繫其靷也.
집(縶)은 그 발을 묶어 매는 것이고, 유(維)는 그 고삐를 동여매는 것이다.

詳說

○ 音半.30)
'반(絆)'의 음은 '반(半)'이다.

○ 音引.31)
'인(靷)'의 음은 '인(引)'이다.

朱註

永, 久也. 伊人, 指賢者也. 逍遙, 遊息也.
영(永)은 오램이다. 이인(伊人)은 현자(賢者)를 가리킨다. 소요(逍遙)는 놀며 쉬는 것이다.

詳說

○ 藍田呂氏曰 : "徘徊小留之貌."32)

---

29) 『시전대전(詩傳大全)』에 공씨의 말로 동일하게 실려 있다.
30) 音半 : 『시전대전(詩傳大全)』에도 동일하게 되어 있다.
31) 叶, 戶郞反 : 『시전대전(詩傳大全)』에도 동일하게 되어 있다.
32) 『시전대전(詩傳大全)』에 남전 여씨의 말로 동일하게 실려 있다.

남전 여씨가 말하였다 : "배회하며 잠시 머무르는 모양이다."

朱註

○ 此詩者, 以賢者之去, 而不可留也, 故託以其所乘之駒, 食我場苗, 而縶維之,

이 시(詩)를 지은 자는 현자(賢者)는 떠나는데 만류할 수가 없었다. 그러므로 그가 타고 온 망아지가 우리 마당의 싹을 먹는다고 칭탁하여, 발을 묶어 매고 고삐를 동여매어

詳說

○ 似若治駒然

마치 망아지를 다스리는 것처럼 하는 것이다.

朱註

庶幾以永今朝, 使其人得以於此,

오늘 아침을 더 머무르게 하여 그 분이 이곳에서

詳說

○ 焉.

'차(此)'는 '여기'이다.

朱註

逍遙而不去

소요(逍遙)하여 떠나지 않기를 바란 것이니,

詳說

○ 添二字, 此下又以事實之.

두 글자를 더하고, 여기 이하에서 일로 실증했다.

朱註

若後人留客, 而投其轄於井中也.

詩集傳詳說 卷之九 25

후세(後世) 사람들이 손님을 만류하면서 수레의 굴대빗장을 우물 속에 던져 넣은 것과 같은 것이다.

詳說

○ 出漢書陳遵傳.

『한서』「진준전」이 출처이다.

[2-4-2-2]

皎皎白駒, 食我場藿,

깨끗하고 깨끗한 흰 망아지 우리 마당의 싹을 먹는다 하여

詳說

○ 火郭反.33)

'곽(藿)'의 음은 '화(火)'와 '곽(郭)'의 반절이다.

縶之維之, 以永今夕

발을 동여매고 고삐를 매어 오늘 저녁을 더 머무르게 하여

詳說

○ 叶, 祥龠反.34)

'석(夕)'은 협운으로 음은 '상(祥)'과 '약(龠)'의 반절이다.

所謂伊人, 於焉嘉客.

이른바 그 분이 여기에서 아름다운 손님이 되게 하리라.

詳說

○ 叶, 克各反.35)

---

33) 火郭反 :『시전대전(詩傳大全)』에도 동일하게 되어 있다.
34) 叶, 祥龠反 :『시전대전(詩傳大全)』에도 동일하게 되어 있다.
35) 叶, 克各反 :『시전대전(詩傳大全)』에도 동일하게 되어 있다.

'객(客)'은 협운으로 '극(克)'과 '각(各)'이 반절이다.

朱註

賦也. 藿,
부(賦)이다. 곽(藿)은

詳說

○ 諺音誤.
'곽(藿)'은 『언해』의 음이 잘못되었다.

朱註

猶苗也,
묘(苗)와 같고,

詳說

○ 華谷嚴氏曰："豆葉."[36]
화곡 엄씨가 말하였다："콩잎이다."[37]

朱註

夕猶朝也, 嘉客, 猶逍遙也.
석(夕)은 조(朝)와 같으며, 가객(嘉客)은 소요(逍遙)와 같다.

詳說

○ 皆言其意也
모두 그 의미를 말한 것이다.

○ 疊山謝氏曰："好德之彝性, 尊賢之良心, 在人自不能泯也."[38]
첩산 사씨가 말하였다："덕을 좋아하는 떳떳한 성품과 현자를 높이는 양심은

---

36) 『시전대전(詩傳大全)』에 화곡 엄씨의 말로 실려 있다.
37) 『시전대전(詩傳大全)』에는 "화곡 엄씨가 말하였다 : '곽(藿)은 콩잎으로 국을 만든다.'(華谷嚴氏曰 : 藿豆葉 用以作羹.)"라고 되어 있다.
38) 『시전대전(詩傳大全)』에 첩산 사씨의 말로 실려 있다.

사람에게서 스스로 없앨 수 없는 것이다."39)

[2-4-2-3]
皎皎白駒, 賁然來思, 爾公爾侯, 逸豫無期.

깨끗하고 깨끗한 흰 망아지 빛나게 타고 오, 그대를 공(公)으로 삼고 그대를 후(侯)로 삼아 편안함과 즐거움을 무한하게 하리라.

詳說

○ 音閟, 又音奔.40)
  '분(賁)'의 음은 '비(閟)'이고, 또 '분(奔)'으로 하기도 한다.41)

○ 叶, 云俱反.42)
  '래(來)'는 협운으로 음은 '운(云)'과 '구(俱)'의 반절이다.

○ 叶, 洪孤反.43)
  '후(侯)'는 협운으로 '홍(洪)'과 '고(孤)'의 반절이다.

愼爾優遊, 勉爾遁思.

그대 우유(優游)하기를 삼가며 그대 은둔하려는 생각을 결단하지 말지어다.

詳說

○ 叶, 汪胡反.44)
  '유(遊)'은 협운으로 '왕(汪)'과 '호(胡)'의 반절이다.

---

39) 『시전대전(詩傳大全)』에는 "첩산 사씨가 말하였다 : '현자는 높이 따르고 멀리 물러나서 내가 그를 머물게 할 수 없음을 알지만 여전히 흰 망아지의 발을 동여매고 고삐를 매어 하루아침이나 하루저녁이라도 머물게 해서 내 마음을 채우려는 것이다. 덕을 좋아하는 떳떳한 성품과 현자를 높이는 양심은 사람에게서 스스로 없앨 수 없는 것이다.'(疊山謝氏曰 : 賢者, 高蹈遠引, 吾知其不可畱矣, 猶欲縶維其白駒, 以强留之, 雖一朝一夕, 亦滿吾意. 好德之彝性, 尊賢之良心, 在人自不能泯也.)"라고 되어 있다.
40) 『시전대전(詩傳大全)』에는 다소 다르게 되어 있다.
41) 『시전대전(詩傳大全)』에는 "'분(賁)'의 음은 '피(彼)'와 '의(義)'의 반절이고, 또 음은 '분(奔)'이다.(彼義反, 又音奔.)"라고 되어 있다.
42) 叶 云俱反 : 『시전대전(詩傳大全)』에도 동일하게 되어 있다.
43) 叶, 洪孤反 : 『시전대전(詩傳大全)』에도 동일하게 되어 있다.
44) 叶, 汪胡反 : 『시전대전(詩傳大全)』에도 동일하게 되어 있다.

○ 叶, 新齎反.45)

'사(思)'는 협운으로 '신(新)'과 '재(齎)'의 반절이다.

朱註

賦也. 賁然, 光采之貌也.

부(賦)이다. 분연(賁然)은 광채가 나는 모양이니,

詳說

○ 慶源輔氏曰 : "猶今人言光訪寵賁之意."46)

경원 보씨가 말하였다 : "요즘 사람들이 말하는 빛나게 방문하고 빛나게 모신다는 의미와 같다."47)

○ 疊山謝氏曰 : "賢人所過之地, 山川草木, 皆有精采, 蓬户華門, 皆有輝華也."48)

첩산 사씨가 말하였다 : "현인이 지나는 곳에는 산천초목에 모두 신비한 빛이 있고, 누추하고 낡은 곳에 모두 휘황한 빛이 있다."49)

朱註

或以爲來之疾也.

어떤 이는 오기를 빨리하는 것으로 여겼다.

詳說

○ 朱子曰 : "王氏讀爲奔字."50)

주자가 말하였다 : "왕씨는 '분(奔)'자로 읽었다."51)

---

45) 叶, 新齎反 : 『시전대전(詩傳大全)』에도 동일하게 되어 있다.
46) 『시전대전(詩傳大全)』에 경원 보씨의 말로 실려 있다.
47) 『시전대전(詩傳大全)』에는 "경원 보씨가 말하였다 : 「빛나게 온다.」는 것은 요즘 사람들이 말하는 빛나게 방문하고 빛나게 모신다는 의미와 같다.(慶源輔氏曰 : …. 賁然來思, 猶今人言光訪寵賁之意.)"라고 되어 있다.
48) 『시전대전(詩傳大全)』에 첩산 사씨의 말로 실려 있다.
49) 『시전대전(詩傳大全)』에는 "첩산 사씨가 말하였다 : '분(賁)은 찬란한 빛이다.「현인이 지나는 곳에는 산천초목에 모두 신비한 빛이 있고, 누추하고 낡은 곳에 모두 휘황한 빛이 있다.'(疊山謝氏曰 : 賁者, 華采也. 賢人所過之地, 山川草木, 皆有精采, 蓬户華門, 皆有輝華也.)"라고 되어 있다.
50) 『시전대전(詩傳大全)』에 주자의 말로 실려 있다.

朱註

思, 語辭也.

사(思)는 어조사이다.

詳說

○ 下又有非語辭者, 故此特訓之.

아래에 또 어조사가 아닌 것이 있기 때문에 여기는 특별히 풀이한 것이다.

朱註

爾, 指乘駒之賢人也. 愼, 勿過也, 勉無決也. 遁思, 猶言去意也.

이(爾)는 망아지를 타고 온 현인을 가리킨다. 신(愼)은 지나치지 말라는 것이요, 면(勉)은 결단하지 말라는 것이다. 둔사(遁思)는 떠나가려는 뜻이라는 말과 같다.

詳說

○ 毋同.

'무(無)'는 '무(毋)'와 같다.

○ 一作思

'의(意)'는 어떤 판본에는 '사(思)'로 되어 있다.

朱註

○ 言此乘白駒者, 若其肯來,

'이 백구(白駒)를 타고 온 자가 만일 기꺼이 온다면,

詳說

○ 必去, 而不可復得以縶, 故望其復來.

굳이 가서 다시 붙들어 놓을 수 없기 때문에 그가 다시 오기를 바란 것이다.

朱註

---

51) 『시전대전(詩傳大全)』에는 "주자가 말하였다 : '왕씨는 '분(奔)'자로 읽었으니, 속히 온다는 말이다.'(朱子曰 : 王氏讀爲奔字, 言其來之速也.)"라고 되어 있다.

則以爾爲公以爾爲侯, 而逸樂
그대를 공(公)으로 삼고 그대를 후(侯)로 삼아서 편안하고 즐거워하기를

> 詳說
> ○ 音洛.
> '락(樂)'의 음은 '락(洛)'이다.

> 朱註
> **無期矣, 猶言橫來, 大者王小者侯也,**
> 기한이 없게 할 것으로 『사기(史記)』에서 「전횡(田橫)아! 오너라. 크면 왕(王)을 시키고 작으면 후(侯)를 시킨다.」라고 말한 것과 같으니,

> 詳說
> ○ 史記田儋傳曰 : "田橫入居海島, 漢高帝遣使召之, 曰云云."52)
> 『사기』「전담전」에서 말하였다 : "전횡이 바다의 섬에 들어가 있으니, 한고조가 사신을 보내 부르면서 '…'라고 하였다."53)
>
> ○ 安成劉氏曰 : "大者是王, 小者是侯."54)
> 안성 유씨가 말하였다 : "큰 것은 왕이고, 작은 것은 후이다."55)

> 朱註
> **豈可以過於優遊, 決於遁思, 而終不我顧哉.**
> 어찌 한가하게 놀기를 지나치게 하고 은둔하려는 생각을 결단해서 끝내 나를 돌아보지 않는가?'라는 말이다.

---

52) 『시전대전(詩傳大全)』에 『사기』의 말로 실려 있다.
53) 『시전대전(詩傳大全)』에는 "『사기』에서 전횡은 본래 제의 왕족이기 스스로 제왕이 되었다가 전쟁에 패해 바다의 섬에 들어가 있으니, 한고조가 사신을 보내 부르면서 '…'라고 하였다. 안성 유씨가 말하였다 : '큰 것이라고 한 것은 왕이고 작은 것이라고 한 것은 후이니, 횡을 불러 오게 한 것이다.'(史記田橫, 故齊王族, 自立爲齊王, 戰敗入居海島, 漢高帝遣使召之, 曰云云. 安成劉氏曰 : 盖謂之大者, 是王, 小者是侯, 招橫使來也.)"라고 되어 있다.
54) 『시전대전(詩傳大全)』에 『사기』에서 안성 유씨의 말을 인용한 것으로 실려 있다.
55) 『시전대전(詩傳大全)』에는 "…. 안성 유씨가 말하였다 : '큰 것이라고 한 것은 왕이고 작은 것이라고 한 것은 후이니, 횡을 불러 오게 한 것이다.'…. 安成劉氏曰 : 盖謂之大者, 是王, 小者是侯, 招橫使來也.)"라고 되어 있다.

詳說

○ 慶源輔氏曰 : "此章, 又原賢者, 欲去之意, 而反其說而留之."56)

경원 보씨가 말하였다 : "여기의 장에서는 또 현자가 떠나려고 한다는 의미를 근본으로 하였으나, 설명을 반대로 해서 머무르게 하려는 것이다."57)

朱註

蓋愛之切

대개 현자를 사랑하기를 간절히 하여

詳說

○ 安成劉氏曰 : 上四句.58)

안성 유씨가 말하였다 : "네 구는 사랑하기를 간절히 한 것에 대해 나타냈다."59)

朱註

而不知好爵之不足縻,

좋은 벼슬로도 얽어맬 수 없음을 알지 못하고,

詳說

○ 公侯.

좋은 벼슬은 공과 후이다.

○ 縻好爵, 出易中孚卦.

좋은 벼슬로 얽어맨다는 것은 『주역』「중부괘」가 출처이다.60)

---

56) 『시전대전(詩傳大全)』에 경원 보씨의 말로 실려 있다.
57) 『시전대전(詩傳大全)』에는 "경원 보씨가 말하였다 : '여기의 장에서는 또 현자가 떠나려고 한다는 의미를 근본으로 하였으나, 설명을 반대로 해서 머무르게 하려는 것이니, 현자가 떠나려는 것은 한가하게 놀면서 스스로 만족하기 위한 것일 뿐이라는 말이다.(慶源輔氏曰 : 此章則又原賢者, 欲去之意, 而反其説以留之, 謂賢者之所以欲去者, 不過欲優游自適而已. ….)"라고 되어 있다.
58) 『시전대전(詩傳大全)』에 안성 유씨의 말로 실려 있다.
59) 『시전대전(詩傳大全)』에는 "안성 유씨가 말하였다 : '이 장에서 위의 네 구는 사랑하기를 간절히 한 것에 대해 나타냈고, 끝의 두 구는 떠남을 만류하는 것을 굳이 하는 것에 대해 나타낸 것이다.'(安成劉氏曰 : 此章上四句, 見其愛之切, 末二句, 見其留之苦.)"라고 되어 있다.
60) 『주역』「중부괘」에 "구이는 우는 학이 그늘에 있는데 그 새끼가 화답하도다. 내가 좋은 벼슬을 두어 내 그대와 함께 이에 매어 있노라.(九二, 鳴鶴在陰, 其子和之. 我有好爵, 吾與爾靡之.)"라는 말이 있다.

朱註

留之苦,

떠남을 만류하기를 굳이 하여

詳說

○ 安成劉氏曰:"末二句."61)

안성 유씨가 말하였다:"끝의 두 구이다."62)

朱註

而不恤其志之不得遂也

그 뜻을 이룰 수 없음을 생각하지 않은 것이다.

詳說

○ 蓋以下, 論也.

'개(蓋:대개)' 이하는 경문의 의미 설명이다.

[2-4-2-4]

皎皎白駒, 在彼空谷, 生芻一束, 其人如玉, 毋金玉爾音, 而有遐心.

깨끗하고 깨끗한 흰 망아지 저 빈 골짜기에 있어 생꼴 한 다발을 주노니 그 사람은 옥처럼 아름답도다. 그대의 음성을 금옥처럼 아껴서 나를 멀리하는 마음을 두지 말지어다.

詳說

○ 楚俱反.63)

'추(芻)'의 음은 '초(楚)'와 '구(俱)'의 반절이다.

---

61) 『시전대전(詩傳大全)』에 안성 유씨의 말로 실려 있다.
62) 『시전대전(詩傳大全)』에는 "안성 유씨가 말하였다:'이 장에서 위의 네 구는 사랑하기를 간절히 한 것에 대해 나타냈고, 끝의 두 구는 떠남을 만류하는 것을 굳이 하는 것에 대해 나타낸 것이다.'(安成劉氏曰:此章上四句, 見其愛之切, 末二句, 見其留之苦.)"라고 되어 있다.
63) 楚俱反:『시전대전(詩傳大全)』에도 동일하게 되어 있다.

朱註

賦也. 賢者必去而不可畱矣. 於是歎其乘白駒入空谷, 束生芻以秣之, 而其人之德美如玉也

부(賦)이다. 현자가 굳이 떠나 하여 만류할 수가 없었다. 이에 그 흰 망아지를 타고 빈 골짜기로 들어감에 생꼴을 묶어서 말을 먹이고, 그 사람의 덕이 옥처럼 아름답다고 탄식하였으니,

詳說

○ 與死麕之如玉, 不同.

「야유사균(野有死麕)」의 '여자가 옥과 같다.'[64]는 것과는 같지 않다.

朱註

蓋已邈乎其不可親矣,

이미 아득하여 친히 할 수가 없지만,

詳說

○ 至此, 則又無望其復來.

여기에 와서는 또 그가 다시 오기를 바라지 않는 것이다.

朱註

然猶冀其相聞而無絶也. 故語之曰毋貴重爾之音聲, 而有遠我之心也.

오히려 소식을 서로 전하여 끊지 말기를 바랐다. 그러므로 "〈그대 떠나더라도〉 그대의 음성을 귀중히 하여 나를 멀리하는 마음을 두지 말라."라고 말한 것이다.

詳說

○ 去聲.

'어(語)'는 거성이다.

---

64) 「국풍」「소남」「야유사균(野有死麕)」에 "흰 띠풀로 묶으니 여자가 옥과 같도다.(白茅純束, 有女如玉.)"라는 말이 있다.

○ 金玉.

'귀중히 하라(貴重)'는 것은 금옥으로 여기라는 것이다.

○ 慶源輔氏曰 : "至於賢者已去, 而眷戀之情不已. 夫然後見其好賢之誠也."65)

경원 보씨가 말하였다 : "현자가 이미 떠나게 되자 그리워하는 마음을 그만 둘 수 없다. 그런 다음에 현자를 좋아하는 진실함이 드러나는 것이다."66)

朱註

白駒四章, 章六句.

「백구」는 4장으로 장은 6구이다.

[2-4-3-1]

黃鳥黃鳥, 無集于穀, 無啄我粟. 此邦之人, 不我肯穀, 言旋言歸, 復我邦族.

황조야, 황조야 닥나무에 앉지 말고, 내 곡식을 쪼아 먹지 말지어다. 이 나라 사람들이 나를 기꺼이 잘 대우하지 않으면, 돌이켜 돌아가서 우리나라 겨레에게 돌아가리라.

詳說

○ 陟角反.67)

'탁(啄)'의 음은 '척(陟)'과 '각(角)'의 반절이다.

朱註

比也.

비(比)이다.

---

65) 『시전대전(詩傳大全)』에 경원 보씨의 말로 실려 있다.
66) 『시전대전(詩傳大全)』에는 "경원 보씨가 말하였다 : '여기의 장은 현자가 이미 떠나게 되자 현자를 좋아하는 진실함을 끝내 그만 둘 수 없다는 것이다. 현자를 보고 좋아하는 것은 진실로 사람의 마음이다. 현자가 이미 떠나게 되자 그리워하는 마음을 그만 둘 수 없어 또 그 음성을 귀중히 하여 나를 멀리하는 마음을 두지 말라고 비니, 그런 다음에 현자를 좋아하는 진실함이 드러나는 것이다.'(慶源輔氏曰 : 此章則賢者既去, 而好賢之誠, 終無已也. 夫見賢而好之, 固人之情也. 至於賢者已去, 而眷戀之情不已, 且祝其無貴重其音聲, 以有遠我之心焉, 夫然後見其好賢之誠也.)"라고 되어 있다.
67) 陟角反 : 『시전대전(詩傳大全)』에도 동일하게 되어 있다.

詳說

○ 兼賦.
부를 겸하였다.

朱註

穀, 木名. 穀, 善,
곡(穀)은 나무 이름이다. 곡(穀)은 잘함이고,

詳說

○ 安成劉氏曰:"二字一從木一從禾."68)
안성 유씨가 말하였다 : "두 글자에서 한 글자는 '목(木)'에서 왔고 한 글자는 '화(禾)'에서 왔다."69)

朱註

旋, 回, 復, 反也 ○ 民適異國, 不得其所, 故作此詩託, 爲呼其黃鳥, 而告之曰, 爾無集于穀, 而啄我之粟. 苟此邦之人, 不以善道相與
선(旋)은 돌이킴이며, 복(復)은 돌아감이다. ○ 백성들이 다른 나라에 가서 살 곳을 얻지 못하였기 때문에 이 시를 짓고 가탁해서 황조를 불러 "너는 닥나무에 앉아서 내 곡식을 쪼아 먹지 말지어다. 만일 이 나라 사람들이 훌륭한 도리로 서로 함께 하지 않으며,

詳說

○ 其國.
'기(其)'는 '기국(其國 : 그 나라의)'이다.

○ 諺音誤.
'탁(啄)'은 『언해』의 음이 잘못되었다.

---

68) 『시전대전(詩傳大全)』에 안성 유씨의 말로 실려 있다.
69) 『시전대전(詩傳大全)』에는 "안성 유씨가 말하였다 : '여기의 두 곡(穀)자는 의미가 다르니, 운에 따르면, 한 글자는 '목(木)'에서 왔고 한 글자는 '화(禾)'에서 왔다.'(安成劉氏曰 : 此二穀字, 異義, 然據韻則一從木, 一從禾.)"라고 되어 있다.

○ 新安王氏曰 : "不相恤."70)
　　신안 왕씨가 말하였다 : "서로 동정하지 않는 것이다."71)

朱註

則我亦不久於此, 而將歸矣.
나도 여기에 오래 머물지 않고 돌아갈 것이다."라고 한 것이다.

詳說

○ 大意與碩鼠同, 但彼則仍以汝言, 此則說出人字及, 彼則適他國, 此則還故鄕者, 爲異耳.
　　큰 의미는 「석서(碩鼠)」와 같은데, 다만 저기에서는 거듭 '너(汝)'라고 말했고, 여기에서는 사람으로 말했고, 저기에서는 다른 나라에 간다는 것이고 여기에서는 고향으로 돌아온다는 것이 다를 뿐이다.

[2-4-3-2]

黃鳥黃鳥, 無集于桑, 無啄我粱. 此邦之人, 不可與明,

황조야, 황조야 뽕나무에 앉지 말고, 내 기장을 쪼아 먹지 말지어다. 이 나라 사람들이 함께 밝힐 수 없으면,

詳說

○ 叶, 謨郎反.72)
　　'명(明)'은 협운으로 '모(謨)'와 '랑(郞)'의 반절이다.

言旋言歸, 復我諸兄.

돌이며 돌아가서 우리 여러 형제에게 돌아가리라.

---

70) 『시전대전(詩傳大全)』에 신안 왕씨의 말로 실려 있다.
71) 『시전대전(詩傳大全)』에는 "신안 왕씨가 말하였다 : '「나를 기꺼이 잘 대우하지 않는다.」는 것은 서로 동정하지 않는 것이다. 서로 함께 밝히지 않으면 서로 알아주지 못하는 것이다. 이 때문에 함께 살 수 없는 것이다.'(新安王氏曰 : 不我肯穀, 則不相恤矣. 不可與明, 則不相知矣. 是以不可與處也.)"라고 되어 있다.
72) 叶, 謨郎反 : 『시전대전(詩傳大全)』에도 동일하게 되어 있다.

詳說

○ 叶, 虛王反.[73]

'형(兄)'은 협운으로 '허(虛)'와 '왕(王)'의 반절이다.

朱註

比也.
비이다.

詳說

○ 新安王氏曰 : "不可與明, 則不相知矣."[74]

신안 왕씨가 말하였다 : "함께 밝힐 수 없으면 서로 알 수 없는 것이다."[75]

○ 蓋謂不可與明, 信義也.

함께 밝힐 수 없다는 것은 신의이다.

[2-4-3-3]

黃鳥黃鳥, 無集于栩, 無啄我黍. 此邦之人, 不可與處, 言旋言歸, 復我諸父.

황조야, 황조야 도토리나무에 앉지 말아 내 기장을 쪼아 먹지 말지어다. 이 나라 사람들이 함께 살 수 없으면, 돌이켜 돌아가서 우리 여러 아버님께로 돌아가리라.

詳說

○ 況甫反.[76]

'허(栩)'의 음은 '황(況)'과 '보(甫)'의 반절이다.

詳說

---

[73] 叶, 虛王反:『시전대전(詩傳大全)』에도 동일하게 되어 있다.
[74] 『시전대전(詩傳大全)』에 신안 왕씨의 말로 실려 있다.
[75] 『시전대전(詩傳大全)』에는 "신안 왕씨가 말하였다 : '「나를 기꺼이 잘 대우하지 않는다.」는 것은 서로 동정하지 않는 것이다. 서로 함께 밝히지 않으면 서로 알아주지 못하는 것이다. 이 때문에 함께 살 수 없는 것이다.'(新安王氏曰 : 不我肯穀, 則不相恤矣. 不可與明, 則不相知矣. 是以不可與處也.)"라고 되어 있다.
[76] 叶, 虛王反:『시전대전(詩傳大全)』에도 동일하게 되어 있다.

○ 處, 上聲.
'처(處)'는 상성이다.

朱註
比也.
비이다.

詳說
○ 新安王氏曰 : 不相知, 是以不可與處也.77)
신안 왕씨가 말하였다 : "서로 알아주지 않으니, 이 때문에 함께 살 수 없는 것이다."78)

○ 慶源輔氏曰 : "首言族, 中言兄, 末言父, 人情困苦之極, 則愈益思其親者焉."79)
경원 보씨가 말하였다 : "처음에는 겨레를 말하였고, 중간에서는 형제를 말하였으며, 끝에서는 아버지를 말하였으니, 사람의 마음이 극도로 곤고하게 되면 더욱 더 그 친한 이들을 생각하게 되는 것이다."80)

朱註
黃鳥三章, 章七句.
「황조」는 3장으로 장은 7구이다.

朱註
東萊呂氏曰 : 宣王之末, 民有失所者, 意他國之可居也, 及其至彼, 則又不若故鄕焉, 故思而欲歸. 使民如此, 亦異於還定安集之時矣.

---

77) 『시전대전(詩傳大全)』에 신안 왕씨의 말로 실려 있다.
78) 『시전대전(詩傳大全)』에는 "신안 왕씨가 말하였다 : '나를 기꺼이 잘 대우하지 않으면, 서로 동정할 수 없고, 서로 밝힐 수 없으면 서로 알아주지 않으니, 이 때문에 함께 살 수 없는 것이다.'(新安王氏曰 : 不我肯穀, 則不相恤矣, 不可與明, 則不相知矣, 是以不可與處也.)"라고 되어 있다.
79) 『시전대전(詩傳大全)』에 경원 보씨의 말로 실려 있다.
80) 『시전대전(詩傳大全)』에는 "경원 보씨가 말하였다 : '처음에는 우리나라 겨레에게 돌아간다고 말하였고, 중간에서는 우리의 여러 형제에게 돌아간다고 말하였으며, 끝에서는 우리 여러 아버님께로 돌아간다고 말하였으니, 사람의 마음이 극도로 곤고하게 되면 더욱 더 그 친한 이들을 생각하게 되는 것이다.'慶源輔氏曰 : 首言復我邦族而已, 中言復我諸兄, 末言復我諸父, 人情困苦之極, 則愈益思其親者焉.)"라고 되어 있다.

동래여씨(東萊呂氏)가 말하였다 :. "선왕의 말년에 백성들이 살 곳을 잃은 자가 딴 나라는 살 만하다고 생각했었는데, 그 곳에 가보니 또 고향만 못하였기 때문에 그리워서 돌아가려는 것이다. 백성들로 하여금 이와 같게 하였다면, 또한 돌아와 안정되고 편안하게 있던 때와는 다른 것이다."

詳說

○ 宣王初年.
선왕의 초년이다.

○ 照鴻鴈.
「홍안」을 참조하라.

朱註

今按詩文, 未見其爲宣王之世. 下篇亦然.
이제 시문 상고해보니, 선왕의 세대가 됨을 알 수가 없다. 아래의 편에서도 그렇다.

[2-4-4-1]

我行其野, 蔽芾其樗. 昏姻之故, 言就爾居, 爾不我畜, 復我邦家.

내가 들을 가니 개똥나무가 우거졌더라. 혼인한 연고로 그대의 거처에 나아가니 그대가 나를 길러주지 않으면 우리나라 집으로 돌아가리라

詳說

○ 方味反.
'불(芾)'의 음은 '방(方)'과 '미(味)'의 반절이다.

○ 勅雩反.[81]

---

81) 勅雩反 : 『시전대전(詩傳大全)』에도 동일하게 되어 있다.

'저(樗)'의 음은 '칙(勅)'과 '우(雩)'의 반절이다.

○ 叶, 古胡反.82)
'가(家)'는 협운으로 '고(古)'와 '호(胡)'의 반절이다.

朱註
賦也. 樗, 惡木也. 壻之父婦之父, 相謂曰昏姻. 畜, 養也.
부(賦)이다. 저(樗)는 나쁜 나무이다. 신랑의 아버지와 신부의 아버지가 서로 "사돈간"이라 한다. 휵(畜)은 기름이다.

詳說
○ 一作婚, 下並同.
'혼(昏)'은 어떤 판본에는 '혼(婚)'으로 되어 있는데, 아래에서도 같다.

○ 見爾雅.
'인(姻)'은 『이아』에 있다.

○ 許六反
'휵(畜)'은 '허(許)'와 '육(六)'의 반절이다.

朱註
○ 民適異國, 依其昏姻, 而不見收恤, 故作此詩, 言我行於野中, 依惡木, 以自蔽於是, 思昏姻之故, 而就爾居,
백성들이 다른 나라에 가서 사돈에게 의탁하려 하였으나, 거두어 동정해줌을 받지 못하였기 때문에 이 시를 지어 "내가 들 가운데를 감에 나쁜 나무에 의지하여 스스로 그 그늘에서 쉬면서 이에 사돈의 연고를 생각하여 그대의 거처로 나아갔는데,

詳說

---

82) 叶, 古胡反 : 『시전대전(詩傳大全)』에도 동일하게 되어 있다.

○ 就爾居, 就爾宿之文勢, 不可異同, 看諺釋, 恐合, 更商.
'그대의 거처로 나아간다.'는 것과 '그대에게 가서 유숙한다.'는 것의 어세는 다르게 해서는 안되는데 『언해』의 풀이를 보면 합치하는지 다시 생각해 봐야 한다.

朱註

而爾不我畜也, 則將復我之邦家矣.
그대가 나를 길러주지 않으면 나라의 집으로 돌아가겠다."라고 말한 것이다.

詳說

○ 其事與上篇同.
그 일은 위의 편과 같다.

[2-4-4-2]

我行其野, 言采其蓫. 昏姻之故, 言就爾宿, 爾不我畜, 言歸思復.

내가 들에 가서 소르쟁이 나물을 뜯노라. 혼인한 연고로 그대에게 가서 유숙을 하니, 그대가 나를 길러주지 않으면 돌아가서 돌아가리라.

詳說

○ 音逐.
'축(蓫)'의 음은 '축(逐)'이다.

朱註

賦也. 蓫, 牛蘈, 惡菜也. 今人, 謂之羊蹄菜.
부(賦)이다. 축(蓫)은 우퇴(牛蘈)로 나쁜 나물이다. 지금 사람들은 양제채(羊蹄菜)라고 한다.

詳說

○ 音頹.[83)]

'퇴(頹)'의 음은 '퇴(頹)'이다.

[2-4-4-3]

>我行其野, 言采其葍. 不思舊姻, 求爾新特, 成不以富, 亦祇以異.

내 들에 가서 잔 무우를 뜯노라. 옛 혼인을 생각하지 않고 그대의 새 짝을 찾음은 진실로 부유해서가 아니나 또한 다만 색다르기 때문이다.

詳說

○ 音福, 叶, 筆力反.[84]

'복(葍)'의 음은 '복(福)'이고, 협운으로 '필(筆)'과 '력(力)'의 반절이다.

○ 論語作誠.[85]

'성(成)'은 『논어』에서 '성(誠)'으로 되어 있다.

○ 音支.[86]

'지(祇)'의 음은 '지(支)'이다.

○ 叶, 逸織反.[87]

'이(異)'는 협운으로 '일(逸)'과 '직(織)'의 반절이다.

○ 爾坊本作我.

이방본에는 '아(我)'로 되어 있다.

○ 論語顔淵.

『논어』「안연」편이다.

---

83) 音頹 : 『시전대전(詩傳大全)』에도 동일하게 되어 있다.
84) 音福, 叶, 筆力反 : 『시전대전(詩傳大全)』에도 동일하게 되어 있다.
85) 論語作誠 : 『시전대전(詩傳大全)』에도 동일하게 되어 있다.
86) 音支 : 『시전대전(詩傳大全)』에도 동일하게 되어 있다.
87) 叶, 逸織反 : 『시전대전(詩傳大全)』에도 동일하게 되어 있다.

朱註

賦也. 葍, 葍,

부(賦)이다. 복(葍)은 잔무우로

詳說

○ 浮去聲.88)

朱註

惡菜也. 特, 匹也.

나쁜 나물이다. 특(特)은 짝이다.

詳說

○ 毛氏曰："秪通也."

모씨가 말하였다：" '지(秪)'와 통한다."

朱註

○ 言爾之不思舊姻, 而求新匹也,

"그대가 옛 혼인을 생각하지 아니하고 새 짝을 찾음은

詳說

○ 取下之爾字而冠之.

아래의 '이(爾)'자를 취해 앞에 두었다.

○ 匹, 蓋亦謂姻也.

짝도 혼인을 말한다.

朱註

雖實不以彼之富, 而厭我之貧,

진실로 저 사람이 부유하고 내가 가난함을 싫어해서가 아니나,

---

88) 浮去聲 : 『시전대전(詩傳大全)』에도 동일하게 되어 있다.

詳說

○ 添此句.

이 구를 더했다.

朱註

亦秖以其新而異於故耳,

또한 다만 그가 새로워 옛사람과 다르기 때문이다."라고 하였으니,

詳說

○ 以字釋於此.

'이(以)'자가 여기까지 풀이된다.

朱註

此詩人責人忠厚之意

이는 시인이 사람을 책함에 충후한 뜻이다.

詳說

○ 論也.

경문의 의미 설명이다.

○ 慶源輔氏曰 : "至末章, 又原其情實, 而歸之忠厚, 詩可以觀, 於此見矣."89)

경원 보씨가 말하였다 : "끝의 장에서 또한 심정의 실질에 근원해서 충후한 데로 돌아갔으니, 시를 보는 것이 여기에서 드러난다."90)

朱註

我行其野三章, 章六句.

---

89) 『시전대전(詩傳大全)』에 경원 보씨의 말로 실려 있다.
90) 『시전대전(詩傳大全)』에는 "경원 보씨가 말하였다 : '끝의 장에서 또한 심정의 실질에 근원해서 충후한 데로 돌아갔으니, 이것은 심정과 본성의 바름인데, 시에서 원망할 수 있다는 것이 여기에서 드러난다.'(慶源輔氏曰 : …. 至其末章, 則又原其情實, 而歸之忠厚焉. 此情性之正, 而詩之所謂可以怨者, 於此見矣.)"라고 되어 있다.

詩集傳詳說 卷之九

「아행기야」는 3장으로 장은 6구이다.

> 詳說

○ 此二篇, 及鴻鴈沔水谷風, 無將大車采綠等詩, 不在于風而在雅者, 意其爲音節之有異, 而不以其事, 且皆作於東遷以前者歟
여기의 두 편과 「홍안」「면수」「곡풍」「무장대거」「채록」 등의 시가 풍(風)에 있지 않고 아(雅)에 있는 것은 아마도 음절의 차이가 있어 그 일로 하지 않고 또 모두 동천 이전에 지어졌기 때문일 것이다.

> 朱註

王氏曰 : 先王躬行仁義以道民厚矣, 猶以爲未也, 又建官置師, 以孝友睦婣任恤六行, 敎民,
왕씨(王氏)가 말하였다. "선왕이 몸소 인의를 행하여 백성들을 후(厚)한 데로 인도하되, 오히려 부족하다고 여겨서 또 관을 세우고 사(師)를 설치하여 효(孝), 우(友), 목(睦), 인(婣), 임(任), 휼(恤)의 여섯 가지 행실을 백성에게 가르쳤으니,

> 詳說

○ 去聲.
'도(道)'는 거성이다.

○ 平聲, 下並同.
'임(任)'은 평성으로 아래에서도 나란히 같다.

○ 去聲, 下同.
'행(行)'은 거성으로 아래에서도 같다.

○ 見周禮大司徒.
『주례』「대사도」에 있다.

> 朱註

爲其有父母也, 故敎以孝, 爲其有兄弟也, 故敎以友, 爲其有同姓也, 故敎以

睦, 爲其有異姓也.
그 부모가 있기 때문에 효를 가르치고, 형제가 있기 때문에 우(友)를 가르치며, 동성의 친척이 있기 때문에 목(睦)을 가르치고, 이성의 친척이 있기 때문에

> 詳說
> ○ 去聲, 下並同.
> '위(爲)'는 거성으로 아래에서도 나란히 같다.
>
> ○ 婚姻.
> 사돈간이다.

朱註
故敎以婣, 爲鄰里鄕黨相保相愛也, 故敎以任, 相賙
인(婣)을 가르치며, 인리(隣里)와 향당(鄕黨)이 서로 보호해 주고 서로 사랑하여야 하기 때문에 임(任)을 가르치고, 서로 도와주고

> 詳說
> ○ 音周.
> '주(賙)'의 음은 '주(周)'이다.

朱註
相救也故敎以恤. 以爲徒敎之或不率也,
서로 구휼하여야 하기 때문에 휼(恤)을 가르쳤다. "다만 가르치기만 하면 혹 따르지 않을 수도 있다."라고 생각하였기

> 詳說
> ○ 如字.
> '위(爲)'자는 본래의 음 대로 읽는다.

朱註

故使官師, 以時書其德行而勸之, 以爲徒勸之或不率也,
때문에 관사(官師)로 하여금 때로 그 덕행을 써서 권면(勸勉)하게 하고, "다만 권면하기만 하면 혹 따르지 않을 수도 있다."라고 생각하여,

詳說
○ 如字.
'위(爲)'자는 본래의 음 대로 읽는다.

朱註
於是乎, 有不孝不睦不婣
이에 불효(不孝), 불목(不睦), 불인(不婣),

詳說
○ 此詩不婣.
이 시에서는 혼인하지 않는 것이다.

朱註
不弟不任不恤之刑焉,
불제(不弟), 불임(不任), 불휼(不恤)의 형벌을 두었으니,

詳說
○ 亦見大司徒.
또한 「대사도」에 있다.

○ 賈氏曰 : "六行言友, 專施於兄弟, 此變言弟, 退在睦婣之下, 兼施於師長."[91]
가씨가 말하였다 : "여섯 행실에서 우(友)를 말한 것은 형제에게 오로지 하는 것인데, 여기에서 제(弟)로 바꿔 말하면서 목(睦)과 인(婣)의 아래에 둔 것은 스승과 어른에게까지 겸하여 시행하는 것이다."[92]

---
91) 『시전대전(詩傳大全)』에 건안 하씨가 가씨의 말을 인용한 것으로 실려 있다.
92) 『시전대전(詩傳大全)』에는 "건안 하씨가 말하였다 '…. 가씨가 말하였다 : 「여기서의 불제(不弟)는 곧 여섯

朱註

方是時也, 安有如此詩所刺之民乎.
이때에 어찌 이 시에서 풍자한 것 같은 백성이 있었겠는가?"

詳說

○ 慶源輔氏曰 : "黃鳥我行其野二詩, 民之泮渙離散, 不相管顧如此, 亦何異於禽獸夷狄也哉."[93]
경원 보씨가 말하였다 : "「황조」「아행기야」 두 시는 백성의 흩어짐과 이산으로 이처럼 보살펴지지 않는다는 것이니, 또한 금수나 이적과 무엇이 다르겠는가?"[94]

[2-4-5-1]

秩秩斯干, 幽幽南山.

질서 정연한 이 물가이고, 그윽하고 그윽한 남산이로다.

詳說

○ 叶, 居焉反.[95]
'간(干)'은 협운으로 음은 '거(居)'와 '언(焉)'의 반절이다.

○ 叶, 所旃反.[96]
'산(山)'은 협운으로 음은 '소(所)'와 '전(旃)'의 반절이다.

如竹苞矣, 如松茂矣.

행실에서의 우(友)이다. 위에서 우(友)를 말할 때는 목(睦)과 인(婣)의 위에 두었으니, 형제에게 오로지 시행하는 것이다. 그런데 여기에서 제(弟)로 바꿔 말하면서 목(睦)과 인(婣)의 아래에 둔 것은 스승과 어른에게까지 겸하여 시행하는 것이다.(建安何氏曰 : …賈氏云, 此不弟, 即六行之友. 上文言友, 在睦婣之上, 專施於兄弟. 此變言弟, 退在睦婣之下, 兼施於師長.)"라고 되어 있다.
93) 『시전대전(詩傳大全)』에 경원 보씨의 말로 실려 있다.
94) "경원 보씨가 말하였다 : '「황조」「아행기야」 두 시에서 풍자한 것을 보면 백성의 흩어짐과 이산으로 이처럼 보살펴지지 않는다는 것이니, 그 또한 금수나 이적과 무엇이 다르겠는가?'(慶源輔氏曰 : …今觀黃鳥我行其野二詩所刺, 則其民之泮渙離散, 不相管顧此, 其亦何異於禽獸夷狄也哉.)"라고 되어 있다
95) 叶, 居焉反 : 『시전대전(詩傳大全)』에도 동일하게 되어 있다.
96) 叶, 所旃反 : 『시전대전(詩傳大全)』에도 동일하게 되어 있다.

대나무가 총생하는 듯하고 소나무가 무성한 듯하구나.

詳說

○ 苞, 補苟反.97)

'포(苞)'는 협운으로 음은 '보(補)'와 '구(苟)'의 반절이다.

○ 叶, 莫口反.98)

'무(茂)'는 협운으로 '막(莫)'과 '구(口)'의 반절이다.

兄及弟矣, 式相好矣,

형과 아우가 서로 좋아해서

詳說

○ 去聲, 叶, 許厚反.99)

'호(好)'는 거성이고 협운으로 음은 '허(許)'와 '후(厚)'의 반절이다.100)

無相猶矣.

서로 도모함이 없으리로다.

詳說

○ 叶, 余久反.101)

'유(猶)'는 협운으로 '여(余)'와 '구(久)'의 반절이다.

○ 干山之叶, 蓋從十畝之間例云.

---

97) 苞, 補苟反 : 『시전대전(詩傳大全)』에도 동일하게 되어 있다.
98) 叶, 莫口反 : 『시전대전(詩傳大全)』에도 동일하게 되어 있다.
99) 去聲, 叶, 許厚反 : 『시전대전(詩傳大全)』에는 다소 다르게 되어 있다.
100) 『시전대전(詩傳大全)』에는 "'호(好)'는 '호(呼)'와 '보(報)'의 반절이고, 협운으로 음은 '허(許)'와 '후(厚)'의 반절이다.(呼報反, 叶許厚反.)"라고 되어 있다.
101) 叶, 余久反 : 『시전대전(詩傳大全)』에도 동일하게 되어 있다.

「간산」에서의 협운은 대개 「십묘지간」의 사례를 따랐다.

朱註
賦也. 秩秩, 有序也. 斯, 此也. 干, 水涯也.
부이다. 질질(秩秩)은 차례가 있는 것이다. 사(斯)는 이것이고, '간(干)'은 물가이다.

詳說
○ 華谷嚴氏曰 : "整齊之干岸."102)
화곡 엄씨가 말하였다 : "정리되어 가지런한 물가이다."103)

朱註
南山, 終南之山也. 苞, 叢生而固也. 猶, 謀也.
남산은 종남산이다. 포(苞)는 총생하고 견고한 것이다. 유(猶)는 도모함이다.

詳說
○ 朱子曰 : "圖謀."104)
주자가 말하였다 : "도모한다는 것이다."105)

朱註
○ 此築室旣成, 而燕飮以落之, 因歌其事. 言此室臨水而面山
이것은 집을 완성한 다음에 잔치하고 술을 마시며 낙성하고 이어서 그 일을 노래한 것이다. 이 집이 물을 굽어보고 산을 향해

---

102) 『시전대전(詩傳大全)』에 화곡 엄씨의 말로 실려 있다.
103) 『시전대전(詩傳大全)』에는 "화곡 엄씨가 말하였다 : '선왕이 궁실을 지은 곳은 차례가 있게 정리되어 가지런한 물가이다. ….'(華谷嚴氏曰 : 宣王作室之地, 在秩秩然整齊之干岸. ….)"라고 되어 있다.
104) 『시전대전(詩傳大全)』에 주자와의 문답으로 실려 있다.
105) 『시전대전(詩傳大全)』에는 "주자가 말하였다 : '물었다 : 「횡거가 서로 배워서는 안된다고 한 것은 무엇을 가리켜 한 말입니까?」 주자가 답하였다 : 「좋지 않은 것을 서로 배워서는 안된 것입니다. 또 형이 아우에게 우애있게 하는데 아우가 도리어 형에게 우애있게 하지 못한다면 형이 어찌 아우의 공손하지 않음을 배워 마침내 또한 아우처럼 우애있게 하지 않아야 하겠습니까? 형에게 공손하게 하는데 형이 이에 그 아우에게 우애있게 하지 않는다면 아우가 어찌 또한 형이 우애있게 하지 않는다고 마침내 공손함을 잊어야 하겠습니까? 그러나 시의 본래 의미는 유(猶)자를 서로 도모해야 한다는 설로 하는 것입니다.'(問 : 橫渠説不要相學, 指何事而言. 朱子曰 : 不要相學不好處. 且如兄能友其弟, 弟却不能恭其兄, 兄豈可學兄之不恭, 而遂亦不友如弟. 能恭其兄, 兄乃不友其弟, 爲弟者, 豈亦因兄之不友, 而遂忘其恭. 然詩之本意, 猶字作相圖謀説.)"라고 되어 있다.

|詳說|

○ 華谷嚴氏曰 : "言地勢之壯.106)

화곡 엄씨가 말하였다 : "지세의 장엄함을 말하였다."107)

|朱註|

其下之固

그 아래의 견고함이

|詳說|

○ 華谷嚴氏曰 : "盤基之厚."108)

화곡 엄씨가 말하였다 : "터가 튼튼한 것이다."109)

|朱註|

如竹之苞其上之密,

대나무가 조밀하게 총생하는 듯이 하고,

|詳說|

○ 華谷嚴氏曰 : "結架之密."110)

화곡 엄씨가 말하였다 : "도리를 붙인 것이다."111)

|朱註|

如松之茂.

---

106) 『시전대전(詩傳大全)』에 화곡 엄씨의 말로 실려 있다.
107) 『시전대전(詩傳大全)』에는 "화곡 엄씨가 말하였다 : '선왕이 궁실을 지은 곳은 차례로 정리되어 가지런한 물가에 있고, 그윽하고 그윽하며 심원한 남산을 바라보고 있다는 것은 지세의 장엄함을 말한 것이다.'(華谷嚴氏曰 : 宣王作室之地, 在秩秩然整齊之干岸, 面對幽幽然深遠之南山. 言地勢之壯也. ….)"라고 되어 있다.
108) 『시전대전(詩傳大全)』에 화곡 엄씨의 말로 실려 있다.
109) 『시전대전(詩傳大全)』에는 "화곡 엄씨가 말하였다 : '…. 터가 튼튼한 것이 대나무 총생하는 것 같고, 도리를 붙인 것이 소나무가 무성한 것 같다는 것은 궁실의 아름다움을 말한 것이다. ….'(華谷嚴氏曰 : …. 其盤基之厚, 如竹之叢生, 其結架之密, 如松之茂盛, 言宮室之美也. ….)"라고 되어 있다.
110) 『시전대전(詩傳大全)』에 화곡 엄씨의 말로 실려 있다.
111) 『시전대전(詩傳大全)』에는 "화곡 엄씨가 말하였다 : '…. 대나무 총생하는 것 같고, 도리를 붙인 것이 소나무가 무성한 것 같다는 것은 궁실의 아름다움을 말한 것이다. ….'(華谷嚴氏曰 : …. 如竹之叢生, 其結架之密, 如松之茂盛, 言宮室之美也. ….)"라고 되어 있다.

소나무가 무성한 듯이 하다는 말이다.

詳說

○ 按, 朱子諱松字, 經書註未嘗用之. 惟大全集中有不得已而用之, 則必改作㮴, 又或用杉字. 今此註直書松字, 蓋依經文, 而謹之之意也.

살펴보건대 주자는 '송(松)'자를 휘하여 경서의 주에서 사용한 적이 없다. 다만 대전집에서 부득이하게 사용했으니, 반드시 '송(㮴)'자로 고쳐 사용하고였다. 또 혹 '삼(杉)'자로 사용하였다. 그런데 이제 여기의 주에서 '송(松)'자로 바로 쓴 것은 경문에 따라 삼가는 의도인 것이다.

朱註

又言居是室者, 兄弟相好, 而無相謀, 則頌禱之辭, 猶所謂聚國族於斯者也.

또 이 집에 사는 자들은 형제가 서로 좋아해서 서로 도모함이 없을 것이라는 말이니, 기리며 비는 말로 이른바 국빈과 종족을 이곳에 모은다는 것과 같은 것이다.

詳說

○ 廬陵歐陽氏曰 : "古人成室, 必有稱頌祝禱之言, 如記檀弓, 晉獻文子成室, 張老曰, 美哉輪焉, 美哉奐焉, 歌於斯, 哭於斯, 聚國族於斯, 君子謂之, 善頌善禱者, 是矣."112)

여릉 구양씨가 말하였다 : "옛날 사람들은 집에 완성함에 반드시 칭송하고 축원하는 말을 했으니, 이를테면 『예기』「단궁」에서 진나라 헌문자가 집에 낙성식을 할 때 장노가 '규모가 크고 화려하여 아름답도다. 제사 때에도 여기에서 음악을 연주하고, 상사 때에도 여기에서 곡읍을 하고, 연회 때에도 여기에서 국빈과 종족을 모아 즐기리로다.'라고 한 것으로 군자가 그것에 대해 잘 칭송하고 잘 기원했다는 것이 여기에 해당한다."113)

---

112) 『시전대전(詩傳大全)』에 여릉 구양씨의 말로 실려 있다.
113) 『시전대전(詩傳大全)』에는 "여릉 구양씨가 말하였다 : '옛날 사람들은 집에 낙성식을 할 때에 반드시 칭송하고 축원하는 말을 했으니, 이를테면 『예기』「단궁」에서 진나라 헌문자가 집에 낙성식을 할 때 장노가 「규모가 크고 화려하여 아름답도다. 제사 때에도 여기에서 음악을 연주하고, 상사 때에도 여기에서 곡읍을 하고, 연회 때에도 여기에서 국빈과 종족을 모아 즐기리로다.」라고 한 것으로 군자가 그것에 대해 잘 칭송하고 잘 기원했다는 것이 여기에 해당한다.'(廬陵歐陽氏曰 : 古人成室而落之, 必有稱頌祝禱之言, 如記檀

朱註

張子曰：猶, 似也, 人情大抵施之, 不報則輟.

장자가 말하였다 : "유(猶)는 같이 한다는 것이니 사람의 심정은 대체로 베풀어도 보답하지 않으면 그만 둔다.

詳說

○ 去聲, 下同.

'시(施)'는 거성으로 아래에서도 같다.

朱註

故恩不能終, 兄弟之間, 各盡己之所宐施者, 無學其不相報而廢恩也.

그러므로 은혜를 끝까지 마치지 못하니, 형제 사이에는 각기 자신이 베풀 것을 다하고, 상대가 서로 보답하지 않는 것을 배워 은혜를 폐하지 말아야 한다.

詳說

○ 朱子曰："不要相學不好處."114)

주자가 말하였다 : "좋지 않은 것을 서로 배워서는 안된다."115)

朱註

君臣父子朋友之間, 亦莫不用此道, 盡己而已. 愚按此於文義, 或未必然, 然意則善矣

군신과 부자와 붕우 사이에서도 이 도를 사용하지 않음이 없어 자신을 다할 뿐이다." 내 생각으로는 이것은 문의에서 혹 반드시 그런 것이 아니지만 의미에서는

弓, 晉獻文子成室, 張老曰, 美哉輪焉, 美哉奐焉, 歌於斯, 哭於斯, 聚國族於斯, 君子謂之, 善頌善禱者, 是矣.)"라고 되어 있다.
114) 『시전대전(詩傳大全)』에 주자와의 문답으로 실려 있다.
115) 『시전대전(詩傳大全)』에는 "주자가 말하였다 : '물었다 「횡거가 서로 배워서는 안된다고 한 것은 무엇을 가리켜 한 말입니까?' 주자가 답하였다 : 「좋지 않은 것을 서로 배워서는 안된 것입니다. 또 형이 아우에게 우애있게 하는데 아우가 도리어 형에게 우애있게 하지 못한다면 형이 어찌 아우의 공손하지 않음을 배워 마침내 또한 아우처럼 우애있게 하지 않아야 하겠습니까? 형에게 공손하게 하는데 형이 이에 그 아우에게 우애있게 하지 않는다면 아우가 어찌 또한 형이 우애있게 하지 않는다고 마침내 공손함을 잊어야 하겠습니까? 그러나 시의 본래 의미는 유(猶)자를 서로 도모해야 한다는 설로 하는 것입니다.'(問：橫渠説不要相學, 指何事而言. 朱子曰：不要相學不好處. 且如兄能友其弟, 弟却不能恭其兄, 兄豈可學弟之不恭, 而遂亦不友如弟. 能恭其兄, 兄乃不友其弟, 爲弟者, 豈可亦因兄之不友, 而遂忘其恭. 然詩之本意, 猶字作相圖謀說.)"라고 되어 있다.

훌륭하다.

詳說

○ 此及下說, 皆以備一義.
여기와 아래의 설명에서 모두 하나의 의미로 갖춘 것이다.

朱註

或曰 : 猶當作尤.
어떤 이는 "유(猶)는 '원망함(尤)'으로 해야 된다고 하였다.

詳說

○ 尤, 古猶字, 而尤猶二字, 或有混者, 故疑此猶字之爲尤, 誤作尤耳. 論語南人註, 書禹謨註當參看.
'유(尤)'가 옛날의 '유(猶)'자여서 '유(猶)'와 '우(尤)' 두 글자는 혹 혼동하는 경우가 있었기 때문에 아마도 여기에서의 '유(猶)'자를 '우(尤)'로 한 것은 '유(尤)'를 잘못한 것일 뿐이다. 「논어」에서 「남인」의 주와 「서경」에서 「우모」의 주를 참고하여 보기 바란다.116)

○ 慶源輔氏曰 : "此與蓼蕭三章同意. 天子諸侯繼世, 多與兄弟相疑忌, 所以祝其無相謀也."117)
경원 보씨가 말하였다 : "여기는 「요소(蓼蕭)」 3장과 같은 의미이다. 천자와 제후가 세대를 이으면서 대부분 형제와 서로 의심하고 시기하기 때문에 서로 도모함이 없기를 비는 것이다."118)

[2-4-5-2]

似續妣祖, 築室百堵.

---

116) 『논어집주상설』「자로」에서 "'유(尤 : 오히려)'는 다른 데서는 '우(尤 : 더욱)'로 썼으니, 잘못된 것이다.('尤, 一作'尤', 誤.)"라고 하였다.
117) 『시전대전(詩傳大全)』에 경원 보씨의 말로 실려 있다.
118) 『시전대전(詩傳大全)』에는 "경원 보씨가 말하였다 : '형제가 서로 좋아함을 말한 것은 「요소(蓼蕭)」 3장과 같은 의미일 것이다. 천자와 제후가 세대를 이어 즉위하면서 대부분 형제와 서로 의심하고 시기하기 때문에 서로 좋아해서 도모함이 없기를 비는 것이다.(慶源輔氏曰 : 言兄弟相好者, 恐與蓼蕭三章同意. 天子諸侯繼立, 多與兄弟相疑忌, 所以祝其相好而無相謀也.)"라고 되어 있다.

조비와 조고를 이어 집 백저를 쌓았다.

詳說

○ 音比.

'비(妣)'의 음은 '비(比)'이다.

西南其戶, 爰居爰處, 爰笑爰語.

서쪽으로 남쪽으로 그 창문을 내어 여기에서 거하고 여기에서 처하며 여기에서 웃고 여기에서 말하리로다.

詳說

○ 處, 上聲.

'처(處)'는 상성이다.

朱註

賦也. 似, 嗣也. 妣先於祖者, 協下韻爾. 或曰, 謂姜嫄后稷也.

부이다. '사(似)'는 이음이다. 비를 조보다 먼저 한 것은 아래와 운을 맞춘 것일 뿐이다. 어떤 이는 "강원과 후직을 말한 것이다."라고 하였다.

詳說

○ 音原.

'원(嫄)'의 음은 '원(原)'이다.

○ 鄭氏曰 : "妣, 姜嫄, 祖, 先祖."

정씨가 말하였다 : "비는 강원이고 조는 선조이다."

○ 南豊曾氏曰 : "以生民閟宮考之, 豈謂姜嫄后稷歟.119)

남풍 증씨가 말하였다 : "「생민」「비궁」으로 상고해보면, 어찌 강원과 후직을 말하는 것이겠는가?"120)

---

119) 『시전대전(詩傳大全)』에 남풍 증씨의 말로 실려 있다.
120) 『시전대전(詩傳大全)』에는 "남풍 증씨가 말하였다 : 「조비와 조고를 이었다.'는 것은 「생민」「비궁」으로

朱註

西南其戶, 天子之宮, 其室非一, 在東者, 西其戶, 在北者, 南其戶, 猶言南東其畝也.

'서쪽으로 남쪽으로 그 창문을 내었다.'는 천자의 집은 그 방이 하나가 아니어서 동쪽에 있는 것은 서쪽으로 창문을 내고 북쪽에 있는 것은 남쪽으로 창문을 내니, 「신남산」에서 '그 이랑을 남쪽으로 하고 동쪽으로 한다.'고 말한 것과 같다.

詳說

○ 見信南山.
「신남산」에 있다.

○ 慶源輔氏曰 : "擧西南, 以見東北也."
경원 보씨가 말하였다 : "서쪽과 남쪽을 들어 동북을 드러냈다."

朱註

爰, 於也.
'원(爰)'은 '여기에서'이다.

詳說

○ 慶源輔氏曰 : "爰笑爰語, 所謂歌於斯者也."[121]
경원 보씨가 말하였다 : "'여기에서 웃고 여기에서 말하리로다.'라는 것은 이른바 여기에서 노래한다는 것이다."[122]

[2-4-5-3]
約之閣閣, 椓之橐橐,

상고해보면, 어찌 강원과 후직을 말하는 것이겠는가?'(南豐曾氏曰 : 似續妣祖, 以生民閟宮之詩考之, 豈謂姜嫄后稷歟.)라고 되어 있다.

121) 『시전대전(詩傳大全)』에 경원 보씨의 말로 실려 있다.
122) 『시전대전(詩傳大全)』에는 "경원 보씨가 말하였다 : '대체로 사람이 집을 짓는 것은 자손을 위해 계획하지 않은 적이 없어 그들이 조고와 조비를 잇도록 하려는 것이다. 「서쪽으로 남쪽으로 그 창문을 낸다.」는 것은 모든 서남으로 동쪽과 북쪽을 드러내려는 것이다. 「여기에서 웃고 여기에서 말하리로다.」라는 것은 이른바 여기에서 노래한다는 것이다.'(慶源輔氏曰 : 大凡人之爲居室, 未不欲爲子孫計, 而使之繼嗣其祖妣之業者也. 西南其戶者, 擧西南以見東北也. 爰笑爰語, 則所謂歌於斯者也.)"라고 되어 있다.

판자를 묶기를 각각(閣閣)히 하며, 흙을 다지기를 탁탁(橐橐)히 하며,

詳說

○ 陟角反.123)

'탁(椓)'의 음은 '척(陟)'과 '각(角)'의 반절이다.

○ 音託.124)

'탁(橐)'의 음은 '탁(託)'이다.

風雨攸除, 鳥鼠攸去, 君子攸芋.

비바람을 제거하며, 새와 쥐를 제거하였으니, 군자가 존대히 계실 곳이로다.

詳說

○ 去聲.

'제(除)'는 거성이다.

○ 音吁, 叶, 王遇反.125)

'우(芋)'의 음은 '우(吁)'로 협운으로 '왕(王)'과 '우(遇)'의 반절이다.126)

朱註

賦也. 約, 束板也. 閣閣, 上下相乘也.

부이다. '약(約)'은 판자를 묶음이다. '각각(閣閣)'은 상하가 서로 맞물리게 하는 것이다.

詳說

○ 華谷嚴氏曰: "卽所謂縮板以載也."127)

---

123) 陟角反:『시전대전(詩傳大全)』에도 동일하게 되어 있다.
124) 音託:『시전대전(詩傳大全)』에도 동일하게 되어 있다.
125) 音託:『시전대전(詩傳大全)』에는 다소 다르게 되어 있다.
126)『시전대전(詩傳大全)』에는 ('우(芋)'의 음은 '향(香)'과 '우(于)'의 반절이고, 협운으로 '왕(王)'과 '우(遇)'의 반절이다.(香于反, 叶王遇反.)"라고 되어 있다.
127)『시전대전(詩傳大全)』에 화곡 엄씨의 말로 거의 동일하게 실려 있다.

화곡 엄씨가 말하였다 : "곧 이른바 판자를 모두 싣는 것이다."

椓, 築也, 橐橐, 杵聲也. 除, 亦去也. 無風雨鳥鼠之害, 言其上下四旁, 皆牢窋也. 芋, 尊大也, 君子之所居以爲尊且大也.

'탁(椓)'은 흙을 다지는 것이고, '탁탁(橐橐)'은 도굿대로 흙을 다지는 소리이다. '제(除)'도 제거함이다. 비바람과 새·쥐의 피해가 없다는 것은 상하와 사방으로 모두 견고하고 치밀하다는 말이다. '우(芋)'는 존대하다는 것으로 군자가 거처하는 곳이라서 존대하다는 것이다.

詳說

○ 諺音誤
'탁(椓)'은 『언해』의 음이 잘못되었다.

○ 諺音誤.
'우(芋)'는 『언해』의 음이 잘못되었다.

○ 濮氏曰 : "此以下由外而內, 由垣牆而堂寢次第當然也."128)
복씨가 말하였다 : "이곳 이하는 밖에서 말미암아 안으로 하는 것이니, 담에서 말미암아 마당과 침실이 차례로 당연한 것이다."

○ 按上章以築室百堵總之, 此及下二章, 乃分言堵與堂室事
살펴보건대, 위의 장은 집 백저를 쌓는 것으로 총괄했고, 여기와 아래의 두 장에서는 이에 나눠 저(堵)와 당실의 일을 말하였다.

○ 安成劉氏曰 : "古人築垣爲壁. 序墉壁牆, 其實一也. 隨所在, 而異其名, 考於儀禮, 可見."129)
안성 유씨가 말하였다 : "옛사람들은 담을 쌓아 울타리로 하였다. 서(序)·용(墉)·벽(壁)·장(牆)은 그 실질이 하나이니, 있는 곳에 따라 이름을 다르게 한 것으로 『의례』를 살펴보면 알 수 있다."130)

---

128) 『시전대전(詩傳大全)』에 복씨의 말로 거의 동일하게 실려 있다.
129) 『시전대전(詩傳大全)』에 안성 유씨의 말로 실려 있다.

[2-4-5-4]

如跂斯翼, 如矢斯棘, 如鳥斯革,

사람이 몸을 곧게 세워 공경함과 같고, 화살이 곧게 날아감과 같으며, 새가 놀라 낯빛을 변함과 같고,

詳說

○ 音企.[131]

'기(跂)'의 음은 '기(企)'이다.

○ 叶, 訖力反.[132]

'혁(革)'은 협운으로 음은 '흘(訖)'과 '력(力)'의 반절이다.[133]

如翬斯飛, 君子攸躋.

꿩이 날아감과 같으니, 군자가 올라가서 정사를 다스릴 곳이로다.

詳說

○ 音輝.[134]

'휘(翬)'의 음은 '휘(輝)'이다.

○ 子西反.[135]

'제(躋)'의 음은 '자(子)'와 '서(西)'의 반절이다.

---

130) 『시전대전(詩傳大全)』에는 "안성 유씨가 말하였다 : '여기의 장에서는 담과 벽의 아름다움을 말해 군자의 존대한 거처를 삼았다. 옛사람들은 담을 쌓아 울타리로 하였다. 당상의 동서의 담을 서(序)라고 하고, 실(室)과 방(房) 및 협실을 용(墉)이라고 하며, 당하를 벽(壁)이라고 하고 장(牆)이라고 하였는데. 그 실질은 하나이니, 있는 곳에 따라 이름을 다르게 한 것이다. 『의례』를 살펴보면 알 수 있다.'(安成劉氏曰 : 此章言其墻壁之美, 而爲君子尊大之居也. 蓋古人築垣爲壁. 堂上東西墻, 謂之序, 室房及夾室謂之墉, 堂下謂之壁, 謂之墻, 其實一也, 隨所在, 而異其名. 考於儀禮可見.)"라고 되어 있다.
131) 音企 : 『시전대전(詩傳大全)』에도 동일하게 되어 있다.
132) 叶, 莫吼反 : 『시전대전(詩傳大全)』에는 다소 다르게 되어 있다.
133) 『시전대전(詩傳大全)』에는 "혁(革)'은 협운으로 음은 '흘(訖)'과 '립(立)'의 반절이다.(叶, 訖立反.)"라고 되어 있다.
134) 音輝 : 『시전대전(詩傳大全)』에도 동일하게 되어 있다.
135) 子西反 : 『시전대전(詩傳大全)』에도 동일하게 되어 있다.

朱註

賦也. 跂, 竦立也.

부이다. '기(跂)'는 몸을 곧게 세움이다.

詳說

○ 孔氏曰 : "人跂足直立."

공씨가 말하였다 : "사람이 발을 곧게 펴서 똑바로 서는 것이다."

朱註

翼, 敬也. 棘, 急也. 矢行緩, 則枉, 急則直也. 革, 變, 翬, 雉, 躋, 升也. ○ 言其大勢, 嚴正, 如人之竦立, 而其恭翼翼也,

'익(翼)'은 공경함이다. '극(棘)'은 급함이다. 화살의 날아감이 느리면 곡선으로 가고 빠르면 직선으로 간다. '혁(革)'은 변함이고, '휘(翬)'는 꿩이며, '제(躋)'는 올라감이다. ○그 대세의 엄정함이 사람이 몸을 곧게 세워 그 공손함이 익익(翼翼)함과 같고,

詳說

○ 指堂.

'기(其)'는 당(堂)을 가리키는 것이다.

○ 又由敬而言恭.

또 공경함으로 말미암아 공손함을 말하였다.

朱註

其廉隅, 整飭, 如矢之急而直也, 其棟宇, 峻起, 如鳥之驚而革也,

염우(廉隅)가 정돈됨은 화살이 급히 날아가 곧음과 같으며, 동우(棟宇)가 높게 일어남은 새가 놀라 낯빛을 변함과 같고,

詳說

○ 變動.

'혁(革)'은 변동하는 것이다.

朱註
其簷阿華采而軒翔, 如翬之飛而矯其翼也,
처마가 화려하고 높으며 날아갈 것 같음은 꿩이 날아 날개를 펴는 것과 같으니,

詳說
○ 舉也.
'교(矯)'는 일으키는 것이다.

○ 翬, 鳥之有文采者, 故下句又別言之.
꿩은 문채가 있는 새이기 때문에 아래의 글에서 또 별도로 말한 것이다.

朱註
蓋其堂之美, 如此, 而君子之所升以聽事也.
그 당의 아름다움이 이와 같아 군자가 올라가 정사를 하는 곳이라는 말이다.

詳說
○ 外堂.
'기당(其堂)'은 바깥의 당이다.

○ 治也.
'청(聽)'은 다스린다는 것이다.

[2-4-5-5]
殖殖其庭, 有覺其楹, 噲噲其正,
판판하고 반듯한 그 뜰이고, 곧고 곧은 기둥이며, 쾌쾌(噲噲)한 그 정명이고,

詳說
○ 音混.

'식(殖)'의 음은 '식(湜)'이다.

○ 音快.136)

'쾌(噲)'의 음은 '쾌(快)'이다.

○ 叶, 音征.137)

'정(正)'은 협운으로 음은 '정(征)'이다.

噦噦其冥, 君子攸寧.

홰홰(噦噦)한 어두운 곳이니, 군자가 편안히 계실 곳이로다.

詳說

○ 呼會反.138)

'홰(噦)'의 음은 '호(呼)'와 '회(會)'의 반절이다.

朱註

賦也. 殖殖, 平正也. 庭, 宮寢之前庭也.

부이다. 식식(殖殖)은 평평하고 바름이고, 정(庭)은 궁실 침소의 앞뜰이다.

詳說

○ 廬陵李氏曰:"堂下至門謂之庭."139)

여릉 이씨가 말하였다:"당하에서 문까지를 '정(庭)'이라고 한다."140)

朱註

覺, 高大而直也. 楹, 柱也. 噲噲, 猶快快也. 正, 向明之處也. 噦噦, 深廣之貌也. 冥, 奧窔之間也.

'각(覺)'은 높고 크며 곧은 것이다. '영(楹)'은 기둥이다. '쾌쾌(噲噲)'는 '쾌쾌(快快)'

---

136) 音快:『시전대전(詩傳大全)』에도 동일하게 되어 있다.
137) 叶, 音征:『시전대전(詩傳大全)』에도 동일하게 되어 있다.
138) 呼會反:『시전대전(詩傳大全)』에도 동일하게 되어 있다.
139) 『시전대전(詩傳大全)』에 여릉 이씨의 말로 실려 있다.
140) 『시전대전(詩傳大全)』에는 "여릉 이씨가 말하였다 : '당하에서 문까지를 정(庭)이라고 한다. 정은 삼당의 깊은 곳이다.(廬陵李氏曰 : 堂下至門, 謂之庭. 庭, 三堂之深.)"라고 되어 있다.

와 같다. '정(正)'은 밝음을 향하는 곳이다. '홰홰(噦噦)'는 깊고 넓은 모양이고, '명(冥)'은 아랫목과 윗목의 사이이다.

> 詳說

○ 音杳.

'요(窔)'의 음은 '묘(杳)'이다.

○ 爾雅曰 : "室西南隅, 謂之奧, 東南隅謂之窔."141)

『이아』에서 말하였다 : "집에서 서남 모퉁이를 오(奧)라고 하고, 서남 모퉁이를 '요(窔)'라고 한다."

○ 臨川王氏曰 : "其正, 則知其冥是偏也, 其冥, 則知其正是明也."142)

임천 오씨가 말하였다 : "그것이 정명이라면 그 어두운 곳이 치우친 곳임을 알겠고, 그것이 어두운 곳이라면 정명이 밝은 곳임을 알겠다."143)

○ 董氏曰 : "正, 陽室也, 冥, 陰室也."144)

동씨가 말하였다 : "정명은 양실이고, 어두운 곳은 음실이다."145)

> 朱註

言其室之美如此, 而君子之所休息以安身也.
그 집의 아름다움이 이와 같아 군자가 쉬며 몸을 편히 하는 곳이라는 말이다.

> 詳說

---

141) 『시전대전(詩傳大全)』에 『이아』의 말로 실려 있다.
142) 『시전대전(詩傳大全)』에 임천 왕씨의 말로 실려 있다.
143) 『시전대전(詩傳大全)』에는 "임천 오씨가 말하였다 : '噲噲(쾌쾌)한 그 정명이라면, 홰홰(噦噦)한 어두운 곳이 치우친 곳임을 알겠고, 홰홰(噦噦)한 어두운 곳이라면, 噲噲(쾌쾌)한 그 정명이 밝은 곳임을 알겠다.'(臨川王氏曰 : 噲噲其正, 則知噦噦其冥, 是偏也, 噦噦其冥, 則知噲噲其正是明也.)"라고 되어 있다.
144) 『시전대전(詩傳大全)』에 동씨의 말로 실려 있다.
145) 『시전대전(詩傳大全)』에는 "동씨가 말하였다 : '정명은 이른바 양실이고, 어두운 곳은 이른바 음실이다.(董氏曰 : 正, 所謂陽室也, 冥, 所謂陰室也.)"라고 되어 있다.

○ 內室.

'기실(其室)'은 내실이다.

○ 寢也

몸을 편히 하는 곳은 내실이다.

[2-4-5-6]
下莞上簟, 乃安斯寢.

아래는 부들자리이고, 위에는 대자리이니, 여기에서 잠이 편안하리로다.

詳說

○ 音官.146)

'완(莞)'의 음은 '관(官)'이다.

○ 叶, 徒檢徒錦二反.147)

'점(簟)'은 협운으로 음은 '도(徒)'와 '검(檢)', '도(徒)'와 '금(錦)'의 두 가지 반절이다.

○ 叶, 于檢于錦二反.148)

'침(寢)'은 협운으로 음은 '우(于)'와 '검(檢)', '우(于)'와 '금(錦)'의 반절이다.

乃寢乃興. 乃占我夢,

자고 일어나 내 꿈을 점쳐보니,

詳說

○ 叶, 彌登反.149)

'몽(夢)'은 협운으로 '미(彌)'와 '등(登)'의 반절이다.

---

146) 音官 : 『시전대전(詩傳大全)』에도 동일하게 되어 있다.
147) 叶, 徒檢徒錦二反 : 『시전대전(詩傳大全)』에도 동일하게 되어 있다.
148) 叶, 于檢于錦二反 : 『시전대전(詩傳大全)』에도 동일하게 되어 있다.
149) 叶, 彌登反 : 『시전대전(詩傳大全)』에도 동일하게 되어 있다.

吉夢維何, 維熊維羆,

길몽은 무엇인가? 곰과 큰 곰과

詳說

○ 音碑, 叶彼何反.150)

'비(羆)'의 음은 '비(碑)'이고, 협운으로는 '피(彼)'와 '하(何)'의 반절이다.151)

維虺維蛇.

큰 뱀과 뱀이로다.

詳說

○ 許鬼反.152)

'훼(虺)'의 음은 '허(許)'와 '귀(鬼)'의 반절이다.

○ 叶, 于其土何二反.153)

'사(蛇)'는 협운으로 '우(于)'와 '기(其)', '토(土)'와 '하(何)'의 두 가지 반절이다.154)

朱註

賦也. 莞, 蒲席也, 竹葦曰簟.

부이다. '완(莞)'은 부들자리이고, 대자리와 갈대자리를 '점(簟)'이라고 한다.

詳說

○ 濮氏曰 : "莞又云燈心草. 簟, 以覆莞席."155)

---

150) 音碑, 叶彼何反:『시전대전(詩傳大全)』에는 다소 다르게 되어 있다.
151) 『시전대전(詩傳大全)』에는 "비(羆)'의 음은 '피(彼)'와 '의(宜)'의 반절이고, 협운으로 '피(彼)'와 '하(何)'의 반절이다.(彼宜反, 叶彼何反.)"라고 되어 있다.
152) 許鬼反:『시전대전(詩傳大全)』에도 동일하게 되어 있다.
153) 叶, 于其土何二反:『시전대전(詩傳大全)』에는 다소 다르게 되어 있다.
154) 『시전대전(詩傳大全)』에는 "'사(蛇)'는 '시(市)'와 '사(奢)'의 반절이고, 협운으로 '우(于)'와 '기(其)', '토(土)'와 '하(何)'의 반절이다.(市奢反, 叶于其土何二反.)"라고 되어 있다.

복씨가 말하였다 : "'완(莞)'은 또 등심초라고 한다. '점(簟)'은 자리를 덮어주는 것이다."156)

朱註

羆似熊, 而長頸, 高脚, 猛憨
'비(羆)'는 곰과 비슷하나 머리가 길고 다리가 높이 있으며 사납고 우둔하며

詳說

○ 憨, 平聲.
'감(憨)'의 음은 '감(憾)'으로 평성이다.

朱註

多力能拔樹.
힘이 강해 나무를 뽑을 수 있다.

詳說

○ 本草曰 : "好攀緣上高木."157)
『본초』에서 말하였다 : " 가장자리에 매달려 위로 높은 나무에 올라가기를 좋아한다."158)

朱註

虺, 蛇屬, 細頸大頭, 色如文綬, 大者, 長七八尺. ○ 祝其君安其室居,
'훼(虺)'는 뱀의 종류로 목이 가늘고 머리가 크며 색깔이 문채 나는 끈과 같고 큰 것은 길이가 7-8척이 된다. ○임금이 그 거실에 편안히 있으면서

---

155) 『시전대전(詩傳大全)』에 복씨의 말로 실려 있다.
156) 『시전대전(詩傳大全)』에는 "복씨가 말하였다 : '완(莞)'은 또 등심초라고 하는데, 못 가운데에서 나니 곧 부리(苻䍢)이다. 완(莞)의 아래는 자리로 깔고, 그 위는 대나무와 갈대의 자리이니, 자를 덮어주기 위한 것이다.(濮氏曰 : 莞又云燈心草, 生池澤中, 卽苻䍢也. 下莞則鋪席, 其上則竹葦之簟, 所以覆席.)"라고 되어 있다.
157) 『시전대전(詩傳大全)』에 『본초』의 말로 실려 있다.
158) 『시전대전(詩傳大全)』에는 "『본초』에서 말하였다 : '곰의 종류로 큰 돼지인데, 성질이 가볍고 탐욕스러우며 가장자리에 매달려 위로 높은 나무에 올라가기를 좋아한다.'(本草曰 : 熊類, 大豕, 而性輕健, 好攀緣上高木.)"라고 되어 있다.

詳說

○ 斯.

'기(其)'는 '사(斯)'이다.

○ 句.

'거(居)'에서 구두해야 한다.

朱註

夢兆而有祥, 亦頌禱之辭也.

꿈의 조짐에 상서로운 조짐이 있기를 축원하였으니, 또한 칭송하고 기원하는 말이다.

詳說

○ 夢爲兆.

'몽조(夢兆)'는 꿈에 조짐이 되는 것이다.

○ 華谷嚴氏曰 : "設爲之辭, 非實有是夢也."159)

화곡 엄씨가 말하였다 : "가정한 말이니, 실제로 이런 꿈이 있었던 것은 아니다."

朱註

下章放此.

아래의 장에서도 이와 같다.

[2-4-5-7]

大人占之, 維熊維羆, 男子之祥, 維虺維蛇, 女子之祥.

태인이 꿈을 점치니, 곰과 큰 곰의 꿈은 남자를 낳을 상서이고, 큰 뱀과 뱀의 꿈은 여자를 낳을 상서로다.

---

159) 『시전대전(詩傳大全)』에 화곡 엄씨의 말로 동일하게 실려 있다.

詳說

○ 音泰.160)
'태(大)'의 음은 '태(泰)'이다.

朱註

賦也. 大人大卜之屬,
부이다. 태인은 태복과 같은 사람이니

詳說

○ 安成劉氏曰:"周禮大卜爲卜筮官之長.161)
안성 유씨가 말하였다 : "『주례』에서 태복은 복서관의 수장이다."162)

朱註

占夢之官也. 熊羆, 陽物, 在山, 彊力壯毅, 男子之祥也, 虺蛇, 陰物, 穴處, 柔弱, 隱伏女子之祥也
꿈을 점치는 관리이다. 곰과 큰 곰은 양물로 산에 있고 강력하고 굳세어 남자를 낳을 상서로움이고, 뱀과 큰 뱀은 음물로 구멍에 살고 유약하며 숨어 있어 여자를 낳을 상서로움이다.

詳說

○ 上聲.
'처(處)'는 상성이다.

○ 祥異徵也
길조와 흉조의 부름이다.

朱註

---

160) 音泰:『시전대전(詩傳大全)』에도 동일하게 되어 있다.
161) 『시전대전(詩傳大全)』에 안성 유씨의 말로 실려 있다.
162) 『시전대전(詩傳大全)』에는 "안성 유씨가 말하였다 : '『주례』에서 태복은 복서관의 수장이다. 복사(卜師)·복구인(卜龜人)·화씨(華氏)·점인(占人)·서인(筮人)·점몽(占夢)은 모두 그 관속이다. ….(安成劉氏曰 : 周禮太卜爲卜筮官之長. 凡卜師卜龜人, 華氏占人, 筮人占夢, 皆其官屬也. ….)"라고 되어 있다.

○ 或曰 : 夢之有占, 何也. 曰, 人之精神, 與天地陰陽流通, 故晝之所爲, 夜之所夢, 其善惡吉凶, 各以類至, 是以先王[163]建官設屬, 使之觀天地之會, 辨陰陽之氣,

어떤 이가 "꿈으로 점을 치는 것은 무엇 때문입니까?"라고 물어 다음처럼 답했다. "사람의 정신은 천지의 음양과 유통되기 때문에 낮에 하는 것과 밤에 꿈꾸는 것에 그 선악과 길흉이 각기 종류대로 다가오니, 이 때문에 선왕이 관속을 세우고 설치하여 그들이 천지의 모임을 관찰하고 음양의 기운을 구변해서

詳說

○ 周禮占夢注曰 : "天地之會, 建厭所處之日辰, 陰陽之氣休王前後."[164]

『주례』「점몽」의 주에서 말하였다 : "천지가 모임에 머무는 일진과 음양의 기운이 왕성하고 쉬는 전후를 세워서 따른다."[165]

朱註

以日月星辰, 占六夢之吉凶.
일월과 성진으로 여섯 가지 꿈의 길흉을 점쳐

詳說

○ 占夢曰 : "正夢, 噩夢, 思夢, 寤夢, 喜夢, 懼夢."[166]

「점몽」에서 말하였다 : "정몽(正夢), 악몽(噩夢), 사몽(思夢), 오몽(寤夢), 희몽(喜夢), 구몽(懼夢)이다."[167]

○ 占夢注曰 : "正, 無所感動平安自夢, 噩驚愕而夢, 寤覺時道之

---

163) 『시집전상설』에는 '생(生)'으로 되어 있는 것을 사고전서와 문맥을 참고하여 바로 잡았다.
164) 『시전대전(詩傳大全)』에는 『주례(周禮)』「점몽(占夢)」에서의 주(注)의 말로 실려 있다.
165) 『시전대전(詩傳大全)』에는 "『주례』「점몽」의 주에서 말하였다 : '천지가 모임에 머무는 일진과 음양의 기운이 왕성하고 쉬는 전후를 세워서 따른다. 염(厭)의 음은 염(琰)이고, 왕(王)의 음은 왕(旺)이다.(周禮占夢注曰 : 天地之會, 建厭所處之日辰, 陰陽之氣休王前後, 厭音琰, 王音旺.)"라고 되어 있다.
166) 『시전대전(詩傳大全)』에는 「점몽(占夢)」에서의 주(注)의 말로 실려 있다.
167) 『시전대전(詩傳大全)』에는 「점몽」에서 말하였다 : '첫 번째를 정몽(正夢)이라 하고, 두 번째를 악몽(噩夢)이라 하며, 세 번째를 사몽(思夢)이라 하고, 네 번째를 오몽(寤夢)이라 하며, 다섯 번째를 희몽(喜夢)이라 하고, 여섯 번째를 구몽(懼夢)이라 한다. ….(占夢曰 : 一曰正夢, 二曰噩夢, 三曰思夢, 四曰寤夢, 五曰喜夢, 六曰懼夢. ….)"라고 되어 있다.

而夢."168)

「점몽」의 주에서 말하였다 : "정(正)은 감동하고 평안한 것 없이 저저로 꿈꾸는 것이고, 악(噩)은 놀라서 꿈꾸는 것이며, 오(寤)는 깨어 있을 때에 인도되어 꿈꾸는 것이다."169)

朱註
獻吉夢贈惡夢,
길한 꿈을 바치고 흉한 꿈을 보내게 하였으니,

詳說
○ 占夢注曰 : "獻羣臣之吉夢于王. 贈, 送也. 欲以新善去故惡."170)

「점몽」의 주에서 말하였다 : "여러 신하들의 길몽을 왕에게 바친다. 증(贈)은 보낸다는 것이다. 새롭게 선을 해서 옛날의 악을 버리는 것이다."171)

朱註
其於天人相與之際,
하늘과 사람이 서로 함께 하는 사이에 대해

詳說

---

168) 『시전대전(詩傳大全)』에는 「점몽(占夢)」에서의 주(注)의 말로 실려 있다.
169) 『시전대전(詩傳大全)』에는 "「점몽」에서 말하였다 : 첫 번째를 정몽(正夢)이라 하고, 두 번째를 악몽(噩夢)이라 하며, 세 번째를 사몽(思夢)이라 하고, 네 번째를 오몽(寤夢)이라 하며, 다섯 번째를 희몽(喜夢)이라 하고, 여섯 번째를 구몽(懼夢)이라 한다.' 주에서 말하였다 : '정몽은 감동하고 평안한 것 없이 저저로 꿈꾸는 것이고, 악몽은 놀라서 꿈꾸는 것이며, 사몽은 깨어 있을 때 생각하다가 꿈꾸는 것이고, 오몽은 깨어 있을 때에 인도되어 꿈꾸는 것이며 희몽은 즐거워서 꿈꾸는 것이고, 구몽은 두려워서 꿈꾸는 것이다. 악(噩)은 음이 악(愕)이다.(占夢曰 : 一曰正夢, 二曰噩夢, 三曰思夢, 四曰寤夢, 五曰喜夢, 六曰懼夢. 注曰 : 日月星辰, 謂日月之行及合辰所在也. 正夢, 無所感動平安自夢, 噩夢, 驚愕而夢, 思夢, 覺時所思念之而夢, 寤夢, 覺時道之而夢, 喜夢, 喜說而夢, 懼夢, 恐懼而夢. 噩音愕.)"라고 되어 있다.
170) 『시전대전(詩傳大全)』에는 「점몽(占夢)」에서의 주(注)의 말로 실려 있다.
171) 『시전대전(詩傳大全)』에는 "「점몽」의 주에서 말하였다 : 계동에 여러 신하들의 길몽을 왕에게 바치니, 이에 사방에 사맹(舍萌)하여 악몽을 보낸다. 주에서 '여러 신하들의 길몽을 왕에게 바치니, 시에서 목인이 꿈을 꾸었다는 것으로 이것은 바친 길몽이다. 사(舍)는 석(釋)으로 읽으니, 사맹(舍萌)은 석채(釋菜)·맹채(萌菜)와 같은 것으로 처음 나오는 것이다. 증(贈)은 보낸다는 것이다. 새롭게 선을 해서 옛날의 악을 버리는 것이다.(占夢曰 : 季冬獻吉夢于王, 乃舍萌于四方, 以贈惡夢. 注云, 獻羣臣之吉夢于王, 詩云牧人乃夢, 此所獻吉夢也. 舍讀爲釋, 舍萌, 猶釋菜, 萌菜, 始生也. 贈, 送也. 欲以新善去故惡.)"라고 되어 있다.

○ 出董仲舒對策.

　　동중서의 「대책」이 출처이다.

朱註

察之詳而敬之至矣. 故曰王前巫, 而後史, 宗祝瞽侑, 皆在左右, 王中心無爲也, 以守至正.

관찰하기를 자세하게 하고 공경하기를 지극하게 합니다. 그러므로 '왕의 앞에는 무당이 있고 뒤에는 사관이 있으며, 종축(宗祝)과 고유(瞽侑)가 좌우에 있어 왕은 가운데에서 하는 일 없이 지극한 올바름을 지킨다.'라고 하였습니다."

詳說

○ 出禮記禮運.

　　『예기』「예운」이 출처이다.

○ 陳氏曰 : "廟有宗祝, 巫主弔臨之禮. 史書言動之實, 瞽爲樂師, 侑爲四輔."172)

　　진씨가 말하였다 : "사당에는 종축이 있고, 무(巫)는 조문하는 예를 주관하며, 사(史)는 말과 행동의 실제를 기록하고 고(瞽)는 악사가 되고, 유(侑)는 사보가 된다."173)

○ 此論也, 與七月註論藏冰者, 相類云.

　　이것은 경문의 의미설명으로 「칠월」의 주에서 장빙(藏冰)을 설명한 것과 서로 같은 것이라고 한다.

[2-4-5-8]

乃生男子, 載寢之牀, 載衣之裳, 載弄之璋.

남자를 낳아 평상에 재우고, 치마를 입히며, 구슬을 희롱하게 한다.

---

172) 『시전대전(詩傳大全)』에 진씨의 말로 실려 있다.
173) 『진씨예기집설(陳氏禮記集說)』「예운(禮運)」에 "…. 무(巫)는 조문하는 예를 주관하면서 왕의 앞에 있고, 사(史)는 말과 행동의 실제를 기록하면서 왕의 뒤에 있으며, 고(瞽)가 악사(樂師)가 되고 유(侑)가 사보(四輔)가 된다.(…. 巫主弔臨之禮而居前, 史書言動之實而居後, 瞽爲樂師, 侑爲四輔.)"라는 말이 있다.

詳說

○ 去聲.

'의(衣)'는 거성이다.

其泣喤喤, 朱芾斯皇, 室家君王.

우는 소리가 우렁차고, 붉은 슬갑이 휘황하여 실가를 소유하고 군왕이 되리로다.

詳說

○ 音橫, 叶, 胡光反.[174]

'황(喤)'의 음은 '횡(橫)'이고, 협운으로 '호(胡)'와 '광(光)'의 반절이다.[175]

○ 音弗.[176]

'불(芾)'의 음은 '불(弗)'이다.

朱註

賦也. 半圭曰璋. 喤, 大聲也. 芾, 天子純朱, 諸侯黃朱.

부이다. 반규를 장이라고 한다. '황(喤)'은 큰 소리이다. '불(芾)'은 천자는 순색의 붉은 색이고, 제후는 주황색이다.

詳說

○ 諺音用叶.

'황(喤)'은 『언해』에서의 음이 용(用)인 것은 협운이다.

○ 白虎通曰 : "以韋爲之. 上廣一尺, 下廣二尺.[177]

『백호통』에서 말하였다 : "가죽으로 만드는데, 상부의 폭은 한 척이고 하부의 폭은 두 척이다."[178]

---

174) 音弗 : 『시전대전(詩傳大全)』에는 다소 다르게 되어 있다.
175) 『시전대전(詩傳大全)』에는 "'황(喤)'의 음은 '화(華)'와 '팽(彭)'의 반절이고, 협운으로 '호(胡)'와 '광(光)'의 반절이다.(華彭反, 叶, 胡光反.)"라고 되어 있다.
176) 音弗 : 『시전대전(詩傳大全)』에도 동일하게 되어 있다.
177) 『시전대전(詩傳大全)』에 동래 여씨가 『백호통』의 말을 인용한 것으로 실려 있다.
178) 『시전대전(詩傳大全)』에는 "동래 여씨가 말하였다 : 『백호통』에서 말하였다 : 「천자는 주황색 불이고, 제후는 적색의 불이다. 가죽으로 만드는데, 상부의 폭은 한 척이고 하부의 폭은 두 척이다.」'(東萊呂氏曰 :

朱註

皇, 猶煌煌也. 君, 諸侯也 ○ 寢之於牀, 尊之也. 衣之以裳, 服之盛也. 弄之以璋, 尚其德也. 言男子之生於是室者, 皆將服朱巿煌煌然, 有室有家, 爲君爲王矣.

'황(皇)'은 '황황(煌煌)'과 같다. 군(君)은 제후이다. ○ 평상에 재움은 존귀하게 여기는 것이다. 치마를 입힘을 의복을 성대하게 하는 것이다. 장(璋)을 희롱하게 함은 그 덕을 숭상하는 것이다. 남자로 이 집에 태어난 자들은 모두 휘황찬란한 주불을 입혀 실가를 소유하여 제후가 되고 왕이 될 것이라는 말이다.

詳說

○ 妻子.

실가는 처자이다.

[2-4-5-9]

乃生女子, 載寢之地, 載衣之裼, 載弄之瓦.

여자를 낳아서 땅에 재우고, 포대기를 입히며, 기왓장을 희롱하게 한다.

詳說

○ 他計反.179)

'석(裼)'의 음은 '타(他)'와 '계(計)'의 반절이다.

○ 叶, 魚位反.180)

'와(瓦)'는 협운으로 '어(魚)'와 '위(位)'의 반절이다.

無非無儀, 唯酒食是議, 無父母詒罹.

잘못함도 없고 잘함도 없는지라, 오직 술과 밥을 의논하여 부모에게 근심을 끼침이 없으리로다.

白虎通云, …. 天子朱巿, 諸侯赤巿, 以韋爲之, 上廣一尺, 下廣二尺.)"라고 되어 있다.
179) 他計反:『시전대전(詩傳大全)』에도 동일하게 되어 있다.
180) 叶, 魚位反:『시전대전(詩傳大全)』에도 동일하게 되어 있다.

詳說

○ 叶, 音義.181)
　‘의(儀)’는 협운으로 음은 ‘의(義)’이다.

○ 以之反.182)
　‘이(訑)’의 음은 ‘이(以)’와 ‘지(之)’의 반절이다.

○ 叶, 音麗.183)
　‘리(羅)’는 협운으로 음은 ‘려(麗)’이다.

○ 去聲之麗
　거성의 ‘려(麗)’이다.

朱註

賦也. 裼, 褓也.
부이다. ‘석(裼)’은 포대기이다.

詳說

○ 音保.184)
　‘보(褓)’의 음은 ‘보(保)’이다.

○ 孔氏曰 : "裼縛兒被也."185)
　공씨가 말하였다 : "포대기로 아이의 이불을 싸는 것이다."

朱註

瓦, 紡塼也.
‘와(瓦)’는 길쌈할 때 쓰는 벽돌이다.

---

181) 叶, 音義 : 『시전대전(詩傳大全)』에도 동일하게 되어 있다.
182) 以之反 : 『시전대전(詩傳大全)』에도 동일하게 되어 있다.
183) 叶, 音麗 : 『시전대전(詩傳大全)』에도 동일하게 되어 있다.
184) 音保 : 『시전대전(詩傳大全)』에도 동일하게 되어 있다.
185) 『시전대전(詩傳大全)』에 공씨의 말로 동일하게 실려 있다.

詳說

○ 甎同.

'전(塼)'은 '전(甎)'과 같다.

○ 朱子曰 : "紡時所用之物."186)

주자가 말하였다 : "길쌈할 때 쓰는 것이다."187)

朱註

儀, 善, 罹, 憂也. ○ 寢之於地, 卑之也, 衣之以裼, 卽其用而無加也, 弄之以瓦, 習其所有事也. 有非, 非婦人也, 有善, 非婦人也.

'의(儀)'는 잘함이고, '리(罹)'는 근심이다. ○ 땅에 재우는 것은 하찮게 대하는 것이고, 포대기를 입히는 것은 실용에 따라 더함이 없는 것이며, 기와를 희롱하게 함은 일삼을 것을 익히게 하는 것이다. 잘못함이 있어도 부인이 아니고, 잘함이 있어도 부인이 아니다.

詳說

○ 非婦人之所宜有也, 帝王家尤甚.

부인으로 당연히 가져야 할 것이 아닌 것으로 제왕의 집안에서는 더욱 심했다.

朱註

蓋女子以順爲正,

여자는 순종을 정도로 해

詳說

○ 見孟子滕文公.

『맹자』「등문공」에 있다.188)

---

186) 『시전대전(詩傳大全)』에 주자의 말로 실려 있다.
187) 『시전대전(詩傳大全)』에는 "주자가 말하였다 : '와(瓦)는 길쌈할 때 쓰는 것이다. 예전에 사람이 그린 『열녀전』을 보니, 칠실의 딸이 손으로 어떤 것을 쥐고 있었는데 지금의 은자 같았다. 아마도 그것이 방전이라 생각하지만 꼭 그렇지만은 않을 것이다.'(朱子曰 : 瓦, 紡時所用之物. 舊見人畫列女傳, 漆室女手執一物, 如今銀子樣者. 意其爲紡塼也, 然未可必.)"라고 되어 있다.
188) 『맹자』「등문공」에 있다 : 『맹자』「등문공하」에 "여자가 시집갈 때에 어머니가 명하니, 시집감에 문에서 전

朱註

無非足矣, 有善則亦非其吉祥, 可願之事也.
잘못이 없는 것으로 충분하니, 잘함이 있는 것은 또한 길한 상서로 원할 것이 아니다.

詳說

○ 善, 蓋指外事.
잘함은 대개 바깥일을 가리킨다.

朱註

唯酒食, 是議而無遺父母之憂則可矣.
술과 밥만 의논해서 부모의 근심을 끼치지 않아야 된다.

詳說

○ 音嗣.
'사(食)'의 음은 '사(嗣)'이다.

○ 去聲.
'유(遺)'는 거성이다.

易曰, 無由遂
『주역』에서 "이루는 것이 없고,

詳說

○ 家人卦
『주역』「가인괘」이다.

○ 成也.

송할 적에 '네 집에 가서 반드시 공경하고 반드시 경계하여 남편을 어기지 말라.'라고 경계하니, 순종을 정도로 하는 것이 첩부(妾婦)의 도이기 때문이다.(女子之嫁也, 母命之, 往, 送之門, 戒之曰, 往之女家, 必敬必戒, 無違夫子, 以順爲正者, 妾婦之道也)"라는 말이 있다.

'수(遂)'는 이룸이다.

朱註
在中饋貞吉, 而孟子之母亦曰, 婦人之禮, 精五飯,
규중(閨中)에 있으면서 음식을 장만하면 정하고 길하다."고 하였고 맹자의 어머님께서도 "부인의 예는 다섯 가지 밥을 정갈하게 짓고,

詳說
○ 程子曰 : "居中而主饋."189)
정자가 말하였다 : "규중에서 음식을 주로 하는 것이다."190)

○ 五穀之飯.
오곡밥이다.

朱註
羃酒漿, 養舅姑, 縫衣裳而已矣, 故有閨門之修, 而無境外之志
술과 장을 잘 덮으며, 시부모를 잘 봉양하고, 의상을 꿰맬 뿐이기 때문에 규문에서 닦는 것이 있고, 경외에 뜻이 없다."고 하였으니,

詳說
○ 音密.
'멱(羃)'의 음은 '밀(密)'이다.

○ 去聲.
'량(養)'은 거성이다.

○ 見列女傳.

---

189) 『시전대전(詩傳大全)』에 『주역』에서의 정자의 말을 인용한 것으로 실려 있다.
190) 『시전대전(詩傳大全)』에는 "『주역』「가인괘」 육이효에서 정자가 말하였다 : '유순하고 중정한 것은 부인의 도이다. 부인은 규중에서 음식을 주로 하기 때문에 「규중에서 음식을 한다.」고 한 것이다.'(易家人六二爻, 程子曰 : 柔順中正, 婦人之道也. 婦人居中, 而主饋者也, 故曰中饋.)"라고 되어 있다.

「열녀전」에 있다.

朱註

此之謂也.
이것을 말하는 것이다.

詳說

○ 易曰以下, 論也.
역왈 이하는 경문의 의미 설명이다.

朱註

斯干九章, 四章章七句, 五章章五句.
「사간」은 9장으로 4장은 장이 5구이고, 5장은 장이 5구이다.

詳說

○ 藍田呂氏曰 : "一章願其保兄弟於斯, 二章願其繼祖妣於斯, 三四五章願其安身體於斯, 六章以下願其傳子孫於斯."[191]
남전 여씨가 말하였다 : "1장은 여기에서 형제를 보전하기를 원하는 것이고, 2장은 여기에서 조고와 조비를 계승하기를 원하는 것이며, 3장과 4장과 5장은 여기에서 신체를 편안하게 하기를 원하는 것이고, 6장 이하는 여기에서 자손을 전하기를 원하는 것이다."

○ 慶源輔氏曰 : "始於兄弟之和睦, 而終於兒女之賢善家道之成也."[192]
경원 보씨가 말하였다 : "형제를 화목하게 하는 것에서 시작해서 자녀를 현명하고 훌륭하게 함과 집안의 도를 완성하는 것에서 끝났다."[193]

---

191) 『시전대전(詩傳大全)』에 남전 여씨의 말로 거의 비슷하게 실려 있다.
192) 『시전대전(詩傳大全)』에 경원 보씨의 말로 실려 있다.
193) 『시전대전(詩傳大全)』에는 "경원 보씨가 말하였다 : '…. 칭송하고 기원하는 말이 형제를 화목하게 하는 것에서 시작해서 자녀를 현명하고 훌륭하게 함과 집안의 도를 완성하는 것에서 끝났으니, 이것을 넘어서는 것은 없다. …(慶源輔氏曰 : …. 頌禱之詞, 始於兄弟之和睦, 而終於兒女之賢善家道之成, 無踰此者也.)" 라고 되어 있다.

○ 按, 此及車攻吉日, 庭燎楚茨, 信南山甫田, 大田瞻彼洛矣, 裳裳者華桑扈, 鴛鴦頍弁, 車舝賓之初筵, 魚藻采菽, 瓠葉等詩, 其事雖正, 皆在厲王以後, 故不入於正雅, 而在變雅云

살펴보건대, 여기와 「거공」·「길일」·「정료」·「초자」·「신남산」·「보전」·「대전」·「첨피낙의」·「상상자화」·「상호」·「원앙」·「기변」·「차할」·「빈지초연」·「어조」·「채숙」·「호엽」 등의 시는 그 일이 바를지라도 모두 여왕 이후에 있기 때문에 「정아」에 넣지 않고 「변아」에 넣었다.

朱註
舊說厲王, 旣流于彘,
구설에 여왕이 체땅으로 유배되고 나서

詳說
○ 安成劉氏曰 : 凡十四年.194)
안성 유씨가 말하였다 : "모두 14년이다."195)

朱註
宮室圮壞, 故宣王卽位, 更作宮室, 旣成而落之. 今亦未有以見其必爲是時之詩也. 或曰, 儀禮下管新宮,
궁실이 무너졌기 때문에 선왕이 즉위하여 다시 궁실을 지어 완성한 다음에 낙성식을 하였다. 이제 또한 반드시 이때의 시임을 알 수 없다. 어떤 이는 "「의례」에 아래에서 신궁을 관악기로 연주한다는 것과

詳說
○ 部鄙反.
'비(圮)'의 음은 '부(部)'와 '비(鄙)'의 반절이다.

---

194) 『시전대전(詩傳大全)』에 안성 유씨의 말로 실려 있다.
195) 『시전대전(詩傳大全)』에는 "안성 유씨가 말하였다 : '여왕이 체땅으로 나가 있은지가 모두 14년 이후에 선왕이 재위에 올랐기 때문에 그 수도와 궁실이 붕괴되었다고 여긴 것이다.'(安成劉氏曰 : 厲王出居于彘, 凡十四年而後, 宣王立. 故疑其國都宮室之壞也.)"라고 되어 있다.

○ 平聲.
　'갱(賡)'은 평성이다.

○ 燕禮.
　「의례」는 「연례」이다.

○ 堂下吹管, 而奏新宮.
　당하에서 관악기를 불며 「신궁」을 연주한 것이다.

○ 大射禮曰 : "乃新宮三終."196)
　「대사례」에서 말하였다 : "이에 「신궁」 세 악장을 연주한다."197)

朱註

春秋傳,
『춘추전』에서

詳說

○ 左昭二十五年.
　『좌전』「소공」 25년이다.

朱註

宋元公賦新宮, 恐卽此詩.
송의 원공이 새 궁을 읊었다는 것이 아마도 이 시일 수 있다."라고 하였다.

詳說

○ 或說止此.
　어떤 이의 설명은 여기까지이다.

---

196) 『시전대전(詩傳大全)』에 주자가 「대사의」의 말을 인용한 것으로 실려 있다.
197) 『시전대전(詩傳大全)』에는 "『의례』「연례」에서 '아래에서 신궁을 관악기로 연주한다.'라고 하였고, 「대사의」에서 '이에 신궁 세 악장을 연주한다.'라고 하였다. 이보지는 '소공 25년에 ⋯.'라고 하였다.(朱子曰 : 儀禮燕禮曰, 下管新宮, 大射儀曰, 乃新宮三終. 李寶之云, 昭公二十五年, ⋯.)"라고 되어 있다.

朱註

然亦未有明證.
그러나 또한 분명하게 증명되는 것은 아니다.

詳說

○ 慶源輔氏曰 : "若以儀禮之新宮, 當之, 則非宣王之詩矣."198)
경원 보씨가 말하였다 : "만약 의례의 신궁이 그것에 해당한다면 선왕의 시가 아니다."199)

○ 若爾, 則當在正小雅矣. 蓋周公時, 新宮自有其詩而逸耳.
만약 그렇다면 「정소아」에 있어야 한다. 대개 주공 때에 신궁은 본래 그 시가 있었는데 빠졌을 뿐이다.

[2-4-6-1]

誰謂爾無羊, 三百維羣. 誰謂爾無牛, 九十其犉.

누가 너더러 양이 없다 하리오 삼백으로 떼를 지었도다. 누가 너더러 소가 없다 하리오 검은 입술의 소가 90마리나 되도다.

詳說

○ 音淳.
'순(犉)'의 음은 '순(淳)'이다.

爾羊來思, 其角濈濈.

네 양이 오니 그 뿔이 화하고 화하도다.

詳說

○ 音戢

---

198) 『시전대전(詩傳大全)』에 경원 보씨의 말로 실려 있다.
199) 『시전대전(詩傳大全)』에는 "경원 보씨가 말하였다 : '만약 『의례』에서 아래에서 신궁을 관악기로 연주했다는 것이 그것에 해당한다면, 이 시는 선왕의 시가 아니다.'(慶源輔氏曰 : 若以儀禮之下管新宮當之, 則此詩非宣王之詩矣.)"라고 되어 있다.

'즙(溼)'의 음은 '즙(戢)'이다.

爾牛來思, 其耳濕濕.

네 소가 오니 그 귀가 촉촉히 젖어 있도다.

朱註
賦也.
부(賦)이다.

詳說
○ 鄭氏曰 : "爾, 王也."
   정씨가 말하였다 : "너는 왕이다."

朱註
黃牛黑唇曰犉. 羊以三百爲羣,
누런 소에 입술이 검은 것을 순(犉)이라 한다. 양(羊)이 3백으로 떼를 지었다면,

詳說
○ 一羣.
   하나의 떼이다.

朱註
其羣不可數也,
그 떼를 셀 수가 없고,

詳說
○ 上聲
   '수(數)'는 상성이다.

○ 詩不言羣數, 故云然.

시에서 무리의 수를 말하지 않았기 때문에 그렇게 말한 것이다.

朱註

牛之犉者, 九十, 非犉者, 尚多也. 聚其角, 而息濈濈然, 呞

소의 입술이 검은 놈이 90마리라면, 입술이 검지 않은 놈이 아직도 많은 것이다. 그 뿔을 모으고 쉼에 화하고 화하며, 되새김질하면서

詳說

○ 音癡.

'시(呞)'의 음은 '치(癡)'이다.

○ 釋文曰:"食已, 復出, 嚼之."200)

『석문』에서 말하였다 : "먹고 나서 다시 꺼내 씹는 것이다."201)

朱註

而動其耳, 濕濕然. 王氏曰:"濈濈, 和也. 羊以善觸爲患, 故言其和, 謂聚而不相觸也.濕濕, 潤澤也, 牛病, 則耳燥, 安則潤澤也. ○ 此詩, 言牧事有成而牛羊衆多也

그 귀를 움직임에 습습(濕濕)한 것이다. 왕씨(王氏)가 말하였다. "집집(濈濈)은 화(和)함이다. 양은 떠받기를 잘함을 염려하기 때문에 그 화함을 말했으니, 서로 모여 있으면서 떠받지 않는다는 말이다. 습습(濕濕)은 윤택함이니, 소는 병들면 귀가 건조하고 편안하면 윤택한다." ○ 이 시는 짐승을 먹이는 일이 이루어짐에 우양이 많다는 말이다.

詳說

○ 小序曰:"宣王考牧也."

「소서」에서 말하였다 : "선왕은 목축으로 성공했다."

---

200) 『시전대전(詩傳大全)』에 『석문』의 말로 실려 있다.
201) 『시전대전(詩傳大全)』에는 "『석문』에서 말하였다 : '되새김질은 먹고 나서 다시 꺼내 씹는 것이다.(釋文曰 : 呞食已, 復出, 嚼之也.)"라고 되어 있다.

[2-4-6-2]

|或降于阿, 或飮于池, 或寢或訛.|

혹은 언덕에서 내려오고 혹은 못에서 물을 마시며 혹은 자고 혹은 움직이도다.

|詳說|

○ 叶, 唐何反.202)

'지(池)'는 협운으로 음은 '당(唐)'과 '하(何)'의 반절이다.

|爾牧來思, 何蓑何笠, 或負其餱,|

네 목인(牧人)이 옴에 도롱이를 메고 삿갓을 썼으며 혹은 그 마른 밥을 메고 오니,

|詳說|

○ 上聲.

'하(何)'는 상성이다.

○ 音梭

'사(蓑)'는 음이 '사(梭)'이다.

○ 音立.203)

'립(笠)'은 음이 '립(立)'이다.

○ 音侯.204)

'후(餱)'는 음이 '후(侯)'이다.

|三十維物, 爾牲則具.|

색깔이 30가지나 되어 네 희생이 모두 갖추어졌도다.

---

202) 叶, 唐何反:『시전대전(詩傳大全)』에도 동일하게 되어 있다.
203) 音立:『시전대전(詩傳大全)』에도 동일하게 되어 있다.
204) 音侯:『시전대전(詩傳大全)』에도 동일하게 되어 있다.

詳說

○ 叶, 微律反.205)

'물(物)'은 협운으로 음은 '미(微)'와 '율(律)'의 반절이다.

○ 叶, 居律反.206)

'구(具)'는 협운으로 '거(居)'와 '율(律)'의 반절이다.

朱註

賦也. 訛, 動, 何, 揭也.

부(賦)이다. 와(訛)는 움직임이고, 하(何)는 멤이다.

詳說

○ 音竭.207)

'갈(揭)'는 음이 '갈(竭)'이다.

朱註

蓑笠, 所以備雨. 三十維物, 齊其色而別之,

사(蓑)와 입(笠)은 비를 막는 것이다. 삼십유물(三十維物)은 그 색깔을 가지런히 하여 구별함에

詳說

○ 彼列反.

'별(別)'의 음은 '피(彼)'와 '열(列)'의 반절이다.

○ 與比物之物不同.

'힘이 같은(比物)'208)이라고 할 때의 '물(物)'과는 같지 않다.

---

205) 叶, 微律反:『시전대전(詩傳大全)』에도 동일하게 되어 있다.
206) 叶, 居律反:『시전대전(詩傳大全)』에도 동일하게 되어 있다.
207) 音竭:『시전대전(詩傳大全)』에도 동일하게 되어 있다.
208) '힘이 같은(比物)':『시경(詩經)』「소아(小雅)」「유월(六月)」에 "힘이 같은 네 필의 검은 말이여, 길들어 법도에 맞도다.(比物四驪 閑之有則)"라는 말이 있다.

朱註

凡爲色三十也.
모두 색깔이 30가지인 것이다.

詳說

○ 犉, 其一也.
누르고 입술 검은 소도 그 하나이다.

朱註

○ 言牛羊無驚畏,
"우양(牛羊)이 놀라거나 두려워함이 없고,

詳說

○ 鄭氏曰:"降阿飮池寢訛."209)
정씨가 말하였다: "언덕에서 내려오고 못에서 물을 마시며 자고 혹은 움직이는 것이다."210)

朱註

而牧人持雨具, 齎飮食, 從其所適,
목인(牧人)이 우구(雨具)를 챙기고 음식을 가져와서 적당한 것에 따라

詳說

○ 豐城朱氏曰降飮寢訛.211)
풍성 주씨가 말하였다: "언덕에서 내려오고 못에서 물을 마시며 자고 혹은 움직이는 것이다."212)

---

209) 『시전대전(詩傳大全)』에 정씨의 말로 실려 있다.
210) 『시전대전(詩傳大全)』에는 "정씨가 말하였다: '언덕에서 내려오고 못에서 물을 마시며 자고 혹은 움직이는 것은 놀라거나 두려워함이 없음을 찬미한 것이다.(鄭氏曰: 降阿飮池, 或寢或訛者, 美其無所驚畏也.)"라고 되어 있다.
211) 『시전대전(詩傳大全)』에 풍성 주씨의 말로 실려 있다.
212) 『시전대전(詩傳大全)』에는 "풍성 주씨가 말하였다: '언덕에서 내려오고 못에서 물을 마시며 자고 혹은 움직이는 것은 사물이 삶에 적절하게 하는 것이다. ….'(豐城朱氏曰: 降阿飮池寢處訛動, 物之適其生也. ….)"라고 되어 있다.

朱註

以順其性.

그 성질을 온순하게 하였다.

詳說

○ 添二句.

두 구를 더하였다.

朱註

是以生養蕃息, 至於其色無所不備, 而於用, 無所不有也.

이 때문에 양육되고 번식하여 그 색깔이 갖추어지지 않음이 없어 사용에 없는 것이 없다."고 말한 것이다.

詳說

○ 祭用.

제사에 사용한다.

○ 角尺握粟者, 皆備.

뿔이 한 자인 것과 한 줌 좁쌀이 모두 갖추어졌다.

○ 豐城朱氏曰 : "此以其效而言也."213)

풍성 주씨가 말하였다 : "이것은 그 효과로 말한 것이다."214)

[2-4-6-3]

爾牧來思, 以薪以蒸, 以雌以雄.

네 목인(牧人)이 옴에 굵은 나무를 베고 잔 나무를 베며 암놈을 잡고 수놈을 잡도다.

---

213) 『시전대전(詩傳大全)』에 풍성 주씨의 말로 실려 있다.
214) 『시전대전(詩傳大全)』에는 "풍성 주씨가 말하였다 : '색으로 갖추어지지 않음이 없고, 씀에 있지 않음이 없는 것은 그 효과로 말한 것이다.(豐城朱氏曰 : …. 色之無不備, 用之無不有, 則以其效而言也.)"라고 되어 있다.

> 詳說

○ 之承反.215)

'증(蒸)'의 음은 '지(之)'와 '승(承)'의 반절이다.

○ 叶, 于陵反.216)

'웅(雄)'은 협운으로 '우(于)'와 '릉(陵)'의 반절이다.

> 爾羊來思, 矜矜兢兢, 不騫不崩. 麾之以肱, 畢來旣升.

네 양이 오니 씩씩하고 꿋꿋하며 이지러지지 않고 병들지 않았도다. 손으로 지휘하니 모두 와서 다 우리로 올라가도다.

> 朱註

賦也. 麤曰薪, 細曰蒸. 雌雄, 禽獸也. 矜矜兢兢, 堅强也. 騫, 虧也.
부(賦)이다. 거친 나무를 신(薪)이라 하고, 가는 나무를 증(蒸)이라 한다. 자웅(雌雄)은 금수(禽獸)이다. 긍긍긍긍(矜矜兢兢)은 견강(堅强)함이다. 건(騫)은 이지러짐이고,

> 詳說

○ 徐氏鉉曰 : "羊以瘦爲病, 故羸從羊."217)
서씨 현이 말하였다 : "양이 파리한 것을 병으로 여기기 때문에 여윔이 양을 따르는 것이다."218)

> 朱註

崩, 羣疾也.
붕(崩)은 떼지어 병드는 것이다.

---

215) 之承反 : 『시전대전(詩傳大全)』에도 동일하게 되어 있다.
216) 叶, 于陵反 : 『시전대전(詩傳大全)』에도 동일하게 되어 있다.
217) 『시전대전(詩傳大全)』에 서현의 말로 실려 있다.
218) 『시전대전(詩傳大全)』에는 "서현이 말하였다 : '양이 파리한 것을 병으로 여기기 때문에 여윔이 양을 따르는 것이다 시에서 「이지러지지 않았다.」는 것은 이 때문이다'.(徐鉉曰 : 羊以瘦爲病, 故羸從羊. 詩曰不騫爲是故也.)"라고 되어 있다.

詳說

○ 要術曰 : "羊有疾, 輒相汚."219)
  요술이 말하였다 : "양에게 병이 있으면 갑자기 서로 더럽힌다."

○ 臨川王氏曰 : "言羊而不言牛者, 羊善耗敗."220)
  임천 왕씨가 말하였다 : "양을 말하고 소를 말하지 않은 것은 양은 잘 약해지기 때문이다."221)

朱註

肱, 臂也. 旣, 盡也. 升, 入牢也.
굉(肱)은 팔뚝이다. 기(旣)는 모두이다. 승(升)은 우리로 들어가는 것이다.

詳說

○ 閑也.
  우리로 들어가는 것은 한가한 것이다.

朱註

○ 言牧人有餘力, 則出取薪蒸, 搏禽獸,
  목인(牧人)이 여가(餘暇)가 있으면 나가 거친 나무와 가는 나무를 취하고 금수(禽獸)를 잡으며,

詳說

○ 豐城朱氏曰 : "不特勤於牧事."222)
  풍성 주씨가 말하였다 : "목축의 일에만 부지런한 것이 아니다."223)

---

219) 『시전대전(詩傳大全)』에 요술의 말로 동일하게 실려 있다.
220) 『시전대전(詩傳大全)』에 임천 왕씨의 말로 실려 있다.
221) 『시전대전(詩傳大全)』에는 "임천 왕씨가 말하였다 : '씩씩하고 꿋꿋한 것은 목동이 그 본성을 잘못되지 않게 해서 아주 튼튼해졌기 때문이다. 이지러지지 않고 병들지 않은 것은 양이 그 본성을 얻어 약해지지 않았다는 말이다. 양을 말하고 소를 말하지 않은 것은 양은 잘 약해지기 때문이라면, 소는 알 수 있기 때문이다.'(臨川王氏曰 : 矜矜兢兢, 牧之者, 不失其性, 而至堅強也. 不騫不崩, 言羊得其性, 而無耗敗也. 言羊而不言牛者, 羊善耗敗, 則牛可知也.)"라고 되어 있다.
222) 『시전대전(詩傳大全)』에 풍성 주씨의 말로 실려 있다.
223) 『시전대전(詩傳大全)』에는 "풍성 주씨가 말하였다 : '거친 나무와 가는 나무로 때감을 갖추고, 암수로 음식을 준비하니, 목인이 일에만 부지런한 것이 아님이 드러난다. …'(豐城朱氏曰 : 薪蒸以供爨燎, 雌雄以備

朱註

其羊亦馴擾, 從人, 不假箠楚, 但以手揮之使來, 則畢來, 使升則旣升也.
양(羊)들이 또한 잘 길들여져 사람을 따르니, 굳이 매를 때리지 않고, 다만 손으로 지휘하여 오게 하면 모두 오고, 우리로 올라가게 하면 모두 올라간다는 말이다.

詳說

○ 主水反
'추(箠)'의 음은 '주(主)'와 '수(水)'의 반절이다.

○ 豐城朱氏曰 : "人識物情, 物解人意.224)
풍성 주씨가 말하였다 : "사람이 사물의 심정을 알고 사물이 사람의 뜻을 이해한 것이다."225)

[2-4-6-4]

牧人乃夢, 衆維魚矣, 旐維旟矣. 大人占之, 衆維魚矣, 實維豐年,

목인(牧人)이 꿈을 꾸니 사람이 물고기가 되며 조(旐)가 여(旟)가 되도다. 태인(太人)이 점을 쳐보니 사람이 물고기가 됨은 실로 풍년들 조짐이고,

詳說

○ 音兆.226)
'조(旐)'의 음은 '조(兆)'이다.

○ 音餘.227)

飮食, 見牧人不特勤於事. ….)"라고 되어 있다.
224) 『시전대전(詩傳大全)』에 풍성 주씨의 말로 실려 있다.
225) 『시전대전(詩傳大全)』에는 "풍성 주씨가 말하였다 : '…. 손으로 지휘하니 모두 와서 다 우리로 올라가는 것은 사람이 사물의 심정을 알고 사물이 사람의 뜻을 이해하여, 일삼으며 분주하게 쫓는 노고가 필요 없음을 드러낸 것이다.'(豐城朱氏曰 : …. 麾之以肱, 畢來旣升, 見人識物情物解人意, 而無事乎奔走追逐之勞也.)"라고 되어 있다.
226) 音兆 : 『시전대전(詩傳大全)』에도 동일하게 되어 있다.
227) 音餘 : 『시전대전(詩傳大全)』에도 동일하게 되어 있다.

'여(旟)'의 음은 '여(餘)'이다.

○ 叶, 尼因反.228)
'연(年)'의 음은 '니(尼)'와 '인(因)'의 반절이다.

旐維旟矣, 室家溱溱.
조(旐)가 여(旟)가 됨은 실가(室家)가 많아질 조짐이로다.

詳說
○ 側中反.229)
'진(溱)'의 음은 '측(側)'과 '중(中)'의 반절이다.230)

朱註
賦也. 占夢之說, 未詳.
부(賦)이다. 꿈을 점치는 말은 상세하지 않다.

詳說
○ 不若上篇男女熊虺之易推
위의 편에서 남과 여, 곰과 살모사231)가 쉽게 유추되는 것만 못하다.

朱註
溱溱, 衆也.
진진(溱溱)은 많음이다.

詳說
○ 多也.

---

228) 叶, 尼因反:『시전대전(詩傳大全)』에도 동일하게 되어 있다.
229) 側中反:『시전대전(詩傳大全)』에는 다르게 되어 있다.
230)『시전대전(詩傳大全)』에는 "'진(溱)'의 음은 '측(側)'과 '건(巾)'의 반절이다.(側巾反)"라고 되어 있다.
231) 남과 여, 곰과 살모사:『시경』「소아」「사간(斯干)」에서 "길몽은 무엇인가. 곰과 큰곰과 큰뱀과 뱀이로다. 태인이 꿈을 점치니, 곰과 큰곰 꿈은 남자를 낳을 상서이고, 큰뱀과 뱀 꿈은 여자를 낳을 상서로다.(吉夢維何 維熊維羆 維虺維蛇 大人占之 維熊維羆 男子之祥 維虺維蛇 女子之祥.)"라고 하였다.

많다는 것이다.

朱註
或曰, 衆謂人也. 旐, 郊野所建, 統人少, 旟, 州里所建,
어떤 이가 "중(衆)은 사람을 말한 것이다."라고 하였다. 조(旐)는 교야(郊野)에 세워진 것이니 사람을 통솔함이 적고, 여(旟)는 주리(州里)에 세워진 것이니

詳說
○ 並見周禮大司馬.
『주례』「대사마」에 나란히 있다.

朱註
統人多. 蓋人不如魚之多, 旐所統, 不如旟所統之衆. 故夢人乃是魚,
사람을 통솔함이 많다. 사람은 고기의 많음만 못하고, 조(旐)가 통솔하는 것은 여(旟)가 통솔하는 것의 많음만 못하다. 그러므로 사람이 그야말로 물고기가 된 꿈을 꾸면,

詳說
○ 人爲魚.
사람이 물고기가 된 것이다.

朱註
則爲豊年
풍년이 되고,

○ 毛氏曰："陰陽和則魚衆多."232)
모씨가 말하였다："음양이 화합하면 물고기가 많아진다."

朱註

---

232) 『시전대전(詩傳大全)』에 모씨의 말로 동일하게 실려 있다.

旐乃是旟,
조(旐)가 그야말로 여(旟)가 된 것이면

詳說

○ 旐爲旟.
조(旐)가 여(旟)가 된 것이다.

朱註

則爲人衆.
사람이 많아짐이 되는 것이다.

詳說

○ 三山李氏曰 : "此章, 亦如斯干言占夢之事."233)
삼산 이씨가 말하였다 : "여기의 장도 「사간」에서 점몽의 말하는 일과 같다."

○ 華谷嚴氏曰 : "宣王承飢饉離散之後, 所願者, 年豐民庶, 故就牧事設夢, 以頌禱之."234)
화곡 엄씨가 말하였다 : "선왕이 이어 흩어져 이산된 다음에 원하는 것이 풍년과 백성이 많은 것이었기 때문에 목축의 일로 꿈을 가정해서 기리며 기도한 것이다."235)

朱註

無羊四章章八句
「무양」은 4장으로 장은 8구이다.

詳說

---

233) 『시전대전(詩傳大全)』에 삼산 이씨의 말로 동일하게 실려 있다.
234) 『시전대전(詩傳大全)』에 화곡 엄씨의 말로 실려 있다.
235) 『시전대전(詩傳大全)』에는 "화곡 엄씨가 말하였다 : '목축의 일을 살펴보면, 또한 당연히 번거롭게 기도하는 말로 마친 것이 있다. 선왕이 이어 흩어져 이산된 다음에 원하는 것이 풍년과 백성이 많은 것이었기 때문에 목축의 일로 꿈을 가정해서 기리며 기도했던 것일 뿐이다.'(華谷嚴氏曰 : 考牧之詩, 亦當有煩禱之語以終之. 宣王承饑饉離散之後, 所願者, 年豐民庶, 故就牧事設夢, 以頌禱之耳.)"라고 되어 있다.

○ 黃氏曰 : "斯干無羊之夢, 皆是設辭, 非果有是事."236)

황씨가 말하였다 : "「사간」에 양의 꿈이 없는 것은 모두 가정해서 한 말이니, 이런 일이 과연 있었던 것은 아닌 것이다."237)

○ 按, 二篇末言夢之事, 相類, 故以之相接云.

살펴보건대, 두 편의 끝에서 꿈을 말한 일이 서로 비슷하기 때문에 그것을 서로 연결시킨 것이다.

[2-4-7-1]

節彼南山, 維石巖巖. 赫赫師尹, 民具爾瞻.

높은 저 남산이여 돌이 암암(巖巖)하도다. 혁혁한 태사 윤씨여 백성들이 모두 너를 보도다.

詳說

○ 音截, 下同.238)

'절(節)'의 음은 절로 아래에서도 같다.

○ 叶, 側銜反.239)

'첨(瞻)'은 협운으로 음은 '측(側)'과 '함(銜)'의 반절이다.

憂心如惔, 不敢戲談, 國旣卒斬, 何用不監.

마음에 근심하기를 불타는 듯이 하며 감히 농담도 못하니, 나라가 이미 마침내 끊기거늘 어찌하여 살펴보지 않는고?

詳說

○ 音談.

---

236) 『시전대전(詩傳大全)』에 황씨의 말로 실려 있다.
237) 『시전대전(詩傳大全)』에는 "황씨가 말하였다 : '옛날 사람들은 가축의 많고 적음으로 그 사람의 성쇠를 점쳤다. …. 「사간」에 양의 꿈이 없는 것은 모두 가정해서 한 말이니, 이런 일이 과연 있었던 것은 아닌 것이다.'(黃氏曰 : 古人以畜之多寡, 而卜其人之盛衰. …. 斯干無羊之夢, 皆是設辭, 非果有是事.)"라고 되어 있다.
238) 音截下同 : 『시전대전(詩傳大全)』에도 동일하게 되어 있다.
239) 叶, 側銜反 : 『시전대전(詩傳大全)』에도 동일하게 되어 있다.

'담(惔)'의 음은 '담(談)'이다.

○ 子律反.240)
'졸(卒)'의 음은 '자(子)'와 '율(律)'의 반절이다.

○ 叶, 側銜反.241)
'참(斬)'은 협운으로 음은 '측(側)'과 '함(銜)'의 반절이다.

○ 平聲.
'감(監)'은 평성이다.

○ 凡卒字之爲終義盡義者, 皆以子律反讀之.
일반적으로 '졸(卒)'자가 끝이 되어 의미를 다하는 것은 모두 '자(子)'와 '율(律)'의 반절로 읽는다.

朱註
興也.
흥(興)이다.

詳說
○ 兼比.
비를 겸하였다.

朱註
節, 高峻貌, 巖巖, 積石貌, 赫赫, 顯盛貌. 師尹, 大師尹氏也. 大師, 三公, 尹氏, 蓋吉甫之後. 春秋
절(節)은 높은 모양이고, 암암(巖巖)은 돌이 쌓여 있는 모양이며, 혁혁(赫赫)은 현성(顯盛)한 모양이다. 사윤(師尹)은 태사(太師) 윤씨(尹氏)이다. 태사(太師)는 삼공(三公)이고, 윤씨(尹氏)는 윤길보(尹吉甫)의 후손(後孫)인 듯하다. 『춘추(春秋)』에

---
240) 子律反 : 『시전대전(詩傳大全)』에도 동일하게 되어 있다.
241) 叶, 側銜反 : 『시전대전(詩傳大全)』에도 동일하게 되어 있다.

詳說
○ 音泰, 下同.
'태(大)'의 음은 태로 아래에서도 같다.

○ 隱三年.
『춘추』는 「은공」 3년이다.

朱註
書尹氏卒, 公羊子,
"윤씨(尹氏)가 죽었다."고 기록하였는데,

詳說
○ 傳
공양자는 「전(傳)」이다.

朱註
以爲譏世卿者, 卽此也.
공양자(公羊子)가 "세경(世卿)을 비판한 것이다."라고 한 것이 바로 이것이다.

詳說
○ 三山李氏曰 : "春秋後, 又書尹氏, 立王子朝, 則其爲世卿甚久.242)
삼산 이씨가 말하였다 : "『춘추』뒤에 또 윤씨를 기록했는데, 왕자 조를 세운 것이라면 그가 세경이 된 것은 아주 오랜 된 것이다."

朱註
具, 俱, 瞻, 視, 惔, 燔, 卒, 終, 斬, 絶, 監, 視也 ○ 此詩, 家父所作,
구(具)는 '모두'이고, 첨(瞻)은 '봄'이며, 담(惔)은 '불탐'이고, 졸(卒)은 '마침내'이며, 참(斬)은 '끊김'이고, 감(監)은 '봄'이다. ○ 이 시는 가보(家父)가 지은 것이니,

---

242) 『시전대전(詩傳大全)』에 삼산 이씨의 말로 동일하게 실려 있다.

詳說

○ 音甫.

'보(父)'의 음은 보이다.

朱註

刺王用尹氏, 以致亂. 言節彼南山, 則維石巖巖矣, 赫赫師尹, 則民具爾瞻矣,

왕(王)이 윤씨(尹氏)를 등용하여 난(亂)을 이룸을 풍자한 것이다. 높은 저 남산(南山)에는 돌이 암암(巖巖)하고, 혁혁(赫赫)한 태사(太師) 윤씨(尹氏)는 백성들이 모두 너를 보고 있는데,

詳說

○ 慶源輔氏曰 : "以南山積石之高峻, 興師尹位望之尊崇, 位旣重, 則責亦深, 不可冒處而竊據也."243)

경원 보씨가 말하였다 : "남산에 높이 쌓인 돌로 사윤이 존망 받는 높은 자리에 있음을 흥하여 지위가 이미 높으면 책임도 깊으니, 함부로 차지하고 도둑처럼 있어서는 안 된다는 것이다."244)

○ 華谷嚴氏曰 : "鎬京面對終南, 故以所見起興."245)

화곡 엄씨가 말하였다 : "호경이 종남산을 쳐다보고 있기 때문에 보는 것으로 흥을 일으켰다."246)

朱註

而其所爲不善

그의 하는 것이 선(善)하지 못하여

---

243) 『시전대전(詩傳大全)』에 경원 보씨의 말로 실려 있다.
244) 『시전대전(詩傳大全)』에는 "경원 보씨가 말하였다 : '남산에 높이 쌓인 돌로 사윤이 존망 받는 높은 자리에 있음을 흥하여 바람이 이미 높으면 책임도 깊으니, 진실로 함부로 차지하고 도둑처럼 있어서는 안된다는 것을 드러냈다. ….'(慶源輔氏曰 : 以南山積石之高峻, 興師尹位望之尊崇, 以見望旣重, 則責亦深, 固不可以冒處而竊據也. ….)"라고 되어 있다.
245) 『시전대전(詩傳大全)』에 화곡 엄씨의 말로 실려 있다.
246) 『시전대전(詩傳大全)』에는 "화곡 엄씨가 말하였다 : '사윤이 백성의 바람을 잃었는데, 호경이 종남산을 쳐다보고 있기 때문에 보는 것으로 흥을 일으켰던 것이다.(華谷嚴氏曰 : 言師尹失民望, 鎬京而對終南. 故以所見起興.)"라고 되어 있다.

詳說

○ 補此句

이 구를 더했다.

朱註

使人憂心如火燔灼, 又畏其威而不敢言也.

사람들이 마음에 근심하기를 불이 불타는 듯하게 하고, 또 그 위엄을 두려워하여 감히 말하지 못하게 한다.

詳說

○ 慶源輔氏曰 : "戲談猶且不敢, 況敢正言其失乎."[247]

경원 보씨가 말하였다 : "농담도 오히려 감히 하지 못했는데, 하물며 감히 그 잘못을 바로 말하겠는가?"[248]

朱註

然則國旣終斬絶矣, 汝何用而不察哉.

그렇다면, 나라가 끝내 참절할 터인데, 네 어찌하여 이를 살피지 않는가?"라고 한 것이다.

[2-4-7-2]

節彼南山, 有實其猗.

높은 저 남산이여 초목이 가득히 골짜기에 있도다.

詳說

○ 音醫, 叶, 於何反.[249]

---

247) 『시전대전(詩傳大全)』에 경원 보씨의 말로 실려 있다.
248) 『시전대전(詩傳大全)』에는 "경원 보씨가 말하였다 : '남산에 높이 쌓인 돌로 사윤이 존망 받는 높은 자리에 있음을 흥하여 바람이 이미 높으면 책임도 깊으니, 진실로 함부로 차지하고 도둑처럼 있어서는 안된다는 것을 드러냈다. 마음에 근심하기를 불타듯이 한다는 것은 심하게 근심하는 것이다. 감히 농담도 못하는 것은 그 권위를 두려워하는 것이다. 농담도 오히려 감히 하지 못했는데, 하물며 감히 그 잘못을 바로 말하겠는가? ….'(慶源輔氏曰 : 以南山積石之高峻, 興師尹位望之尊崇, 以見望旣重, 則責亦深, 固不可以冒處而竊據也. 憂心, 如惔憂之甚也. 不敢戲談, 畏其威也. 戲談猶且不敢, 而況敢正言其失直指其非乎….)"라고 되어 있다.

'의於(猗)'의 음은 '의(醫)'로 협운으로는 '어(於)'와 '하(何)'의 반절이다.250)

|赫赫師尹, 不平謂何. 天方薦瘥, 喪亂弘多, 民言無嘉, 憯莫懲嗟.|

혁혁(赫赫)한 태사 윤씨여 공평하지 않으니 말을 한들 무엇 하리오! 하늘이 거듭 병을 내리고 있는지라 상란(喪亂)이 크고 많으며, 백성들의 말이 아름다움이 없는데 일찍이 징계하여 아무도 서글퍼하지 않는구나.

詳說

○ 音荐.
'천(薦)'의 음은 '천(荐)'이다.

○ 音嵯.
'차(瘥)'의 음은 '차(嵯)'이다.

○ 去聲.
'상(喪)'은 거성이다.

○ 叶, 居何反.251)
'가(嘉)'는 협운으로 음은 '거(居)'와 '하(何)'의 반절이다.

○ 音憯.
'참(憯)'의 음은 '참(慘)'이다.

○ 叶, 遭哥反.
'차(嗟)'은 협운으로 '조(遭)'와 '가(哥)'의 반절이다.

---

249) 音兆 : 『시전대전(詩傳大全)』에는 다소 다르게 되어 있다.
250) 『시전대전(詩傳大全)』에는 "'의於(猗)'의 음은 '어(於)'와 '의(宜)'의 반절이고, 협운으로 '어(於)'와 '하(何)'의 반절이다.(於宜反. 叶, 於何反.)"라고 되어 있다.
251) 叶, 居何反 : 『시전대전(詩傳大全)』에도 동일하게 되어 있다.

朱註
興也. 有實其猗, 未詳其義. 傳

흥(興)이다. 유실기의(有實其猗)는 그 뜻이 상세하지 않다. 전(傳)에서

詳說
○ 毛傳

朱註
曰, 實, 滿, 猗, 長也, 箋

"실(實)은 가득함이요, 의(猗)는 긺이다."라고 하였고, 전(箋)에서는

詳說
○ 鄭箋.

정씨의 전이다.

朱註
云, 猗, 倚也,

"의(猗)는 의지함이니,

詳說
○ 偏也.

치우쳐 있는 것이다.

朱註
言草木滿其旁, 倚之畎谷也. 或以爲草木之實, 猗猗然, 皆不甚通.

초목이 그 곁에 가득하여 골짜기에 의지한 것이다."라고 하였다 어떤 이는 "초목의 열매가 의의(猗猗)한 것이다."라고 하였으니, 모두 거의 통하지 못한 것이다.

詳說
○ 慶源輔氏曰 : "以爲皆不甚通者, 蓋與不平之意, 不相似耳. 鄭氏之意, 太鑿. 或說似可通, 故蘇氏亦云, 草木, 山之實也, 山之生物, 平均, 如一草木之生於上者, 無不猗猗. 其長如此, 則與不平意相近."252)

경원 보씨가 말하였다 : "모두 거의 통하지 못하는 것으로 여긴 것은 공평하지 않는다는 의미와 서로 비슷하지 않기 때문이다. 그런데 정씨의 의미는 너무 천착했고, 어떤 이의 설명은 통할 것 같기 때문에 소씨 역시 '초목으로 산이 가득해 산에서 생산하는 것이 공평하다.'고 했으니, 이를테면 하나의 초목이 위로 내놓는 것이 의의하지 않음이 없는 것과 같다는 것으로 그 길이가 이와 같다면 공평하지 않는다는 의미와 서로 근접한다는 것이다."253)

○ 按, 以文勢, 亦稍優.

살펴보건대, 어투에도 점점 결단성이 없어진다.

○ 安成劉氏曰 : 以左傳我落其實, 與衛風綠竹猗猗之語觀之, 或可爲集傳第三說之證."254)

안성 유씨가 말하였다 : "『좌전』에서 '우리가 그 열매를 떨어뜨린다.'는 말과 「위풍」에서 '푸른 대나무가 무성하다'는 말로 보면, 집전과 세 번째 설명의 증거가 될 수 있을 것이다."

朱註

薦, 荐通, 重也. 瘥, 病, 弘, 大, 憯, 曾, 懲, 創也 ○ 節彼南山, 則有實其猗矣, 赫赫師尹, 而不平其心,

천(薦)은 천(荐)과 통하니 거듭이다. 채(瘥)는 병듦이고, 홍(弘)은 큼이며, 참(憯)은 일찍이고, 징(懲)은 경계함이다. ○ 높은 남산에는 초목이 가득히 있는데, 혁혁한 태사(太師) 윤씨(尹氏)는 그 마음을 공평히 하지 않으니,

---

252) 『시전대전(詩傳大全)』에 경원 보씨의 말로 실려 있다.
253) 『시전대전(詩傳大全)』에는 "경원 보씨가 말하였다 : '초목이 가득히 골짜기에 있다는 것에 대해 선생은 모두 거의 통하지 못하는 것으로 여긴 것은 공평하지 않는다는 의미와 서로 비슷하지 않기 때문이다. 그런데 정씨의 의미는 너무 천착했고, 어떤 이의 설명은 통할 것 같기 때문에 소씨 역시 '초목이 가득해 산에서 생산하는 것이 공평하다.'고 했으니, 이를테면 하나의 초목이 위로 내놓는 것이 의의하지 않음이 없는 것과 같다는 것으로 그 길이가 이와 같다면 공평하지 않는다는 의미와 서로 근접한다는 것이다.'(慶源輔氏曰 : 冇實其猗, 先生以爲諸說皆不甚通者, 蓋與不平之意不相似耳. 然鄭氏之意太鑿. 而或者之說, 似可通, 故蘇氏亦云, 草木山之實也, 山之生物平均, 如一几草木之生於上者, 無不猗猗, 其長如此, 此則與不平之意, 相近矣.)"라고 되어 있다.
254) 『시전대전(詩傳大全)』에 안성 유씨의 말로 동일하게 실려 있다.

詳說

○ 去聲, 下同.
    '중(重)'은 거성으로 아래에서도 같다.

○ 一作然.
    '피(彼)'자가 어떤 판본에는 '연(然)'으로 되어 있다.

○ 補心字.
    '심(心)'자를 더했다.

朱註

則謂之何哉
일러 무엇하겠는가?

詳說

○ 怪而詰之之辭.
    이상해서 나무라는 말이다.

朱註

蘇氏曰 : 爲政者, 不平其心, 則下之榮瘁勞佚, 有大相絶者矣.
소씨(蘇氏)가 말하였다 : "정치를 하는 자가 그 마음을 공평히 하지 않으면 아랫사람의 영화롭고 곤궁함과 수고롭고 편안함이 크게 서로 떨어지게 된다.

詳說

○ 懸殊.
    '대상절(大相絶 : 크게 서로 떨어지게 된다)'는 것은 현격하게 달라진다는 것이다.

○ 二句, 申不平意.
    두 구에서는 공평하지 않은 의미를 거듭했다.

朱註

是以神怒, 而重之以喪亂,

그래서 신(神)이 노하여 상란(喪亂)을 거듭 내리고,

詳說

○ 天.

'신(神)'은 하늘이다.

○ 去聲.

'상(喪)'은 거성이다.

○ 喪亂弘多一句, 所以申薦瘥二字之義.

상란은 널리 많이 한 구로 한 것은 '천차(薦瘥)' 두 글자를 거듭하는 의미이다.

朱註

人怨而謗讟其上. 然尹氏曾不懲創咨嗟, 求所以自改也.

사람들이 원망하여 그 윗사람을 원망하는 것이다. 그러나 윤씨(尹氏)는 일찍이 징창(懲創)하고 자차(咨嗟)하여 스스로 고칠 바를 구하지 않았다."

詳說

○ 徒谷反.

'독(讟)'의 음은 '도(徒)'와 '곡(谷)'의 반절이다.

○ 補此句.

이 구를 더했다.

[2-4-7-3]

尹氏大師, 維周之氐,

윤씨(尹氏) 태사(太師)가 주나라의 근본이라

> 詳說

○ 音泰.255)

'태(大)'의 음은 '태(泰)'이다.

○ 丁禮反, 叶, 都黎反.256)

'저(氐)'의 음은 '정(丁)'과 '예(禮)'의 반절이다.

> 秉國之均, 四方是維, 天子是毗, 俾民不迷,

나라의 공평함을 잡고 있으면서 사방을 유지하며 천자를 도와 백성들이 혼미하지 않게 해야 하는데,

> 詳說

○ 音琵

'비(毗)'의 음은 '비(琵)'이다.

> 不弔昊天, 不宜空我師.

하늘에게 가엾게 여김을 받지 못하니 우리 무리들을 곤궁하게 해서는 안되느니라.

> 詳說

○ 叶, 霜夷反.257)

'사(師)'는 협운으로 음은 '상(霜)'과 '이(夷)'의 반절이다.

> 朱註

賦也. 氐

부(賦)이다. 저(氐)는

> 詳說

○ 柢通

---

255) 音泰 : 『시전대전(詩傳大全)』에도 동일하게 되어 있다.
256) 丁禮反, 叶, 都黎反 : 『시전대전(詩傳大全)』에도 동일하게 되어 있다.
257) 叶, 霜夷反 : 『시전대전(詩傳大全)』에도 동일하게 되어 있다.

朱註

本, 均, 平,

근본이고, 균(均)은 공평함이며,

詳說

○ 朱子曰：" 均本當從金，如所謂泥之在鈞者，不知鈞是何物. 恐是爲瓦器者，所謂車盤也. 蓋運得愈急，則其成器愈快，今訓平者，此物亦惟平，乃能運."258)

주자가 말하였다 : "균(均)은 본래 '쇠 금(金)'변이 되어야 하는 것으로 이른바 진흙이 균(鈞)에 있다는 것과 같은데, 균이 어떤 것인지는 모르겠다. 아마 와기로 이른바 물레일 것이다. 대체로 빨리 돌릴수록 그릇이 더 빨리 만들어지니, 이제 '평(平)'이라고 풀이한 것은 이것이 또한 평평해야만 돌릴 수 있다는 것이다."259)

○ 應上章平字

위의 장의 '평(平)'자와 호응한다.

朱註

維, 持 毗, 輔, 弔, 愍, 空, 窮, 師, 衆也. ○ 言尹氏大師, 維周之氏,

유(維)는 유지이고, 비(毗)는 도움이며, 조(弔)는 가엾게 여김이고, 공(空)은 곤궁함이며, 사(師)는 무리이다. ○ 윤씨(尹氏) 태사(太師)가 주나라의 근본이어서

詳說

○ 臨川王氏曰：" 京室以大族爲氏，朝廷以尊官爲氏."260)

임천 왕씨가 말하였다 : "왕실은 거족을 근본으로 하고, 조정은 고관을 근본으

---

258) 『시전대전(詩傳大全)』에 주자와 반시거의 문답으로 실려 있다.
259) 『시전대전(詩傳大全)』에는 "주자가 말하였다 : '균(均)은 본래 쇠 금(金)변이 되어야 하는 것으로 이른바 진흙이 균(鈞)에 있다는 것과 같은데, 균이 어떤 것인지는 모르겠습니다.' 반시거가 답하였다 : '아마 와기로 이른바 물레일 것입니다. 대체로 빨리 돌릴수록 그릇이 더 빨리 만들어집니다.' 말하였다 : '나라의 공평함을 잡았다는 것은 단지 이런 의미일 뿐입니다. 이제 평(平)이라고 풀이한 것은 이것이 또한 평평해야만 돌릴 수 있다는 것입니다.'(朱子曰：均本當從金, 如所謂泥之在鈞者, 不知鈞是何物. 潘時擧曰：恐只是爲瓦器者, 所謂車盤也. 蓋運得逾急則, 其成器愈快. 曰：秉國之均, 只是此義. 今訓平者, 此物亦惟平, 乃能運也.)"라고 되어 있다.
260) 『시전대전(詩傳大全)』에 임천 왕씨의 말로 실려 있다.

로 한다."261)

朱註

而秉國之均, 則是宜有以維持四方, 毗輔天子, 而使民不迷, 乃其職也, 今乃不平其心,

나라의 공평함을 잡고 있으면, 마땅히 사방을 유지하고 천자를 도와 백성들이 혼미하지 않게 함이 바로 그의 직책인데, 이제 마침내 그 마음을 공평히 하지 아니하여

詳說

○ 補二句.

두 구를 더했다.

朱註

而旣不見憨弔於昊天矣, 則不宜久在其位, 使天降禍亂

이미 하늘에게 가엾게 여김을 받지 못하니, 오랫동안 그 지위에 있어 하늘이 화란을 내려

詳說

○ 補二句.

두 구를 더했다.

朱註

而我衆幷及空窮也.

우리들이 모두 없어져 궁하게 해서는 안됨을 말한 것이다.

詳說

○ 去聲.

---

261) 『시전대전(詩傳大全)』에는 "임천 왕씨가 말하였다 : '왕실은 거족을 근본으로 하고, 조정은 고관을 근본으로 한다. 근본은 안위와 존망이 나오는 것인데, 윤씨는 거족이고, 태사는 고관이다.'(臨川王氏曰 : 京室以大族爲氐, 朝廷以尊官爲氐. 氐者, 安危存亡所出也, 尹氏大族也, 大師尊官也.)"라고 되어 있다.

'병(幷)'은 거성이다.

○ 至也.
미치게 하다는 것은 이르게 한다는 것이다.

○ 東萊呂氏曰 : "蓋曰人之類, 將滅矣, 甚言之也."262)
동래 여씨가 말하였다 : "대개 사람들이 멸망하게 될 것이라고 하는 것은 심한 말이다."263)

[2-4-7-4]
弗躬弗親, 庶民弗信,

몸소 하지 않으며 친히 하지 않아 서민들이 믿지 않으니,

詳說

○ 叶, 斯人反.264)
'신(信)'은 협운으로 음은 '사(斯)'와 '인(人)'의 반절이다.

弗問弗仕, 勿罔君子.

묻지도 않고 일해보지도 않은 사람으로 군자를 속이지 말지어다.

詳說

○ 叶, 奬里反.265)
'자(子)'자는 협운으로 음은 '장(奬)'과 '리(里)'의 반절이다.

式夷式已, 無小人殆

---

262) 『시전대전(詩傳大全)』에 동래 여씨의 말로 실려 있다.
263) 『시전대전(詩傳大全)』에는 "동래 여씨가 말하였다 : '우리 무리를 없애다는 것은 그 나라를 없애고 그 땅을 없앤다는 것과 같다. 대개 사람들이 멸망하게 될 것이라고 하는 것은 심한 말이다.'(東萊呂氏曰 : "空我師, 如空其國空其地之類. 蓋曰人之類, 將滅矣, 甚言之也.")"라고 되어 있다.
264) 叶, 斯人反 : 『시전대전(詩傳大全)』에도 동일하게 되어 있다.
265) 叶, 奬里反 : 『시전대전(詩傳大全)』에도 동일하게 되어 있다.

마음을 공평히 하여 소인들을 그만두게 하여 소인 때문에 국가를 위태롭게 하지 말지어다.

|詳說|

○ 叶, 養里反.266)

'태(殆)'는 협운으로 음은 '량(養)'과 '리(里)'의 반절이다.

|瑣瑣姻亞, 則無膴仕.|

쇄쇄(瑣瑣)한 인아(姻亞)는 큰 벼슬을 시키지 말아야 하느니라.

|詳說|

○ 素火反.267)

'쇄(瑣)'의 음은 '소(素)'와 '화(火)'의 반절이다.

○ 音武.268)

'무(膴)'의 음은 '무(武)'이다.

|朱註|

賦也. 仕, 事, 罔, 欺也. 君子, 指王也. 夷, 平,

부(賦)이다. 사(仕)는 일이고, 망(罔)은 속임이다. 군자는 왕을 가리킨 것이다. 이(夷)는 공평함이고,

|詳說|

○ 應前章平字

앞 장의 '평(平)'자와 호응한다.

|朱註|

已, 止,

이(已)는 그만 둠이며,

---

266) 叶, 養里反 : 『시전대전(詩傳大全)』에도 동일하게 되어 있다.
267) 素火反 : 『시전대전(詩傳大全)』에도 동일하게 되어 있다.
268) 音武 : 『시전대전(詩傳大全)』에도 동일하게 되어 있다.

詳說

○ 臨川王氏曰 : "與孟子士師不能治事則已之已, 同義."269)
임천 왕씨가 말하였다 : "『맹자』에서 '사사 일을 처리하지 못하면 그만 두게 한다.'270)고 할 때의 '그만 두게 한다.'는 것과 같은 의미이다."271)

朱註

殆, 危也. 瑣瑣, 小貌. 壻之父曰姻, 兩壻相謂曰亞.
태(殆)는 위태로움이다. 쇄쇄(瑣瑣)는 작은 모양이다. 사위의 아버지를 인(姻)이라 하고, 두 사위가 서로 이르기를 아(亞)라 한다.

詳說

○ 見爾雅.
『이아』에 있다.

○ 孔氏曰 : "一人娶姊, 一人娶妹, 相亞次也."272)
공씨가 말하였다 : "한 사람이 언니에게 장가가고, 한 사람이 동생에게 장가가면 서로 '아차(亞次 : 동서로 이어짐)'라고 한다."

朱註

膴, 厚也 ○ 言王委政於尹氏, 尹氏又委政於姻婭之小人, 而以其未嘗問, 未嘗事者, 欺其君也
무(膴)는 후함이다. ○ 왕은 윤씨(尹氏)에게 정사(政事)를 맡기고, 윤씨는 또 인아(姻)의 소인들에게 정사를 맡겨서 일찍이 묻지도 아니하고 일찍이 일해보지도 않은 자들로 그 임금을 속였다.

詳說

---

269) 『시전대전(詩傳大全)』에 임천 왕씨의 말로 실려 있다.
270) 『맹자』「양혜왕하」에 "맹자가 '사사(士師)가 사(士)를 다스리지 못하면 어떻게 하시겠습니까?'라고 하니, 왕이 '그만두게 하겠습니다.'라고 하였다.(曰 : 士師不能治士, 則如之何. 王曰 : 已之.)"라는 말이 있다.
271) 『시전대전(詩傳大全)』에는 "임천 왕씨가 말하였다 : 「그만 두게 함은 폐하여 물림이다. 『맹자』에서 「사사 일을 처리하지 못하면 그만 두게 한다.」고 했는데, 여기에서의 「그만 두게 한다」는 것과 같은 의미이다. (臨川王氏曰 : 已, 廢退也. 孟子所謂士師不能治士則已之, 與此, 同義.)"라고 되어 있다.
272) 『시전대전(詩傳大全)』에 공씨의 말로 거의 동일하게 실려 있다.

○ 先立論.
먼저 경문의 의미 설명을 내세웠다.

朱註
故戒之曰, 汝之弗躬弗親, 庶民已不信矣,
그러므로 경계하기를 '네가 일을 몸소 하지 아니하고 친히 하지 아니하여 서민들이 이미 믿지 않는데,

詳說
○ 弗躬弗親, 而曰躬曰親云者, 民已不信矣.
몸소 하지 않고 친히 하지 않았는데, '몸소 하다.'라고 하고 '친히 하다.'라고 하는 것으로 말했다면, 백성들이 이미 믿지 않는다는 것이다.

朱註
其所弗問弗事, 則豈可以罔君子哉.
묻지도 않고 일해보지도 않은 사람이라면 어찌 군자를 속일 수 있겠는가?

詳說
○ 弗問弗事, 而曰問曰事, 則是欺君也
묻지도 않고 일해보지도 않은 사람인데, '묻다'라고 하고 '일해보다'라고 한 것은 바로 임금을 속인다는 것이다.

朱註
當平其心, 視所任之人, 有不當者,
그 마음을 공평히 하여 임무를 맡긴 사람을 보아서 마땅하지 않은 자가 있으면

詳說
○ 補此句.
이 구를 더했다.

朱註

則己之, 無以小人之故, 而至於危殆其國也. 瑣瑣姻婭, 而必皆膴仕, 則小人進矣.

벼슬을 그만두게 하여, 소인 때문에 그 나라를 위태롭게 함에 이르지 말라.'라고 한 것이다. 쇄쇄(瑣瑣)한 인아(姻婭)들인데 반드시 모두 큰 벼슬을 했다면 소인이 등용된 것이다.

詳說

○ 所以悉皆屛去, 而無使厚事也, 厚事, 猶重任也.

모두 막고 물리쳐서 후하게 섬기지 않도록 해야 할 것인데, 후하게 섬겼다면 중임한 것이다.

[2-4-7-5]

昊天不傭, 降此鞠訩,

호천(昊天)이 균평하지 아니하여 이 극한 난을 내리며

詳說

○ 敕龍反.273)

'용(傭)'의 음은 '칙(敕)'과 '용(龍)'의 반절이다.

○ 音菊, 訩, 音凶.

'국(鞠)'의 음은 '국(菊)'이다.

○ 音凶.274)

'흉(訩)'의 음은 '흉(凶)'이다.

昊天不惠, 降此大戾. 君子如屆, 俾民心闋

호천(昊天)이 순하지 아니하여 이 큰 괴려를 내리셨다. 군자가 만일 지극히 하면 백성들의 나쁜 마음 그치게 할 것이며

---

273) 敕龍反 : 『시전대전(詩傳大全)』에도 동일하게 되어 있다.
274) 音凶 : 『시전대전(詩傳大全)』에는 "音凶"이라고만 되어 있다.

> 詳說

○ 音戒, 叶, 居例反.[275]

'계(屆)'의 음은 '계(戒)'이고, 협운으로 '거(居)'와 '례(例)'의 반절이다.

○ 音缺, 叶, 苦桂反.[276]

'결(闋)'의 음은 '결(缺)'로 협운으로 '고(苦)'와 '계(桂)'의 반절이다.

|君子如夷, 惡怒是違.|

군자가 만일 마음을 공평히 하면 백성들의 미움과 노여움이 멀어지게 하리라.

> 詳說

○ 去聲.

'오(惡)'는 거성이다.

> 朱註

賦也. 傭

부(賦)이다. 용(傭)은

> 詳說

○ 諺音恐誤.

『언해』의 음이 잘못된 것 같다.

> 朱註

均, 鞠, 窮, 訩, 亂, 戾, 乖, 屆, 至, 闋, 息, 違, 遠也. ○ 言昊天不均, 而降此窮極之亂, 昊天不順,

고름이고, 국(鞠)은 궁극이며, 흉(訩)은 난(亂)이고, 여(戾)는 괴려이며, 계(屆)는 지극함이고, 결(闋)은 쉼이며, 위(違)는 멂이다. ○ "호천(昊天)이 균평(均平)하지 못하여 이 궁극(窮極)한 난(亂)을 내리고, 호천(昊天)이 조화롭지 못하여

---

275) 音戒, 叶, 居例反 : 『시전대전(詩傳大全)』에도 동일하게 되어 있다.
276) 音缺, 叶, 苦桂反 : 『시전대전(詩傳大全)』에도 동일하게 되어 있다.

詳說

○ 與夷字, 皆應前章平字.
'이(夷)'와 함께 모두 앞의 장의 '평(平)'자와 호응한다.

○ 惠.
'순(順)'은혜롭다는 것이다.

朱註

而降此乖戾之變.
이 괴려(乖戾)의 변(變)을 내렸다.

詳說

○ 華谷嚴氏曰 : 天生小人以禍天下.277)
화곡 엄씨가 말하였다 : "하늘이 소인을 내어 천하에 재앙이 되게 했다."278)

朱註

然所以靖之者, 亦在夫人而已
그러나 이것을 안정시키는 것은 또한 사람에 달여 있을 뿐이다.

詳說

○ 音扶, 下同.
'부(夫)'의 음은 '부(扶)'로 아래에서도 같다.

○ 補二句
두 구를 더했다.

朱註

君子無所苟,

---

277) 『시전대전(詩傳大全)』에 화곡 엄씨의 말로 실려 있다.
278) 『시전대전(詩傳大全)』에는 "화곡 엄씨가 말하였다 : '사윤의 죄에 걸렸는데, 하늘에 돌려 극한 난을 내리고 큰 괴려를 내렸다고 했으니, 하늘이 소인을 내어 천하에 재앙이 되게 했다는 것이다.'(華谷嚴氏曰 : 罹師尹之禍, 而歸之於天, 曰降此鞠訩, 降此大戾, 謂天生小人, 以禍天下也.)"라고 되어 있다.

군자가 구차히 하는 것이 없어

> 詳說
> ○ 至之對.
>   '구차히 하는 것'은 것은 '지극함'과 짝이다.

朱註
而用其至, 則必躬必親.
그 지극함을 쓴다면 반드시 일을 몸소 하고 친히 하여

> 詳說
> ○ 照上章.
>   위의 장을 참조하라.

朱註
而民之亂心息矣,
백성들의 난을 일으키려는 마음이 그칠 것이고,

> 詳說
> ○ 補亂字.
>   '난(亂)'자를 더했다.

朱註
君子無所偏
군자가 편벽되게 하는 것이 없어

> 詳說
> ○ 平之對.
>   '편벽되게 한다.'는 것은 '공평하게 한다.'는 것과 짝이다.

朱註

而平其心, 則式夷式已.
그 마음을 공평히 한다면, 마음을 공평히 하여 소인들을 그만두게 해서

> 詳說
> ○ 照上章.
> 　　앞의 장을 참조하라.

朱註
而民之惡怒遠矣, 傷王與尹氏之不能也
백성들의 미움과 노여움이 멀어질 것이다."라고 말했으니, 왕과 윤씨가 그렇게 하지 못함을 서글퍼한 것이다.

> 詳說
> ○ 補此句.
> 　　이 구를 더했다.

朱註
夫爲政不平, 以召禍亂者, 人也, 而詩人以爲天實爲之者,
정사를 공평하게 하지 못하여 화란을 부른 것은 사람인데, 시인이 하늘이 진실로 이렇게 했다고 말한 것은

> 詳說
> ○ 見北門.
> 　　「북문」에 있다.

朱註
蓋無所歸咎而歸之天也, 抑有以見君臣隱諱之義焉,
허물을 돌릴 곳이 없어서 하늘에게 돌린 것이니, 군신 사이에 숨겨주는 뜻을 볼 수 있으며,

> 詳說

○ 不敢斥王而怨天.
감히 왕을 배척하지 못하고 하늘을 원망했다.

朱註

有以見天人合一之理焉.
천인이 합일하는 이치를 볼 수 있으니,

詳說

○ 慶源輔氏曰:"天人一理, 人心悅, 則天意解矣."279)
경원 보씨가 말하였다 : "하늘과 사람은 하나의 이치로 되어 있으니, 사람의 마음이 기뻐하면 하늘의 뜻이 풀린다."280)

朱註

後皆放此.
뒤에서도 모두 이와 같다.

詳說

○ 慶源輔氏曰:"先生發先儒所不及之說, 施之變雅刺詩, 皆可通也."281)
경원 보씨가 말하였다 : "선생은 선대의 학자들이 언급하지 않은 설명을 했으니, 「변아」의 풍자하는 시에 적용하면 모두 통한다."282)

○ 安成劉氏曰:"正月十月之交, 雨無正小旻, 小弁巧言, 及板蕩瞻卬召旻, 言天之意, 與此同一致."283)
"「정월」·「시월지교」·「우무정」·「소민」·「소변」·「교언」 및 「판」·「탕」·「첨앙」·「소호」

---

279) 『시전통석(詩傳通釋)』에 보씨의 말로 실려 있다.
280) 『시전통석(詩傳通釋)』에는 "보씨가 말하였다 : '…. 처음에 하늘을 말하고 후에 겨우 사람을 말한 것은 하늘과 사람은 하나의 이치로 되어 있으니, 사람의 마음이 기뻐하면 하늘의 뜻이 풀린다는 것이다. ….'.(.輔氏曰: …. 初言天, 而後止言人者, 天人一理, 人心悅則天意解矣. ….)"라고 되어 있다.
281) 『시전통석(詩傳通釋)』에 보씨의 말로 실려 있다.
282) 『시전통석(詩傳通釋)』에는 "보씨가 말하였다 : '…. 천일합일에 대한 설명은 선생은 선대의 학자들이 언급하지 않은 설명인데, 「변아」의 풍자하는 시에 적용하면 모두 통한다.….'(…. 天人合一之理之説. 先儒所不及, 施之變雅刺詩皆可通也. ….)"라고 되어 있다.
283) 『시전대전(詩傳大全)』에 안성 유씨의 말로 실려 있다.

에서 하늘을 말하는 뜻은 여기와 하나로 일치한다."284)

[2-4-7-6]
不弔昊天, 亂靡有定,

하늘에게 가엽게 여김을 받지 못한지라 난이 진정되지 아니하고

詳說

○ 天, 鐵因反.285)
'천(天)'은 협운으로 음은 '철(鐵)'과 '인(因)'의 반절이다.

○ 定, 唐丁反.286)
'정(定)'은 협운으로 음은 '당(唐)'과 '정(丁)'의 반절이다.

式月斯生, 俾民不寧.

다달이 생겨나서 백성들이 편안하지 못하게 하는구나.

詳說

○ 生, 霜經反.287)
'생(生)'은 협운으로 '상(霜)'과 '경(經)'의 반절이다.

憂心如酲, 誰秉國成,

마음에 근심하기를 술병이 든 듯이 하니 누가 나라의 공평함을 잡고 있기에

詳說

○ 音呈.288)

---

284) 『시전대전(詩傳大全)』에는 "안성 유씨가 말하였다 : 「정월」…, 「시월지교」…, 「우무정」…, 「소민」…, 「소변」…, 「교언」…, 「판」…, 「탕」…, 「첨앙」…, 「소호」…, 모두 여기의 장에서 하늘을 말하는 뜻과 하나로 일치하는 것은 시인의 성정이 동일하게 그런 것이 있기 때문일 것이다.(安成劉氏曰 : …. 正月…, 十月之交, …. 兩無正. …, 小旻…, 小弁…, 巧言…, 板…, 蕩…, 瞻卬…, 召旻…, …, 皆與此章言天之意, 同一致者, 其詩人之情性, 有同然者歟.)"라고 되어 있다.
285) 天, 鐵因反 : 『시전대전(詩傳大全)』에도 동일하게 되어 있다.
286) 定, 唐丁反 : 『시전대전(詩傳大全)』에도 동일하게 되어 있다.
287) 生, 霜經反 : 『시전대전(詩傳大全)』에도 동일하게 되어 있다.
288) 音呈 : 『시전대전(詩傳大全)』에도 동일하게 되어 있다.

'정(酲)'의 음은 '정(呈)'이다.

| 不自爲政, 卒勞百姓. |

스스로 정사를 다스리지 아니하여 마침내 백성들을 수고롭게 하는고?

詳說

○ 叶, 諸盈反.289)
'정(政)'은 협운으로 음은 '제(諸)'와 '영(盈)'의 반절이다.

○ 叶, 桑經反.290)
'성(姓)'은 협운으로 '상(桑)'과 '경(經)'의 반절이다.

朱註
賦也. 酒病曰酲. 成, 平,
부(賦)이다. 술병을 정(酲)이라 한다. 성(成)은 '공평함'이고,

詳說
○ 應前章平字

朱註
卒, 終也. ○ 蘇氏曰 : 天不之恤, 故亂未有所止, 而禍患與歲月增長,
졸(卒)은 '마침내'이다. ○ 소씨가 말하였다. "하늘이 구휼하지 않기 때문에 난이 그치지 않아 화환(禍患)이 세월과 함께 자라나니,

詳說
○ 上聲.
'장(長)'은 거성이다.

○ 生則必長.

---

289) 叶, 諸盈反:『시전대전(詩傳大全)』에도 동일하게 되어 있다.
290) 叶, 桑經反:『시전대전(詩傳大全)』에도 동일하게 되어 있다.

나오면 반드시 자라난다.

朱註

君子憂之,
군자가 이를 걱정하여

  詳說
  ○ 詩人.
  군자는 시인이다.

  ○ 華谷嚴氏曰:"如醒, 猶黍離之如醉."291)
  화곡 엄씨가 말하였다 : "'술병들 든 듯이 한다.'는 것은 「서리(黍離)」에서 '중심에 취한 듯이 하노라.'는 것과 같다."292)

朱註

曰誰秉國成者,
"누가 나라의 공평함을 잡고 있는 자이기에

  詳說
  ○ 新安胡氏曰 : "卽上章秉均, 斥尹氏也."293)
  신안 호씨가 말하였다 : "곧 나라의 공평함을 잡았다는 것으로 윤씨를 배척하는 것이다."294)

朱註

乃不自爲政, 而以付之姻婭之小人,

---

291) 『시전대전(詩傳大全)』에 화곡 엄씨의 말로 실려 있다.
292) 『시전대전(詩傳大全)』에는 "화곡 엄씨가 말하였다 : '「마음에 근심하기를 술병들 든 듯이 한다.」는 것은 「서리(黍離)」에서 「중심에 취한 듯이 하노라.」라고 한 것과 같다.'(華谷嚴氏曰 : 憂心如醒, 猶黍離言中心如醉.)"라고 되어 있다.
293) 『시전대전(詩傳大全)』에 신안 호씨의 말로 실려 있다.
294) 신안 호씨가 말하였다 : "나라의 공평함을 잡고 있다는 것은 곧 국가의 공평함을 잡았다는 것으로 윤씨를 배척하는 것이다.(新安胡氏曰 : 秉國成, 卽上章秉國均, 斥尹氏也.)"라고 되어 있다.

스스로 정사를 하지 않고 인아(姻婭)의 소인들에게 맡겨서

詳說

○ 照前章.
앞장을 참고하라.

朱註

其卒使民爲之, 受其勞弊以至此也
마침내 백성들이 그 때문에 그 수고로움과 병폐를 이 지경이 되도록 받게 하는가?"

詳說

○ 去聲.
'위(爲)'자는 거성이다.

[2-4-7-7]

駕彼四牡, 四牡項領, 我瞻四方, 蹙蹙靡所騁.

저 사모를 타니 그 목이 크건마는 내 사방을 보니 축축(蹙蹙)하여 달려갈 곳이 없도다.

詳說

○ 音蹴.
'축(蹙)'의 음은 '축(蹴)'이다.

詳說

○ 音逞.
'빙(騁)'의 음은 '령(逞)'이다.

朱註

賦也. 項, 大也. 蹙蹙, 縮小之貌. ○ 言駕四牡, 而四牡項領, 可以騁矣
부(賦)이다. 항(項)은 크다. 축축(蹙蹙)은 위축된 모양이다. ○ "사모(四牡)를 탐

에 그 목이 커서 달려갈 수 있건마는,

詳說

○ 諺音誤.

'빙(騁)'은 『언해』의 음이 잘못되었다.

詳說

○ 添此句.

이 구를 더했다.

朱註

而視四方. 則皆昏亂, 蹙蹙然無可往之所

사방(四方)을 봄에 모두 혼란으로 위축되어 갈만한 곳이 없으니,

詳說

○ 殆無容足之地.

위태로워 발 디딜 곳이 없는 것이다.

朱註

亦將何所騁哉

또한 어느 곳으로 달려가겠는가?"라고 한 것이다.

詳說

○ 華谷嚴氏曰 : "是以家父留而不去, 蓋世亂, 則若見天地之狹也."295)

화곡 엄씨가 말하였다 : "이 때문에 가보가 머무르고 나가지 않으니, 난세에는 천지의 협소함을 보는 것과 같다."296)

---

295) 『시전대전(詩傳大全)』에 화곡 엄씨의 말로 실려 있다.
296) 『시전대전(詩傳大全)』에는 "화곡 엄씨가 말하였다 : '이 때문에 가보가 이 사모를 타니 살쩌 튼튼하지 않은 것이 아니지만 사방을 보면 위축되어 협소해서 달릴 곳이 없다. 그래서 머무르고 나가지 않으니, 난세에는 천지의 협소함을 보는 것과 같다는 것이다.'(華谷嚴氏曰 : 家父駕此四牡, 其四牡大領, 非不肥壯, 然視四方蹙蹙然縮小, 無可馳騁之地. 是以留而不去. 蓋世亂, 則若見天地之狹也.)"라고 되어 있다.

朱註

東萊呂氏曰 : 本根病, 則枝葉, 皆瘁. 是以無可往之地也.
동래여씨(東萊呂氏)가 말하였다 : "근본이 병들면 지엽이 모두 병든다. 이 때문에 갈만한 곳이 없다."

詳說

○ 京師.
근본은 서울이다.

○ 鄕外
지엽은 지방이다.

○ 論也.
경문의 의미 설명이다.

[2-4-7-8]
方茂爾惡, 相爾矛矣, 旣夷旣懌, 如相醻矣

바야흐로 네 악(惡)을 성하게 할 때에는 네 창을 들어 보이더니, 이미 화평하고 이미 기뻐하자 서로 술잔을 권하듯이 하도다.

詳說

○ 去聲.
'상(相)'은 거성이다.

○ 音酬
'수(醻)'의 음은 '수(酬)'이다.

朱註

賦也. 茂, 盛, 相, 視, 懌, 悅也. ○ 言方盛其惡, 以相加, 則視其矛戟, 如欲戰鬪, 及旣夷平

부(賦)이다. 무(茂)는 성함이고, 상(相)은 보여줌이며, 예(懌)는 기뻐함이다. ○ 한창 그 악(惡)을 성하게 하여 서로 공격할 때에는 서로 창을 들어 보여 전투(戰鬪)하고자 하려는 듯이 하다가 이미 마음이 화평해져

詳說
○ 非前章所謂平也

朱註
悅懌, 則相與歡然, 如賓主而相醻酢, 不以爲怪也.
기뻐함에 미쳐서는 서로 더불어 기뻐하기를 손님과 주인이 되어 서로 술잔을 권하듯이 하며 괴이하게 여기지 않음을 말한 것이다.

詳說
○ 添此句
  이 구를 더했다.

朱註
蓋小人之性, 無常, 而習於鬪亂, 其喜怒之不可期, 如此. 是以君子無所適而可也
대개 소인의 성품은 무상고 싸움과 난에 익숙해서 희노(喜怒)의 기약할 수 없음이 이와 같다. 그래서 군자는 어디를 갈지라도 가(可)함이 없는 것이다.

詳說
○ 蓋以下論也.
  대개 이하는 경문의 의미 설명이다.

[2-4-7-9]
昊天不平, 我王不寧, 不懲其心, 覆怨其正.

호천(昊天)이 공평하지 못한지라 우리 왕이 편안하지 못하시거늘, 그 마음을 징계하지 아니하고 도리어 그 바로잡는 사람을 원망하는구나.

詳說

○ 音福.
'복(覆)'의 음은 '복(福)'이다.

○ 叶, 諸盈反.297)
'정(正)'은 협운으로 '제(諸)'와 '영(盈)'의 반절이다.

朱註

賦也. 尹氏之不平, 若天使之, 故曰昊天不平.
부(賦)이다. 윤씨(尹氏)의 공평하지 못함은 마치 하늘이 시킨 것과 같기 때문에 호천(昊天)이 공평하지 못하다고 한 것이다.

詳說

○ 應前章不平, 而遂收之此二字, 實一篇之樞紐云.
앞장에서 공평하지 못하는 것에 호응하여 마침내 여기의 두 글자를 거두었으니, 실로 한 편의 핵심이기 때문일 것이다.

朱註

若是, 則我王, 亦不得寧矣.
이와 같다면 우리 왕도 편안할 수가 없을 것이다.

詳說

○ 愛君之辭也.
임금을 사랑하는 말이다.

朱註

然尹氏猶不自懲創其心, 乃反怨人之正己者,
그러나 윤씨(尹氏)는 아직도 그 마음을 혼내지 아니하고 도리어 자기를 바로잡아 주는 사람들을 원망하니,

---

297) 叶, 諸盈反:『시전대전(詩傳大全)』에도 동일하게 되어 있다.

詩集傳詳說 卷之九 125

|詳說|

○ 慶源輔氏曰 : "自古小人之常態."298)

경원 보씨가 말하였다 : "옛날부터 소인의 언제나 그런 형태이다."299)

|朱註|

則其爲惡何時而已哉

그의 악행이 어느 때에나 그치겠는가?

|詳說|

○ 添此句.

이 구를 더했다.

[2-4-7-10]

|家父作誦, 以究王訩,|

가보(家父)가 송(誦)을 지어서 왕의 난(亂)을 구명하노니,

|詳說|

○ 音甫.300)

'보(父)'의 음은 '보(甫)'이다.

○ 叶, 疾容反.301)

'송(誦)'은 협운으로 음은 '질(疾)'과 '용(容)'의 반절이다.

|式訛爾心, 以畜萬邦.|

네 마음을 변화하여 만방을 길러 줄지어다.

---

298) 『시전대전(詩傳大全)』에 경원 보씨의 말로 실려 있다.
299) 『시전대전(詩傳大全)』에는 "경원 보씨가 말하였다 : '그 마음을 흔내지 아니하고 도리어 자기를 바로잡아 주는 사람들을 원망하는 것은 옛날부터 소인이 화란에 대처하는 언제나 그런 형태이다. ….(慶源輔氏曰 : 不懲其心, 覆怨其正. 自古小人, 處禍亂之常態. ….)"라고 되어 있다.
300) 音甫 : 『시전대전(詩傳大全)』에도 동일하게 되어 있다.
301) 叶, 疾容反 : 『시전대전(詩傳大全)』에도 동일하게 되어 있다.

詳說

○ 許六反.302)

'휵(畜)'의 음은 '허(許)'와 '육(六)'의 반절이다.

○ 叶, 卜工反.303)

'방(邦)'은 협운으로 '복(卜)'과 '공(工)'의 반절이다.

朱註

賦也. 家, 氏, 父, 字, 周大夫也. 究, 窮, 訛, 化改也. 畜養也. ○ 家父自言作爲此誦,

부(賦)이다. 가(家)는 씨(氏)요, 보(父)는 자(字)이니, 주나라의 대부이다. 구(究)는 궁구함이고, 와(訛)는 변화(變化)함이며, 축(畜)은 기름이다. ○ 가보가 스스로 "이 송을 지어서

詳說

○ 詩可誦, 故謂之誦.

시는 송할 수 있기 때문에 송이라고 한 것이다.

朱註

以窮究王政昏亂之所由, 冀其改心

왕정이 혼란한 이유를 궁구하고 그 마음을 고치고

詳說

○ 爾, 指王.

'이(爾)'는 왕을 가리킨다.

朱註

易慮, 以畜養萬邦也.

생각을 바꾸어서 만방을 길러주기를 바란다."라고 한 것이다.

---

302) 許六反 : 『시전대전(詩傳大全)』에도 동일하게 되어 있다.
303) 叶, 卜工反 : 『시전대전(詩傳大全)』에도 동일하게 되어 있다.

詳說

○ 責難之意也.
꾸짖는 의미이다.

朱註

陳氏曰 : 尹氏厲威, 使人不得戱談, 而家父作詩乃復
진씨(陳氏)가 말하였다. "윤씨의 사나운 위엄은 사람들이 농담을 하지 못하게 하였는데, 가보가 시를 짓고 다시

詳說

○ 去聲.
'부(復)'는 거성이다.

朱註

自表其出於己, 以身當尹氏之怒, 而不辭者, 蓋家父周之世臣, 義與國俱存亡故也
그것이 자신에게서 나왔음을 표명해 자기의 몸으로 윤씨의 노여움을 당하여도 사양하지 않음은, 가보가 주나라의 세신이라 의리에서 국가와 존망을 함께 해야 하기 때문이다."

詳說

○ 孔氏曰 : "盡忠竭誠, 不憚誅罰. 寺人, 孟子亦此類也."304)
공씨가 말하였다 : "충과 성을 다하고 주벌을 꺼리지 않는 것이다. 벼슬아치로 맹자도 이런 사람이다."305)

朱註

---

304) 『시전대전(詩傳大全)』에 공씨의 말로 실려 있다.
305) 『시전대전(詩傳大全)』에는 "공씨가 말하였다 : '시인의 심정을 동일하지 않아 혹 은근히 풍자하여 일깨우고, 혹 허물을 지적하여 배척하며, 혹 성명을 숨기고, 혹 스스로 관직과 자를 드러낸다. 가보는 충과 성을 다하고 주벌하는 꺼리지 않았기 때문에 스스로 자와 벼슬아치임을 실었던 것인데, 맹자도 이런 사람이다.'(孔氏曰 : 詩人之情, 不一, 或微加諷諭, 或指斥愆咎, 或隱匿姓名, 或自顯官字. 家父盡忠竭誠, 不憚誅罰, 故自載字寺人, 孟子亦此類也.)"라고 되어 있다.

東萊呂氏曰 : "篇終矣, 故窮其亂本, 而歸之王心焉. 致亂者雖尹氏, 而用尹氏者則王心之蔽也.
동래여씨가 말하였다 : "편이 끝났기 때문에 난의 근본을 궁구하여 왕의 마음에 돌렸으니, 난을 이룬 것은 비록 윤씨일지라도 그를 등용한 것은 왕의 마음이 가려졌기 때문이다."

詳說

○ 慶源輔氏曰 : "此章方說王字, 至此則王亦不得不任其責矣.306)
경원 보씨가 말하였다 : "이 장에서 한창 왕이란 글자에 대해 말하다가 여기에 와서는 왕도 그 책임을 지지 않을 수 없다는 것이다."307)

朱註
李氏曰 : 孟子
이씨(李氏)가 말하였다 : "맹자가

詳說

○ 離婁.
『맹자』「이루」이다.

曰人不足與適也,
'사람을 일일이 나무랄 수가 없으며,

詳說

○ 用人之失.
'인(人)'은 사람의 등용에서 잘못이다.

---

306) 『시전대전(詩傳大全)』에 경원 보씨의 말로 실려 있다.
307) 『시전대전(詩傳大全)』에는 "경원 보씨가 말하였다 : '동래는 편이 끝났기 때문에 그 난의 근본을 궁구해서 왕의 마음에 돌린다고 했는데, 그 말은 합당하다. 그러므로 바로 이 장에서 한창 왕이란 글자에 대해 말하다가 여기에 와서는 왕도 그 책임을 지지 않을 수 없다는 것이다. 앞의 장에서는 일찍이 윤씨가 소인을 등용한 것을 나무라고 왕을 언급하지 않았을지라도 왕이 윤씨를 등용한 것에는 또한 그 책임을 회피할 수 없기 때문이다."(慶源輔氏曰 : 東萊謂篇終矣, 故窮其亂本, 而歸之王心焉, 此說當矣. 故直至此章, 方説箇王字, 蓋言至此, 則王亦不得不任其責. 前章雖嘗譏尹氏之用小人, 而不及王, 然王之所以用尹氏者, 亦不能逃其責矣."라고 되어 있다.

○ 音謫, 責也.
'적(適)'의 음은 적으로 질책하는 것이다.

政不足與間也.
잘못된 정사를 일일이 트집 잡을 수가 없다.

詳說

○ 失政.
'정(政)'은 실정이다.

○ 去聲.
'간(間)'은 거성이다.

○ 非之也.
비난하는 것이다.

朱註
惟大人爲能格君心之非, 蓋用人之失政事之過, 雖皆君之非, 然不必先論也.
대인만이 임금의 나쁜 마음을 바로잡을 수 있다.'라고 하였으니, 인재 등용의 잘못과 정사의 잘못은 비록 모두 임금의 잘못이나, 이것은 굳이 먼저 논할 것이 못된다.

詳說

○ 心之非, 甚於事之非故也.
나쁜 마음은 나쁜 일보다 심하기 때문이다.

朱註
惟格君心之非, 則政事無不善矣, 用人皆得其當矣.
임금의 나쁜 마음을 바로잡기만 한다면 정사가 선하지 않음이 없을 것이고, 인재를 등용함에 모두 마땅함을 얻게 될 것이다."

詳說

○ 去聲.
'당(當)'은 거성이다.

○ 三說, 論也.
세 번째의 설명은 경문의 의미 설명이다.

朱註

節南山十章, 六章, 章八句, 四章, 章四句.
「절남산」은 10장으로 6장은 장은 8구이고 4장은 장이 4구이다.

朱註

序以此爲幽王之詩.
서(序)에서는 이것을 유왕(幽王)의 시(詩)라 하였다.

詳說

○ 刺幽王.
유왕을 풍자한 것이다.

朱註

而春秋桓十五年, 有家父來求車,
그런데 『춘추(春秋)』 환공(桓公) 15년에 가보가 와서 수레를 요구한 일이 있었지만,

詳說

○ 句.
구두해야 한다.

朱註

於周爲桓王之世, 上距幽王之終已七十五年, 不知其人之同異. 大抵序之時世, 皆不足信, 今姑闕焉可也.

주나라에 있어서 환왕(桓王)의 세대이니, 유왕(幽王)이 별세한 것과는 이미 75년의 간격이 있으니, 그 사람의 동이(同異)를 알지 못하겠다. 대체로 서(序)의 시세(時世)는 모두 그다지 믿을 수 없으니, 이제 잠시 빼놓아도 될 것 같다.

詳說

○ 安成劉氏曰 : "春秋隱三年, 平王崩, 尹氏卒. 桓八年, 家父來聘, 十五年家父來求車. 計家父來聘之時, 上距尹氏之卒, 才十七年, 恐即此詩之尹氏家父也. 且此詩國旣卒斬, 喪亂弘多等語, 皆似亂亾以後之詞, 疑此或東遷後詩也."308)

안성 유씨가 말하였다 : "『춘추』 은공 3년에 평왕이 붕하였고 윤씨가 졸하였다. 환공 8년에 가보가 내빙했고, 15년에 가보가 와서 수레를 요구했다. 가보가 내빙한 때와 윤씨가 졸한 때의 간격을 따져보면 17년이니, 아마도 곧 여기 시의 윤씨 가보일 것이다. 또 여기 시의 '나라가 이미 마침내 끊기거늘' '상란이 크고 많다.'는 등의 말은 모두 난으로 망한 이후의 말 같으니, 아마도 이것은 동천 이후의 시일 것이다."309)

[2-4-8-1]

正月繁霜, 我心憂傷, 民之訛言, 亦孔之將. 念我獨兮, 憂心京京,

정월에 된서리가 내리는지라, 내 마음에 근심하고 서글퍼하거늘, 백성들의 유언비어가 또한 아주 크도다. 생각건대 나만 홀로 마음에 근심하기를 경경히 하니,

---

308) 『시전대전(詩傳大全)』에 안성 유씨의 말로 실려 있다.
309) 『시전대전(詩傳大全)』에는 "안성 유씨가 말하였다 : '『춘추』 은공 3년에 3월에 평왕이 붕하였고 4월에 윤씨가 졸하였다. 환공 8년에 황왕이 가보에게 내빙하게 했고, 15년에 가보가 와서 수레를 요구하게 했다. 가보가 내빙한 때와 윤씨가 졸한 때의 간격을 따져보면 17년이니, 아마도 곧 여기 시의 윤씨 가보일 것이다. 또 여기 시에서 윤씨의 위정이 공평하지 않다고 풍자하면서 '나라가 이미 마침내 끊기거늘 어찌하여 살펴보지 않는고?'라고 하고, '상란이 크고 많으며 일찍이 징계하여 아무도 서글퍼하지 않는구나.'라고 하며, '이 극한 난을 내리며 이 큰 괴려를 내리셨다.'는 등의 말은 모두 난으로 망한 이후의 말 같으니, 아마도 이것은 동천 이후의 시일 것이다.(安成劉氏曰 : 春秋隱公三年三月平王崩, 而四月尹氏卒. 桓公八年, 桓王使家父來聘, 十五年使家父來求車. 計家父來聘之時, 上距尹氏之卒, 才十七年, 恐即此詩之尹氏家父也. 且此詩刺尹氏爲政不平, 而曰國旣卒斬何用不監, 曰喪亂弘多憯莫懲嗟, 曰降此鞠訩降此大戾等語, 皆似亂亡以後之詞, 疑此或東遷後詩也.)"라고 되어 있다.

詳說

○ 音政.310)
'정(正)'의 음은 '정(政)'이다.

○ 叶, 居良反.311)
'경(京)'은 협운으로 음은 '거(居)'와 '양(良)'의 반절이다.

哀我小心, 癙憂以痒.

슬프다. 내 소심함이여. 속으로 근심하며 병드노라.

詳說

○ 音鼠.312)
'서(癙)'의 음은 '서(鼠)'이다.

○ 音羊.313)
'양(痒)'의 음은 '양(羊)'이다.

朱註

賦也. 正月, 夏之四月, 謂之正月者, 以純陽用事爲正陽之月也. 繁, 多, 訛, 僞, 將, 大也. 京京, 亦大也. 癙憂, 幽憂也. 痒, 病也. ○ 此詩, 亦大夫所作.

부이다. 정월은 하나라에서 4월인데 그것을 정월로 한 것은 순양이 용사하는 것을 정양의 달로 하기 때문이다. '번(繁)'은 많음이고, '와(訛)'는 거짓이며, '장(將)'은 큼이다. '경경(京京)'도 큼이다. '서우(癙憂)'는 속으로 근심함이다. '양(痒)'은 병듦이다. ○ 이 시도 대부가 지은 것이다.

詳說

---

310) 音政 : 『시전대전(詩傳大全)』에도 동일하게 되어 있다.
311) 叶, 居良反 : 『시전대전(詩傳大全)』에도 동일하게 되어 있다.
312) 音鼠 : 『시전대전(詩傳大全)』에도 동일하게 되어 있다.
313) 音羊 : 『시전대전(詩傳大全)』에도 동일하게 되어 있다.

○ 特音政者, 姑從秦以後俗音, 以別於寅月.
특별히 음을 '정(政)'으로 한 것은 잠시 진나라 이후의 속음을 가지고 인월(寅月)을 구별한 것이다.

○ 小序曰 : "刺幽王."
「소서」에서 말하였다 : "유왕을 풍자한 것이다."

朱註
言霜降失節不以其時,
서리가 내림이 시절을 잃고 제 때에 하지 않아

詳說
○ 華陽范氏曰 : "正月, 長養之月也. 繁314)霜, 肅殺之氣也."315)
화양 범씨가 말하였다 : "정월은 길게 기르는 달이다. 된서리는 숙살의 기운이다."

朱註
旣使我心憂傷矣, 而造爲姦僞之言, 以惑衆聽者, 又方甚大,
이미 내 마음이 근심하고 서글퍼지게 하고, 간사한 말을 조작해서 여러 사람의 이목을 미혹되게 하는 것이 또 아주 큰데

詳說
○ 東萊呂氏曰 : "凡譸張爲幻, 以罔上惑衆者, 皆謂之訛言."316)
동래 여씨가 말하였다 : "속이는 것으로 홀려서 윗사람을 얽고 여러 사람을 홀리는 것을 모두 유언비어라고 한다."

○ 董氏曰 : "災降于上, 禍起于下, 國以無日矣."317)
동씨가 말하였다 : "재앙이 위에서 내리고, 화란이 아래에서 일어나면, 나라가 금방 망할 것이다."318)

---

314) 『시전상설』에는 '숙(肅)'자로 되어 있는 것을 『사고전서』와 문맥을 참고하여 '번(繁)'으로 바로 잡았다.
315) 『시전대전(詩傳大全)』에 화양 범씨의 말로 거의 동일하게 실려 있다.
316) 『시전대전(詩傳大全)』에 동래 여씨의 말로 동일하게 실려 있다.
317) 『시전대전(詩傳大全)』에 동씨의 말로 실려 있다.

朱註

然衆人莫以爲憂, 故我獨憂之以至於病也.
여러 사람들이 아무도 근심하지 않기 때문에 나만 홀로 근심해서 병이 들었다는 말이다.

詳說

○ 小心謂懼也, 又見小宛.
소심은 두려워하는 것을 말하니, 또 「소완」에 있다.

[2-4-8-2]

父母生我, 胡俾我瘉.

부모가 나를 낳으심이여, 어찌하여 나를 병들게 하였는고?

詳說

○ 音庾.319)
'유(瘉)'의 음은 '유(庾)'이다.

不自我先, 不自我後.

나보다 먼저도 아니고, 나보다 뒤도 아니로다.

詳說

○ 叶, 下五反.320)
'후(後)'는 협운으로 음은 '하(下)'와 '오(五)'의 반절이다.

好言自口, 莠言自口,

---

318) 『시전대전(詩傳大全)』에는 "동씨가 말하였다 : '서리가 내림이 제 때가 아님은 재앙이 위에서 내리는 것이고, 유언비어로 비상인 것은 화란이 아래에서 일어나는 것이다. 위아래로 이와 같으면 나라가 금방 망할 것이다.'(董氏曰 : 霜降非時, 災降于上也. 訛言非常, 禍起于下也. 上下如此, 則國亡無日矣.)"라고 되어 있다.
319) 音庾 : 『시전대전(詩傳大全)』에도 동일하게 되어 있다.
320) 叶, 下五反 : 『시전대전(詩傳大全)』에도 동일하게 되어 있다.

좋은 말도 입으로 하며, 나쁜 말도 입으로 하는지라.

> 詳說

○ 叶, 孔五反, 下同.321)

'구(口)'는 협운으로 음은 '공(孔)'과 '오(五)'의 반절이다.

○ 音酉

'유(莠)'의 음은 '유(酉)'이다.

> 憂心愈愈, 是以有侮.

마음에 근심하기를 더더욱 하여 이 때문에 업신여김을 당하노라.

> 朱註

賦也. 瘉, 病, 自, 從, 莠, 醜也.

부이다. '유(瘉)'는 병듦이고, '자(自)' ~에서부터이고, '유(莠)'는 추함이다.

> 詳說

○ 臨川王氏曰 : "惡也. 穀謂之善, 則莠惡可知."322)

임천 왕씨가 말하였다 : "추악한 것이다. 곡식을 좋은 것이라고 한다면, 강아지풀의 추악함을 알 수 있다."323)

> 朱註

愈愈, 益甚之意 ○ 疾痛故呼父母, 而傷己適丁是時也.

'유유(愈愈)'는 더욱 심하다는 의미이다. ○ 병으로 아프기 때문에 부모를 부르고, 자신이 이런 때를 만남을 서글퍼한 것이다.

> 詳說

---

321) 叶, 孔五反, 下同 : 『시전대전(詩傳大全)』에도 동일하게 되어 있다.
322) 『시전대전(詩傳大全)』에 임천 왕씨의 말로 거의 비슷하게 실려 있다.
323) 『시전대전(詩傳大全)』에는 "임천 왕씨가 말하였다 : '강아지풀은 추악한 것이다. 곡식을 좋은 것이라고 한다면, 강아지풀의 추악함을 알 수 있다.'(臨川王氏曰 : 莠, 惡也. 穀謂之善, 則莠惡可知.)"라고 되어 있다.

○ 去聲.

'호(呼)'는 거성이다.

○ 當也.

'정(丁)'은 만나다는 것이다.

○ 豐城朱氏曰 : "使亂而在我之先, 則吾不及見, 使亂而在我之後, 則吾不及知, 可以無憂. 今不先不後, 而使我適當是時, 女能無憂乎."324)

풍성 주씨가 말하였다 : "어지러운데, 나의 앞에 있다면 미처 볼 수 없고, 어지러운데 나의 뒤에 있다면 미처 알지 못해 근심이 없을 수 있다. 이제 앞서 있지도 않고 뒤에 있지도 않아 이런 때를 만나게 된다면 너는 근심이 없을 수 있겠는가?"325)

朱註

訛言之人,

유언비어를 하는 사람들은

詳說

○ 照上章.

위의 장을 참조하라.

朱註

虛僞反覆, 言之好醜, 皆不出於心,

허위를 반복해서 말의 좋음과 나쁨이 모두 마음에서 나오지 않고

詳說

---

324) 『시전대전(詩傳大全)』에 풍성 주씨의 말로 실려 있다.
325) 『시전대전(詩傳大全)』에는 "풍성 주씨가 말하였다 : 어지러운데, 나의 앞에 있다면 미처 볼 수 없어 진실로 근심이 없을 수 있다. 어지러운데 나의 뒤에 있다면 미처 알지 못해 또한 근심이 없을 수 있다. 이제 앞서 있지도 않고 뒤에 있지도 않아 내가 이런 때를 만나게 된다면 어찌 근심이 없을 수 있겠는가? ⋯. (豐城朱氏曰 : 使亂而在我之先, 則吾有所不及見. 固可以無憂也. 使亂而在我之後, 則吾有所不及知, 亦可以無憂也. 今不先不後, 而使我適當是時, 則安能以無憂乎. ⋯.)"라고 되어 있다.

○ 音福.

'복(覆)'의 음은 '복(福)'이다.

○ 錯擧

좋음과 나쁨은 번갈아서 열거한 것이다.

○ 添此句.

'모두 마음에서 나오지 않았다.'는 구를 더하였다.

朱註

而但出於口. 是以我之憂心益甚, 而反見侵侮也.

입에서 내놓을 뿐이다. 이 때문에 나의 근심하는 마음이 더욱 심해져서 도리어 침해와 업신여김을 당하는 것이다.

詳說

○ 慶源輔氏曰 : "動與衆違所以見侵侮."326)

경원 보씨가 말하였다 : "움직임이 여러 사람들과 다르기 때문에 침해와 업신여김을 당하는 것이다."327)

[2-4-8-3]

憂心惸惸,

내 마음에 근심하기를 경경히 하여

詳說

○ 音煢.

'경(惸)'은 음이 '경(煢)'이다.

---

326) 『시전대전(詩傳大全)』에 경원 보씨의 말로 실려 있다.
327) 『시전대전(詩傳大全)』에는 "경원 보씨가 말하였다 : '군자가 난세에 있으면 저들이 옳다는 것인데 나에게는 그른 것이고, 저들이 즐거워하는 것인데 나에게는 근심할 것이다. 움직임이 여러 사람들과 다르니 이 때문에 침해와 업신여김을 당하는 것이다.'(慶源輔氏曰 : 夫君子之處亂世, 彼以爲是, 而已以爲非, 彼以爲樂, 而已以爲憂. 動與衆違, 此所以反見侵侮也.)"라고 되어 있다.

> 念我無祿. 民之無辜, 幷其臣僕. 哀我人斯, 于何從祿. 瞻烏爰止, 于誰之屋.

내 복이 없음을 생각하노라. 죄 없는 백성들이 모두 신복이 되리로다. 슬프다, 우리 사람들은 어디를 따라 복을 받을까? 저 까마귀 앉은 곳을 보건대, 누구의 지붕에 앉을까?

詳說

○ 去聲.

'병(幷)'은 거성이다.

朱註

賦也. 惸惸, 憂意也. 無祿, 猶言不幸爾

부이다. '경경(惸惸)'은 근심하는 마음이다. '무록(無祿)'은 불행하다고 말하는 것과 같다.

詳說

○ 無福, 失祿.

복이 없는 것이 녹봉을 잃는 것이다.

朱註

辜, 罪, 幷, 俱也. 古者, 以罪人爲臣僕, 囚國所虜, 亦以爲臣僕, 箕子所謂商其淪喪,

'고(辜)'는 죄이고, '병(幷)'은 모두이다. 옛날에 죄인을 신복으로 삼았고, 멸망한 나라의 포로도 신복으로 삼았으니, 기자의 이른바 상나라가 멸망할지라도

詳說

○ 去聲.

'상(喪)'은 거성이다.

朱註

我罔爲臣僕, 是也.

나는 신복이 되지 않겠다는 것이 여기에 해당한다.

詳說
○ 見書微子.
『서경』「미자」에 있다.

朱註
○ 言不幸而遭國之將亡, 與此無罪之民, 將俱被囚虜, 而同爲臣僕, 未知將復從何人而受祿,
불행하게도 나라가 망하려고 할 때에 이 죄 없는 백성들과 모두 같이고 포로가 되어 똑같이 신복이 될 것이니, 다시 누구를 따라 녹봉을 받을지 모르겠으니,

詳說
○ 去聲.
'부(復)'는 거성이다.

○ 慶源輔氏曰 : "民指在下之民, 人則並上下而言之."328)
경원 보씨가 말하였다 : "백성들은 아래에 있는 백성들을 가리켜서 말한 것이고, 사람은 상하를 아울러서 말한 것이다."

朱註
如視烏之飛, 不知其將止於誰之屋也.
마치 까마귀가 날아가는 것을 보고 누구의 집에 앉을지 모르는 것과 같다는 말이다.

詳說
○ 本文二句, 在章之末, 先言本事, 然後乃及喩意, 故不爲興與比.
본문의 두 구는 장의 끝에 있어 먼저 본래의 일을 말하고 그런 다음에 깨우치는 의미를 언급하기 때문에 흥과 비가 되지 않는 것이다.

---

328) 『시전대전(詩傳大全)』에 경원 보씨의 말로 동일하게 실려 있다.

[2-4-8-4]

瞻彼中林, 侯薪侯蒸. 民今方殆, 視天夢夢.

저 숲속을 보건대, 굵은 나무의 섶과 잔 나무의 섶이 있도다. 백성들이 이제 한창 위태롭거늘, 하늘을 보건대 몽몽하도다.

詳說

○ 音蒙, 叶莫登反.329)

'몽(夢)'의 음은 '몽(蒙)'이고, 협운으로 '막(莫)'과 '등(登)'의 반절이다.330)

既克有定, 靡人弗勝,

하늘이 이미 정해짐이 있으면, 사람을 이기지 못함이 없을 것이니,

詳說

○ 音升.331)

'승(勝)'의 음은 '승(升)'이다.

有皇上帝, 伊誰云憎.

위대하신 상제가 누구를 미워하시리오.

朱註

興也. 中林, 林中也. 侯, 維, 殆, 危也. 夢夢, 不明也. 皇, 大也. 上帝, 天之神也. 程子曰, 以其形體謂之天, 以其主宰謂之帝. ○ 言瞻彼中林, 則維薪維蒸,

흥이다. '중림(中林)'은 숲속이다. '후(侯)'는 '유(維)'이고, '태(殆)' 위태로움이다. '몽몽(夢夢)'은 밝지 못함이다. '황(皇)'은 큼이다. 상제는 하늘의 신이다. 정자가 말하였다 : "형체로 말하면 하늘이라고 하고, 주재로 말하면 제라고 한다." ○ "저 숲속을 보면 굵은 나무의 섶과 잔 나무의 섶을

---

329) 音蒙, 叶莫登反 : 『시전대전(詩傳大全)』에는 다소 다르게 되어 있다.
330) 『시전대전(詩傳大全)』에는 "'몽(夢)'의 음은 '막(莫)'과 '공(工)'의 반절'이고, 협운으로 '막(莫)'과 '등(登)'의 반절이다.(莫工反, 叶莫登反.)"라고 되어 있다.
331) 音升 : 『시전대전(詩傳大全)』에도 동일하게 되어 있다.

> 詳說

○ 叔子.

'정자왈(程子曰)'에서의 정자(程子)는 동생 정이(程頤)이다.

○ 安成劉氏曰 : "大者, 爲薪, 細者爲蒸."332)

안성 유씨가 말하였다 : "큰 것은 섶이고, 작은 것은 땔나무이다."333)

> 朱註

分明可見也,
분명하게 알 수 있는데,

> 詳說

○ 添此句.

이 구를 더했다.

> 朱註

民今方危殆, 疾痛號訴於天, 而視天反夢夢, 若無意於分別善惡者.
백성들이 이제 막 위태롭게 되어 병의 고통을 호소하는데도 하늘을 보면 도리어 몽몽(夢夢)히 선악을 분별하는 것에 뜻이 없는 것 같다.

> 詳說

○ 平聲.

'호(號)'는 평성이다.

○ 彼列反, 下同.

'별(別)'의 음은 '피(彼)'와 '열(列)'의 반절이다.

○ 曾中林之不如也.

---

332) 『시전대전(詩傳大全)』에 안성 유씨의 말로 실려 있다.
333) 『시전대전(詩傳大全)』에는 "안성 유씨가 말하였다 : '큰 것은 섶이고, 작은 것이 땔나무인 것은 아주 분명한 것이다.'(安成劉氏曰 : "大者爲薪, 細者爲蒸, 甚分明也.)"라고 되어 있다.

숲속만도 못한 것이다.

朱註
然此特値其未定之時爾,
그러나 이것은 단지 아직 확정하지 않았을 때를 만나서일 뿐이니,

詳說
○ 添二句.
두 구를 더했다.

朱註
及其旣定, 則未有不爲天所勝者也.
확정되게 되면 하늘이 이기지 못하는 경우가 없다.

詳說
○ 勝字音, 則叶平, 義猶爲克, 四月害字放此云.
'승(勝)'자의 음은 협운으로는 평성이고, 의미로는 이기는 것과 같으니, 「사월」에서의 '할(害)'자도 이와 같다.

朱註
夫天豈有所憎而禍之乎. 福善禍淫, 亦自然之理而已. 申包胥曰, 人衆則勝天, 天定, 亦能勝人
하늘이 어찌 미워서 화를 내리겠는가? 선함에 복을 주고 음란함에 화를 내리는 것은 또한 자연의 이치일 뿐이다.'라는 말이다. 신포서가 말하였다 : "사람이 많으면 하늘을 이기고, 하늘이 정해지면 또한 사람을 이긴다."라고 하였으니,

詳說
○ 音扶.
'부(夫)'의 음은 '부(扶)'이다.

○ 楚人.

신포서는 초나라 사람이다.

○ 出史記伍子胥傳.
『사기』「오자서전」이 출처이다.

○ 天以理言, 人以氣數言.
하늘은 이치로 말한 것이고, 사람은 기수로 말한 것이다.

朱註

疑出於此.
여기에서 나온 것으로 여겨진다.

詳說

○ 因此詩而敷演之.
이 시에 따라 부연했다는 것이다.

○ 福以下論也.
복 이하는 경문의 의미 설명이다.

[2-4-8-5]

謂山蓋卑, 爲岡爲陵. 民之訛言, 寧莫之懲. 召彼故老, 訊之占夢,

산이 낮다고 하나 산마루이고 구릉이니라. 백성의 유언비어를 편안히 여겨 징계하지 않도다. 저 고노들을 부르고 점몽관에게 물어보니,

詳說

○ 音信.334)
'신(訊)'의 음은 '신(信)'이다.

---

334) 音信 : 『시전대전(詩傳大全)』에도 동일하게 되어 있다.

○ 叶, 莫登反.335)

'몽(夢)'은 협운으로 '막(莫)'과 '등(登)'의 반절이다.

具曰予聖, 誰知烏之雌雄.

모두 말하기를 내가 성인이라 하니라. 누가 까마귀의 암수를 알까?

詳說

○ 叶, 胡陵反.336)

'웅(雄)'은 협운으로 '호(胡)'와 '릉(陵)'의 반절이다.

朱註

賦也. 山脊曰岡, 廣平曰陵

부이다. 산등성이를 '망(岡)'이라고 하고, 넓고 평평한 곳을 '릉(陵)'이라고 한다.

詳說

○ 天保註參看.

「천보」의 주를 참고해서 보라.

朱註

懲, 止也. 故老, 舊臣也. 訊, 問也. 占夢, 官名,

'징(懲)'은 그침이다. '고노(故老)'는 옛 신하이다. '신(訊)'은 물음이다. 점몽은 관직의 이름이니,

詳說

○ 見周禮.

『주례』에 있다.

朱註

---

335) 叶, 莫登反 : 『시전대전(詩傳大全)』에도 동일하게 되어 있다.
336) 叶, 胡陵反 : 『시전대전(詩傳大全)』에도 동일하게 되어 있다.

掌占夢者也.
꿈풀이를 관장하는 자이다.

詳說

○ 卽太人也.
곧 태인이다.

朱註

具, 俱也. 烏之雌雄, 相似而難辨者也.
'구(具)'는 모두이다. 까마귀의 암수는 서로 비슷해서 구분이 어려운 것이다.

詳說

○ 廬陵歐陽氏曰 : "禽鳥雌雄, 多以首尾毛色不同別之. 烏之首尾毛色雌雄不異."337)
여릉 구양씨가 말하였다 : "새의 암수는 대부분 머리와 꼬리의 털색이 같지 않음으로 구분한다. 그런데 까마귀의 머리와 꼬리의 털색은 암수가 다르지 않다."338)

○ 上章以飛止言烏. 此以難辨言烏, 莫黑非烏, 亦亂之象也.
위의 장에서는 날고 앉는 것으로 까마귀를 말하였다. 여기에서는 구분하기 어려운 것으로 까마귀를 말하였는데, 검은 색은 까마귀 아님이 없어 또한 어지러운 상이다.

朱註

謂山蓋卑, 而其實, 則岡陵之崇也, 今民之訛言如此矣,
산이 낮다고 하나 그 실제는 산마루와 구릉의 높음이니, 이제 백성들의 유언비어가 이와 같은데,

---

337) 『시전대전(詩傳大全)』에 여릉 구양씨의 말로 실려 있다.
338) 『시전대전(詩傳大全)』에는 "여릉 구양씨가 말하였다 : '새의 암수는 대부분 머리와 꼬리의 털색이 같지 않음으로 구분한다. 그런데 까마귀의 머리와 꼬리의 털색은 암수가 다르지 않아 사람들이 구분하기 어렵다.'(廬陵歐陽氏曰凡 : 禽鳥雌雄, 多以首尾毛色不同別之. 烏之首尾毛色, 雌雄不異, 人所難別.)"라고 되어 있다.

詳說

○ 謂訛蓋小, 而實則甚大.
유언비어는 작지만 그 실질은 아주 크다는 말이다.

○ 應首章之訛言, 訛言實此篇之綱領.
첫 장의 유언비어에 호응하여 말하였으니, 유언비어는 실로 이 편의 핵심이다.

朱註

而王猶安然, 莫之止也.
왕은 오히려 편안히 그치게 하지 않는다.

詳說

○ 視沔水之寧莫之懲, 寧字義不同.
「면수(沔水)」에서 '어찌하여 징계하는 자가 없는고?'와 비교해서 보면 '녕(寧)'자의 의미가 같지 않다.

○ 此不爲興者, 蓋以其文勢與下章首同, 而下章不可爲興故也.
여기에서 흥으로 하지 않은 것은 그 어투가 아래 장의 처음과 같은데, 아래 장이 흥이 될 수 없기 때문이다.

朱註

及其詢之故老, 訊之占夢,
고노들에게 물어보고, 점몽관에게 물어보면,

詳說

○ 慶源輔氏曰 : "故老可以決是非, 占夢可以決吉凶."339)
경원 보씨가 말하였다 : "고노는 시비를 결단할 수 있고, 점몽관은 길흉을 결단할 수 있다."340)

---

339) 『시전대전(詩傳大全)』에 경원 보씨의 말로 실려 있다.
340) 『시전대전(詩傳大全)』에는 "경원 보씨가 말하였다 : '고노는 시비를 결단할 수 있고, 점몽관은 길흉을 결단할 수 있다.'(慶源輔氏曰 : "故老舊臣可以決事理之是非者也, 占夢之官可以決徵兆吉凶者也. ….)"라고 되어 있다.

朱註

則又皆自以爲聖人,
또 모두 저마다 성인이라고 하니,

詳說

○ 豐城朱氏曰 : "故老曰, 予聖而未必明於臧否之理, 占夢曰予聖而未必明於吉凶之兆."341)
풍성 주씨가 말하였다 : "고노는 '나는 성인이지만 선악의 이치에는 아직 밝지 못하다.'고 하고, 점몽관은 '나는 성인이지만 아직 길흉의 조짐에는 밝지 못한다.'고 한다."342)

朱註

亦誰能別其言之是非乎.
또한 누가 그 말의 시비를 구별할 수 있겠는가?

詳說

○ 以烏之雌雄喩言之是非, 其不爲興比者, 亦與上瞻烏二句同.
까마귀의 암수로 비유해서 시비를 말했는데, 흥과 비가 될 수 없는 것은 또한 위의 '까마귀를 보라.'는 두 구와 같다.

朱註

子思言於衛侯曰 : "君之國事將日非矣." 公曰 : "何故." 對曰 : "有由然焉. 君出言, 自以爲是, 而卿大夫, 莫敢矯其非, 卿大夫出言, 亦自以爲是, 而士庶人, 莫敢矯其非. 君臣旣自賢矣, 而羣下同聲賢之. 賢之, 則順而有福, 矯之, 則逆而有禍. 如此, 則善安從生. 詩曰, 具曰予聖, 誰知烏之雌雄, 抑亦

---

341) 『시전대전(詩傳大全)』에 풍성 주씨의 말로 실려 있다.
342) 『시전대전(詩傳大全)』에는 "풍성 주씨가 말하였다 : '유언비어를 퍼트리는 사람은 옳은데 그르다고 하고, 그른데 옳다고 하며 그 허위를 반복하는 것이 심하니, 명철한 임금이 아니면 누가 분별해서 징벌하겠는가? 이들이 나라에서 의지해서 유언비어를 멈출 자들이라 이제 고노에게 물으면, 그는 '나는 성인이지만 선악의 이치에는 아직 밝지 못하다.'고 하고, 점몽관에게 물으면, 그도 '나는 성인이지만 아직 길흉의 조짐에는 밝지 못한다.'고 하니, 또한 누가 그 말의 시비를 구별하겠는가?'(豐城朱氏曰 : 訛言之人, 是而謂之非, 非而謂之是, 其虛僞反覆甚矣, 非有明哲之君, 孰能辨而懲之. 此國之所賴以止訛者也, 今問之故老, 故老曰, 予聖而未必明於臧否之理, 問之占夢, 占夢亦曰, 予聖矣而未必明於吉凶之兆, 則亦誰能別其言之是非乎.)"라고 되어 있다.

似君之君臣乎."

자사가 위나라 임금에게 "임금님의 국사가 날로 그르게 될 것입니다."라고 하였다. 공이 "무엇 때문인가?"라고 하니, 다음처럼 대답하였다 "임금이 말을 하고 스스로 옳다고 하는데도 경대부가 아무도 그 잘못을 감히 바로잡지 못하고, 경대부가 말을 하고 또한 스스로 옳다고 하는데도 사서인이 아무도 감히 그 잘못을 바로 잡지 못합니다. 군신이 이미 스스로 현명해서 여러 신하들이 한 목소리로 현명하다고 합니다. 현명하다고 하면 감정을 거스르지 않아 복이 있고, 바로 잡으면 감정을 거슬러 화가 있습니다. 이렇게 되면 선이 어디에서 나오겠습니까? 시에서 '모두 내가 성인이라고 하니, 누가 까마귀의 암수를 알겠는가?'라고 하였으니, 또한 임금의 군신과 비슷합니다."

詳說

○ 出孔叢子.
『공총자』가 출처이다.

○ 論也. 與上註末同.
경문의 의미 설명이다. 위의 주에서 끝과 같다.

[2-4-8-6]

謂天蓋高, 不敢不局,

하늘이 높다고 하나 감히 몸을 굽히지 않을 수 없고,

詳說

○ 叶, 居亦反343)
'국(局)'은 협운으로 음은 '거(居)'와 '역(亦)'의 반절이다.

謂地蓋厚, 不敢不蹐. 維號斯言,

땅이 두텁다고 하나 감히 발자국을 떼지 않을 수 없노라. 길게 부르짖는 이 말이

---

343) 叶, 居亦反:『시전대전(詩傳大全)』에도 동일하게 되어 있다.

|詳說|

○ 音積.

'척(踖)'의 음은 '적(積)'이다.

○ 音豪.344)

'호(號)'의 음은 '호(豪)'이다.

|有倫有脊, 哀今之人, 胡爲虺蜴.|

차례가 있고 이치가 있거늘, 슬프다 지금 사람들은 어찌하여 독충의 행위를 하는고?

|詳說|

○ 呼鬼反.345)

'훼(虺)'의 음은 '호(呼)'와 '귀(鬼)'의 반절이다.346)

○ 音易.

'척(蜴)'의 음은 '역(易)'이다.

○ 音易. 一作星歷反, 而『諺解』從之, 恐誤. 此是蜥音, 非蜴音也.

'척(蜴)'의 음은 '역(易)'이다. 어떤 판본에는 '성(星)'과 '역(歷)'의 반절로 되어 있고, 『언해』에서 이를 따랐는데 잘못된 것 같다. 여기서는 '석(蜥)'음을 옳게 보고, '척(蜴)'음을 잘못된 것으로 본다.

|朱註|

賦也. 局, 曲也,

부이다. '국(局)'은 굽힘이고,

|詳說|

○ 孔氏曰 : "曲身也."347)

---

344) 音豪 : 『시전대전(詩傳大全)』에도 동일하게 되어 있다.
345) 呼鬼反 : 『시전대전(詩傳大全)』에는 다소 다르게 되어 있다.
346) 『시전대전(詩傳大全)』에는 "'훼(虺)'의 음은 '우(吁)'와 '귀(鬼)'의 반절이다.(吁鬼反)"라고 되어 있다.

공씨가 말하였다 : "몸을 굽힘이다."

朱註

蹐, 累足也.
'척(蹐)'은 걸음을 작게 떼는 것이다.

詳說

○ 上聲.
'루(累)'는 상성이다.

○ 說文曰 : "小步也."348)
『설문』에서 말하였다 : "걸음을 적게 하는 것이다."

朱註

號, 長言之也. 脊, 理, 蜴, 螈,
'호(號)'는 길게 말함이다. '척(脊)'은 이치이고, '척(蜴)'은 도마뱀이고,

詳說

○ 音原也.
'원(螈)'의 음은 '원(原)'이다.

朱註

虺蜴, 皆毒螫之蟲也 ○ 言遭世之亂, 天雖高而不敢不局,
훼(虺)와 척(蜴)은 모두 독을 쏘는 것들이다. ○ 어지러운 세상을 만나 하늘이 높아도 감히 몸을 굽히지 않을 수 없고,

詳說

○ 音釋.

---

347) 『시전대전(詩傳大全)』에 공씨의 말로 동일하게 실려 있다.
348) 『시전대전(詩傳大全)』에 『설문』의 말로 동일하게 실려 있다.

'석(螫)'의 음은 '석(釋)'이다.

○ 恐壓.
눌릴까 걱정되는 것이다.

朱註
地雖厚而不敢不蹐,
땅이 두터워도 감히 발걸음을 작게 떼지 않을 수 없으며,

詳說
○ 恐陷.
빠질까 염려되는 것이다.

朱註
其所號呼,
그 울부짖으며

詳說
○ 詩人.
'기(其)'는 시인이다.

○ 去聲.
'호(呼)'는 거성이다.

朱註
而爲此言者, 又皆有倫理,
이 말을 하는 것은 또 모두 윤리가 있어

詳說
○ 毛氏曰 : "倫, 道也."349)
모씨가 말하였다 : "윤(倫)은 도이다."

朱註

而可考也,
상고할만한데,

詳說

○ 考實.
실질을 상고하는 것이다.

朱註

哀, 今之人,
슬프다, 지금의 사람들은

詳說

○ 訛言之小人也, 與前章哀我人斯之人, 不同.
유언비어를 하는 소인들이니, 앞의 장에서 '슬프다 우리 사람들은'이라고 할 때의 사람과는 같지 않다.

朱註

胡爲肆毒以害人而使之至此乎.
어찌하여 독을 쏘아 사람들을 해쳐서 이 지경이 되도록 했는가?

詳說

○ 慶源輔氏曰 : "所謂此者, 卽上所言局蹐, 不敢自安者也.350)
경원 보씨가 말하였다 : "이른바 이 지경은 곧 위에서 말한 몸을 굽히고 발검을 작게 떼는 것으로 감히 스스로 편안할 수 없는 것이다."

[2-4-8-7]

瞻彼阪田, 有菀其特, 天之扤我, 如不我克.

---

349) 『시전대전(詩傳大全)』에 모씨의 말로 실려 있다.
350) 『시전대전(詩傳大全)』에 경원 보씨의 말로 거의 동일하게 실려 있다.

저 비탈밭을 보건대, 무성하게 혼자 자라는 싹이 있거늘, 하늘이 나를 흔들이여, 나를 마치 이기지 못할 듯이 하는구나.

詳說

○ 音反.351)

'판(阪)'의 음은 '반(反)'이다.

○ 音鬱.352)

'울(鬱)'의 음은 '울(菀)'이다.

○ 音兀.

'올(扤)'의 음은 '올(兀)'이다.

彼求我則, 如不我得, 執我仇仇, 亦不我力.

저가 나를 구하여 법으로 삼으려고 할 적에는 마치 나를 얻지 못할 듯이 하더니, 나를 붙잡기를 원수처럼 하나 또한 나를 등용함에 힘쓰지 않는구나.

朱註

興也. 阪田, 崎嶇

흥이다. 판전은 험하고

詳說

○ 諺音誤.

'판(阪)'은 『언해』의 음이 잘못되었다.

○ 音敧軀.

'기구(崎嶇)'의 음은 '기구(敧軀)'이다.

朱註

---

351) 音反 : 『시전대전(詩傳大全)』에도 동일하게 되어 있다.
352) 音鬱 : 『시전대전(詩傳大全)』에도 동일하게 되어 있다.

墝埆之處. 菀, 茂盛之貌, 特特生之苗也. 扤, 動也.
척박한 곳이다. '울(菀)'은 무성한 모양이다. '특(特)'은 우뚝하게 자란 싹이다. '올(扤)'은 움직임이다.

詳說

○ 音敲殼.
'요각(墝埆)'의 음은 '고각(敲殼)'이다.

○ 新安胡氏曰 : "齟齬頓挫之意."353)
신안 호씨가 말하였다 : "어긋나서 부서지고 꺾이는 의미이다."

朱註
力謂用力 ○ 瞻彼阪田, 猶有菀然之特, 而天之扤我, 如恐其不我克, 何哉.
'력(力)'은 힘을 씀을 말한다. ○ '저 판전을 보면 오히려 우뚝하게 자라는 싹이 있는데, 하늘이 나를 흔들기를 마치 나를 이기지 못할 듯이 하는 것은 무엇 때문인가?'라는 것은

詳說

○ 天民曾田苗之不如也.
하늘의 백성이 일찍이 밭의 싹만도 못하다는 것이다.

朱註
亦無所歸咎之辭也.
또한 허물을 돌릴 데가 없다는 말이다.

詳說

○ 添此句.
이 구를 더했다.

---

353) 『시전대전(詩傳大全)』에 신안 호씨의 말로 거의 비슷하게 실려 있다.

○ 照前篇註.
앞 편의 주를 참조하라.

朱註
夫始而求之以爲法,
처음 나를 찾아 법으로 할 적에는

詳說
○ 音扶.
'부(夫)'의 음은 '부(扶)'이다.

○ 則.
모범으로 하는 것이다.

朱註
則猶恐不我得也. 及其得之, 則又執我堅固, 如仇讎然
오히려 나를 얻지 못할까 안달을 하더니, 얻게 되니 또 나를 견고하게 붙잡고는 원수처럼 하나

詳說
○ 句.
구두해야 한다.

朱註
然終亦莫能用也.
끝내 또한 등용하지 못한다.

詳說
○ 鄭氏曰:"彼王執留我, 有貪賢之名, 無用賢之實.354)

---

354) 『시전대전(詩傳大全)』에 정씨의 말로 더 간결하게 실려 있다.

정씨가 말하였다 : "저 왕이 나를 잡아 머무르게 함에는 현자를 탐하는 명분은 있으나 현자를 등용하는 실질은 없다."

朱註

求之甚艱而棄之甚易, 其無常如此.
구하기를 매우 어렵게 하고 버리기를 매우 쉽게 하는 것이 이처럼 무상하다.

詳說

○ 去聲.
'이(易)'는 거성이다.

○ 三句, 論也.
세 구는 경문의 의미 설명이다.

○ 眉山蘇氏曰 : "書云, 未見聖, 若不及見, 旣見聖, 亦不克由聖, 此之謂也."[355]
미산 소씨가 말하였다 : "『서경』에서 '성현을 만나지 못할 때에는 마치 뵙지 못한 듯이 하다가 성현을 뵙고 나서는 또한 성현을 따르지 못한다.'라고 하였다."

[2-4-8-8]

心之憂矣, 如或結之. 今茲之正, 胡爲厲矣.

마음에 근심함이여, 혹 맺혀 있는 듯이 하도다. 지금의 정사는 어찌 이리도 사나운고?

詳說

○ 叶, 力桀反.[356]
'려(厲)'는 협운으로 음은 '력(力)'과 '걸(桀)'의 반절이다.

燎之方揚, 寧或滅之. 赫赫宗周, 褒姒威之.

---

355) 『시전대전(詩傳大全)』에 미산 소씨의 말로 거의 비슷하게 실려 있다.
356) 叶, 力桀反 : 『시전대전(詩傳大全)』에도 동일하게 되어 있다.

불길이 한창 타고 있는 것을 누가 멸할 수 있으리오? 혁혁한 종주를 포사가 멸하리로다.

詳說

○ 力詔反.357)
'료(燎)'의 음은 '력(力)'과 '조(詔)'의 반절이다.

○ 音似.358)
'사(姒)'의 음은 '사(似)'이다.

○ 呼悅反.359)
'혈(威)'의 음은 '호(呼)'와 '열(悅)'의 반절이다.

朱註

賦也. 正, 政也. 厲, 暴惡也. 火田
부이다. '정(正)'은 정사이다. '려(厲)'는 포악이다. 밭에 불을 지르는 것이

詳說

○ 火於田.
밭에 불을 지르는 것이다.

朱註

爲燎. 揚, 盛也. 宗周, 鎬京也. 褒姒, 幽王之嬖妾, 褒國女, 姒姓也. 威, 亦滅也. ○ 言我心之憂如結者, 爲國政之暴惡故也. 燎之方盛之時, 則寧有能撲而滅之者乎.
'료(燎)'이다. '양(揚)'은 성함이다. '종묘(宗周)'는 호경이다. '포사(褒姒)'는 유왕의 애첩인데, 포국의 딸로 '사(姒)'가 성이다. ○ 내 마음의 근심이 맺혀 있는 듯한 것은 국정이 포악하기 때문이다. 불길이 한창 성할 때에는 어찌 꺼서 멸할 수 있는 자가 있겠는가?

---

357) 力詔反:『시전대전(詩傳大全)』에도 동일하게 되어 있다.
358) 音似:『시전대전(詩傳大全)』에도 동일하게 되어 있다.
359) 呼悅反:『시전대전(詩傳大全)』에도 동일하게 되어 있다.

詳說

○ 滅之, 若只取其下與威之相應, 則當爲興, 而又與上結之, 文勢正相類, 且或字相應, 而先言本事, 後及喩意. 故不以爲興.

'멸한다(滅之)'는 것이 단지 그 아래에서 취해 '멸한다(威之)'는 것과 서로 호응할 뿐이라면 흥으로 해야 하는데, 또 위의 '맺혀 있다(結之)'는 것과 어투가 서로 같은 것이고, 또 혹자와 서로 호응해서 먼저 그 본래의 일을 말하고 후에 비유의 의미를 언급했던 것이다. 그러므로 흥으로 하지 않은 것이다.

朱註

然赫赫然之宗周,

그러나 혁혁한 종주인데,

詳說

○ 其盛如火.

불길처럼 성대한 것이다.

朱註

而一褎姒, 足以滅之, 蓋傷之也.

포사 한 명이 멸할 수 있다는 것은 상심한 것이다.

詳說

○ 補此句此. 下則論也.

이 구를 더했다. 아래는 경문의 의미 설명이다.

朱註

時宗周未滅, 以褎姒淫妬讒諂, 而王惑之, 知其必滅周也.

당시에 종주가 아직 사라지지 않았고, 포사가 음란하고 투기하고 참소하며 아첨하여 왕이 미혹되어 그가 반드시 주나라를 멸할 것을 알았던 것이다.

詳說

○ 廬陵歐陽氏曰 : "上七章, 皆述王信訛言, 亂政至此. 始言褎姒者, 推其禍亂之本, 以歸罪也."360)

여릉 구양씨가 말하였다 : "위의 7장은 모두 왕이 유언비어을 믿고 이 지경이 되도록 정사를 혼란시킨 것을 기술한 것이다. 처음에 포사를 말한 것은 그 화란의 근원을 미뤄 죄를 돌린 것이다."361)

○ 豐城朱氏曰 : "桀亾於妺喜, 而天下遂爲商, 以有湯也. 紂亾於妲己, 而天下遂爲周, 以有武王也. 幽王亾於褒姒, 而不至易姓者, 以無湯武也."362)

풍성 주씨가 말하였다 : "걸(桀)이 말희에게 망해 천하가 마침내 상이 되었으니, 탕(湯)이 있었기 때문이다. 주(紂)가 달기에게 망해 천하가 주나라가 되었으니, 무왕이 있었기 때문이다. 유왕이 포사에게 망했어도 역성혁명까지 가지 않았던 것은 탕이나 무가 없었기 때문이다."363)

朱註

或曰 : "此東遷後詩也. 時宗周已滅矣, 其言褒姒威之, 有監戒之意, 而無憂懼之情, 似亦道已然之事, 而非慮其將然之辭." 今亦未能必其然否也.

어떤"이것은 동천한 다음의 시이다. 당시에 종주가 이미 멸망하였으니, 포사가 멸망시켰다고 말한 것에는 본보기로 경계하라는 의미가 있고 걱정하는 마음은 없는 것이며, 또한 이미 지난 일을 말하고 앞으로 그럴 것이라고 걱정하는 말은 아닌 듯하다."라고 하였는데, 이제 또한 그 여부를 기필할 수는 없다.

---

360) 『시전대전(詩傳大全)』에 여릉 구양씨의 말로 실려 있다.
361) 『시전대전(詩傳大全)』에는 "여릉 구양씨가 말하였다 : '위의 7장은 모두 왕이 유언비어를 믿고 이 지경이 되도록 정사를 혼란시킨 것을 기술한 것이다. 처음에 주를 멸한 것을 말함에 포사를 주로 한 것은 왕이 여색에 빠져 미혹된 것을 말한 것이니, 그 화란의 근원을 미뤄 죄를 돌린 것이다.'(廬陵歐陽氏曰 : 此上七章, 皆述王信讒言, 亂政至此. 始言滅周, 主於褒姒者, 謂王溺女色, 而致昏惑, 推其禍亂之本以歸罪也.)"라고 되어 있다.
362) 『시전대전(詩傳大全)』에 풍성 주씨의 말로 실려 있다.
363) 『시전대전(詩傳大全)』에는 "풍성 주씨가 말하였다 : '걸이 망한 것은 탕이 멸망시킨 것이 아니라 말희가 실제로 멸망시킨 것이다. 주가 망한 것은 무왕이 멸망시킨 것이 아니라 달기가 실제로 멸망시킨 것이다. 유왕이 망한 것은 신후와 견융이 멸망시킨 것이 아니라 포사가 실제로 멸망시킨 것이다. 그런데 걸이 말희에게 망했는데 천하가 마침내 상나라가 된 것은 탕이 있었기 때문이고, 주가 달기에게 망했는데 천하가 마침내 주나라가 된 것은 무왕이 있었기 때문이다. 유왕이 포사에게 망했는데, 천하에서 역성혁명이 일어나지 않았던 것은 비록 포사가 멸망시켰을지라도 탕이나 무왕 같은 덕으로 계승하는 자가 없었기 때문이다. ….'(豐城朱氏曰 : 桀之亡也, 非湯滅之也, 妺喜實滅之也. 紂之亡也, 非武王滅之也, 妲己實滅之也. 幽王之亡也, 非申侯犬戎滅之也, 褒姒實滅之也. 然桀亡於妺喜, 而天下遂爲商者, 以其有湯也, 紂亡於妲己, 而天下遂爲周者, 以其有武王也. 幽王亡於褒姒, 而天下不至於易姓者, 以雖有褒姒以滅之, 而無德如湯武以繼之也. ….)"라고 되어 있다.

詳說

○ 安成劉氏曰 : "章末四句, 語意反覆相應, 其言燎之難滅, 正以傷歎宗周之易滅, 眞似道已然之事, 恐或說爲長使宗周未滅. 褒姒方寵, 則詩人未應指斥如是也. 下篇艶妻煽方處之詞, 則又微婉, 雖作於褒姒嬖盛之時, 固無嫌也."364)

안성 유씨가 말하였다 : "장의 끝 네 구는 말의 의미가 반복되는데, 그 말이 불길을 멸하기 어렵다면서 바로 종주가 쉽게 멸할 것을 상심하고 탄식한 것은 진실로 이미 그렇게 된 일을 말한 것 같지만, 어쩌면 혹 종주가 길이 유지되고 또 멸하지 않도록 하기 위해 말한 것일 수도 있다. 포사가 한창 총애를 받고 있는 때라면 시인의 말이 응당 이처럼 지적해서 배척하지 못했을 것이다. 만약 하편에서 '고운 처가 그대로 있도다.'라는 말로 증명한다면, 저 말은 또 은근해서 비록 포사가 총애를 성대하게 받을 때에 지었을지라도 진실로 혐의가 없는 것이다."365)

○ 按, 古人作詩, 非如後世之進疏, 則容有王未及見而後來乃出者, 故此等句得直書, 不諱, 而家父寺人之輩, 亦得自表其名氏也. 蓋褒姒未及爲后時, 見幾之君子, 直言指斥, 憂其亾國, 亦或一事. 則集傳以此說置之, 餘意豈無以哉.

살펴보건대, 옛사람들이 시를 지을 때는 후세에 상소를 올리는 것과 같지 않으니, 왕이 아직 접견하지 않았지만 후에 와서 내놓을 것을 허용하여 두기 때문에 이와 같은 구에서 직서로 휘하지 않고, 부친과 모시는 무리도 그 이름과 성씨를 스스로 표현할 수 있었던 것이다. 포사가 아직 왕후가 되지 않았을 때 기미를 아는 군자가 직언으로 지적하고 배척하며 나라가 망할 것을 걱정하는 것도 혹 하나의 일이다. 그렇다면 「집전」에서 이 설을 두었다고 나머지 의미가 어찌 무용하겠는가?

---

364) 『시전대전(詩傳大全)』에 안성 유씨의 말로 실려 있다.
365) 『시전대전(詩傳大全)』에는 "안성 유씨가 말하였다 : '장의 끝 네 구는 말의 의미가 반복되는데, 그 말이 불길을 멸하기 어렵다면서 바로 종주가 쉽게 멸할 것을 상심하고 탄식한 것은 진실로 이미 그렇게 된 일을 말한 것 같지만, 어쩌면 혹 종주가 길이 멸하지 않도록 하기 위해 말한 것일 수도 있다. 포사가 한창 총애를 받고 있는 때라면 시인이 응당 이처럼 지적해서 배척하지 못했을 것이다. 하편에서 「고운 처가 그대로 있도다.」라는 말은 또 은근해서 비록 포사가 총애를 성대하게 받을 때에 지었을지라도 진실로 혐의가 없는 것이다.'(安成劉氏曰 : 章末四句, 語意反覆相應, 其言燎之難滅, 正以傷歎宗周之易滅, 眞似道已然之事, 竊恐或説爲長且使宗周未滅. 褒姒方寵, 則詩人之言, 未應指斥如是也. 若以下篇艶妻煽方處之語証之, 彼詞, 則又微婉, 雖作於褒姒嬖盛之時, 固無嫌也.)"라고 되어 있다.

[2-4-8-9]

|終其永懷, 又窘陰雨. 其車旣載,|

종말을 길이 생각해보니, 또한 흐린 비에 곤궁하리로다. 그 수레에 짐을 싣고,

|詳說|

○ 求隕反.366)

'군(窘)'의 음은 '구(求)'와 '운(隕)'의 반절이다.

○ 音在.

'재(載)'의 음은 '재(在)'이다.

|乃棄爾輔, 載輸爾載, 將伯助予.|

마침내 네 보(輔)를 버리니, 네 짐을 떨어뜨리고서야 백에게 청하여 나를 도우라 하리라.

|詳說|

○ 叶, 扶雨反.367)

'보(輔)'는 협운으로 '부(扶)'와 '우(雨)'의 반절이다.

○ 如字.

앞의 '재(載)'자는 본래의 음 대로 읽는다.

○ 音在.

뒤의 '재(載)'의 음은 '재(在)'이다.

○ 音搶.

'장(將)'의 음은 '창(搶)'이다.

---

366) 求隕反 : 『시전대전(詩傳大全)』에도 동일하게 되어 있다.
367) 叶, 扶雨反 : 『시전대전(詩傳大全)』에도 동일하게 되어 있다.

○ 叶, 演女反.368)
'여(予)'는 협운으로 '연(演)'과 '여(女)'의 반절이다.

○ 二載字, 恐混, 故特著在音. 凡詩中載字多作則義, 故云如字.
두 번의 '재(載)'자가 혼동될까 염려되기 때문에 특별히 '재(在)'라고 음을 드러냈다. 시에서 '재(在)'자가 대부분 즉(則)의 의미로 되기 때문에 '본래의 음 대로 읽는다.'라고 했던 것이다.

朱註
比也. 陰雨, 則泥濘,
비이야. '흐린 비에는 진창이 되어

詳說
○ 音甯.
'녕(濘)'의 음은 '녕(甯)'이다.

朱註
而車易以陷也. 載, 車所載也.
수레가 빠지기 쉽다. '재(載)'는 수레에 실은 것이다.

詳說
○ 去聲.
'이(易)'는 거성이다.

○ 載運.
실어 나르는 것이다.

朱註
輔, 如今人縛杖於輻, 以防輔車也.

---
368) 叶, 演女反 :『시전대전(詩傳大全)』에도 동일하게 되어 있다.

詩集傳詳說 卷之九 163

'보(輔)'는 지금 사람들이 바퀴에 장대를 묶어 수레를 덮어 돕는 것이다.

詳說

○ 防而輔之也
덮어서 돕는 것이다.

○ 孔氏曰 : "輔是可解脫之物."369)
공씨가 말하였다 : "'보(輔)'는 분리할 수 있는 것이다."

朱註

輸, 墮也. 將, 請也. 伯, 或者之字也.
'수(輸)'는 떨어뜨림이다. '장(將)'은 청함이다. '백(伯)'은 어떤 사람의 자이다.

詳說

○ 音隳, 下並同.
'타(墮)'의 음은 '휴(隳)'로 아래에서도 같다.

朱註

○ 蘇氏曰 : "王爲淫虐, 譬如行險而不知止, 君子永思其終
소씨가 말하였다 : "왕이 음란하고 학정을 행함이 비유하면 험한 길을 가면서 그칠 줄 모르는 것과 같으니, 군자가 그 종말을 길이 생각함에

詳說

○ 終其永懷句, 以行車言, 非以虐政言, 故爲比體.
'종말을 길이 생각한다.'는 구는 수레가 가는 것으로 말한 것이지 학정으로 말한 것이 아니기 때문에 비체이다.

朱註

知其必有大難

---

369) 『시전대전(詩傳大全)』에 공씨의 말로 동일하게 실려 있다.

반드시 큰 어려움이 있을 줄 알았기

詳說

○ 去聲下並同.
'난(難)'은 거성으로 아래에서도 나란히 같다.

朱註

故曰終其永懷又窘陰雨, 王又不虞難之將至, 而棄賢臣焉故曰, 乃棄爾輔. 君子求助於未危, 故難不至, 苟其載之旣墮, 而後號伯, 以助予, 則無及矣.
때문에 '종말을 길이 생각해보니, 또한 흐린 비에 곤궁하리로다.'라고 했던 것이고, 왕이 또 어려움이 이룰 줄 생각하지 못해 현명한 신하를 버리기 때문에 '네 보를 버린다.'고 했던 것이다. 군자가 아직 위급하지 않았을 때에 도움을 구하기 때문에 어려움이 이르지 않는 것인데, 만일 짐을 떨어뜨린 다음에 불러서 백을 불러 나를 돕게 한다면 어떻게 할 수가 없을 것이다."

詳說

○ 平聲.
'호(號)'는 평성이다.

[2-4-8-10]

無棄爾輔, 員于爾輻,

네 보를 버리지 않고 네 바퀴통에 덧대고

詳說

○ 音云.370)
'원(員)'의 음은 '운(云)'이다.

○ 方六反, 叶, 筆力反.371)

---

370) 音云 : 『시전대전(詩傳大全)』에도 동일하게 되어 있다.
371) 方六反, 叶筆力反 : 『시전대전(詩傳大全)』에도 동일하게 되어 있다.

'폭(輻)'의 음은 '방(方)'과 '육(六)'의 반절이고, 협운으로 '필(筆)'과 '력(力)'의 반절이다.

屢顧爾僕, 不輸爾載,

자주 네 마부를 돌아보면 네 짐을 떨어뜨리지 않아

詳說

○ 叶, 節力反.372)

'재(載)'는 협운으로 음은 '절(節)'과 '력(力)'의 반절이다.

終踰絶險, 曾是不意.

마침내 가파른 곳을 넘어감이 일찍이 예상 외로 수월하리라.

詳說

○ 叶乙力反.373)

'의(意)'는 협운으로 음은 '을(乙)'과 '력(力)'의 반절이다.

주주

比也. 員, 益也. 輔, 所以益輻也. 屢, 數.

비이다. '원(員)'은 더함이다. '보(輔)'는 바퀴살에 덧대는 것이다. '루(屢)'는 '자주'이다.

詳說

○ 音朔, 下並同.

'삭(數)'은 음이 '삭(朔)'으로 아래에서도 나란히 같다.

朱註

顧, 視也. 僕, 將車者也 ○ 此承上章言, 若能無棄爾輔, 以益其輻, 而又數數顧視其僕, 則不墮爾所載, 而踰於絶險, 若初不以爲意者. 蓋能謹其初則厥

---

372) 叶, 節力反 :『시전대전(詩傳大全)』에도 동일하게 되어 있다.
373) 叶, 乙力反 :『시전대전(詩傳大全)』에도 동일하게 되어 있다.

終無難也.

'고(顧)'는 봄이고, '복(僕)'은 수레를 모는 자이다. ○ 여기는 위의 장을 이어 네 보(輔)를 버리지 않고 바퀴살에 덧대고, 마부를 자주 돌아보면 네 실은 것을 떨어뜨리지 않으며, 가파른 곳을 넘어가기를 애초에 생각지도 못했던 것처럼 할 수 있다는 말이니, 그 처음을 삼가면, 그 끝에 어려움이 없을 것이라는 것이다.

詳說

○ 二句, 論也.
두 구는 경문의 의미 설명이다.

○華陽范氏曰 : "治天下者, 任重道遠, 故以將車爲喩."374)
화양 범씨가 말하였다 : "천하를 다스리는 것은 임무가 무겁고 길이 먼 것이기 때문에 수레를 모는 것으로 비유한 것이다."

朱註

一說王曾不以是爲意乎
어떤 곳에서는 '왕이 일찍이 이것을 의도하지 않았는가?'라고 하였다.

詳說

○ 如此, 則此章不得爲全章之比.
이와 같이 한다면 이 장은 전체의 장에서의 비가 될 수 없다.

[2-4-8-11]

魚在于沼, 亦匪克樂.

고기가 못에 있으니, 또한 능히 즐겁지 못하도다.

詳說

○ 之紹反, 叶, 音灼.375)

---

374) 『시전대전(詩傳大全)』에 화양 범씨의 말로 동일하게 실려 있다.
375) 之紹反, 叶音灼 : 『시전대전(詩傳大全)』에도 동일하게 되어 있다.

'소(沼)'의 음은 '지(之)'와 '소(紹)'의 반절이고, 협운으로 음은 '작(灼)'이다.

○ 音洛.376)
'락(樂)'의 음은 '락(洛)'이다.

|潛雖伏矣, 亦孔之炤.|
물에 잠겨 엎드려 있으나 또한 아주 환하게 보이도다.

|詳說|
○ 音灼.377)
'소(炤)'의 음은 '작(灼)'이다.

|憂心慘慘,|
마음에 근심하기를 심하게 하여

|詳說|
○ 七感反, 當作燥, 七各反.378)
'참(慘)'의 음은 '칠(七)'과 '감(感)'의 반절인데, '조(燥)'로 해야 하면, '칠(七)'과 '각(各)'의 반절이다.

|念國之爲虐.|
나라의 포악함을 염려하노라.

|朱註|
比也.
비이다.

|詳說|

---

376) 音洛 : 『시전대전(詩傳大全)』에도 동일하게 되어 있다.
377) 音灼 : 『시전대전(詩傳大全)』에도 동일하게 되어 있다.
378) 七感反, 當作燥七各反 : 『시전대전(詩傳大全)』에도 동일하게 되어 있다.

○ 兼賦.
부를 겸하였다.

朱註
沼, 池也, 炤, 明, 易見也.
'소(沼)'는 못이고, '소(炤)'는 밝음으로 쉽게 보이게 하는 것이다.

詳說
○ 去聲, 下同.
'이(易)'는 거성으로 아래에서도 같다.

○ 慘, 諺音, 恐更詳.
'참(慘)'은 『언해』의 음을 다시 상세히 살펴야 할 것 같다.

朱註
○ 魚在于沼, 其爲生, 已蹙矣. 其潛雖深伏然, 亦炤然而易見, 言禍亂之及, 無所逃也
고기가 못에 있어 그 생활이 이미 위축되었다. 잠김이 깊이 엎드려 있으나 또한 환해서 쉽게 보이니, 화란에 도망칠 곳이 없다는 말이다.

詳說
○ 爲虐.
'화란(禍亂)'은 포악함이다.

○ 華谷嚴氏曰 : "魚相忘於江湖者也, 今在沼, 非所樂, 喩君子立亂朝, 非所樂也. 沼, 水淺無所逃於網罟之害, 喩君子雖自韜晦, 亦未避患也."379)
화곡 엄씨가 말하였다 : "고기는 강호에서 서로 것인데, 이제 못에 있어 즐거운 것이 아님은 군자가 어지러운 조정에 서서 있을지라도 즐거운 것이 아님을 비

---
379) 『시전대전(詩傳大全)』에 화곡 엄씨의 말로 실려 있다.

유한 것이다. 못은 물이 얕아 거물의 해침에서 피할 곳이 없음은 군자가 스스로 감추어 어둡게 할지라도 우환을 피하지 못함을 비유한 것이다."380)

[2-4-8-12]

彼有旨酒, 又有嘉殽, 洽比其鄰, 昏姻孔云, 念我獨兮, 憂心慇慇.

저들은 맛있는 술을 가지고, 또 훌륭한 안주를 장만하여, 그 이웃들을 화합하고 친히 하며 혼인간에 매주 주선하는데, 생각건대 나만이 홀로 마음에 근심하기를 은은(慇慇)히 하노라.

詳說

○ 音爻, 無韻, 未詳.381)
'효(殽)'의 음은 '효(爻)'이고, 운이 없는 것은 자세하지 않다.382)

○ 音鼻.
'비(比)'의 음은 '비(鼻)'이다.

朱註

賦也. 洽比, 皆合也. 云, 旋也.
부이다. '흡(洽)'과 '비(比)'는 모두 화합함이다. '운(云)'은 주선함이다.

詳說

○ 三山李氏曰 : "與其親戚, 周旋也."383)
삼산 이씨가 말하였다 : "친척들과 주선하는 것이다."

---

380) 『시전대전(詩傳大全)』에는 "화곡 엄씨가 말하였다 : '고기는 강호에서 서로 것인데, 이제 못에서 즐거운 것이 아님은 군자가 어지러운 조정에 서서 즐거운 것이 아님을 비유한 것이다. 고기가 잠복할지라도 못의 물이 얕아 또한 아주 환하게 쉽게 드러나 거물의 해침에서 피할 곳이 없음은 군자가 스스로 감추어 어둡게 할지라도 또한 우환을 피하지 못함을 비유한 것이다.'(華谷嚴氏曰 : 魚相忘於江湖者也, 今在池沼非所樂矣, 喩君子立亂朝, 亦非所樂也. 魚雖藏伏然, 沼之水淺, 亦甚炤然易見, 無所逃於罔罟之害, 喩君子雖自韜晦, 亦未必能避患也.)"라고 되어 있다.
381) 音爻, 無韻, 未詳 : 『시전대전(詩傳大全)』에는 다소 다르게 되어 있다.
382) 『시전대전(詩傳大全)』에는 "'효(殽)'의 음은 '호(戶)'에서의 'ㅎ'과 '효(爻)'에서의 'ㅛ'를 합한 '효'이고, 운이 없는 것은 자세하지 않다.(無韻未詳)"라고 되어 있다.
383) 『시전대전(詩傳大全)』에 삼산 이씨의 말로 동일하게 실려 있다.

|朱註|

慇慇, 疾384)痛也. ○ 言小人得志, 有旨酒嘉殽, 以合比其鄰里, 怡懌其昏姻, 而我獨憂心, 至於疾痛也.

'은은(慇慇)'은 괴롭다는 것이다. 소인들은 뜻을 얻어 맛있는 술과 훌륭한 안주를 가지고 이웃 마을과 화합하고 혼인을 기뻐하는데, 나만 홀로 마음에 근심하며 괴로워한다는 말이다.

|詳說|

○ 彼.
소인은 경문에서 '저들(彼)'이다.

○ 一作洽.
'합(合)'은 어떤 판본에는 '흡(洽)'으로 되어 있다.

○ 豐城朱氏曰 : "自歎小人之不如也."385)
풍성 주씨가 말하였다 : "소인과 똑 같이 하지 못함을 스스로 한탄하였다."386)

|朱註|

昔人有言, 燕雀處堂, 母子相安自以爲樂也, 突決棟焚, 而怡然, 不知禍之將及,

옛 사람의 말에 제비가 집에서 모자가 서로 편안히 서로 즐겁다고 여겨 굴뚝이 터져 기둥에 불이 붙었는데도 태연히 화가 이를 것을 모른다고 하였으니,

|詳說|

---

384) 『시전상설』에는 '연(然)'자로 되어 있는 것을 『사고전서』와 문맥을 참고하여 바로 잡았다.
385) 『시전대전(詩傳大全)』에 풍성 주씨의 말로 실려 있다.
386) 풍성 주씨가 말하였다 : "맛있는 술과 훌륭한 안주로 이웃 마을과 화합하고 함께하며, 혼인을 기뻐하는 것은 유유자적하며 일없는 자들이 할 수 있는 것이다. 화란을 걱정하는 사람은 자신의 집안도 구휼할 수 없는데 어떻게 이웃 마을과 화합하고 함께 하겠는가? 그 자신도 지키지 못하는데 어떻게 혼인을 기뻐하겠는가? 이것이 군자가 근심으로 괴로워하고 소인과 똑 같이 하지 못함을 스스로 한탄하는 까닭이다.(豐城朱氏曰 : 旨酒嘉殽, 以合比其隣里, 怡懌其昏姻, 惟優游無事者能之. 若憂亂畏禍之人, 則其家之不能恤, 而何以合比其鄰里. 其身之不能保, 而何以怡懌其昏姻. 此君子之憂, 所以至於疾痛, 而自歎小人之不如也.)"라고 되어 있다.

○ 孔斌, 字子順.
'옛사람(昔人)'은 공빈(孔斌)으로 자는 자순(子順)이다.

○ 上聲.
'처(處)'는 상성이다.

○ 音洛.
'락(樂)'의 음은 '락(洛)'이다.

○ 見孔叢子.
『공총자』에 있다.

朱註
其此之謂乎.
아마도 이것을 말하는 것일 것이다.

詳說
○ 論也.
경문의 의미 설명이다.

[2-4-8-13]

佌佌彼有屋, 蔌蔌方有穀, 民今之無祿, 天夭是椓. 哿矣富人, 哀此惸獨.

보잘 것 없는 저들은 집을 소유하고, 가난한 자들은 봉록을 가졌는데, 지금의 복 없는 백성들은 하늘이 화를 내려 해치도다. 부자들은 괜찮겠지만 이 독신자들은 애처롭도다.

詳說
○ 音此.387)

---
387) 音此 : 『시전대전(詩傳大全)』에도 동일하게 되어 있다.

'차(佌)'의 음은 '차(此)'이다.

○ 音速.388)
'속(蔌)'의 음은 '속(速)'이다.

○ 音腰.
'요(殀)'의 음은 '요(腰)'이다.

○ 陟角反, 叶, 都木反.389)
'탁(椓)'의 음은 '척(陟)'과 '각(角)'의 반절이고, 협운으로 '도(都)'와 '목(木)'의 반절이다.

○ 音可.
'가(哿)'의 음은 '가(可)'이다.

朱註

賦也. 佌佌, 小貌, 蔌蔌, 窶陋貌, 指王所用之小人也. 穀, 祿, 殀, 禍, 椓, 害, 哿, 可, 獨, 單也. ○ 佌佌然之小人, 旣已有屋矣, 蔌蔌窶陋者, 又將有穀矣, 而民今獨無祿者, 是天禍椓喪之耳, 亦無所歸咎之辭也.

부이다. '차차(佌佌)'는 작은 모양이고, '수수(蔌蔌)'는 누추한 모양이니, 왕이 등용한 소인들을 가리키는 것이다. '곡(穀)'은 록봉이고, '요(殀)'는 재앙이며, '탁(椓)'은 해침이고, '가(哿)'는 가함이며, '독(獨)'은 '홀로'이다. ○ 보잘 것 없는 소인들은 이미 집을 소유하였고, 수수히 누추한 자들은 또 봉록을 가졌는데, 백성들 중에 이제 홀로 복이 없는 자들은 하늘이 화를 내리고 해쳐서 또한 허물을 돌릴 곳이 없다는 말이다.

詳說

○ 音巨.390)

---

388) 音速 : 『시전대전(詩傳大全)』에도 동일하게 되어 있다.
389) 陟角反, 叶都木反 : 『시전대전(詩傳大全)』에도 동일하게 되어 있다.
390) 音巨 : 『시전대전(詩傳大全)』에도 동일하게 되어 있다.

'구(寠)'의 음은 '거(巨)'이다.

○ 諺音誤.
'탁(椓)'은 『언해』의 음이 잘못되었다.

○ 方.
'장(將)'은 한창이다.

○ 去聲.
'상(喪)'은 거성이다.

○ 一作怨.
'구(咎)'는 어떤 판본에는 '원(怨)'으로 되어 있다.

○ 添此句.
이 구를 더했다.

○ 照前篇註.
앞의 편의 주에 비춰보라.

朱註
亂至於此, 富人猶或可勝,
혼란이 이 지경이 되면, 부자들은 오히려 혹 이겨낼 수 있겠지만

詳說
○ 平聲.
'승(勝)'은 평성이다.

○ 添猶或字, 以深抑哿字.
'유혹(猶或)'이라는 글자를 더해 '가(哿)'자를 더욱 눌렀다.

朱註

惸獨甚矣.
독신자들에게는 심한 것이다.

詳說

○ 新安胡氏曰 : "前章惟及其私, 此章其不忘天下之情, 如此."391)
신안 호씨가 말하였다 : "앞의 장에서는 단지 그 사적인 것을 언급했으나, 여기의 장에서는 천하의 심정이 이와 같음을 잊지 못하는 것이다."392)

朱註

此孟子所以言文王發政施仁, 必先鰥寡孤獨也.
이것은 『맹자』에서 '문왕이 정사를 펴 어짊을 시행함에 환과고독을 반드시 먼저 해야 한다'고 말한 까닭이다.393)

詳說

○ 梁惠王.
『맹자』는 『맹자』의 「양혜왕」이다.

○ 去聲.
'시(施)'는 거성이다.

○ 論也.

---

391) 『시전대전(詩傳大全)』에 신안 호씨의 말로 실려 있다.
392) 『시전대전(詩傳大全)』에는 "신안 호씨가 말하였다 : '앞의 장에서 「생각건대 나만이 홀로 마음에 근심하기를 은은(慇慇)히 하노라.」라는 것은 단지 그 사적인 것을 언급한 것과 같지만, 여기의 장에서 「부자들은 괜찮겠지만 이 독신자들은 애처롭도다.」라는 것은 천하의 심정이 이와 같음을 잊지 못하는 것이다.'(新安胡氏曰 : 前章念我獨兮, 憂心慇慇, 若唯及其私矣. 此章, 哿矣富人, 哀此惸獨, 其不忘天下之情如此.)"라고 되어 있다.
393) 『맹자』「양혜왕하」에 "대답하였다 : '…. 늙어서 아내가 없는 것을 환(鰥)[홀아비]이라 하고, 늙어서 남편이 없는 것을 과(寡)라 하고, 늙어서 자식이 없는 것을 독(獨)이라 하고, 어려서 부모(父母)가 없는 것을 고(孤)라 하니, 이 네 가지는 천하의 곤궁한 백성으로서 하소연할 곳이 없는 자들입니다. 문왕은 정사(政事)를 펴 인(仁)을 시행함에 반드시 이 네 사람들을 먼저 하셨습니다. 그래서 『시경』에서 「부자들은 괜찮겠지만 이 곤궁한 이가 가엾다.」라고 하였던 것입니다.'(對曰 : …. 老而無妻曰鰥, 老而無夫曰寡, 老而無子曰獨, 幼而無父曰孤, 此四者, 天下之窮民而無告者, 文王이 發政施仁, 必先斯四者, 詩云 哿矣富人 哀此煢獨.)"라는 말이 있다.

경문의 의미 설명이다.

朱註

正月十三章, 八章章八句, 五章章六句.
「정월」 13장으로 8장은 장이 8구이고, 5장은 장이 6구이다.

[2-4-9-1]

十月之交, 朔日辛卯,

시월의 일월(日月)이 서로 만나는 초하루 신묘일(辛卯日)에

詳說

○ 叶, 莫後反.394)
'묘(卯)'는 협운으로 음은 '막(莫)'과 '후(後)'의 반절이다.

日有食之, 亦孔之醜. 彼月而微, 此日而微. 今此下民, 亦孔之哀.

해에게 먹힘이 있으니 또한 아주 추악하도다. 저 달은 이지러질 수 있지만 이 해의 이지러짐이여. 이제 하민(下民)들이 또한 심히 가엾도다.

詳說

○ 叶, 於希反.395)
'애(哀)'는 협운으로 음은 '어(於)'와 '희(希)'의 반절이다.

朱註

賦也. 十月, 以夏正言之, 建亥之月也. 交, 日月交會, 謂晦朔之間也. 歷法, 周天

부(賦)이다. 10월은 하나라 정월로 말했으니, 북두칠성(北斗七星) 자루가 해방(亥方)을 가리키는 달이다. 교(交)는 해와 달이 만남이니, 그믐과 초하루의 사이를 이

---

394) 叶, 莫後反 : 『시전대전(詩傳大全)』에도 동일하게 되어 있다.
395) 叶, 於希反 : 『시전대전(詩傳大全)』에도 동일하게 되어 있다.

른다. 역법(曆法)에 주천(周天)은

詳說

○ 音, 征.
'정(正)'의 음은 '정(征)'이다.

○ 一作曆.
'력(歷)'은 어떤 판본에는 '력(曆)'으로 되어 있다.

○ 安成劉氏曰 : "天之爲體, 卽星辰次舍周布之定體也."396)
안성 유씨가 말하였다 : "하늘이 몸으로 하는 것은 곧 성신(星辰)이 이어서 머물려 두루 퍼져 있는 일정한 형체이다."397)

朱註
三百六十五度四分度之一,
3백 65도(度) 4분도(分度)의 1이니,

詳說
○ 鄱陽董氏曰 : "度數也, 則也."398)
파양 동씨가 말하였다 : "도수는 도수로 법칙(則)이다."399)

---

396) 『시전대전(詩傳大全)』에 안성 유씨의 말로 실려 있다.
397) 『시전대전(詩傳大全)』에는 "안성 유씨가 말하였다 : '옛날 역법은 …. 그러나 하늘이 몸으로 하는 것은 곧 성신(星辰)이 이어서 머물려 두루 퍼져 있는 것이다. 하늘이 도수로 하는 것은 곧 28수가 종횡으로 퍼져 있는 도수이다.'(安成劉氏曰 : 古歷法, ….天之爲體, 卽 星辰次舍周布之定體也. 天之爲度, 卽二十八宿, 縱橫布列之度數也. …)"라고 되어 있다.
398) 『시전대전(詩傳大全)』에 파양 동씨의 말로 실려 있다.
399) 『시전대전(詩傳大全)』에는 "파양 동씨가 말하였다 : '심존중이 말하였다 : 「하늘에 어떻게 도수가 있는가? 365일을 가면서 한 번 도는 것을 억지로 도수라고 하니, 일월과 오성을 거쳐 도수로 운행되는 것이다.」 진상덕이 말하였다 : 「태양은 기수의 시작으로 그것이 매일 진퇴하는 것에 일정한 법칙이 있기 때문에 마침내 1도가 된다. 365일 4분은 태양의 한 번의 진퇴가 한 번 두루 해서 주천의 수가 마침내 365도 4분도 1이 된 것이니, 성진이 달과 오성의 운행과의 차이로 모두 도수를 도수로 한 것으로 도수는 법칙이다. …」'(鄱陽董氏曰 : 沈存中云, 天何嘗有度. 以其行三百六十五, 而一朞, 強謂之度. 以步日月五星, 行度而已. 陳尙德云 : 天日者, 氣數之始, 其每日之進退, 旣有常則, 故一日之進退, 遂爲一度. 三百六十五日四分, 日之一進退一周, 而周天之數, 遂爲三百六十五度四分度之一, 凡星辰遠近之相去, 月與五星之行, 皆以其度爲度焉, 度數也則也. ….)"라고 되어 있다.

○ 又以一度四分之, 而得其一.
또 1도를 4분해서 그 하나를 얻은 것이다.

○ 安成劉氏曰：“曆法, 每度, 九百四十分四分度之一, 該九百四十分內之二百三十五分也.”400)
안성 유씨가 말하였다：“역법에서 매 번 944분도의 1을 도수로 해서 940분 안에서 235분을 갖추고 있다.”401)

○ 按, 周天, 通三十四萬三千三百三十五分.
살펴보건대 주천은 통 털어 343, 335분이다.

○ 沈氏括曰 ：“天何嘗有度以其行三百六十五日而一朞强謂之度以步日月五星行度而已.”402)
심씨 괄이 말하였다：“하늘에 어떻게 도수가 있는가? 365일을 가면서 한 번 도는 것을 억지로 도수라고 하니, 일월과 오성을 거쳐 도수로 운행되는 것이다.”403)

朱註

左旋於地,
왼쪽으로 땅을 돌아

詳說

○ 地之上下四方之外.

---

400) 『시전대전(詩傳大全)』에 안성 유씨의 말로 실려 있다.
401) 『시전대전(詩傳大全)』에는 “안성 유씨가 말하였다 : '옛날 역법에서 매 번 944분도의 1을 도수로 해서 940분 안의 235분을 갖추고 있다. 그러나 하늘이 몸으로 하는 것은 곧 성신(星辰)이 이어서 머물며 두루 퍼져 있는 일정한 형체이다. 하늘이 도수로 하는 것은 곧 28수가 종횡으로 퍼져 나열되어 있는 도수이다.'(安成劉氏曰：古曆法, 每度九百四十分四分度之一, 該九百四十分內之二百三十五分. 然天之爲體, 卽星辰次舍周布之定體也. 天之爲度, 卽二十八宿縱橫布列之度數也.)"라고 되어 있다.
402) 『시전대전(詩傳大全)』에 파양 동씨가 심존중의 말을 인용한 것으로 실려 있다.
403) "파양 동씨가 말하였다：'심존중이 말하였다：「하늘에 어떻게 도수가 있는가? 365일을 가면서 한 번 도는 것을 억지로 도수라고 하니, 일월과 오성을 거쳐 도수로 운행되는 것이다.」 진상덕이 말하였다：「태양은 기수의 시작으로 그것이 매일 진퇴하는 것에 일정한 법칙이 있기 때문에 마침내 1도가 된다. ….」'(鄱陽董氏曰：沈存中, 天何嘗有度. 以其行三百六十五日, 而一朞, 强謂之度. 以步日月五星, 行度而已. 陳尙德云：天日者, 氣數之始, 其每日之進退, 旣有常則, 故一日之進退, 遂爲一度. ….)"

땅의 상하와 사방의 바깥이다.

朱註
一晝一夜則其行一周, 而又過一度,
한 주야이면 한 바퀴를 돌아 또 1도를 지나고,

詳說
○ 安成劉氏曰 : "星辰次舍之全體, 旋轉於太虛空中, 旣一匝, 而復過其西一度, 是一日, 內共該行三百六十六度二百三十五分也."404)

안성 유씨가 말하였다 : "성진은 이어지며 머무는 전체가 태허의 공중을 도는데, 한 번 돌고 나면 다시 그 서쪽의 1도를 지난 것이 하루로 안으로 함께 366도 235분을 갖춘다."405)

朱註
日月, 皆右行於天.
해와 달은 모두 오른쪽으로 하늘을 운행하여

詳說
○ 鄱陽董氏曰 : "書傳謂, 日月亦左旋, 論語或問及詩傳曰 : 右行. 儒家論天道, 皆順而左旋, 曆家考天度, 則日月五星逆而右轉."406)

파양 동씨가 말하였다 : "『서전』에서는 '해와 달은 왼쪽으로 돈다.'고 하였고, 『논어혹문』과 『시전』에서는 '오른쪽으로 간다.'고 하였다. 유가에서 하늘의 도를 논할 때

---
404) 『시전대전(詩傳大全)』에 안성 유씨의 말로 실려 있다.
405) 『시전대전(詩傳大全)』에는 안성 유씨가 말하였다 : '옛날 역법에서 매 번 944분도의 1을 도수로 해서 940분 안의 235분을 갖추고 있다. 그러나 하늘이 몸으로 하는 것은 곧 성신(星辰)이 이어서 머물며 두루 퍼져 있는 일정한 형체이다. 하늘이 도수로 하는 것은 곧 28수가 종횡으로 퍼져 나열되어 있는 도수이다. 하늘이 좌로 운행되어 하루에 일주해서 1도를 지나니, 곧 성진은 이어지며 머무는 전체가 태허의 공중을 도는데, 한 번 돌고 나면 다시 돌고 난 그 서쪽을 지나 도수의 표준으로 1도를 가며 꽉 채운 것이 하루로 안으로 함께 366도 235분을 갖추어 운행되는 것이다.(安成劉氏曰 : 古歷法, 每度九百四十分四分度之一, 該九百四十分內之二百三十五分. 然天之爲體, 即星辰次舍周布之定體也. 天之爲度, 即二十八宿, 縱橫布列之數也. 天之左行, 一日一周, 而過一度, 即其星辰次舍度數之全體, 旋轉於太虛空中, 旣一周匝, 而復過其旣匝之西, 以度準之適滿一度, 是一日, 內共該行過三百六十六度二百三十五分也.)'라고 되어 있다.
406) 『시전대전(詩傳大全)』에 파양 동씨의 말로 실려 있다.

에는 모두 순서대로 왼쪽으로 돈다는 것이고, 역법을 연구하는 사람들이 하늘의 도수를 상고한 것은 일월과 오성이 거꾸로 오른쪽으로 돈다는 것이다."[407]

○ 按, 日月之在天, 如磨上之蟻, 或左旋, 或右旋, 而其終, 則皆合. 但右旋, 於曆法爲捷徑耳. 然書傳爲朱子晩年定論, 儒家從之.
살펴보건대, 일월이 하늘에 있는 것은 숫돌 위에 개미와 같아 혹 왼쪽으로 돌거나 혹 오른쪽으로 돌거나 그 끝은 모두 합한다. 다만 오른쪽으로 도는 것은 역법에서 첩경이 될 뿐이다. 그러나 『서전』은 주자의 만년 정론이니, 유가에서는 그것을 따른다.

朱註
一晝一夜, 則日行一度,
한 주야이면 해는 1도를 가고

詳說
○ 卽書傳所云, 一日一周天也.
곧 『서전』에서 말한 것으로 하루에 하늘을 한 번 도는 것이다.

朱註
月行十三度十九分度之七.
달은 13도 19분도의 7을 간다.

詳說
○ 卽書傳所云, 一日不及天十三度十九分度之七也.
곧 『서전』에서 말한 것으로 하루에 하늘의 13도 19분도의 7에 미치지 못하는 것이다."[408]

---

[407] 『시전대전(詩傳大全)』에는 "파양 동씨가 말하였다 : 『서전』에서는 '해와 달은 왼쪽으로 돈다.'고 하였는데, 횡거는 「…, 지면에서 순서대로 관찰한 것이다.」라고 하였다. 『논어혹문』에서 경성(經星)은 하늘을 따라 왼쪽으로 돌고 일월과 오위(五緯)는 오른쪽으로 돈다고 하였다. 『시전』에서는 「….」라고 하였다. 유가에서 하늘의 도를 논할 때에는 모두 왼쪽으로 돈다는 것이고, 역법을 연구하는 사람들이 하늘의 도수를 상고한 것은 일월과 오성이 거꾸로 오른쪽으로 돈다는 것이다.(鄱陽董氏曰 : 書傳謂, 日月亦左旋, 橫渠曰, …, 就地面而順觀之也. 論語或問曰, 經星隨天左旋, 日月五緯右旋. 詩傳曰, …. 儒家論天道, 則皆順而左旋, 歷家考天度, 則日月五星逆而右轉也.)"라고 되어 있다.

朱註

故曰一歲而一周天

그러므로 해는 1년에 하늘을 한 바퀴 돌고,

詳說

○ 書集傳曰 : "積三百六十五日九百四十分日之二百三十五而與天會"

『서집전』에서 말하였다 :

朱註

月二十九日有奇, 而一周天, 又逐及於日, 而與之會,

달은 29일하고 기(奇)에 하늘을 한 바퀴 돌며, 또 해를 따라잡아 해와 만나니,

詳說

○ 音箕.

'기(奇)'의 음은 '기(箕)'이다.

○ 書集傳曰 : "積二十九日九百四十分日之四百九十五而與日會."

朱註

一歲凡十二會方會. 則月光都盡, 而爲晦,

1년에 모두 12차례를 만난다. 해와 달이 만나게 되면 달빛이 모두 다하여 그믐이 되고,

詳說

○ 月雖受日光爲光, 而太近於日, 則反爲日光所奪, 而不能受光.

---

408) 『시전대전(詩傳大全)』에 안성 유씨의 말로 실려 있다. "'19분의 7이라는 것은 (安成劉氏曰 : 十九分度之七者, 以月行第十四度分爲十九分而月又行及其七分也. ….)"라고 되어 있다.

달이 햇빛을 받아 빛날지라도 해에 너무 접근하면 도리어 햇빛에 빼앗겨 빛을 받을 수 없다.

○ 晦之爲言, 灰也.
'회(晦)'라는 말은 '회(灰)'이다.

朱註

已會, 則月光復蘇, 而爲朔,
만나고 나면 달빛이 다시 소생하여 초하루가 되며,

詳說

○ 去聲.
'부(復)'는 거성이다.

○ 安成劉氏曰 : "朔之爲言蘇也."409)
안성 유씨가 말하였다 : "'삭(朔)'이라는 말은 '소(蘇)'이다."

朱註

朔後晦前, 各十五日, 日月相對, 則月光正滿, 而爲望.
초하루 뒤와 그믐 전의 각각 15일에 해와 달이 서로 마주하면 달빛이 바로 가득하여 보름이 된다.

詳說

○ 與日遠, 故受全光.
해와 멀리 있기 때문에 빛을 받아 온전하게 한다.

○ 安成劉氏曰 : "凡望時, 必各在其月朔後晦前之十五日也."410)
안성 유씨가 말하였다 : "보름은 반드시 각기 그 달 초하루 후와 그믐 전의 15일에 있다."411)

---

409) 『시전대전(詩傳大全)』에 안성 유씨의 말로 동일하게 실려 있다.
410) 『시전대전(詩傳大全)』에 안성 유씨의 말로 실려 있다.

朱註

晦朔而日月之合, 東西同度, 南北同道, 則月揜日, 而日爲之食,
그믐과 초하루에 일월(日月)의 합함이 동서(東西)의 도(度)가 같고 남북(南北)의 길이 같으면, 달이 해를 가려 일식(日食)이 되고,

詳說

○ 朱子曰 : 日在上, 月在下面遮了日.412)
주자가 말하였다 : "해가 위에 있고 달이 아래에서 해를 가리는 것이다."413)

○ 去聲.
'위(爲)'는 거성이다.

○ 日體固自如, 而自人望之, 而謂之食.
해의 형체는 진실로 그대로인데 사람들이 그것을 보고 먹혔다고 하는 것이다.

朱註

望而日月之對, 同度同道
보름에 해와 달의 마주 대함이 도(度)가 같고 길이 같으면

詳說

○ 相對之度與道同也.
서로 마주 대하는 도가 길이 같다는 것이다.

朱註

則月亢日, 而月爲之食,

---

411) 『시전대전(詩傳大全)』에는 "안성 유씨가 말하였다 : '하늘의 가운데를 나눈 것을 보름이라고 하니, 15일에 있는 것이 일정한 것이다. 혹 나아가 14일에 있고 혹 물러나 16일에 있는 것은 변한 것이다. 보름에 일정한 날이 없는 것은 합삭의 일시가 빠르거나 늦기 때문이다. 그러나 보름은 반드시 각기 그 달 초하루와 그믐 전의 15일에 있다.(安成劉氏曰 : …. 分天之中, 謂之望, 望在十五日, 其常也. 或進在十四日, 或退在十六日, 其變也. 望之無定日者, 由合朔之日時, 有蚤暮也. 然几望時, 必各在其月朔後晦前之十五日也.)"라고 되어 있다.
412) 『시전대전(詩傳大全)』에 주자의 말로 실려 있다.
413) 『시전대전(詩傳大全)』에는 "주자가 말하였다 : '…. 해가 위에서 만날 때 달이 아래에서 해를 가리기 때문에 일식인 것이다. ….'(朱子曰 : …, 日常在上會時, 月在下面遮了日, 故日食. ….)"라고 되어 있다.

달이 해에 항거하다가 월식(月食)이 되니,

詳說

○ 苦浪反.414)
'항(亢)'의 음은 '고(苦)'와 '랑(浪)'의 반절이다.

○ 朱子曰 : "月與日, 爭敵也."
주자가 말하였다 : "달이 해와 다투며 맞서는 것이다."

○ 按, 月亢日, 是古曆家說也. 後世曆家, 則謂地遮日, 此說較巧. 蓋日月地三者, 在太虛中其體大小略相同, 而望則日月, 東西相望, 地在中間遮隔之月, 不得受日光, 故無光也. 然朱子嘗曰, 地在天中不甚大, 又曰, 地形倒去遮了, 又曰, 不受日光. 然則地遮日之說, 未始不出於朱子云
살펴보건대, 달이 해에 항거하는 것은 옛날에 역법을 연구한 사람들의 설명이다. 후세의 역법을 연구하는 사람들은 지구가 해를 가로막았다고 하니 이 설명이 비교적 정교하다. 대개 해와 달 지구는 태허 가운데에서 그 몸체의 대소가 대략 서로 같은데, 보름에는 해와 달이 동서로 서로 바라보고, 지구가 중간에서 서로 은폐해서 격리되는 달에는 햇빛을 받지 못하기 때문에 빛이 없다. 그런데 주자는 일찍이 "지구가 하늘 가운데에서 그다지 크지 않다."라고 했고, 또 "지구가 거꾸로 가며 가로막는다."라고 했으며, 또 "햇빛을 받지 못한다."라고 했다. 그렇다면 지구가 해를 가로 막는다는 설명이 애초에 주자의 말에서 나오지 않은 것이 아니다.

○ 去聲.
'위(爲)'는 거성이다.

○ 月體已自無光, 非自人望之而謂之食也.
달의 형체에 이미 스스로 빛이 없는 것은 사람들이 보고 먹혔다고 한 것이 아니다.

---

414) 苦浪反:『시전대전(詩傳大全)』에도 동일하게 되어 있다.

朱註

是皆有常度矣
이는 모두 떳떳한 도수(度數)가 있는 것이다.

詳說

○ 以日月言, 則其食也, 本常也, 非變也.
일월로 말하면 그 먹히는 것은 본디 일정한 것으로 변고가 아니다.

朱註

然王者, 修德行政, 用賢去奸, 能使陽盛, 足以勝陰, 陰衰不能侵陽, 則日月之行, 雖或當食, 而月常避日, 故其遲速高下, 必有參差,
그러나 임금이 덕을 닦고 정사를 행하며, 현자와 재주 있는 자를 등용하고 간신을 제거해서 양을 성하게 하여 음을 이기게 하고, 음을 쇠하게 하여 양을 침해하지 못하게 하면, 해와 달의 운행이 비록 혹 먹힐 때를 당할지라도 달이 항상 해를 피하기 때문에 그 더디고 빠르며, 높고 낮음이 반드시 어긋나서

詳說

○ 上聲.
'거(去)'는 상성이다.

○ 初金反.
'참(參)'의 음은 '초(初)'와 '금(金)'의 반절이다.

○ 楚宜反.
'차(差)'의 음은 '초(楚)'와 '의(宜)'의 반절이다.

朱註

而不正相合, 不正相對者, 所以當食而不食也.
바로 서로 만나지 않고 서로 상대하지 않음이 있으니, 이 때문에 먹힐 때를 당하여도 먹히지 않는 것이다.

詳說

○ 朔.

'합(合)'은 '삭(朔)'이다.

○ 望

'대(對)'는 '망(望)'이다.

○ 以王者言, 則日月之當食不食, 是常也.

임금으로 말하면 해와 달이 먹히고 먹히지 않음을 당하는 것은 떳떳한 것이다.

○ 望雖月見食, 實因亢日而食. 日君道也, 爲日謀, 則初不如月不亢而不食也.

보름에 달이 먹힘을 당해도 실로 해에 항거하다가 먹힌 것이다. 해는 임금의 도리이니 해를 위해 도모하는 것은 애초에 달이 항거하지 않아 먹히지 않는 것만 못하다.

朱註

若國無政不用善, 使臣子背君父, 妾婦乘其夫, 小人陵君子, 夷狄侵中國, 則陰盛陽微, 當食必食, 雖曰行有常度, 而實爲非常之變矣.

만일 나라에 정사가 없고 훌륭한 사람을 등용하지 않아 신하와 자식들이 임금과 아비를 배반하고 부녀가 남편을 올라타며, 소인이 군자를 능멸하고 이적이 중국을 침략하게 되면, 음이 성하고 양이 미약해져서 먹힐 때를 당하면 반드시 먹히니, 비록 운행에 떳떳한 도수가 있다고 하나 이는 실로 비상한 변고가 되는 것이다.

詳說

○ 音佩.

'배(背)'의 음은 '패(佩)'이다.

○ 猶勝也.

'승(乘)'은 '승(勝)'과 같다.

○ 小序曰 : "十月之交, 大夫刺幽王也."
「소서」에서 말하였다 : "「시월지교」는 대부가 유왕을 풍자한 것이다."

○ 疊山謝氏曰 : "幽王時, 臣欺君, 妾惑主, 小人陵君子, 犬戎侵中國, 陰盛陽微, 而日爲之食.415)
첩산 사씨가 말하였다 : "유왕의 때에 신하가 임금을 속이고 첩이 주인을 미혹시키며, 소인이 군자를 능멸하고 오랑캐가 중국을 침략하여 음이 성하고 양이 미약해져서 해가 그 때문에 먹힘을 당한 것이다."416)

○ 唐書天文志曰 : "以曆推之, 在幽王六年."
『당서』「천문지」에서 말하였다 : "역법으로 미뤄보면 유왕 6년에 있었다."

○ 然以下, 主言日而帶及月, 以本文上四句, 只言日食故也.
그러나 이하는 해를 위주로 말하면서 달을 붙여서 언급한 것이니, 본문에서 위의 네 구는 단지 일식만 말했기 때문이다.

○ 醜惡也.
추악한 것이다.

朱註

蘇氏曰 : "日食, 天變之大者也. 然正陽之月, 古尤忌之. 夏之四月爲純陽, 故謂之正月, 十月純陰, 疑其無陽, 故謂之陽月."
소씨(蘇氏)가 말하였다. "일식은 하늘의 변고에서 큰 것이다. 그러나 정양의 달을 옛날에 더욱 꺼렸다. 하(夏)나라의 4월(月)은 순양(純陽)이기 때문에 정월(正月)이라 말한 것이고, 10월은 순음(純陰)이니 양(陽)이 없는지 의심되기 때문에 양월(陽月)이라 말한 것이다."

---

415) 『시전대전(詩傳大全)』에 첩산 사씨의 말로 실려 있다.
416) 『시전대전(詩傳大全)』에는 "첩산 사씨가 말하였다 : '음이 성하고 양이 미약해져서 해가 그 때문에 먹힘을 당한 것이 유왕의 때로 신하가 임금을 속이고 첩이 주인을 미혹시키며, 소인이 군자를 능멸하고 오랑캐가 중국을 침략하며 음의 도가 성장하고 양의 도가 쇠약해져 사람의 일이 미혹되어 하늘의 상에서 그것을 보여주니, 이것이 해가 숨게 되는 이유이다.(疊山謝氏曰 : 陰盛陽微, 而日爲之食. 幽王之時, 臣欺君, 妾惑主, 小人陵君子, 犬戎侵中國, 陰道長, 陽道消, 人事所感, 天象示之, 此日所以微也.)"라고 되어 있다.

詳說

○ 照上篇

'정월(正月)'은 위의 편을 참조하라.

○ 照采薇杕杜.

「채미와「체두」를 참조하라.

朱註

純陽而食, 陽弱之甚也, 純陰而食, 陰壯之甚也.
순양(純陽)이면서 먹힌다면 양(陽)이 아주 약한 것이고, 순음이어서 먹힌다면 음(陰)이 아주 장성한 것이다.

詳說

○ 主言純陰, 而帶及純陽.

순음을 위주로 말하면서 순양을 붙여서 말한 것이다.

朱註

微, 虧也. 彼月, 則宐有時
미(微)는 이지러짐이다. 저 달은 당연히 때로

詳說

○ 補三字.

세 글자를 더했다.

朱註

而虧矣, 此日不宐虧,
이지러짐이 있지만, 이 해는 이지러져서는 안되는데,

詳說

○ 補三字.

세 글자를 더했다.

朱註

而今亦虧,

이제 또 이지러졌으니,

詳說

○ 日月之食, 皆爲非常之變, 而日食尤爲甚焉, 亦柏舟卒章之意也.

일식과 월식은 모두 비상의 변고이지만 일식이 더욱 심하니, 또한 「백주」끝장의 뜻이다.

朱註

是亂亡之兆也.

혼란해서 망할 조짐이다.

詳說

○ 釋哀字.

'애(哀)'자를 풀이한 것이다.

○ 疊山謝氏曰 : 非日之醜, 乃天之變, 國之災也. 國亡, 則民受禍烈矣, 可哀之甚也."417)

첩산 사씨가 말하였다 : "해의 추악함이 아니라 하늘의 변고로 나라의 재앙이다. 나라가 망하면 백성들이 재앙을 당함이 크니, 아주 가엾은 것이다."418)

[2-4-9-2]

日月告凶, 不用其行,

---

417) 『시전대전(詩傳大全)』에 첩산 사씨의 말로 실려 있다.
418) 『시전대전(詩傳大全)』에는 "첩산 사씨가 말하였다 : '해는 모든 밝음의 근본인데 음에게 먹힘을 당하면 그 추악함이 심한데, 해의 추악함이 아니라 하늘의 변고로 나라의 재앙이다. 나라가 망하면 백성들이 재앙을 당함이 크니, 이제 여기의 하민도 아주 가엾은 것이다.'(疊山謝氏曰 : 日衆明之本, 而爲陰所食, 其惡甚矣, 非日之醜, 乃天之變, 國之災也. 國亡, 則民受禍烈矣, 今此下民, 亦可哀之甚也.)"라고 되어 있다.

일월이 흉함을 알려서 그 길을 쓰지 아니하니

> [詳說]
> ○ 叶, 戶郎反.419)
> '항(行)'은 협운으로 음은 '호(戶)'와 '랑(郞)'의 반절이다.

| 四國無政, 不用其良. 彼月而食, 則維其常, 此日而食, 于何不臧. |

사국(四國)에 정사가 없어서 선량한 사람을 쓰지 않도다. 저 달이 먹힘은 떳떳한 일이거니와 이 해가 먹힘이여 어찌하여 좋지 못한고!

> [朱註]
> 賦也. 行, 道也. ○ 凡日月之食,
> 부(賦)이다. 항(行)은 길이다. ○ 해와 달의 먹힘은

> [詳說]
> ○ 嘗驗之, 朔而日食, 則其朢必月食, 故此章之首並言月也.
> 일찍이 증험해보면, 초하루에 일식이 있으면 보름에 반드시 월식이 있기 때문에 이 장의 첫머리에서 나란히 달을 말한 것이다.

> [朱註]
> 皆有常度矣, 而以爲不用其行者, 月不避日,
> 모두 떳떳한 도수가 있는데, 그 길을 쓰지 않았다고 말한 것은 달이 해를 피하지 않아

> [詳說]
> ○ 照上註.
> 위의 주를 참조하라.

---

419) 叶, 戶郎反 : 『시전대전(詩傳大全)』에도 동일하게 되어 있다.

朱註

失其道也. 然其所以然者, 則以四國無政, 不用善人故也. 如此則日月之食, 皆非常矣, 而以月食爲其常, 日食爲不臧者, 陰亢陽而不勝, 猶可言也,

제 길을 잃은 것이다. 그러나 그렇게 된 까닭은 사국(四國)에 정사가 없어 훌륭한 사람을 등용하지 않았기 때문이다. 이와 같다면 해와 달의 먹힘이 모두 떳떳한 일이 아닌데, 월식을 떳떳하다 하고 일식을 좋지 못하다고 한 것은, 음이 양에게 항거하다가 이기지 못함은 오히려 말할 수 있지만

詳說

○ 方其亢時, 雖害於日, 及其不勝, 則無害於日也.

한창 항거할 때에는 해를 해칠지라도 이기지 못하니, 해에 피해가 없는 것이다.

朱註

陰勝陽而揜之, 不可言也.

음(陰)이 양(陽)을 이겨서 가리움은 말할 수 없기 때문이다.

詳說

○ 本文下四句, 所以釋上章之第五六句也.

본문에서 아래의 네 구는 위의 장에서 5구와 6구를 해석하는 것이다.

朱註

故春秋日食必書,

그러므로 『춘추(春秋)』에서 일식(日食)은 반드시 기록했지만

詳說

○ 安成劉氏曰 : "二百四十二年, 日食三十六."[420]

안성 유씨가 말하였다 : "242년 동안 36번의 일식이 있었다."[421]

---

[420] 『시전대전(詩傳大全)』에 안성 유씨의 말로 실려 있다.
[421] 『시전대전(詩傳大全)』에는 "안성 유씨가 말하였다 : '춘추시대 242년 동안 36번의 일식이 있었다.'(安成劉氏曰 : …, 而春秋二百四十二年, 日食三十六.)"라고 되어 있다.

朱註

而月食則無紀焉, 亦以此爾.
월식(月食)은 기록함이 없으니, 또한 이 때문이다.

詳說

○ 記通
'기(紀)'는 '기(記)'와 통한다.

○ 故以下, 論也.
'고(故)' 이하는 경문의 의미 설명이다.

[2-4-9-3]
燁燁震電, 不寧不令.

엽엽(燁燁)한 천둥 벼락이 편안하지 못하며 좋지 못하도다

詳說

○ 音曄.
'엽(燁)'의 음은 '엽(曄)'이다.

○ 叶, 盧經反.422)
'엽(叶)'은 협운으로 음은 '로(盧)'와 '경(經)'의 반절이다.

百川沸騰, 山冢崒崩,

백천(百川)이 위로 흘러 산마루의 높은 곳이 무너지니,

詳說

○ 徂恤反.423)
'줄(崒)'의 음은 '조(徂)'와 '휼(恤)'의 반절이다.

---
422) 叶, 盧經反 : 『시전대전(詩傳大全)』에도 동일하게 되어 있다.
423) 徂恤反 : 『시전대전(詩傳大全)』에도 동일하게 되어 있다.

高岸爲谷, 深谷爲陵, 哀今之人, 胡憯莫懲.

높은 언덕이 골짜기가 되고 깊은 골짜기가 구릉이 되는데, 슬프게 지금 사람들은 어찌하여 일찍이 징계하지 않는고.

詳說

○ 音慘

'참(憯)'의 음은 '참(慘)'이다.

朱註

賦也. 燁燁, 電光貌. 震, 雷也. 寧安徐也. 令, 善. 沸, 出, 騰乘也.

부(賦)이다. 엽엽(燁燁)은 번개의 모양이다. 진(震)은 우뢰이다. 영(寧)은 편안하고 느림이다. 영(令)은 좋음이다. 비(沸)는 나옴이고, 등(騰)은 탐이다.

詳說

○ 猶襄也

朱註

山頂曰冢. 崒, 崔嵬也. 高岸, 崩陷, 故爲谷, 深谷塡塞, 故爲陵. 憯曾也

산마루를 총(冢)이라 한다. 줄(崒)은 높음이다. 높은 언덕이 무너졌기 때문에 골짝이 되고, 깊은 골짝이 메워졌기 때문에 구릉이 된 것이다. 참(憯)은 일찍이이다.

詳說

○ 崒音誶.

'줄(崒)'은 『언해』의 음이 잘못되었다.

○ 音摧

'최(崔)'의 음은 '최(摧)'이다.

○ 五回反

'외(嵬)'의 음은 '오(五)'와 '회(回)'의 반절이다.

詩集傳詳說 卷之九

朱註

○ 言非但日食而已,
일식이 일어날 뿐만 아니라,

詳說

○ 承上.
위를 이어받은 것이다.

朱註

十月而雷電, 山崩水溢,
10월에 천둥 벼락이 쳐서 산이 무너지고 물이 넘쳤으니,

詳說

○ 倒釋以便於事.
해석을 거꾸로 해서 일에 편하게 한 것이다.

朱註

亦災異之甚者,
또한 재이(災異)의 심한 것으로

詳說

○ 華谷嚴氏曰 : "天道乖矣, 地逆亂矣."424)
화곡 엄씨가 말하였다 : "하늘의 도가 어그러지니, 땅도 거꾸로 되어 혼란한 것이다."425)

朱註

是宜恐懼修省, 改紀其政,

---

424) 『시전대전(詩傳大全)』에 화곡 엄씨의 말로 실려 있다.
425) 『시전대전(詩傳大全)』에는 "화곡 엄씨가 말하였다 : '시월의 천둥과 벼락은 하늘의 도가 어그러진 것이고, 하천이 위로 흘러 산마루의 높은 곳이 무너지고 골짜기와 구릉의 변화는 땅의 도가 혼란한 것이니, 어찌 혼을 내지 않겠는가?.'(華谷嚴氏曰 : 十月雷電, 天道乖矣, 川沸山崩, 陵谷遷變, 地道亂矣, 胡爲莫懲創也.)"라고 되어 있다.

이 두려워하고 반성해서 그 정사를 고쳐 다스려야 할 것인데,

詳說

○ 悉井反, 下同.
  '성(省)'자의 음은 '실(悉)'과 '정(井)'의 반절이다.

○ 添三句
  세 구를 더한 것이다.

朱註

而幽王曾莫之懲也.
유왕이 일찍이 징계하지 않았다는 말이다.

詳說

○ 疊山謝氏曰 : "詩人不指王而曰哀今之人, 微而婉也."426)
  첩산 사씨가 말하였다 : "시인은 왕을 가리키지 않고 '슬프게 지금 사람들'이라고 한 것은 은근하게 한 것이다."427)

朱註

董子曰 : 國家將有失道之敗, 而天乃先出災異, 以譴告之, 不知自省, 又出怪異,
동자가 말하였다. "국가가 도를 잃어 패망하게 되려면 하늘이 마침내 먼저 재이(災異)를 내어서 꾸짖어 알리고, 스스로 반성할 줄 모르면 또 괴이한 일을 내어서

詳說

○ 怪甚於災.
  괴이한 일이 이재보다 심한 것이다.

---

426) 『시전대전(詩傳大全)』에 첩산 사씨의 말로 실려 있다.
427) 『시전대전(詩傳大全)』에는 "첩산 사씨가 말하였다 : '재이가 이 지경인데, 유왕의 마음은 징창하지 않으니, 시인은 왕을 가리키지 않고「슬프게 지금 사람들」이라고 했으니, 은근하게 한 것이다.'(疊山謝氏曰 : 災異如此, 幽王之心, 曾不懲創, 詩人不指幽王, 而曰哀今之人, 微而婉也.)"라고 되어 있다.

朱註

以警懼之, 尙不知變, 而傷敗乃至. 此見天心仁愛人君, 而欲止其亂也.

경계하고 두렵게 하나니, 그래도 변할 줄을 알지 못하면 상패(傷敗)가 그제야 이른다. 이는 하늘의 마음이 인군(人君)을 인애(仁愛)하여 그 난(亂)을 그치게 하고자 함을 볼 수 있다. 여기에서 하늘은 마음으로 임금을 인애하고 그 혼란을 그치려고 했음을 알 수 있다.

詳說

○ 可見.
'견(見)'은 알 수 있다는 것이다.

○ 見漢書本傳.
『한서』「본전」에 있다.

○ 論也.
경문의 의미 설명이다.

[2-4-9-4]

皇父卿士, 番維司徒, 家伯冢宰,

황보(皇父)가 경사(卿士)이고, 번씨(番氏)가 사도(司徒)이며, 가백(家伯)이 재(宰)가 되고

詳說

○ 音甫.428)
'보(父)'의 음은 '보(甫)'이다.

仲允膳夫, 棸子內史, 蹶維趣馬,

중윤(仲允)이 선부(膳夫)가 되며, 추자(棸子)가 내사(內史)가 되고 궤씨(蹶氏)가 취마(趣馬)가 되며,

---

428) 音甫 : 『시전대전(詩傳大全)』에도 동일하게 되어 있다.

|詳說|

○ 音郰.

'추(聚)'의 음은 '추(郰)'이다.

○ 俱衞反.429)

'궐(蹶)'의 음은 '구(俱)'와 '위(衞)'의 반절이다.

○ 七走反.430)

'취(趣)'의 음은 '칠(七)'과 '주(走)'의 반절이다.

○ 叶, 滿補反.431)

'마(馬)'는 협운으로 '만(滿)'과 '보(補)'의 반절이다.

|楀維師氏, 豔妻煽方處.|

우씨(楀氏)가 사씨(師氏)가 되었는데, 고운 처가 화를 일으키며 그대로 있도다.

|詳說|

○ 音矩.432)

'우(楀)'의 음은 '구(矩)'이다.

○ 音豔.

'염(豔)'의 음은 '염(艶)'이다.

○ 音扇.433)

'선(煽)'의 음은 '선(扇)'이다.

---

429) 俱衞反:『시전대전(詩傳大全)』에도 동일하게 되어 있다.
430) 七走反:『시전대전(詩傳大全)』에도 동일하게 되어 있다.
431) 叶, 滿補反:『시전대전(詩傳大全)』에도 동일하게 되어 있다.
432) 音矩:『시전대전(詩傳大全)』에도 동일하게 되어 있다.
433) 音扇:『시전대전(詩傳大全)』에도 동일하게 되어 있다.

○ 冢, 一作爲.
 '총(冢)'은 어떤 판본에는 '위(爲)'로 되어 있다.

朱註
賦也. 皇父家伯仲允, 皆字也. 番聚蹶楀, 皆氏也.
부(賦)이다. 황보(皇父)와 가백(家伯)과 중윤(仲允)은 모두 자(字)이다. 번(番), 추(聚), 궤(蹶), 우(楀)는 모두 씨(氏)이다.

詳說
○ 孔氏曰 : "父伯仲, 皆字之義, 聚子若曾子閔子然."434)
 공씨가 말하였다 : "보(父)·백(伯)·중(仲)은 모두 자의 의미이고, 추자(聚子)는 증자(曾子)·민자(閔子)와 같다."435)

○ 錯, 訓.
 번갈아가며 풀이했다.

朱註
卿士, 六卿之外, 叓爲都官, 以總六官之事也. 或曰, 卿士, 蓋卿之士, 周禮太宰之屬有上中下士, 公羊所謂宰士, 左氏所謂周公, 以蔡仲爲己卿士, 是也.
경사(卿士)는 육경(六卿) 이외에 다시 도관(都官)을 두어 육관(六官)의 일을 총괄하게 한 것이다. 어떤 이는 "경사(卿士)는 경(卿)의 사(士)이니, 『주례(周禮)』에 태재(太宰)의 관속(官屬)에 상사(上士), 중사(中士), 하사(下士)가 있으며, 『공양전(公羊傳)』에 이른바 '재사(宰士)'와 『좌씨전(左氏傳)』에 이른바 '주공(周公)이 채중(蔡仲)을 자기의 경사(卿士)로 삼았다.'는 것이 여기에 해당한다."라고 하니,

詳說

---

434) 『시전대전(詩傳大全)』에 공씨의 말로 실려 있다.
435) 『시전대전(詩傳大全)』에는 "공씨가 말하였다 : '보(父)·백(伯)·중(仲)은 모두 자의 의미이다. 차례로 추(聚)·궤(蹶)·우(楀)로 홀로 말하는데, 또 추자(聚子)는 자(子로)로 짝지었으니, 증자(曾子)·민자(閔子)와 같은 것이기 때문에 모두 씨임을 알겠다.'(孔氏曰 : 父及伯仲, 是字之義. 番聚蹶楀, 單言, 又聚子, 以子配之, 若曾子閔子然, 故知皆氏.)"라고 되어 있다.

○ 天官
'태재(太宰)'는 천관이다.

○ 隱元年.
『공양전』은 은왕 원년이다.

○ 定四年.
『좌씨전』은 정공 4년이다.

○ 冢宰.
'주공(周公)'은 총재였다.

○ 九峯蔡氏曰 : 畿內諸侯孟仲二卿.436)
구봉 채씨가 말하였다 : "기내의 제후는 맹과 중 두 경이다."437)

朱註

蓋以宰屬, 而兼總六官, 位卑而權重也.
재(宰)의 등속으로서 육관(六官)을 겸하여 총괄하니, 지위는 낮아도 권력은 중요한 자이다.

詳說

○ 安成劉氏曰 : "如前說, 亦位卑權重, 故詩人首言之."438)
안성 유씨가 말하였다 : "이를테면 앞에서 설명한 것에서도 지위가 낮고 권력이 중요하기 때문에 시인이 먼저 말했던 것이다."439)

---

436) 『시전대전(詩傳大全)』에 구봉 채씨의 말로 실려 있다.
437) 『시전대전(詩傳大全)』에는 "구봉 채씨가 말하였다 : '주공이 총재로 기내를 식읍으로 했다. 기내의 제후는 맹과 중 두 경이기 때문에 주공이 중을 경으로 했던 것이다.'(九峰蔡氏曰 : 周公爲冢宰, 食邑於畿內. 畿內諸侯孟仲二卿, 故周公用仲爲卿也.)"라고 되어 있다.
438) 『시전대전(詩傳大全)』에 안성 유씨의 말로 실려 있다.
439) 『시전대전(詩傳大全)』에는 "안성 유씨가 말하였다 : '재(宰)의 등속으로서 육관(六官)을 총괄하니, 진실로 지위는 낮아도 권력은 중요한 자이다. 이를테면 앞의 설명에서 도관응ㄹ 두어 육경을 총괄했던 것처럼 또한 지위가 낮고 권력이 중요하기 때문에 시인이 먼저 말했던 것이다.'(安成劉氏曰 : 以宰屬, 而總六官, 固位卑權重矣. 如前說爲都官以總六卿, 亦位卑而權重也, 故詩人首言之焉.)"라고 되어 있다.

司徒, 掌邦敎, 冢宰, 掌邦治, 皆卿也. 膳夫, 上士, 掌王之飮食膳羞者也.
사도(司徒)는 나라의 교육을 관장하였고, 총재(冢宰)는 나라의 다스림을 관장하였으니, 모두 경(卿)이다. 선부(膳夫)는 상사(上士)로 왕의 음식과 반찬을 관장하는 자이다.

詳說

○ 地官.
   '사도(司徒)'는 지관이다.

○ 卽太宰
   '총재(冢宰)'는 곧 태재이다.

○ 天官
   '선부(膳夫)'는 천관이다.

○ 音嗣.
   '사(食)'는 음이 '사(嗣)'이다.

○ 鄭氏曰 : "飮酒漿也."440)
   정씨가 말하였다 : "음(飮)은 주류이다."441)

朱註

內史, 中大夫, 掌爵祿廢置殺生予奪之法者也.
내사(內史)는 중대부(中大夫)로 작록(爵祿)을 내리고 폐치(廢置)를 하며 생사여탈(生死予奪)의 법을 관장한 자이다.

詳說

○ 春官.

---

440) 『시전대전(詩傳大全)』에 정씨의 말로 실려 있다.
441) 『시전대전(詩傳大全)』에는 "정씨가 말하였다 : '사(食)는 밥이고, 음(飮)은 주류이다. ….'(鄭氏曰 : 食, 飯也. 飮酒漿也. ….)"라고 되어 있다.

'내사(內史)'는 춘관이다.

○ 音與.
'여(予)'의 음은 '여(與)'이다.

朱註
趣馬, 中士, 掌王馬之政者也.
취마(趣馬)는 중사(中士)로 왕(王)의 마정(馬政)을 관장한 자요,

詳說
○ 夏官.
'취마(趣馬)'는 하관이다.

朱註
師氏, 亦中大夫, 掌司朝得失之事者也.
사씨(師氏)는 또한 중대부(中大夫)로 왕조의 득실(得失)의 일을 관장한 자이다.

詳說
○ 地官.
'사씨(師氏)'는 지관이다.

○ 音潮.
'조(朝)'의 음은 '조(潮)'이다.

○ 周禮注曰 : "司, 猶察也, 察王視朝記君得失"442)
『주례』의 주에서 말하였다 : "사(司)는 살피는 것과 같으니, 왕과 조정을 살피며 임금의 득실을 기록하는 것이다."443)

---

442) 『시전대전(詩傳大全)』에 주(注)의 말로 실려 있다.
443) 『시전대전(詩傳大全)』에는 "주에서 말하였다 : '사(司)는 살피는 것과 같으니, 왕과 조정을 살펴 행해야 하는 좋은 도가 있으면 왕에게 알리며, 임금의 득실을 기록하니, 춘추와 같은 것이 여기에 해당한다.'(注曰 : 司, 猶察也, 察王視朝, 若有善道可行者, 則以詔王, 記君得失, 若春秋是也.)"라고 되어 있다.

朱註

美色曰豔, 豔妻, 卽褎姒也. 煽, 熾也.
아름다운 용색(容色)을 염(豔)이라 하니, 염처(豔妻)는 바로 포사(褎)이다. 선(煽)은 치성(熾盛)함이다.

詳說

○ 臨川王氏曰 : "勢盛, 若火之煽."444)
임천 왕씨가 말하였다 : "기세가 왕성한 것이 불길이 치솟는 것과 같은 것이다."445)

朱註

方處, 方居其所, 未變徙也.
방처(方處)는 한창 그곳에 있어 변하거나 옮기지 않는 것이다.

詳說

○ 上聲.
'처(處)'는 상성이다.

○ 內也.
'곳(所)'은 안이다.

朱註

○ **言所以致變異者,**
변이(變異)를 이루는 까닭은

詳說

○ 承上.
위를 이은 것이다.

---

444) 『시전대전(詩傳大全)』에 임천 왕씨의 말로 실려 있다.
445) 『시전대전(詩傳大全)』에는 "임천 왕씨가 말하였다 : '기세가 왕성한 것이 불길이 치솟는 것과 같다는 말이다.'(臨川王氏曰 : 言其勢盛, 若火之煽然.)"라고 되어 있다.

朱註

由小人用事於外, 而嬖妾蠱惑王心於內, 以爲之主故也.
소인들이 밖에서 하는 일이 있고, 애첩이 안에서 왕의 마음을 고혹시켜서 주장을 하기 때문이라는 말이다.

詳說

○ 添此句.
이 구를 더했다.

○ 豔妻, 實致亂之主, 故總言於末. 皇父又小人之魁, 而此詩之主, 故首言之.
염처는 실로 혼란을 일으키는 근본이기 때문에 끝에서 총괄해서 말했다. 황보는 또 소인의 괴수이기 때문에 여기의 시에서 근본이기 때문에 앞에서 말했던 것이다.

○ 三山李氏曰 : "上三章, 言災異之事, 下五章, 言致之之由."446)
삼산 이씨가 말하였다 : "위의 세 장에서는 재이의 일을 말했고, 아래의 다섯 장에서는 그것이 생기는 연유를 말했다."447)

[2-4-9-5]

抑此皇父, 豈曰不時,

이 황보가 어찌 때가 아니라고 하리오마는

詳說

○ 叶, 謨悲反.448)
'모(謀)'는 협운으로 '모(謨)'와 '비(悲)'의 반절이다.

---

446) 『시전대전(詩傳大全)』에 삼산 이씨의 말로 실려 있다.
447) 『시전대전(詩傳大全)』에는 "삼산 이씨가 말하였다 : '위의 세 장에서는 재이의 일을 말했고, 아래의 다섯 장에서는 그것이 생기는 이유를 말했다. 아닌 사람을 등용했기 때문에 밖으로 등용한 사람을 책했고, 또 안으로 총애를 책했으니, 그것이 생기는 연유를 말한 것이다.'(三山李氏曰 : 此上三章, 言災異之事, 下五章, 言災異之由. 由所用非人也, 故責外所用之人, 又責其內寵, 言所以致之之由也.)"라고 되어 있다.
448) 叶, 謨悲反 : 『시전대전(詩傳大全)』에도 동일하게 되어 있다.

胡爲我作, 不卽我謀, 徹我牆屋, 田卒汙萊,

어찌 우리를 움직이게 하면서 나에게 와서 상의하지 아니하고, 나의 담장과 지붕을 철거하고 농토가 모두 웅덩이와 쑥밭이 되게 하고는

詳說

○ 音烏.449)

'오(汙)'의 음은 '오(烏)'이다.

○ 叶, 陵之反.450)

'래(萊)'는 협운으로 '릉(陵)'과 '지(之)'의 반절이다.

曰予不戕, 禮則然矣.

말하기를 내가 그대를 해치는 것이 아니라 예(禮)에 당연한 것이라 하는구나.

詳說

○ 音牆.

'장(戕)'의 음은 '장(牆)'이다.

○ 叶, 於姬反.451)

'의(矣)'는 협운으로 '어(於)'와 '희(姬)'의 반절이다.

朱註

賦也. 抑, 發語詞. 時, 農隙之時也. 作, 動, 卽, 就, 卒, 盡也. 汙, 停水也. 萊, 草穢也. 戕, 害也. ○ 言皇父

부(賦)이다. 억(抑)은 발어사(發語詞)이다. 시(時)는 농한기이다. 작(作)은 움직임이고, 즉(卽)은 나아감이며, 졸(卒)은 모두이다. 오(汙)는 물이 머물러 있는 곳이고, 내(萊)는 풀이 거칠게 난 것이다. 장(戕)은 해침이다. ○ 황보(皇父)가

---

449) 音烏:『시전대전(詩傳大全)』에도 동일하게 되어 있다.
450) 叶, 陵之反:『시전대전(詩傳大全)』에도 동일하게 되어 있다.
451) 叶, 於姬反:『시전대전(詩傳大全)』에도 동일하게 되어 있다.

詳說
○ 至此章, 遂單擧皇父, 蓋此詩專爲怨皇父作, 向之役而作耳.
여기의 장에서 마침내 황보만 열거했으니, 이 시는 오로지 황보를 원망하기 위해 지은 것이고, 앞에서는 일을 시키려고 지은 것일 뿐이다.

朱註
不自以爲不時, 欲動我
스스로 때가 아니라고 여기지 않아 나를 움직여

詳說
○ 爲我作.
우리를 움직이게 하는 것이다.

朱註
以從而不與我謀, 乃遽徹我牆屋, 使我田不獲治, 卑者汙,
이주시키려 하면서도 나와 상의하지 않고, 마침내 대번에 나의 담장과 지붕을 철거해서 내가 농토를 다스리지 못하게 하여 낮은 곳은 웅덩이가 되고

詳說
○ 廬陵彭氏曰, "盤庚遷殷, 登進厥民, 而告之三代, 世守此道."452)
여릉 팽씨가 말하였다 : "반경이 은을 옮기며, 그 백성들을 승진시키고 삼대에 고하여 이 도를 대대로 지킨 것이다."453)

○ 直列反.
'철(徹)'은 '직(直)'과 '열(列)'의 반절이다.

---

452) 『시전대전(詩傳大全)』에 노릉 팽씨의 말로 실려 있다.
453) 『시전대전(詩傳大全)』에는 "여릉 팽씨가 말하였다 : '삼대의 임금은 감히 그 백성을 경시하지 않고 자신의 하고자 하는 것에 따라 매번 흥기시켜 움직이게 하고 서민과 상의하였으니, 이를테면 반경이 은을 옮기며, 그 백성들을 승진시키고 삼대에 고하여 이 도를 대대로 지킨 것이다. 그러므로 시인이 「어찌 우리를 움직이게 하면서 나에게 와서 상의하지 않는가?」라고 한 것이다.(廬陵彭氏曰 : 三代之君, 不敢鄙夷其民, 以從己之欲, 每有興作, 謀及庶民, 如盤庚遷殷, 登進厥民而告之, 三代世守此道, 故詩人曰, 胡爲我作不卽我謀.)"라고 되어 있다.

○ 爲作都而壞民家.
　도읍을 지으려고 민가를 허물은 것이다.

○ 不得治水道.
　치수의 도를 얻지 못한 것이다.

朱註

而高者萊,
높은 곳은 쑥밭이 되게 하면서

詳說

○ 豐城朱氏曰 : "徹我牆屋, 則無以安其身, 田卒汙萊, 則無以食其力."454)
　풍성 주씨가 말하였다 : "나의 담장과 지붕을 철거하니, 내 몸을 편안히 할 길이 없고, 농토가 모두 웅덩이와 쑥밭이 되게 하니, 그 힘으로 먹고 살 길이 없다."455)

朱註

又曰, 非我戕汝, 乃下供上役之常禮耳.
또 "내가 그대를 해치는 것이 아니라, 이것은 바로 아랫사람이 윗사람에게 부역을 바치는 떳떳한 예이다."라고 한다는 말이다.

詳說

○ 疊山謝氏曰 : "不仁甚矣.456)
　풍산 사씨가 말하였다 : "심하게 어질지 않은 것이다."457)

---

454) 『시전대전(詩傳大全)』에 풍성 주씨의 말로 실려 있다.
455) 『시전대전(詩傳大全)』에는 "풍성 주씨가 말하였다 : '나의 담장과 지붕을 철거하니, 내 몸을 편안히 할 길이 없고, 농토가 모두 웅덩이와 쑥밭이 되게 하니, 그 힘으로 먹고 살 길이 없다. 이렇게 하고도 오히려 내가 그대를 해치려는 것이 아니라 예에 당연한 것이라 하니, 바로 아랫사람이 윗사람에게 부역을 바치는 떳떳한 예라는 것이다. 그러나 어찌 큰일을 하고 대중을 동원하면서 민중의 뜻에 통하지 않고 아래의 심정을 다하지 않음이 있겠는가?(豐城朱氏曰 : 徹我牆屋, 則無以安其身, 田卒汙萊, 則無以食其力. 如是而猶曰, 非我戕汝, 乃禮之當然也. 天下供上役固禮之常也. 然豈有作大事動大衆, 而不通衆志, 不盡下情者哉.)"라고 되어 있다.
456) 『시전대전(詩傳大全)』에 첩산 사씨의 말로 실려 있다.

○ 臨川王氏曰 : "此章專言, 皇父專恣, 而害及于民也."458)

임천 왕씨가 말하였다 : "여기의 장에서는 황보가 마음대로 해서 백성에게 피해가 미쳤다는 것만을 말했다."

[2-4-9-6]

皇父孔聖, 作都于向,

황보가 아주 성스럽다 하여 상에 도읍을 만들고는

詳說

○ 式亮反, 下同.459)

'상(向)'의 음은 '식(式)'과 '량(亮)'의 반절이다.

擇三有事, 亶侯多藏,

삼유사(三有事)를 선택하되 진실로 재물이 많은 사람으로 하며,

詳說

○ 去聲.

'장(藏)'은 거성이다.

不慭遺一老, 俾守我王,

억지로라도 한 원로를 남겨두어 우리 왕을 지키게 하지 아니하고,

詳說

○ 魚覲反.460)

'은(慭)'의 음은 '어(魚)'와 '근(覲)'의 반절이다.

---

457) 『시전대전(詩傳大全)』에는 "풍산 사씨가 말하였다 : '황보가 백성들이 살 길이 없게 하면서 이에 「내가 너희를 해치는 것이 아니라 아래에서 위에 부역을 바치는 예는 당연한 것이다.」라고 하니, 심하게 어질지 않은 것이다.(疊山謝氏曰 : 皇父使民無以爲生矣, 乃曰予不戕虐汝也, 下供上役禮則當然, 其不仁甚矣.)"라고 되어 있다.
458) 『시전대전(詩傳大全)』에 임천 왕씨의 말로 동일하게 실려 있다.
459) 式亮反下同 : 『시전대전(詩傳大全)』에도 동일하게 되어 있다.
460) 魚覲反 : 『시전대전(詩傳大全)』에도 동일하게 되어 있다.

○ 叶, 于放反.461)

'왕(王)'은 협운으로 음은 '우(于)'와 '방(放)'의 반절이다.

擇有車馬, 以居徂向.

거마를 소유한 자를 가려서 상땅에 가 거주하게 하도다.

朱註

賦也. 孔, 甚也, 聖, 通明也. 都, 大邑也, 周禮, 畿內大都, 方百里, 小都, 方五十里, 皆天子公卿所封也. 向, 地名, 在東都畿內,

부(賦)이다. 공(孔)은 심함이고, 성(聖)은 통명(通明)함이다. 도(都)는 큰 고을이니, 『주례(周禮)』에 기내(畿內)의 대도(大都)는 방(方)이 백 리이고, 소도(小都)는 방이 50리이니, 이는 모두 천자(天子)의 공경(公卿)을 봉한 것이다. 상(向)은 지명이니, 동도(東都)의 기내(畿內)에 있으니,

詳說

○ 載師.

『주례』「재사(載師)」이다.

○ 孔氏曰 : "皇父, 以親寵, 封於圻內."462)

공씨가 말하였다 : "황보는 친함과 총애로 경기에 봉하여졌다."463)

朱註

今孟州河陽縣, 是也. 三有事, 三卿也.

지금의 맹주(孟州) 하양현(河陽縣)이 여기에 해당한다. 삼유사(三有事)는 삼경(三卿)이다.

---

461) 叶, 于放反 : 『시전대전(詩傳大全)』에도 동일하게 되어 있다.
462) 『시전대전(詩傳大全)』에 공씨의 말로 실려 있다.
463) 『시전대전(詩傳大全)』에는 "공씨가 말하였다 : '황보가 친함과 총애로 경기에 봉하여져서는 도읍을 건축하느라고 읍인들을 거하게 하면서 사역을 시킴에 그 때에 맞게 하지 않고, 먼저 담장과 지붕을 허물고 뒤에 읍인들이 옮겨가게 해 그 가업을 하지 못하게 했기 때문에 그 심정을 이처럼 기술 한 것이다.'(孔氏曰 : 皇父, 以親寵, 封於圻內, 築都邑, 令邑人居之役之, 不以其時, 先毀牆屋, 而後令遷邑人, 廢其家業, 故述其情如此.)"라고 되어 있다.

詳說
○ 孔氏曰 : "皇父, 封圻內, 當二卿, 今立三卿, 以比列國也."464)
공씨가 말하였다 : "황보가 경기에 봉해진 것은 이경(二卿)에 해당한 것으로 지금의 지위로는 삼경(三卿)이니, 열국과 나란히 하는 것이다."

朱註
亶, 信, 侯, 維, 藏, 蓄也.
단(亶)은 '진실로'이고, 후(侯)는 '~바(維)'이며, 장(藏)은 저축이다.

詳說
○ 多藏, 富也.
'다장(多藏)'은 부유한 것이다.

朱註
慭者, 心不欲, 而自强之辭. 有車馬者, 亦富民也. 徂, 往也.
은(慭)은 마음은 하고자 하지 않으면서도 스스로 억지로 한다는 말이다. 거마(車馬)를 소유한 자는 또한 부유(富裕)한 백성이다. 조(徂)는 감이다.

詳說
○ 上聲, 下同.
'강(强)'은 상성으로 아래에서도 같다.

朱註
○ 言皇父自以爲聖,
황보(皇父)가 스스로 성(聖)스럽다 하면서도

詳說
○ 臨川王氏曰 : "因而譏之曰孔聖."465)

---

464) 『시전대전(詩傳大全)』에 공씨의 말로 동일하게 실려 있다.
465) 『시전대전(詩傳大全)』에 임천 왕씨의 말로 실려 있다.

임천 왕씨가 말하였다 : "말미암아 나무라느라고 '아주 성스럽다.'라고 한 것이다."466)

○ 亦上篇予聖之類也.
또한 위의 편에서 '내가 성인이라 하니라.'와 같은 것이다.

朱註
而作都, 則不求賢, 而但取富人以爲卿,
도읍을 만듦에 있어서는 어진 이를 구하지 아니하고 다만 부유한 사람을 택해 경(卿)을 삼고,

詳說
○ 例釋以便事.
해석을 사례로 해서 일에 편리하게 했다.

朱註
又不自强留一人
또 스스로 한 사람이라도 억지로 남겨주어

詳說
○ 老.
한 사람은 원로이다.

朱註
以衛天子,
천자를 호위하게 하지 아니하고,

詳說

---

466) 『시전대전(詩傳大全)』에는 "임천 왕씨가 말하였다 : '공보가 스스로 아주 성스럽다고 하기 때문에 그것을 가지고 나무라느라고 「아주 성스럽다.」라고 한 것이다.'(臨川王氏曰 : 皇父自謂甚聖, 故因而譏之曰, 孔聖也.)"라고 되어 있다.

○ 疊山謝氏曰 : "文侯之命, 推原召亂之由, 亦曰, 罔有耇耇俊在厥服. 西周之亡, 實兆於此, 皇父之罪, 莫大於此."467)
첩산 사씨가 말하였다 : "문후의 명은 혼란이 생긴 연유를 근본적으로 추구하는 것인데도 또한 '노성하고 뛰어난 이가 신하의 자리에 있는 이가 없었다.'라고 했다. 서주가 망한 것은 실로 여기에 조짐이 있으니, 황보의 죄는 여기에서 막대하다."468)

朱註

但有車馬者, 則悉與俱往,
다만 거마(車馬)를 소유한 자이면 모두 함께 데리고 갔으니,

詳說

○ 鄭氏曰 : "以往居于向."469)
정씨가 말하였다 : "가서 상땅에 거주하였다."470)

○ 按, 居徂語倒. 蓋此篇二居字, 近於語詞, 故註皆略而不釋之.
살펴보건대, '거조(居徂)'는 말이 도치되었다. 대개 여기의 편에서 두 번의 '거(居)'자는 어조사에 가깝기 때문에 주에서 모두 생략하고 해석하지 않았던 것이다.

不忠於上, 而但知貪利, 以自私也.
위에 충성하지 아니하고 다만 이익을 탐하여 스스로 사사로이 할 줄만을 알았던

---

467) 『시전대전(詩傳大全)』에 첩산 사씨의 말로 실려 있다.
468) 『시전대전(詩傳大全)』에는 "첩산 사씨가 말하였다 : '황보가 오랜 신하와 지긋한 나이의 덕망 있는 이를 버리고 등용하지 않고 억지로 한 노신이라도 남아 우리의 왕을 지키게 하지 않았으니, 그 불충이 심하다. 평왕이 동천하고 문후의 명을 지어 혼란이 생긴 연유를 근본적으로 추구하니, 또한 「노성하고 뛰어난 이가 신하의 자리에 있는 이가 없었다」고 하였으니, 서주가 망한 것은 실로 여기에 조짐이 있다. 황보가 정권을 잡게 했을 때, 한 노신이라도 남아 우리 왕을 지키기를 주공과 소공이 사보가 된 것처럼 중산보가 왕의 옥체를 보호한 것처럼 했다면, 유왕이 의지하고 도움받을 곳이 있어 자신이 욕을 당하고 나라가 망하게 되지는 않았을 것이다. 황보의 죄는 여기에서 막대하다.'(疊山謝氏曰 : 皇父棄舊臣者德而不用, 不能勉强畱一老, 以守我王, 其不忠甚矣. 平王東遷, 作文侯之命, 推原召亂之由, 亦曰罔有耇耇俊在厥服, 西周之亡, 實兆於此. 使皇父秉政之時, 能畱一老, 以守我王, 如周召之師保, 如仲山父之保王躬, 則幽王有馮有翼, 未至於身辱國亡也. 皇父之罪莫大於此.)"라고 되어 있다.
469) 『흠정시경전설휘찬(欽定詩經傳說彙纂)』에 정씨강성(鄭氏康成)의 말로 실려 있다.
470) 『흠정시경전설휘찬(欽定詩經傳說彙纂)』에는 "정씨 강성이 말하였다 : '또 백성 중에 거마가 있는 부유한 자들을 택해 상땅에 가서 거주하였다.'(鄭氏康成曰 : 又擇民之富有車馬者, 以往居于向也.)"라고 되어 있다.

것이다.

> 詳說

○ 二句, 論也.
두 구는 경문의 의미 설명이다.

[2-4-9-7]
> 黽勉從事, 不敢告勞.

억지로 힘써 일에 종사하여 감히 수고로움을 말하지 못하노라.

> 詳說

○ 音敏.
'민(黽)'의 음은 '민(敏)'이다.

> 無罪無辜, 讒口囂囂.

죄가 없고 허물이 없거늘 참소하는 말이 시끄럽게 떠들도다.

> 詳說

○ 五刀反.471)
'오(囂)'의 음은 '오(五)'와ㅣ'도(刀)'의 반절이다.

> 下民之孼, 匪降自天,

아랫 백성들의 재앙은 하늘로부터 내려오는 것이 아니라

> 詳說

○ 音櫱.
'얼(孼)'의 음은 '얼(櫱)'이다.

---

471) 五刀反 : 『시전대전(詩傳大全)』에도 동일하게 되어 있다.

○ 叶, 鐵因反.472)

'천(天)'은 협운으로 음은 '철(鐵)'과 '인(因)'의 반절이다.

|噂沓背憎, 職競由人.|

모여 거듭 말하다가 등 돌리면 미워함을 오로지 힘씀은 사람 때문이니라.

|詳說|

○ 音撙.

'준(噂)'의 음은 '준(撙)'이다.

○ 音遝.

'답(沓)'의 음은 '답(遝)'이다.

○ 音佩.

'배(背)'의 음은 '패(佩)'이다.

|朱註|

賦也. 嚻, 衆多貌. 孼, 災害也. 噂, 聚也. 沓, 重複也.

부(賦)이다. 오(嚻)는 많은 모양이다. 얼(孼)은 재해(災害)이다. 준(噂)은 모임이고, 답(沓)은 중복함이다.

|詳說|

○ 嚻通, 諺音誤.

'오(嚻)'는 '오(謷)'와 통하고 『언해』의 음은 잘못되었다.

○ 平聲.

'중(重)'은 평성이다.

○ 永嘉陳氏曰 : "噂, 聚談也. 沓, 猥拜也. 小人相見之狀如此."473)

---

472) 叶, 鐵因反 : 『시전대전(詩傳大全)』에도 동일하게 되어 있다.

영가 진씨가 말하였다 : "준(噂)은 모여서 말하는 것이다. 답(沓)은 뒤섞여 함께 하는 것이다. 소인들이 서로 형태는 이와 같다."474)

朱註

職, 主, 競, 力也. ○ 言黽勉從皇父之役, 未嘗敢告勞也, 猶且無罪而遭讒,
직(職)은 주장함이요, 경(競)은 힘씀이다. ○ "억지로 힘써 황보의 일에 종사하면서 일찍이 수고로움을 말하지 못하였는데, 오히려 죄 없이 참소를 만났다.

詳說

○ 勞之難堪, 讒則已甚.
수고로움을 감당하기 어려운데, 참소를 당하면 너무 심한 것이다.

朱註

然下民之孽, 非天之所爲也, 噂噂沓沓多言, 以相說而背, 則相憎,
그런데 하민(下民)의 재앙은 하늘이 하는 것이 아니라, 수군거리며 왁자지껄하게 말을 많이 해서 서로 좋아하다가 등을 돌리면 서로 미워하니,

詳說

○ 悅同.
'열(說)'은 '열(悅)'과 같다.

○ 補此句.
이 구를 더하였다.

○ 面悅背憎, 小人之常態也.
눈앞에서는 좋아하고 등을 돌리면 증오하는 것이 소인들의 일상적인 형태이다.

---

473) 『시전대전(詩傳大全)』에 영가 진씨의 말로 실려 있다.
474) 『시전대전(詩傳大全)』에는 "영가 진씨가 말하였다 : '준(噂)은 모여서 말하는 것이다. 답(沓)은 뒤섞여 함께 하는 것이다. 소인들이 서로 형태는 이와 같다. 등을 돌리는 것은 증오하는 것이다. 이와 같은 소인이 등용되어 직위에 있기 때문에 재앙이 일어남을 하늘에 돌릴 수 없는 것이다.'(永嘉陳氏曰 : 噂, 聚談也. 沓, 狎幷也. 小人相見之狀, 如此. 背則憎疾也. 用如此小人在位, 所以興孽未可歸於天也.)"라고 되어 있다.

朱註

專力爲此者, 皆由讒口之人耳.

오로지 이렇게 하는 것은 모두 참소하는 사람 때문이라는 말이다.

詳說

○ 職競.

'전력(專力)'은 '직경(職競)'이다.

○ 補二字.

'참구(讒口)'라는 두 글자를 더했다.

○ 下四句, 申讒口二字

아래의 네 글자는 참구(讒口)'라는 두 글자를 거듭한 것이다.

○ 永嘉陳氏曰 : 用如此小人在位, 所以與孼未可歸於天也.[475]

영가 진씨가 말하였다 : "이와 같은 소인이 등용되어 직위에 있기 때문에 재앙이 일어남을 하늘에 돌릴 수 없는 것이다."[476]

○ 新安胡氏曰 : "七章言天變生於人妖."[477]

신안 호씨가 말하였다 : "7장에서는 하늘의 변괴가 사람의 괴이함에서 생김을 말하였다."[478]

[2-4-9-8]

悠悠我里, 亦孔之痗.

---

475) 『시전대전(詩傳大全)』에 영가 진씨의 말로 실려 있다.
476) 『시전대전(詩傳大全)』에는 "영가 진씨가 말하였다 : '준(噂)'은 모여서 말하는 것이다. 답(沓)은 뒤섞여 함께 하는 것이다. 소인들이 서로 형태는 이와 같다. 등을 돌리는 것은 증오하는 것이다. 이와 같은 소인이 등용되어 직위에 있기 때문에 재앙이 일어남을 하늘에 돌릴 수 없는 것이다.'(永嘉陳氏曰 : 噂, 聚談也. 沓, 狠幷也. 小人相見之狀, 如此. 背則憎疾也. 用如此小人在位, 所以興孼未可歸於天也.)"라고 되어 있다.
477) 『시전대전(詩傳大全)』에는 신안 호씨가 왕씨의 말을 인용한 것으로 실려 있다.
478) 『시전대전(詩傳大全)』에는 "신안 호씨가 말하였다 : '왕씨는 「이 시의 앞의 세 장은 재이의 변괴를 말하였고, …. 7장에서는 소인이 직위에 있어 하늘이 내린 재앙은 하늘의 변괴가 사람의 괴이함에서 생김을 말하였다. ….'新安胡氏曰 : 王氏云此詩前三章, 言災異之變, …, 七章言小人在位, 天降之災, 則天變生於人妖也. ….)"라고 되어 있다.

유유(悠悠)한 내 마을이여 또한 심히 병들었도다.

詳說

○ 音妹, 叶, 呼洧反.479)

'매(痗)'의 음은 '매(妹)'이고, 협운으로는 '호(呼)'와 '유(洧)'의 반절이다.480)

四方有羨, 我獨居憂, 民莫不逸, 我獨不敢休. 天命不徹,

사방에 남음이 있는데 나만 홀로 근심에 머물러 있고, 남들은 편안하지 않은 이가 없는데 나만 홀로 쉬지 못하노라. 천명은 공평하지 못하니,

詳說

○ 徐面反.481)

'선(羨)'의 음은 '서(徐)'와 '면(面)'의 반절이다.

○ 叶, 直質反.482)

'철(徹)'은 협운으로 '직(直)'과 '질(質)'의 반절이다.

我不敢傚, 我友自逸.

내 감히 우리 벗의 편안함을 본받지 못하노라.

朱註

賦也. 悠悠, 憂也. 里, 居, 痗, 病, 羨,

부(賦)이다. 유유(悠悠)는 근심이다. 이(里)는 거함이고, 매(痗)는 병듦이며, 선(羨)은

詳說

---

479) 音妹, 叶, 呼洧反 : 『시전대전(詩傳大全)』에는 다소 다르게 되어 있다.
480) 『시전대전(詩傳大全)』에는 "'매(痗)'의 음은 '막(莫)'과 '배(背)'의 반절이고, 협운으로 '호(呼)'와 '유(洧)'의 반절이다.(莫背反, 叶, 呼洧反.)"라고 되어 있다.
481) 徐面反 : 『시전대전(詩傳大全)』에도 동일하게 되어 있다.
482) 叶, 直質反 : 『시전대전(詩傳大全)』에도 동일하게 되어 있다.

○ 音訓, 當與孟子通功章, 參看. 徐, 恐餘, 傳寫之訛.
음과 훈은 『맹자』 통공장과 참고해서 봐야 한다.483) '서(徐)'는 '여(餘)'를 베껴 쓰면서 잘못한 것 같다.

朱註

餘, 逸, 樂, 徹均也 ○ 當是之時, 天下病矣, 而獨憂我里之甚病,
남음이고, 일(逸)은 즐거움이며, 철(徹)은 균평함이다. ○ 이때에 천하가 병들었지만 유독 내가 거처하는 마을이 심히 병듦을 근심하고,

詳說

○ 音洛.
'락(樂)'의 음은 '락(洛)'이다.

○ 徹牆屋, 田汙萊, 又從而役之, 是病而又病也.
담장과 지붕을 철거하고 농토가 웅덩이와 쑥밭이 되게 하며 또 이어서 사역을 시키니, 병을 주고 또 병을 주는 것이다.

朱註

且以爲四方, 皆有餘,
또 사방(四方)은 모두 남을 정도인데,

詳說

○ 之人.
'사방(四方)'은 '사방의 사람들에게는'이다.

○ 優裕自適.
넉넉해서 유유자적할 정도이다.

---

483) 음과 훈은 『맹자』 통공장과 참고해서 봐야 한다 : 『맹자』 「등문공하」에 "맹자가 말하였다 : '그대가 공을 통하고 일을 서로 바꾸어 남는 것으로써 부족한 것을 도와주지 않는다면 농사꾼은 남아서 버리는 곡식이 있으며, 여자(女子)들은 남아서 버리는 삼베가 있을 것이다.'(曰: 子不通功易事, 以羨補不足, 則農有餘粟, 女有餘布.)"라는 말이 있고, 그 주에 "연(羨)은 남음이다.(羨, 餘也.)"라고 되어 있다.

朱註

而我獨憂, 衆人皆得逸豫, 而我獨勞者, 以皇父病之, 被禍尤甚故也.
나만 홀로 근심하고, 중인(衆人)들은 모두 편안함을 얻었으되 나만 홀로 수고로운 것은 황보가 해쳐 화를 입음이 더욱 심하기 때문이다.

詳說

○ 添二句.
두 구를 더했다.

朱註

然此乃天命之不均,
그러나 이것은 바로 천명이 균평하지 못해서이니,

詳說

○ 安成劉氏曰 : "上旣言匪降自天, 此復以勞役不均, 歸於天命, 亦無所歸咎之詞."484)
안성 유씨가 말하였다 : "위에서 이미 재앙이 하늘로부터 내려오는 것이 아니라고 말하고, 여기에서 다시 노역이 균등하지 않음을 천명에 돌린 것은 또한 허물을 돌릴 곳이 없다는 말이다."

朱註

吾豈敢不安於所遇, 而必傚我友之自逸哉.
내 어찌 감히 만난 환경에 편안하지 못하여 내 벗의 스스로 편안함을 본받겠는가!

詳說

○ 我不敢傚我友自逸, 八字一句
'내 감히 우리 벗의 편안함을 본받지 못하노라.(我不敢傚我友自逸)'라는 말은 한 구이다.

---

484)『시전대전(詩傳大全)』에 안성 유씨의 말로 거의 비슷하게 실려 있다.

○ 疊山謝氏曰:"其辭甚婉, 其志堅而不可變也."485)
첩산 사씨가 말하였다 : "그 말은 아주 은근하지만 그 뜻은 견고해서 바꿀 수가 없다."486)

○ 新安胡氏曰:"八章言己之憂勞而一篇之義終矣."487)
신안 호씨가 말하였다 : "8장에서 자신의 근심과 수고로움을 말해 한 편의 의미가 종결되었다."488)

朱註
十月之交, 八章, 章八句.
「시월지교」는 8장으로 장은 8구이다.

[2-4-10-1]

浩浩昊天, 不駿其德, 降喪饑饉,

호호(浩浩)하신 호천(昊天)이 그 은덕을 크게 하지 아니하사 기근으로 재앙을 내려

詳說
○ 去聲.
'상(喪)'은 거성이다.

○ 音覲.
'근(饉)'의 음은 '근(覲)'이다.

斬伐四國, 旻天疾威, 弗慮弗圖.

---

485) 『시전대전(詩傳大全)』에 첩산 사씨의 말로 실려 있다.
486) 『시전대전(詩傳大全)』에는 "첩산 사씨가 말하였다 : "…. 나의 근심과 수고로움은 하늘이 준 것이니, 이처럼 편안히 여길 뿐이고 감히 내 감히 우리 벗의 편안함을 본받지 않는다는 것이다. 그 말은 아주 은근하지만 그 뜻은 견고해서 바꿀 수가 없다.(疊山謝氏曰 : …. 我之憂勤, 乃天之所付者, 如是安之而已, 不敢效我友之自逸也. 其辭甚婉, 其志堅而不可變也.)"라고 되어 있다.
487) 『시전대전(詩傳大全)』에 신안 호씨가 왕씨의 말을 인용한 것으로 실려 있다.
488) "신안 호씨가 말하였다 : '왕씨는 「이 시의 앞의 세 장은 재이의 변괴를 말하였고, …, 7장에서는 소인이 직위에 있어 하늘이 내린 재앙은 하늘의 변괴가 사람의 괴이함에서 생김을 말하였다. 8장에서는 자신의 근심과 수고로움을 말해 한 편의 의미가 종결되었다.'新安胡氏曰 : 王氏云此詩前三章, 言災異之變, …, 七章言小人在位, 天降之災, 則天變生於人妖也. 八章言己之憂勞而一篇之義終矣.)"라고 되어 있다.

사방의 나라를 죽이나니, 민천(旻天)이 포악한지라 사려하지 않고 도모하지 않도다.

詳說

○ 叶, 于逼反.489)
　'국(國)'은 협운으로 음은 '우(于)'와 '핍(逼)'의 반절이다.

○ 密巾反.490)
　'민(旻)'의 음은 '밀(密)'과 '건(巾)'의 반절이다.

舍彼有罪, 旣伏其辜, 若此無罪, 淪胥以鋪.

저 죄 있는 자들은 이미 죄를 받은 것이니 그만이거니와 이 죄 없는 자들은 어찌하여 빠져서 서로 두루 미치는고.

詳說

○ 音赦.491)
　'사(舍)'의 음은 '사(赦)'이다.

○ 普烏反.492)
　'포(鋪)'의 음은 '보(普)'와 '오(烏)'의 반절이다.

朱註

賦也. 浩浩, 廣大也,
부(賦)이다. 호호(浩浩)는 광대(廣大)한 것이고,

詳說

○ 一作貌.
　'야(也)'자는 어떤 판본에는 '모(貌)'자로 되어 있다.

---

489) 叶, 于逼反:『시전대전(詩傳大全)』에도 동일하게 되어 있다.
490) 密巾反:『시전대전(詩傳大全)』에도 동일하게 되어 있다.
491) 音赦:『시전대전(詩傳大全)』에도 동일하게 되어 있다.
492) 普烏反:『시전대전(詩傳大全)』에도 동일하게 되어 있다.

朱註

昊, 亦廣大之意. 駿, 大, 德, 惠也. 穀不熟,
호(昊)도 광대(廣大)하다는 뜻이다. 준(駿)은 큼이고, 덕(德)은 은혜이다. 곡식이 익지 않는 것을 기(饑)라 하고,

詳說

○ 成也.
'숙(熟)'은 성숙한 것이다.

朱註

曰饑, 蔬不熟曰饉. 疾威, 猶暴虐也. 慮圖, 皆謀也. 舍, 置, 淪, 陷, 胥, 相,
채소가 자라지 않는 것을 근(饉)이라 한다. 질위(疾威)는 포학(暴虐)과 같다. 여(慮), 도(圖)는 모두 꾀함이다. 사(舍)는 버려둠이고, 윤(淪)은 빠짐이며, 서(胥)는 '서로'이고,

詳說

○ 詩中多言淪胥, 而其語倒, 疑古之方言也
시에서 '윤서(淪胥)'라고 말한 것이 많은데, 그 말이 도치된 것으로 옛날의 방언인 것 같다.

朱註

鋪, 徧也 ○ 此時, 饑饉之後, 羣臣
포(鋪)는 '두루'이다. ○ 이때는 기근이 든 뒤로 여러 신하가

詳說

○ 正大夫.
여러 신하는 정대부이다.

朱註

離散, 其不去者, 作詩以責去者. 故推本, 而言昊天不大其惠, 降此饑饉,
이산되니, 떠나지 않은 자가 시를 지어 떠나간 자를 책한 것이다. 그러므로 근본

詩集傳詳說 卷之九 221

을 미루어 "호천(昊天)이 그 은혜를 크게 하지 아니하고 이 기근을 내려서

詳說
○ 蟄御之臣.
멋대로 다스리는 신하이다.

○ 喪猶禍也. 言降禍以饑饉.
'상(喪)'은 재앙이니, 기근으로 재앙을 내렸다는 것이다.

朱註
而殺伐四國之人, 如何旻天,
사국의 사람을 죽이는데, 어찌하여 민천(旻天)은

詳說
○ 如何字, 取用後章語.
'여하(如何)'라는 말은 뒷장의 말을 취하여 쓴 것이다.

朱註
曾不思慮圖謀, 而遽爲此乎.
일찍이 사려하고 도모하지 아니하고 대번에 이런 짓을 하는가?

詳說
○ 斬伐.
이런 짓은 죽이는 것이다.

○ 補此句.
이 구를 더했다.

○ 安成劉氏曰 : "元氣廣大爲昊天, 故言不駿其德, 仁覆閔下爲旻天, 故言疾威, 天非有二也. 蓋亦無所歸咎, 而各以義類歸怨於天耳."493)

안성 유씨가 말하였다 : "원기의 광대함이 호천(昊天)이기 때문에 그 은덕을 크게 하지 않는다고 말하였고, 인으로 덮어주어 아랫사람들을 불쌍히 여김이 민천이기 때문에 포학하다고 말하였으니, 하늘은 둘이 있는 것이 아니다. 대개 또한 허물을 돌리 곳이 없어 각기 의미의 종류로 하늘에 원망을 돌렸을 뿐인 것이다."494)

○ 重言天以訴之, 見其情切也
하늘을 거듭 말해 하소연함으로써 그 심정의 절실함을 드러냈다.

朱註

彼有罪而饑死,
저 죄가 있어 굶어 죽은 자는

詳說

○ 補二字.
'기사(饑死)' 두 글자를 더했다.

朱註

則是旣伏其辜矣, 舍之可也, 此無罪者, 亦相與而陷於死亾則如之何哉.
이미 그 죄를 받은 것이니 버려도 가(可)하거니와, 이 죄 없는 자들이 또한 사망에 빠짐은 어째서인가."라고 한 것이다.

詳說

○ 勿論.
'사지(舍之)'는 물론이다.

---

493) 『시전대전(詩傳大全)』에 안성 유씨의 말로 실려 있다.
494) 『시전대전(詩傳大全)』에는 "안성 유씨가 말하였다 : '첫 장에서는 근본을 미뤄 하늘의 변화를 말하였다. 원기의 광대함이 호천이 되었고, 인으로 덮어주어 아랫사람들을 불쌍히 여김이 민천이 되었기 때문에 여기의 장에서 호천으로써 그 은덕을 크게 하지 않는다고 말하였고, 민천으로써 포학함을 말하였으니, 하늘은 둘이 있는 것이 아니다. 대개 또한 허물을 돌리 곳이 없어 각기 의미의 종류로 하늘에 원망을 돌렸을 뿐인 것이다.'(安成劉氏曰 : 首章推本而言天變也. 元氣廣大爲昊天, 仁覆閔下爲旻天, 故此章以昊天言不駿其德, 以旻天言其疾威, 天非有二也. 蓋亦無所歸咎, 而各以義類, 歸怨於天耳.)"라고 되어 있다.

○ 鋪有與義.
'포(鋪)'에 '여(與)'의 의미가 있다.

○ 補二字.
'사망(死亡)'이라는 두 글자를 더했다.

○ 添此句.
이 구를 더했다.

○ 豊城朱氏曰:"此章姑爲怨天之辭, 以發端也."495)
풍성 주씨가 말하였다 : "여기의 장에서는 잠시 하늘을 원망하는 말을 해서 그 실마리를 드러냈던 것이다."496)

[2-4-10-2]
周宗旣滅, 靡所止戾, 正大夫離居, 莫知我勩,

주나라 종족이 이미 멸하여 머물며 안정할 곳이 없으며, 정대부가 거처하는 곳을 떠나서 나의 수고로움을 알지 못하며,

詳說
○ 夷世反.497)
'예(勩)'의 음은 '이(夷)'와 '세(世)'의 반절이다.

三事大夫, 莫肯夙夜, 邦君諸侯, 莫肯朝夕,

삼사와 대부가 밤낮으로 일하려 하지 아니하며, 방군(邦君)과 제후들이 즐겨 조석으로 봉직하려 하지 않기에

---

495) 『시전대전(詩傳大全)』에 풍성 주씨의 말로 실려 있다.
496) 『시전대전(詩傳大全)』에는 "풍성 주씨가 말하였다 : '호천의 광대함인데, 기근으로 죽이니, 그 은혜를 크게 한 것이 아니다. 민천의 인으로 덮어주고 아랫사람을 불쌍히 여김인데 죄가 있든 없든 사망에 빠지게 하니, 그 인을 두루 하는 것이 아니다. 여기의 장에서는 잠시 하늘을 원망하는 말을 해서 그 실마리를 드러냈던 것이다.'(豊城朱氏曰 : 旻天之廣大也, 而饑饉以斬伐, 則是不大其惠也. 旻天之仁覆閔下也, 而有罪無罪, 俱陷死亡, 則是不溥其仁也. 此章姑爲怨天之辭, 以發端也.)"라고 되어 있다.
497) 夷世反: 『시전대전(詩傳大全)』에도 동일하게 되어 있다.

詳說

○ 叶, 弋灼反.498)
'야(夜)'는 협운으로 음은 '익(弋)'과 '작(灼)'의 반절이다.

○ 叶, 祥龠反.499)
'석(夕)'은 협운으로 '상(祥)'과 '약(龠)'의 반절이다.

庶曰式臧, 覆出爲惡.

행여 선행을 할까 바랐는데 도리어 나와서 악행을 하는구나!

詳說

○ 音福
'복(覆)'의 음은 '복(福)'이다.

朱註

賦也宗. 族, 姓也. 戾, 定也. 正, 長也.
부(賦)이다. 종(宗)은 족성(族姓)이다. 여(戾)는 정(定)함이다. 정(正)은 장(長)이다.

詳說

○ 上聲, 下同.
'장(長)'은 상성으로 아래에서도 같다.

朱註

周官八職, 一曰正, 謂六官之長, 皆上大夫也. 離居, 蓋以饑饉散去, 而因以避讒譖之禍也.
『주관(周官)』의 팔직(八職)에 첫번째를 정(正)이라고 하니, 육관(六官)의 장(長)을 말하니, 모두 상대부(上大夫)이다. 이거(離居)는 기근(饑饉) 때문에 흩어지고 떠나가서 그것으로 말미암아 참소하는 화(禍)를 피한 것이다.

---

498) 叶, 弋灼反 : 『시전대전(詩傳大全)』에도 동일하게 되어 있다.
499) 叶, 祥龠反 : 『시전대전(詩傳大全)』에도 동일하게 되어 있다.

詳說
○ 天官宰夫.
『주관』은 천관 재부이다.

○ 照上及後章.
위와 아래의 장을 참조하라.

朱註
我, 不去者, 自我也. 勩, 勞也.
아(我)는 떠나지 않은 자로 자신이다. 예(勩)는 수고로움이다.

詳說
○ 夙夜朝夕之獨賢勞.
조야와 조석으로 홀로 현명하게 노력하는 자이다.

朱註
三事, 三公也,
삼사(三事)는 삼공(三公)이고,

詳說
○ 與上篇, 三有事, 不同.
위의 편에서 '삼유사'와는 같지 않다.

朱註
大夫, 六卿, 及中下大夫也.
대부(大夫)는 육경(六卿)과 중대부(中大夫)·하대부(下大夫)이다.

詳說
○ 上文已特言上大夫, 故此不及焉. 蓋正大夫, 此詩之主, 所以首特言之也.

위의 글에서 이미 상대부를 특별히 말했기 때문에 여기에서는 언급하지 않은 것이다. 대개 정대부는 여기 시에서 주인이기 때문에 첫머리에서 특별히 언급했던 것이다.

朱註

臧, 善, 覆, 反也. ○ 言將有易姓之禍,
장(臧)은 선(善)이요, 복(覆)은 '도리어'이다. ○ 역성(易姓)의 화(禍)가 있게 될 것이어서

詳說

○ 周尙未滅, 故變旣, 言將.
주나라가 여전히 아직 멸망하지 않았기 때문에 변화가 이윽고 시작되어 ~하게 될 것이라고 한 것이다.

朱註

其兆已見,
그 조짐이 이미 나타났고,

詳說

○ 音現.
'현(見)'의 음은 '현(現)'이다.

○ 必有他大兆
반드시 그에게 큰 조짐이 있는 것이다.

朱註

而天變人離又如此
하늘의 변고와 사람의 이반(離叛)함이 또 이와 같으니,

詳說

○ 安成劉氏曰:"天變上章所言, 人離此章所言."500)

詩集傳詳說 卷之九　227

안성 유씨가 말하였다 : "하늘의 변화는 위의 장에서 말한 것이고, 사람의 떠남은 여기의 장에서 말한 것이다."501)

○ 華陽范氏曰 : 靡所止戾, 未知天之所命, 民之所定也, 莫肯夙夜, 無在公之節, 莫肯朝夕, 無尊王之禮.502)

화양 범씨가 말하였다 : "머물며 안정할 곳이 없다는 것은 하늘이 명하여 백성들이 안정할 곳을 모르는 것이고, 밤낮으로 일하려 하지 않는 것은 공에게 할 절도가 없는 것이고, 조석으로 봉직하지 않는 것은 왕을 높이는 예절이 없는 것이다."

○ 豊城朱氏曰 : "三事大夫, 有官守者, 邦君諸侯, 有民社者, 雖未至於離居而已, 莫有任其責者矣."503)

풍성 주씨가 말하였다 : "삼사와 대부는 관리의 책임이 있는 자들이고, 방군과 제후는 백성과 사직이 있는 자들로 거처하는 곳을 아직 떠날 정도는 아닌데, 아무도 그 책임을 지려고 하지 않는 것이다."504)

○ 邦君, 通五等爵而言.

방군은 다섯 등급의 작위를 통합해서 말한 것이다.

朱註

庶幾曰王改而爲善, 乃覆出爲惡而不悛也. 或曰, 疑此亦東遷後詩也.

행여 왕이 행실이 고쳐 선을 할까 바랐는데 도리어 나와서 악행을 하고 고치지 않는다는 말이다. 어떤 이는 "이 또한 동천(東遷)한 뒤의 시(詩)인 듯하다."라고 하였다.

---

500) 『시전대전(詩傳大全)』에 안성 유씨의 말로 실려 있다.
501) 『시전대전(詩傳大全)』에는 "안성 유씨가 말하였다 : '역성혁명의 화는 주의 종족이 멸망하는 것이다. 하늘의 변화는 위의 장에서 말한 것이 여기에 해당하고, 사람의 떠남은 여기의 장에서 말한 것이 여기에 해당한다.(安成劉氏曰 : 易姓之禍, 言周宗之滅也, 天變, 上章所言, 是也, 人離, 此章所言, 是也.)"라고 되어 있다.
502) 『시전대전(詩傳大全)』에 화양 범씨의 말로 거의 동일하게 실려 있다.
503) 『시전대전(詩傳大全)』에 풍성 주씨의 말로 실려 있다.
504) 『시전대전(詩傳大全)』에는 "풍성 주씨가 말하였다 : '…. 삼사와 대부는 관리의 책임이 있는 자들인데, 밤낮으로 일하려 하지 않고, 방군과 제후는 백성과 사직이 있는 자인데 조석으로 봉직하려 하지 않는다면, 거처하는 곳을 아직 떠날 정도는 아닌데, 아무도 그 책임을 지려고 하지 않는 것이다.'(豊城朱氏曰 : …. 三事大夫, 有官守者也, 而莫肯夙夜, 邦君諸侯, 有民社者也, 而莫肯朝夕, 則雖未至於離居而已, 莫有任其責者矣. ….)"라고 되어 있다.

🔖 詳說

○ 補王字.
　‘왕(王)’자를 더했다.

○ 猶行也.
　‘출(出)’은 ‘행(行)’과 같다.

○ 七全反
　‘전(悛)’은 ‘칠(七)’과 ‘전(全)’의 반절이다.

○ 潛室陳氏曰 : "亦字, 因前正月篇而言耳."505)
　잠실 진씨가 말하였다 : "‘역(亦)’자는 앞의 「정월」편으로 말미암아 말한 것일 뿐이다."

○ 安成劉氏曰 : "言周宗既滅, 亦似道已然之事."506)
　안성 유씨가 말하였다 : "주의 종족들이 이미 멸망한 것이라고 말한 것도 도가 이미 그렇게 되는 일과 같다는 것이다."507)

○ 華谷嚴氏曰 : "二章言人心離散也."508)
　화곡 엄씨가 말하였다 : "2장에서는 사람들의 마음이 이산되는 것을 말하였다."

[2-4-10-3]

如何昊天, 辟言不信, 如彼行邁, 則靡所臻.

어찌할까 호천아 법도에 맞는 말을 믿지 아니하니, 저 길을 감에 이를 곳이 없음과 같도다.

---

505) 『시전대전(詩傳大全)』에 잠실 진씨의 말로 동일하게 실려 있다.
506) 『시전대전(詩傳大全)』에 안성 유씨의 말로 실려 있다.
507) 『시전대전(詩傳大全)』에는 "안성 유씨가 말하였다 : ‘시에서 주의 종족들이 이미 멸망한 것이라고 말한 것도 도가 이미 그렇게 되는 일과 같다는 것이고, 앞으로 그렇게 될 것을 생각한 말이 아니라는 것은 동천 후에 참으로 지은 것과 같다는 것이다.(安成劉氏曰 : 詩言周宗既滅, 似亦道已然之事, 而非慮其將然之辭, 似果作於東遷之後也.)"라고 되어 있다.
508) 『시전대전(詩傳大全)』에 화곡 엄씨의 말로 동일하게 실려 있다.

詳說

○ 叶, 鐵因反, 下同.509)

'천(天)'은 협운으로 음은 '철(鐵)'과 '인(因)'의 반절이고, 아래에서도 같다.

○ 叶, 斯人反.510)

'신(信)'은 협운으로 음은 '사(斯)'와 '인(人)'의 반절이다.

凡百君子, 各敬爾身. 胡不相畏. 不畏于天.

모든 군자들은 각기 네 몸을 공경할지어다. 어찌 서로 두려워하지 않으리오! 하늘이 두렵지 않은가?

朱註

賦也. 如何昊天, 呼天而訴之也. 辟, 法, 臻, 至也. 凡百君子, 指群臣也.
부(賦)이다. 여하호천(如何昊天)은 하늘을 부르고 하소연한 것이다. 벽(辟)은 법(法)이고, 진(臻)은 이름이다. 범백군자(凡百君子)는 여러 신하들을 가리킨 것이다.

詳說

○ 去聲.

'호(呼)'는 거성이다.

○ 婢亦反

'벽(辟)'의 음은 '비(婢)'와 '역(亦)'의 반절이다.

○ 與百爾, 君子所指, 有廣狹.

'모든(百)'과 '너(爾)'는 군자를 가리키는 것에 넓고 좁음이 있는 것이다.

朱註

○ 言如何乎昊天也, 法度之言, 而不聽信, 則如彼行往, 而無所底至也.

---

509) 叶, 鐵因反, 下同. :『시전대전(詩傳大全)』에도 동일하게 되어 있다.
510) 叶, 斯人反 :『시전대전(詩傳大全)』에도 동일하게 되어 있다.

○ "호천(昊天)이여! 어찌하겠는가. 법도에 맞는 말인데 듣고 믿지 아니하니, 저 길을 감에 이를 곳이 없음과 같다.

詳說

○ 猶止也.
이를 곳은 머무를 곳과 같다.

○ 眉山蘇氏曰 : "如人恣行而忘反."511)
미산 소씨가 말하였다 : "사람들이 마음대로 행동하며 돌아갈 것을 잊었다."512)

朱註

然凡百君子, 豈可以王之爲惡
그러나 모든 군자들은 어찌 왕이 악행을 한다 하여

詳說

○ 補此句.
이 구를 더했다.

○ 慶源輔氏曰 : "常人之情, 皆從風而靡."513)
경원 보씨가 말하였다 : "보통 사람들의 마음은 바람에 따라 쏠린다."514)

朱註

---

511) 『시전대전(詩傳大全)』에 미산 소씨의 말로 실려 있다.
512) 『시전대전(詩傳大全)』에는 "미산 소씨가 말하였다 : '군자가 하늘에 호소하여 고하면서 「어찌하여 법도에 맞는 말인데도 왕이 끝내 믿지 않는 것은 사람들이 마음대로 행동하며 돌아갈 것을 잊고, 내가 그 이를 곳을 알지 못하는 것과 같다.」고 했다.'(眉山蘇氏曰 : 君子呼天而告之, 曰奈何哉法度之言, 王終莫肯信者, 如人恣行而忘反, 我不知其所至矣.)"라고 되어 있다.
513) 『시전대전(詩傳大全)』에 경원 보씨의 말로 실려 있다.
514) 『시전대전(詩傳大全)』에는 "경원 보씨가 말하였다 : '…. 보통 사람들의 마음은 특별한 절개가 없는 것은 왕이 이처럼 행하는 것을 보고는 모두 바람에 따라 쏠리는 것이다. 그러므로 경계하여 「모든 군자들은 각기 네 몸을 공경할지어다. 어찌 왕이 악행을 한다 하여 대번에 스스로 방일해서 자신을 버릴 수 있겠는가?」라고 했으니, 사람이 오직 마음을 하나로 해서 그 자신을 공경할 수 있으면 남들을 공경하고 하늘을 공경할 수 있다는 것이다. 시인이 이런 의미를 말한 것이 아주 깊고 절실하게 했으니, 학자들은 깊이 체득해서 힘써 행하지 않아서는 안되는 것이다.'(慶源輔氏曰 : … 常人之情, 無特操者, 見王所爲如此, 則皆從風而靡. 故戒之曰, 凡百君子, 各敬爾身. 豈可因王之爲惡, 而遽自放逸, 以棄其身哉. 人惟一心而已, 能敬其身, 則能敬人能敬天矣. 詩人發此意, 至爲深切, 學者, 不可不深體而力行也.)"라고 되어 있다.

而不敬其身哉. 不敬其身

자기 몸을 공경하지 않을 수 있겠는가. 네 자신을 공경하지 않음은

詳說

○ 補此句.

이 구를 더했다.

朱註

不相畏也. 不相畏,

서로 두려워하지 않음이고, 서로 두려워하지 않음은

詳說

○ 補此句.

이 구를 더했다.

朱註

不畏天也.

하늘을 두려워하지 않는 것이다."라고 말한 것이다.

詳說

○ 慶源輔氏曰 : "能敬其身, 則能敬人, 能敬天矣. 詩人發此意, 至爲深切, 學者, 不可不深體力行也."515)

경원 보씨가 말하였다 : "그 자신을 공경할 수 있으면 남들을 공경하고 하늘을 공경할 수 있다는 것이다. 시인이 이런 의미를 말한 것이 아주 깊고 절실하게 했으니, 학자들은 깊이 체득해서 힘써 행하지 않아서는 안되는 것이다."516)

○ 安成劉氏曰 : "三章言王不見聽而己, 不可忘其忠敬也."517)

---

515) 『시전대전(詩傳大全)』에 경원 보씨의 말로 실려 있다.
516) 『시전대전(詩傳大全)』에는 '경원 보씨가 말하였다 : '…. 사람이 오직 마음을 하나로 해서 그 자신을 공경할 수 있으면 남들을 공경하고 하늘을 공경할 수 있다는 것이다. 시인이 이런 의미를 말한 것이 아주 깊고 절실하게 했으니, 학자들은 깊이 체득해서 힘써 행하지 않아서는 안되는 것이다.'(慶源輔氏曰 : …. 人惟一心而已, 能敬其身, 則能敬人能敬天矣. 詩人發此意, 至爲深切, 學者, 不可不深體而力行也.)'라고 되어 있다.

안성 유씨가 말하였다 : "3장에서는 왕이 보고 듣지 않아도 자신의 충성과 공경을 잊지 않아야 한다고 말한 것이다."

[2-4-10-4]

戎成不退, 饑成不遂,

병란이 일어나도 악행이 물러가지 아니하며 기근이 들어도 선행이 나아가지 아니하여

詳說

○ 叶, 吐類反, 下同.518)

'퇴(退)'는 협운으로 '토(吐)'와 '뢰(類)'의 반절이고, 아래에서도 같다.

曾我暬御, 憯憯日瘁,

우리 설어(暬御)들이 참참(憯憯)히 날로 병드는데

詳說

○ 音層

'증(曾)'의 음은 '층(層)'이다.

○ 音薛.

'설(暬)'의 음은 '설(薛)'이다.

○ 音慘.

'참(憯)'의 음은 '참(慘)'이다.

○ 徂醉反.519)

'췌(瘁)'의 음은 '조(徂)'와 '취(醉)'의 반절이다.

---

517) 『시전대전(詩傳大全)』에 안성 유씨의 말로 동일하게 실려 있다.
518) 叶, 吐類反, 下同 : 『시전대전(詩傳大全)』에도 동일하게 되어 있다.
519) 徂醉反 : 『시전대전(詩傳大全)』에도 동일하게 되어 있다.

|凡百君子, 莫肯用訊,|

모든 군자들은 즐겨 아뢰려 하지 아니하고

|詳說|

○ 訊, 息悴反.520)

'신(訊)'은 협운으로 음은 '식(息)'과 '췌(悴)'의 반절이다.

|聽言則答, 譖言則退.|

말을 들으려 하면 대답만 하고, 참소하는 말이 이르면 물러가는구나.

|朱註|

賦也. 戎, 兵. 遂, 進也, 易曰, 不能退, 不能遂, 是也. 暬御, 近侍也, 國語曰, 居寢有暬御之箴, 蓋如漢侍中之官也.

부(賦)이다. 융(戎)은 병란(兵亂)이다. 수(遂)는 나아감이니, 『주역(周易)』에서 "물러갈 수 없고 나아갈 수 없다."는 것이 여기에 해당한다. 설어(暬御)는 가까이 모시는 자로 『국어(國語)』에서 "거침(居寢)에는 설어의 경계가 있다."라고 하였으니, 한(漢)나라 때 시중(侍中)의 벼슬과 같은 것이다.

|詳說|

○ 大壯卦.

『주역』은 『주역』의 「대장괘」이다.

○ 楚語.

『국어』는 『국어』의 「초어」이다.

○ 國語作褻.

『국어』에는 '설(暬)'이 '설(褻)'로 되어 있다.

○ 應氏劭曰 : "入侍天子, 故曰侍中."521)

---

520) 訊, 息悴反 : 『시전대전(詩傳大全)』에도 동일하게 되어 있다.

응씨 소가 말하였다 : "들어와서 천자를 모시기 때문에 '시중'이라고 한다."

朱註
憯憯, 憂貌. 瘁,病, 訊, 告也.
참참(憯憯)은 근심하는 모양이다. 췌(瘁)는 병듦이고, 신(訊)은 아룀이다.

詳說
○ 慘通.
'참(憯)'은 '참(慘)'과 통한다.

○ 諺音誤.
'췌(瘁)'는 『언해』의 음이 잘못되었다.

朱註
○ **言兵寇已成, 而王之爲惡不退, 饑饉已成, 而王之遷善不遂,**
"병구(兵寇)가 이미 생겨났는데도 왕의 악행이 물러가지 아니하고, 기근이 이미 이루어졌는데도 왕의 선으로 옮김이 나아가지 아니하여,

詳說
○ 補惡善字.
'악(惡)'자와 '선(善)'자를 더했다.

朱註
使我瞽御之臣憂之, 而慘慘日瘁也.
우리 설어의 신하들이 이것을 근심하여 날로 병들어 간다.

詳說
○ 曾乃也, 反辭.
경문의 '증(曾)'은 '내(乃)'로 반어사이다.

---
521) 『시전대전(詩傳大全)』에 응소의 말로 동일하게 실려 있다.

|朱註|

凡百君子莫肯以是告王者,
모든 군자들은 즐겨 이것을 왕에게 아뢰려는 자가 없고,

|詳說|

○ 戎饉.
　이것은 병란과 기근이다.

○ 補王字

|朱註|

雖王有問.
비록 왕이 물어서

|詳說|

○ 添此句.
　이 구를 더했다.

|朱註|

而欲聽其言, 則亦答之而已, 不敢盡言也
그 말을 듣고자 하나 또한 이에 대답만 할 뿐이고, 감히 말을 다하지 아니하며,

|詳說|

○ 添此句.
　이 구를 더했다.

○ 豐城朱氏曰 : "告君不盡其誠."522)
　풍성 주씨가 말하였다 : "임금에게 고함에 그 정성을 다하지 않는다."523)

---

522)『시전대전(詩傳大全)』에 풍성 주씨의 말로 실려 있다.
523)『시전대전(詩傳大全)』에는 "풍성 주씨가 말하였다 : 「말을 들으면 대답만 한다.」는 것은 임금에게 고함에 그 정성을 다하지 않는다는 말이다. ….(…. 聽言則答, 謂告君不盡其誠也. ….)"라고 되어 있다.

朱註

一有譖言及己, 則皆退而離居,

한 번이라도 참소하는 말이 자신에게 미침이 있으면 모두 물러가 떠나가 있으면서

詳說

○ 二字照前章.

'이거(離居)'는 앞의 장을 참조하라.

○ 豊城朱氏曰 : "引身遠避其禍."524)

풍성 주씨가 말하였다 : "자신을 이끌어 그 재앙을 멀리 피한다."525)

○ 須溪劉氏曰 : "聽言則答譖言則退八字. 極臣下落落之態."526)

수계 유씨가 말하였다 : "'말을 들으려 하면 대답만 하고, 참소하는 말이 이르면 물러가는구나.'라는 말은 극단적으로 신하의 냉담한 태도이다."

○ 慶源輔氏曰 : "皆不敬其身者也."527)

경원 보씨가 말하였다 : "모두 그 자신을 공경하지 않는 자들이다."528)

朱註

莫肯夙夜朝夕於王矣.

즐겨 숙야(夙夜)와 조석(朝夕)으로 왕에게 충성을 하려 하지 않는다."고 말한 것이니,

---

524) 『시전대전(詩傳大全)』에 풍성 주씨의 말로 실려 있다.
525) 『시전대전(詩傳大全)』에는 "풍성 주씨가 말하였다 : '말을 들으면 대답만 한다.'는 것은 임금에게 고함에 그 정성을 다하지 않는다는 말이다. 「참소라는 말이 이르면 물러가는구나.」라는 것은 자신을 이끌어 그 재앙을 멀리 피한다는 말이다.....(.... 聽言則答, 謂告君不盡其誠也. 譖言則退, 謂引身遠避其禍也....)"라고 되어 있다.
526) 『시전대전(詩傳大全)』에 수계 유씨의 말로 동일하게 실려 있다.
527) 『시전대전(詩傳大全)』에 경원 보씨의 말로 실려 있다.
528) 『시전대전(詩傳大全)』에는 "경원 보씨가 말하였다 : 말을 들으려 하면 대답만 하고, 참소하는 말이 이르면 물러간다는 것은 모두 그 자신을 공경하지 않는 경우이다.(慶源輔氏曰 : 聽言則答譖言則退, 則皆不敬其身者. ....)"라고 되어 있다.

詳說

○ 照前章而添此句.
앞의 장을 참조해서 이 구를 더했다.

朱註

其意若曰王雖不善, 而君臣之義, 豈可以若是恝乎.
그 뜻은 "왕이 비록 선하지 못하나 군신의 의리에 어찌 이와 같이 무관심 할 수 있느냐."고 말한 것과 같다.

詳說

○ 訖黠反.
'괄(恝)'의 음은 '흘(訖)'과 '힐(黠)'의 반절이다.

○ 此句見孟子萬章.
이 구는 『맹자』「만장」에 있다.529)

○ 論也.
경문의 의미 설명이다.

○ 安成劉氏曰 : "四章言王爲不善, 而羣臣無忠告也."530)
안성 유씨가 말하였다 : "4장에서는 왕은 불선하고 여러 신하는 충고하지 않는 것에 대해 말하였다."

[2-4-10-5]

哀哉不能言. 匪舌是出, 維躬是瘁.
가엾다는 말을 잘하지 못하는 이여. 혀로 말을 낼 뿐만 아니라 몸이 이에 병들도다.

---

529) 『맹자』「만장상」에 "…. 저 공명고는 '효자의 마음은 이처럼 무관심할 수 없다. 「나는 힘을 다해 밭을 갈아 공손히 자식된 직분을 할 따름이니, 부모께서 나를 사랑하지 않음은 나에게 무슨 죄가 있어서인가.」'라고 여긴 것이다.(夫公明高以孝子之心爲不若是恝. 我竭力耕田共爲子職而已矣, 父母之不我愛, 於我何哉.)"라는 말이 있다.
530) 『시전대전(詩傳大全)』에 안성 유씨의 말로 동일하게 실려 있다.

詳說

○ 尺遂反.531)

'출(出)'의 음은 '척(尺)'과 '수(遂)'의 반절이다.

哿矣能言. 巧言如流, 俾躬處休

가(可)하다는 말을 잘하는 이여. 말을 잘하여 물 흐르듯이 하여 몸을 편안한 곳에 거처하게 하도다.

詳說

○ 音可

'가(哿)'의 음은 '가(可)'이다.

朱註

賦也. 出

부(賦)이다. 출(出)은

詳說

○ 諺音誤.

'출(出)'은 『언해』의 음이 잘못되었다.

朱註

出之也.

말을 냄이다.

詳說

○ 如字.

'출(出)'은 본래의 음 대로 읽는다.

○ 下之字然後, 不爲自出之義.

---

531) 尺遂反 : 『시전대전(詩傳大全)』에도 동일하게 되어 있다.

지(之)자로 이은 다음에 스스로 내는 의미를 하지 않았다.

朱註
瘁, 病, 哿, 可也. ○ 言之忠者,
췌(瘁)는 병듦이요, 가(哿)는 가(可)함이다. ○ 말을 충성스럽게 하는 자는

詳說
○ 補此句.
이 구를 더했다.

朱註
當世之所謂不能言者也, 故非但出諸口,
당세에 이른바 말을 잘하지 못하는 자이다. 그러므로 다만 입에서 말을 낼 뿐만 아니라

詳說
○ 添但字.
'단(但)'자를 더했다.

朱註
而適以瘁其躬, 佞人之言,
다만 몸을 병들게 하고 간사한 사람의 말은

詳說
○ 補此句.
이 구를 더했다.

朱註
當世所謂能言者也. 故巧好其言, 如水之流,
당세(當世)에 이른바 말을 잘하는 자이다. 그러므로 그 말을 교묘히 하여 물 흐르듯이 하여

詳說
○ 猶言懸河.
말이 도도하여 끝임이 없다는 것과 같다.

朱註
無所凝滯,
막히는 바가 없어

詳說
○ 添此句.
이 구를 더했다.

朱註
而使其身處於安樂之地.
그 자신을 안락한 곳에 거처하게 한다.

詳說
○ 上聲.
'처(處)'는 상성이다.

○ 音洛, 休.
'락(樂)'의 음은 '락(洛)'으로 쉰다는 것이다.

○ 慶源輔氏曰 : "上章旣責諸臣, 此下兩章, 又體其情而言. 彼所以離散而去者, 蓋亦有不得已者."532)
경원 보씨가 말하였다 : "위의 장에서는 신하들을 책했고, 이 아래 두 장에서는 또 그 심정을 몸으로 느끼는 것으로 말했다. 저들이 이산되어 떠난 것은 대개 또한 어쩔 수 없음이 있는 것이다."533)

---

532) 『시전대전(詩傳大全)』에 경원 보씨의 말로 실려 있다.
533) 『시전대전(詩傳大全)』에는 "경원 보씨가 말하였다 : '위의 장에서는 신하들을 책했기 때문에 이 아래 두 장에서는 또 그 심정을 몸으로 느끼는 것으로 말했고, 여기의 장에서는 저들이 이산되어 떠난 것은 대개 또한 어쩔 수 없음이 있다는 말이다. …'.(慶源輔氏曰 : "上章旣責諸臣, 故此下兩章, 則又體其情而言之, 此

朱註
蓋亂世昏主惡忠直, 而好諛佞, 類如此, 詩人所以深歎之也.
난세의 어두운 임금들은 충직함을 싫어하고 아첨을 좋아함이 대체로 이와 같으니, 시인이 깊이 탄식한 까닭이다.

詳說

○ 去聲.
'오(惡)'는 거성이다.

○ 去聲.
'호(好)'는 거성이다.

○ 蓋以下論也.
'개(蓋)'자 이하는 경문의 의미 설명이다.

○ 安成劉氏曰 : "哀哉二字, 見詩人深歎之意."534)
안성 유씨가 말하였다 : "가엾다는 말에서 시인의 깊이 탄식하는 마음을 알 수 있다."

○ 新安胡氏曰 : "五章言忠佞不分, 禍福反易也."535)
신안 호씨가 말하였다 : "5장에서는 충성과 간사함을 나눠 말하지 않았으니, 화와 복은 반대이기 때문이다."

[2-4-10-6]
維曰于仕, 孔棘且殆.
사람들은 가서 벼슬할 것이라 하나 벼슬길이 심히 급박하고 위태롭도다.

詳說

章言彼其所以離散而去者, 蓋亦有不得已者. ….)"라고 되어 있다.
534) 『시전대전(詩傳大全)』에 안성 유씨의 말로 동일하게 실려 있다.
535) 『시전대전(詩傳大全)』에 신안 호씨의 말로 동일하게 실려 있다.

○ 叶, 養里反.536)

'태(殆)'는 협운으로 음은 '양(養)'과 '리(里)'의 반절이다.

云不可使, 得罪于天子,

부릴 수 없다고 일러지는 자는 천자에게 죄를 얻게 되고

詳說

○ 叶, 獎里反.537)

'자(子)'는 협운으로 '장(獎)'과 '리(里)'의 반절이다.

亦云可使, 怨及朋友.

부릴 수 있다고 일러지는 자는 원망이 붕우에 이르도다.

詳說

○ 叶, 羽己反.538)

'우(友)'는 협운으로 음은 '우(羽)'와 '기(己)'의 반절이다.

朱註

賦也. 于, 往, 棘, 急, 殆, 危也. ○ 蘇氏曰："人皆曰往仕耳, 曾不知仕之急

부이다. 우(于)는 가는 것이고, 극(棘)은 급한 것이며, 태(殆)는 위태한 것이다. ○ 소씨(蘇氏)가 말하였다. "사람들이 모두 가서 벼슬할 것이라고 하는데, 일찍이 벼슬길이 급하고

詳說

○ 非其時也, 當少待之.

벼슬하고 있을 때가 아니라 조금 기다릴 때이다.

---

536) 叶, 養里反：『시전대전(詩傳大全)』에도 동일하게 되어 있다.
537) 叶, 獎里反：『시전대전(詩傳大全)』에도 동일하게 되어 있다.
538) 叶, 羽己反：『시전대전(詩傳大全)』에도 동일하게 되어 있다.

朱註

且危也. 當是之時, 直道者

또 위태로움을 알지 못하는 것이다. 이때에 도를 곧게 하는 자는

詳說

○ 補三字.

세 글자를 더했다.

朱註

王之所謂不可使, 而枉道者

왕의 이른바 '부릴 수 없다.'는 것이고, 도를 굽히는 자는

詳說

○ 補三字.

세 글자를 더했다.

朱註

王之所謂可使也.

왕의 이른바 '부릴 수 있다.'는 것이다.

詳說

○ 補王字.

'왕(王)'자를 더했다.

○ 錯釋.

번갈아가며 풀이했다.

○ 語勢, 與上章同.

어투가 위의 장과 같다.

○ 慶源輔氏曰 : "皆亂世之常事."539)

경원 보씨가 말하였다 : "모두 난세의 일반적인 일이다."540)

朱註

直道者, 得罪于君, 而枉道者, 見怨于友,

도를 곧게 하는 자는 임금에게 죄를 얻고, 도를 굽히는 자는 벗에게 원망을 당하게 되니,

詳說

○ 孔氏曰 : "朋友之道, 相切以善."541)

공씨가 말하였다 : "붕우의 도는 서로 선으로 절실하게 하는 것이다."542)

○ 慶源輔氏曰 : "必見棄絶矣."543)

경원 보씨가 말하였다 : "반드시 버림받아 끊어짐을 당하는 것이다."544)

朱註

此仕之所以難也.

이는 벼슬이 어려운 이유이다."

詳說

○ 添此句以應首句之意.

이 구를 더해 첫 구의 의미와 호응했다.

○ 華谷嚴氏曰 : 六章言進退皆有咎也.545)

---

539) 『시전대전(詩傳大全)』에 경원 보씨의 말로 실려 있다.
540) 『시전대전(詩傳大全)』에 "경원 보씨가 말하였다 : '충직한 말은 죄를 얻고, 교묘한 말은 안락에 거처하며, 곧은 도는 억눌림을 당하고, 굽은 도는 용납을 맞는 것은 모두 난세의 일반적인 일이다.'(慶源輔氏曰 : …. 忠言獲罪, 而巧言處休, 直道見抑, 而枉道見容, 皆亂世之常事也.)"라고 되어 있다.
541) 『시전대전(詩傳大全)』에 공씨의 말로 실려 있다.
542) 『시전대전(詩傳大全)』에는 "공씨가 말하였다 : '붕우의 도는 서로 선으로 절실하게 하는 것인데, 이제 임금을 따라 악을 행하기 때문에 붕우가 원망하는 것이다.'(孔氏曰 : 朋友之道, 相切以善, 今從君爲惡, 故朋友怨之.)"라고 되어 있다.
543) 『시전대전(詩傳大全)』에 경원 보씨의 말로 실려 있다.
544) 『시전대전(詩傳大全)』에는 "경원 보씨가 말하였다 : '…. 도를 굽혀 임금을 따르면 반드시 붕우에게 버림받아 끊어짐을 당하는 것이다. ….'(慶源輔氏曰 : …. 若枉道以從君, 則朋友必見棄絶矣. ….)"라고 되어 있다.

화곡 엄씨가 말하였다 : "6장에서는 진퇴에 모두 허물이 있음을 말하였다."546)

[2-4-10-7]
謂爾遷于王都, 曰予未有室家,

너에게 왕도로 옮겨오라고 하면, 내가 집을 장만하지 못했다 하면서

詳說

○ 叶, 古胡反.547)

'가(家)'는 협운으로 '고(古)'와 '호(胡)'의 반절이다.

鼠思泣血, 無言不疾, 昔爾出居, 誰從作爾室.

속으로 근심하고 피눈물을 흘리며 말을 애통히 하지 않음이 없나니, 옛날 네가 나가서 거처할 때에는 누가 네 집을 지어 주었던고?

詳說

○ 去聲.

'사(思)'는 거성이다.

○ 叶, 虛屈反.548)

'혈(血)'은 협운으로 '허(虛)'와 '굴(屈)'의 반절이다.

朱註

賦也. 爾謂離居者. 鼠思, 猶言瘽憂也.

부(賦)이다. 이(爾)는 거처를 떠나간 자를 이른다. 서사(鼠思)는 속 끓이며 근심한다는 말과 같다.

---

545) 『시전대전(詩傳大全)』에 화곡 엄씨의 말로 실려 있다.
546) 『시전대전(詩傳大全)』에는 "화곡 엄씨가 말하였다 : '6장에서는 진퇴에 모두 허물이 있음을 말하였다. 도를 따르면 때를 어기는 것이고, 때를 따르면 도를 어기는 것이니, 차라리 천자에게 죄를 얻고 공의에 죄를 얻어서는 안된다는 것이다.'(華谷嚴氏曰 : 六章言亂世進退, 皆有咎也. 從道則違時, 從時則違道. 寧得罪於天子, 不可得罪於公議也.)"라고 되어 있다.
547) 叶, 古胡反 : 『시전대전(詩傳大全)』에도 동일하게 되어 있다.
548) 叶, 虛屈反 : 『시전대전(詩傳大全)』에도 동일하게 되어 있다.

> 詳說

○ 癙通.

'서(鼠)'는 '서(癙)'와 통한다.

○ 見正月.

「정월」에 있다.

> 朱註

○ 當是時, 言之難能, 而仕之多患如此.

이때에는 말을 잘하기 어렵고 벼슬길에 우환이 이처럼 많았다.

> 詳說

○ 安成劉氏曰 : "承五章六章而言."549)

안성 유씨가 말하였다 : "5장과 6장을 이어서 말하였다."550)

> 朱註

故羣臣有去者, 有居者. 居者, 不忍王之無臣, 己之無徒,

그러므로 여러 신하들 중에 떠나간 자들이 있었고, 머물러 있는 들이 있었다. 머물러 있는 자들은 왕에게 신하가 없고 자신들에게 무리가 없음을 차마 보지 못하였으니,

> 詳說

○ 先補說

> 朱註

則告去者, 使復還於王都,

떠나간 자들에게 다시 이 왕도로 돌아오라고 하면,

---

549) 『시전대전(詩傳大全)』에 안성 유씨의 말로 실려 있다.
550) 『시전대전(詩傳大全)』에는 "안성 유씨가 말하였다 : 여기는 5장과 6장을 이어서 말한 것이다.(安成劉氏曰 : 此承上文五章六章而言也)"라고 되어 있다.

詳說

○ 去聲.

'부(復)'는 거성이다.

○ 遷.

'환(還)'은 '천(遷)'이다.

○ 補復字.

'부(復)'를 더하였다.

朱註

去者, 不聽, 而託於無家, 以拒之, 至於憂思泣血,

떠나간 자들은 이 말을 듣지 아니하고 집이 없다고 칭탁하며 거절하여 속으로 근심하고 피눈물을 흘려

詳說

○ 孔氏曰：“無聲而涕出, 如血之出.”551)

공씨가 말하였다 : "소리 없이 눈물이 나오는 것은 피가 나오는 것과 같다."552)

朱註

有無言而不痛疾者, 蓋其懼禍之深至於如此. 然所謂無家者, 則非其情也.

말을 함에 질통(疾痛)하지 않음이 없게 되니, 그 화를 두려워하기를 깊이 함이 이와 같은 것이다. 그러나 이른바 집이 없다는 것은 그 실정이 아니다.

詳說

○ 實情.

'정(情)'은 실정이다.

---

551) 『시전대전(詩傳大全)』에 건안 하씨가 공씨의 말을 인용한 것으로 실려 있다.
552) 『시전대전(詩傳大全)』에는 "건안 하씨가 말하였다 : '공씨가 말하였다 : 「사람이 눈물을 흘리는 것은 반드시 슬픔 때문에 울부짖으며 쏟는 것이다. 피가 나오는 것과 같다면 소리가 나지 않는다. 이제 소리 없이 눈물이 나오는 것은 피가 나오는 것과 같기 때문에 피눈물을 흘린다고 한 것이다.」'(建安何氏曰 : 孔氏云 : 人淚必因悲聲而出. 若血出, 則不由聲也. 今無聲而涕出, 如血之出, 故曰泣血.)"라고 되어 있다.

○ 添四句.
네 구를 더했다.

|朱註|

故詰之曰, 昔爾之去也, 誰爲爾
그러므로 힐문(詰問)하기를 "옛날 네가 떠날 때에 누가 너를 위해서

|詳說|

○ 去聲.
'위(爲)'는 거성이다.

○ 從.
'위(爲)'는 따른다는 것이다.

|朱註|

作室者, 而今以是辭我哉
집을 지어준 자가 있었기에 지금 이것으로 나의 말을 사절하는가."라고 한 것이다.

|詳說|

○ 添此句
이 구를 더했다.

○ 慶源輔氏曰 : "此章, 又盡言以詰之, 庶其或見聽, 旣能盡人之情, 又能盡己之志. 此蟄御之臣, 蓋亦非常人矣."553)
경원 보씨가 말하였다 : "여기의 장에서는 또 말을 다해 힐난했으니, 거의 혹 보고 들었다면, 이미 사람의 심정을 다한 것이고, 또 자신의 뜻을 다한 것이다. 여기에서 설어의 신하는 대개 일반적인 사람이 아니다."554)

---

553) 『시전대전(詩傳大全)』에 경원 보씨의 말로 실려 있다.
554) 『시전대전(詩傳大全)』에는 "경원 보씨가 말하였다 : '여기의 장에서는 자신의 뜻을 극진히 말해 떠나 있는 자들에게 고함으로써 다시 왕도로 돌아오게 한 것이다. 저들이 이미 따르지 않으니, 또 통절한 심정으로 생각하게 하고 여전히 말을 다해 힐난해서 혹 보고 듣기를 원했으니, 이미 사람들의 심정을 다하고 또

> 朱註

雨無正, 七章二章章十句, 二章章八句, 三章章六句.
「우무정」은 7장으로 2장은 장이 10구이고, 2장은 장이 8구이며, 3장은 장이 6구이다.

歐陽公曰 : "古之人, 於詩多不命題,
구양공(歐陽公)이 말하였다. "옛 사람들은 시에 대부분 명제를 붙이지 않아

> 詳說

○ 或氏或公, 蓋偶耳. 毛公放此.
'공(公)'은 혹 '씨(氏)'라고도 할 수 있고 '공(公)'이라고도 할 수 있는 것으로 우연일 뿐이다. 모공(毛公)이라는 것도 이와 같다.

○ 未必皆作者命之, 如鴟鴞耳.
굳이 모두 작자가 명제를 붙이지 않았다고 하는 것은 「치효(鴟鴞)」와 같은 것일 뿐이다.

> 朱註

而篇名往往無義例,
편명(篇名)에 왕왕(往往) 의의와 준례가 없으며,

> 詳說

○ 未必皆取詩中字句, 以爲一切之例.
굳이 모두 시에서 자구를 취하지 않았다고 하는 것은 일체의 사례로 한 것이다.

> 朱註

其或有命名者,
혹 명명(命名)한 것이 있는 것은

자신의 뜻을 다했다고 할 수 있다. 그렇다면 여기에서 설어의 신하는 대개 일반적인 사람이 아니다.(慶源輔氏曰 : 此章, 則又盡言己意, 以告諸離居者, 使之復反於王都. 彼旣不從, 則又言其痛切之情爲可念者, 而猶盡言以詰之, 而庶其或見聽, 可謂旣能盡人之情, 而又能盡己之志也. 然則此瞽御之臣, 蓋亦非常人矣.)"라고 되어 있다.

詳說

○ 就詩外而別命名者.
시 이외에서 별도로 명명한 것이다.

朱註

則必述詩之意,
반드시 시의 뜻을 기술하였으니,

詳說

○ 不取其字句, 只取其主意.
그 자구를 취하지 않은 것은 단지 그 주된 의미를 취한 것일 뿐이다.

如巷伯常武之類, 是也. 今雨無正之名, 據序所言,
「항백(巷伯)」과 「상무(常武)」과 같은 것들이 여기에 해당한다. 그런데 지금 우무정(雨無正)이란 이름은 서에서 말한 것에 근거해 보면,

詳說

○ 後什.
「항백」은 「후십」이다.

○ 大雅.
「상무」는 「대아」이다.

○ 小序曰 : "雨無正, 大夫刺幽王也. 雨自上下者也, 衆多如雨, 而非所以爲政也."
「소서」에서 말하였다 : "「우무정」에서는 대부가 유왕을 풍자한 것이다. 비는 위에 내리는 것이니 여러 사람들은 대부분 비와 같아 정치를 할 수 있는 것이 아니기 때문이다."

○ 鄭氏曰 : "幽當爲厲."
정씨가 말하였다 : "'유(幽)'는 '여(厲)'가 되어야 한다."

朱註

與詩絶異, 當闕其所疑. 元城劉氏曰 : "嘗讀韓詩有雨無極篇. 序云, 雨無極, 正大夫刺幽王也, 至其詩之文, 則比毛詩,
시와 절대로 다르니, 의심스러운 바를 빼놓아야 할 것이다." 원성유씨가 말하였다. "일찍이 한시를 읽어보니, 「우무극편(雨無極篇)」이 있었다. 서에서 「우무극」은 정대부가 유왕을 풍자한 것이다.'라고 하였고, 그 시의 글에서는 모시에 비해

詳說

○ 句.
구두해야 한다.

朱註

篇首, 多雨無其極傷我稼穡八字.
편머리에 '우무기극상아가색(雨無其極傷我稼穡)'이라는 여덟 글자가 더 많았다."

詳說

○ 此與論語, 卒以學易之說相類, 皆人未見, 而己獨窺者也.
여기는 『논어』에서 "마침내 『주역』을 배우겠다."555)는 말과 서로 비슷하니, 모든 사람들이 못본 것인데, 자신만 본 것이다.

朱註

愚按, 劉說似有理.
내가 상고해 보건대, 유씨의 설명은 일리가 있을 듯하다.

詳說

○ 韻與下叶, 且降喪饑饉之義相合.
운이 아래로 협운이고 또 강상(降喪 : 재앙을 내림)과 기근(饑饉)의 의미가 서로 합한다는 것이다.

---

555) "마침내 『주역』을 배우겠다 : 『논어』「술이」에 "공자가 말하였다 : '하늘이 나에게 몇 년의 수명을 빌려주어 마침내 『주역』을 배우게 한다면 큰 허물이 없을 것이다.'(子曰 : 假我數年 卒以學易 可以無大過矣)"라는 말이 있다.

朱註

然第一二章, 本皆十句, 今遽增之, 則長短不齊, 非詩之例, 又此詩實正大夫離居之後, 暬御之臣所作,

그러나 1장과, 2장이 본래 모두 10구인데, 이제 갑자기 더한다면 장단이 고르지 아니하여 시의 준례가 아니고, 또 이 시는 본래 정대부가 떠나간 뒤에 설어의 신하가 지은 것인데,

詳說

○ 安成劉氏曰 : "詩文可見矣."556)

안성 유씨가 말하였다 : "시문을 알 수 있는 것이다."

朱註

其曰, 正大夫刺幽王者, 亦非是, 且其爲幽王詩, 亦未有所考也.

정대부가 유왕을 풍자한 것이라고 한 것도 또한 옳지 않고, 유왕의 시라는 것도 상고할 수 있는 것이 아니다.

詳說

○ 安成劉氏曰 : "言周宗旣滅, 又言謂爾遷于王都, 似是東遷之際, 羣臣懼禍離居, 不復隨王同遷于東都也. 參考正月威之, 及節南山卒斬等語, 疑此三詩, 猶皆爲東周之變雅. 其後雅亾於上, 而國風作於下, 於是, 春秋託始於平王之四十九年也.

안성 유씨가 말하였다 : "'주나라 종족이 이미 멸하였다.'고 말하고, 또 '너에게 왕도로 옮겨오라.'고 한 것은 동천 이후의 때에 여러 신하들이 화가 두려워 이산되어 있으면서 다시 왕을 따라 동도로 옮겨가지 않는 것과 같다. 「정월」의 '멸하다'와 「절남산」의 '마침내 끊기었다'는 등의 말은 아마도 이 세 시가 여전히 모두 동주의 「변아」인 것 같다. 그 후에 「아」가 위에서 없어져 「국풍」이 아래에서 지어졌으니, 이때에 『춘추』평왕 49년에 의탁해서 시작되는 것이다."557)

---

556) 『시전대전(詩傳大全)』에 안성 유씨의 말로 실려 있다.
557) "안성 유씨가 말하였다 : '시 4장에서 「우리 설어(暬御)들이 참참(憯憯)히 날로 병든다.」고 말한 것에서 진실로 그것이 설어의 신하들에게서 지어졌다는 것을 알 수 있다. 다만 2장의 처음에서 「주나라 종족이 이미 멸하였다.」라고 말한 것은 정대부가 이산되어 있다는 것을 계속해서 말한 것이다. 끝의 장에서 또 「너에게 왕도로 옮겨오라고 하면, 내가 집을 장만하지 못했다 한다」라고 하는 것은 동천할 때에 여러 신하들이 화를 두려워하는 자들이 그 때문에 이산되어 있으면서 다시 왕을 따라 동도로 옮겨가지 않으려고 하

朱註

祈父之什, 十篇, 六十四章, 四百二十六句.

「기부지십」은 10편으로 64장 426구이다.

기 때문에 시에 나타난 말이 이와 같고 …. 「정월」에서 이른바 혁혁한 종주를 포사가 멸하리로다.」라는 등의 말을 참고하면 아마도 이 두 시가 여전히 모두 동주의 「변아」인 것 같다. 그 후에 「아」가 위에서 없어져 「국풍」이 아래에서 지어졌다. 이때에 『춘주』가 은공에 의탁해서 시작되니, 실로 평왕 49년인 것이다.' (安成劉氏曰 : 詩文四章言, 曾我蟄御憯憯日瘁, 固可見其作於蟄御之臣矣. 但二章首言, 周宗旣滅, 繼言正大夫離居. 卒章又言謂爾遷于王都, 曰予未有室家, 似是東遷之際, 羣臣懼禍者, 因以離居, 不復隨王同遷于東都, 故見於詩詞如此, …. 參考正月所謂赫赫宗周褒姒滅之, 及節南山國旣卒斬何用不監等語, 疑此二詩, 猶皆爲東周之變雅, 其後雅亡於上, 而國風作於下. 於是, 春秋託始於隱公, 實爲平王之四十九年也.)"라고 되어 있다.

시집전상설 10권
詩集傳詳說 卷之十

2-5. 소민지십 (小旻之什 二之五)

[2-5-1-1]
旻天疾威, 敷于下土, 謀猶回遹, 何日斯沮.

민천의 포악함이 하토에 퍼져서
도모함이 올바르지 못하니, 어느 날에나 이것이 그칠까!

詳說
○ 音聿.558)
'휼(遹)'의 음은 '율(聿)'이다.

○ 上聲.
'저(沮)'는 상성이다.

謀臧不從, 不臧覆用,

계책 중에 좋은 것은 따르지 않고 좋지 못한 것을 도리어 쓰나니,

詳說
○ 叶, 于封反.559)
'용(用)'은 협운으로 음은 '우(于)'와 '봉(封)'의 반절이다.

我視謀猶, 亦孔之邛.

내 계책을 보건대 또한 심히 해롭도다.

詳說
○ 音筇
'공(邛)'의 음은 '공(筇)'이다.

---

558) 音聿 : 『시전대전(詩傳大全)』에도 동일하게 되어 있다.
559) 叶, 于封反 : 『시전대전(詩傳大全)』에도 동일하게 되어 있다.

> 朱註

賦也. 旻, 幽遠之意.
부(賦)이다. 민(旻)은 그윽하고 먼 뜻이다.

> 詳說

○ 一訓於此, 以該上篇.
한편으로 이것에서 풀이해서 위의 편을 갖추었다.

> 朱註

敷, 布, 猶, 謀, 回, 邪, 遹, 辟,
부(敷)는 폄이고, 유(猶)는 도모함이며, 회(回)는 간사함이고, 휼(遹)은 편벽됨이며,

> 詳說

○ 僻同, 下同.
'벽(辟)'은 '벽(僻)'과 같고 아래에서도 같다.

> 朱註

沮, 止, 臧, 善, 覆, 反, 卭病也 ○ 大夫以王
저(沮)는 그침이고, 장(臧)은 선함이며, 복(覆)은 '도리어'이고, 공(卭)은 해로움이다. ○ 대부가 왕이

> 詳說

○ 音福
'복(覆)'의 음은 '복(福)'이다.

○ 小序曰, 幽王
「소서」에서 말하였다 : "왕은 유왕이다."

○ 鄭氏曰 : "亦當爲厲"
정씨가 말하였다 : "또한 여왕(厲王)으로 해야 한다."

詩集傳詳說 卷之十 257

朱註
惑於邪謀, 不能斷以從善而作此詩.
간사한 계책에 혹하여 결단하여 선(善)을 따르지 못하므로 이 시(詩)를 지은 것이다.

詳說
○ 都玩反.
'단(斷)'의 음은 '도(都)'와 '완(玩)'의 반절이다.

朱註
言旻天之疾威, 布于下土, 使王之謀猶邪辟,
민천의 포악함이 하토에 퍼져서 왕의 계책을 사벽하게 해서

詳說
○ 補王字.
'왕(王)'자를 더했다.

朱註
無日而止, 謀之善者, 則不從, 而其不善者反用之, 故我視其謀猶, 亦甚病也.
어느 날이고 그칠 날이 없게 하니, 계책 중에 좋은 것은 따르지 아니하고 좋지 못한 것을 도리어 쓰기 때문에 내가 계책을 보건대 또한 심히 해롭다고 한 것이다.

詳說
○ 慶源輔氏曰 : "我已甚病矣, 不待其謀之敗, 而禍之來也."560)
경원 보씨가 말하였다 : "내가 이미 심하게 병들어 계책이 실패해서 화가 오는 것을 기다리지 못한다."561)

---

560) 『시전대전(詩傳大全)』에 경원 보씨의 말로 실려 있다.
561) 『시전대전(詩傳大全)』에는 "경원 보씨가 말하였다 : '혼란한 시대에 용렬하고 혼미한 임금은 계책이 사벽해도 어느 날이고 그치지 않는 것이다. 그러므로 허물을 돌릴 곳이 없어 하늘에 돌리는 것이다. 내가 이미 심하게 병들어 계책이 실패해서 화가 오는 것을 기다리지 못한다. 나라를 다스리는 자는 진실로 계책이 없어서는 안되는데, 계책의 좋은 것을 보고는 따르지 않고, 선하지 않은 계책은 도리어 사용하니, 내가 이미 심하게 병들어 계책이 실패해서 화가 오는 것을 기다리지 못하는 것이다.(慶源輔氏曰 : 昏亂之世, 庸暗之君, 謀猶邪辟, 無日而沮止者, 故無所歸咎, 而歸之天也. 夫爲國者, 固不可以無謀猶也, 然觀其於謀之善

[2-5-1-2]

潝潝訿訿, 亦孔之哀.

서로 화합하다가 서로 비방하나니 또한 심히 애처롭도다.

詳說

○ 音吸.

'흡(潝)'의 음은 '흡(吸)'이다.

○ 音紫.562)

'자(訿)'의 음은 '자(紫)'이다.

詳說

○ 叶, 於希反.563)

'애(哀)'는 협운으로 음은 '어(於)'와 '희(希)'의 반절이다.

謀之其臧, 則具是違, 謀之不臧, 則具是依, 我視謀猶, 伊于胡底.

계책 중에 좋은 것은 모두 어기고, 계책 중에 좋지 못한 것은 모두 따르나니, 내 계책을 보건대 어디에 이르러 안정될꼬!

詳說

○ 音抵, 叶都黎反.564)

'지(底)'의 음은 '저(抵)'이고, 협운으로 '도(都)'와 '려(黎)'의 반절이다.565)

朱註

者, 則不從, 其不善若, 則反用之, 則我已甚病矣, 不待其謀之敗而禍之來也.)"라고 되어 있다.
562) 音紫:『시전대전(詩傳大全)』에도 동일하게 되어 있다.
563) 叶, 於希反:『시전대전(詩傳大全)』에도 동일하게 되어 있다.
564) 音抵叶都黎反:『시전대전(詩傳大全)』에는 다소 다르게 되어 있다.
565)『시전대전(詩傳大全)』에는 "'지(之)'와 '리(履)'의 반절이고, 협운으로 '도(都)'와 '려(黎)'의 반절이다.(之履反叶都黎反)"라고 되어 있다.

賦也. 滃滃, 相和也, 訛訛, 相詆也. 具, 俱, 底, 至也.
부야(賦也)라 흡흡(滃滃)은 서로 화합함이고, 자자(訛訛)는 서로 비방함이다. 구(具)는 모두이고, 저(底)는 미침이다.

詳說

○ 去聲.
'화(和)'는 거성이다.

○ **言小人同而不和,**
○ 소인은 패거리 짓지만 화합하지 못하니,

詳說

○ 如字
'화(和)'는 본래의 음 대로 읽는다.

○ 出論語子路.
『논어』「자로」가 출처이다.566)

○ 漢書劉向傳曰 : "言衆小在位, 而從邪議歙歙, 相是而背君子."567)
『한서』「유향전」에서 말하였다 : "여러 소인들이 지위를 차지하고 삿된 의론에 따라 화합하며 서로 옳다고 하면서 군자를 배척한다."

朱註

其慮深矣. 然於謀之善者, 則違之, 其不善者則從之, 亦何能有所定乎.
그 우려함이 깊다. 그러나 계책 중에 좋은 것은 어기고 좋지 못한 것을 따르니, 또한 어찌 안정되는 것이 있겠는가.

---

566) 『논어』「자로」에 "공자가 말하였다 : 군자는 화합하지만 패거리 짓지 않고, 소인은 패거리 짓지만 화합하지 않는다.(子曰 : 君子和而不同, 小人同而不和.)"라는 말이 있다.
567) 『시전대전(詩傳大全)』에 『전한서』유향의 말로 동일하게 실려 있다.

詳說

○ 哀.

'우려함(慮)'은 경문에서 '애처롭다(哀)'는 것이다.

○ 此非反辭.

'그러나(然)'가 여기에서는 반어사가 아니다.

○ 依.

'따른다(從)'는 것은 경문에서 '따른다(依)'는 것이다.

○ 厎.

'안정된다(定)'는 것은 경문에서 '안정된다(厎)'는 것이다.

○ 豐城朱氏曰 : 即所謂謀臧不從, 不臧覆用也. 但上章指王而言, 此章指小人而言568)

풍성 주씨가 말하였다 : "곧 이른바 '계책 중에 좋은 것은 따르지 않고 좋지 못한 것은 도리어 쓴다.'는 것이다. 다만 위의 장에서는 왕을 가리켜서 말하였고, 여기의 장에서는 소인을 가리켜서 말하였을 뿐이다."569)

[2-5-1-3]
我龜既厭, 不我告猶,

내 거북이 이미 염증을 낸지라 나에게 계책을 말해주지 아니하며

詳說

○ 叶, 于救反.570)

'유(猶)'는 협운으로 음은 '우(于)'와 '구(救)'의 반절이다.

---

568) 『시전대전(詩傳大全)』에 풍성 주씨의 말로 실려 있다.
569) 『시전대전(詩傳大全)』에는 "풍성 주씨가 말하였다 : 「계책 중에 좋은 것은 모두 어긴다.」는 것은 곧 이른바 「계책 중에 좋은 것은 따르지 않는다.」는 것이고, 「계책 중에 좋지 못한 것은 모두 따른다.」는 것은 곧 이른바 「좋지 않은 것은 도리어 쓴다.」는 것이다. 다만 위의 장에서는 왕을 가리켜서 말하였고, 여기의 장에서는 소인을 가리켜서 말하였을 뿐이다.'(豐城朱氏曰 : 謀之其臧, 則具是違, 即所謂謀臧不從也. 謀之不臧, 則具是依, 即所謂不臧覆用也. 但上章指王而言, 此章指小人而言.)"라고 되어 있다.
570) 叶, 于救反 : 『시전대전(詩傳大全)』에도 동일하게 되어 있다.

|謀夫孔多, 是用不集.|

모사가 매우 많은지라 이 때문에 이루지 못하도다.

|詳說|

○ 韓詩, 作就, 叶疾救反.571)

'집(集)'은 『한시』에 '취(就)'로 되어 있고, 협운으로 음은 '질(疾)'과 '구(救)'의 반절이다.

|發言盈庭, 誰敢執其咎.|

말을 하는 자가 뜰에 가득한데 누가 감히 그 허물을 책임질꼬?

|詳說|

○ 叶, 巨又反.572)

'구(咎)'는 협운으로 음은 '거(巨)'와 '우(又)'의 반절이다.

|如匪行邁謀, 是用不得于道.|

길을 가지 않고 도모함과 같은지라 이 때문에 길에 도달하지 못하도다.

|詳說|

○ 叶, 徒侯反.573)

'도(道)'는 협운으로 '도(徒)'와 '후(侯)'의 반절이다.

|詳說|

○ 疾救反, 就音也, 謂集叶於就也.

'질(疾)'과 '구(救)'의 반절은 '취(就)'가 음으로 '집(集)'이 '취(就)'에서 협운인 것이다.

---

571) 韓詩, 作就, 叶疾救反 : 『시전대전(詩傳大全)』에도 동일하게 되어 있다.
572) 叶, 巨又反 : 『시전대전(詩傳大全)』에도 동일하게 되어 있다.
573) 叶, 徒侯反 : 『시전대전(詩傳大全)』에도 동일하게 되어 있다.

朱註

賦也. 集, 成也. ○ 卜筮數, 則瀆而龜厭之. 故不復

부(賦)이다. 집(集)은 이룸이다. ○ 복서(卜筮)를 자주하면 모독하여 거북이가 싫어한다. 그러므로 다시

詳說

○ 音朔.
'삭(數)'의 음은 '삭(朔)'이다.

○ 見易蒙卦574).
『주역』「몽괘」에 있다.575)

○ 去聲.
'부(復)'는 거성이다.

朱註

告其所圖之吉凶. 謀夫衆則是非相奪, 而莫適所從

도모하는 바의 길흉(吉凶)을 말해주지 않는다. 모사(謀士)가 많으면 시비(是非)가 서로 엇갈려 따를 바를 주장할 수가 없다.

詳說

○ 音的, 主也.
'적(適)'의 음은 '적(的)'으로 주장한다는 것이다.

○ 添二句.
두 구를 더했다.

朱註

---

574) 『시집전상설』에는 '자(字)'로 되어 있는 것을 문맥에 따라 역자가 수정했다.
575) 『주역』「몽괘」에 있다 : 『주역』「몽괘」에 "… 처음 묻거든 고해 주고 두 번 세 번 물으면 번독하다. 번독하면 고해주지 않을 것이다. …(… 初筮, 告, 再三, 瀆. 瀆則不告. ….)"라는 말이 있다.

故所謀, 終亦不成. 蓋發言盈庭, 各是其是,
그러므로 꾀하는 것을 끝내 또한 이루지 못하는 것이다. 말을 하는 자가 뜰에 가득한데, 각기 자신이 옳다고 하는 것을 옳다고 하여

詳說
○ 添此句.
이 구를 더하였다.

朱註
無肯任其責,
그 책임을 맡고

詳說
○ 慶源輔氏曰 : "成敗之責."576)
경원 보씨가 말하였다 : "성공과 패배의 책임이다."577)

朱註
而決之者,
결단하려는 자가 없으니,

詳說
○ 添此句
이 구를 더했다.

朱註
猶不行不邁而坐謀所適,

---

576) 『시전대전(詩傳大全)』에 경원 보씨의 말로 실려 있다.
577) 『시전대전(詩傳大全)』에는 "경원 보씨가 말하였다 : '…. 「말을 하는 자가 뜰에 가득한데 누가 감히 그 허물을 책임질꼬?」라는 것은 이것이 난세에 모의하는 일상적인 형태라는 것이다. 위에서 말을 듣는 밝음이 없으면 사람마다 제멋대로 말할 뿐이고, 또한 끝내 그 시비를 아무도 결정하지 않기 때문에 그 성공과 실패의 책임을 지려는 자가 없는 것이다.(慶源輔氏曰 : …. 發言盈庭, 誰敢執其咎, 此亂世爲謀之常態. 上無聽言之明, 則人人得以肆其說而已, 亦終莫能決其是非, 故無肯任其成敗之責者)"라고 되어 있다.

길을 가지 않고 앉아서 갈 바를 꾀함과 같으니,

|詳說|
○ 如字.
　'적(適)'자는 본래의 음 대로 읽는다.

|朱註|
謀之雖審,
꾀하기를 비록 자세히 하나,

|詳說|
○ 添此句.
　이 구를 더했다.

|朱註|
而亦何得於道路哉.
또한 어찌 도로(道路)에 도달할 수 있겠는가?

|詳說|
○ 孔氏曰 : 謀而不行, 則於道不進, 言而無決, 則於事不成."578)
　공씨가 말하였다 : "모의만 하고 행하지 않으면 도에서 나아가는 것이 없고, 말만 하고 결정하지 일에 이루어지는 것이 없다."

[2-5-1-4]
|哀哉爲猶, 匪先民是程, 匪大猶是經, 維邇言是聽,|

가엾다 계책을 내는 자들이여 선민(先民)을 법으로 삼지 아니하며, 대도(大道)를 떳떳하게 따르지 아니하고 오직 천근한 말을 이에 들으며

|詳說|

---
578) 『시전대전(詩傳大全)』에 공씨의 말로 동일하게 실려 있다.

○ 叶, 平聲.579)

'청(聽)'은 협운이고 평성이다.

|維邇言是爭, 如彼築室于道謀, 是用不潰于成.|

오직 천근한 말을 이에 다투나니, 집을 지으면서 길가는 사람과 도모함과 같은지라, 이 때문에 완성함을 이루지 못하도다.

詳說

○ 叶, 側陘反.580)

'쟁爭'은 협운으로 음은 '측(側)'과 '형(陘)'이 반절이다.

朱註

賦也. 先民, 古之聖賢也. 程, 法, 猶, 道,

부(賦)이다. 선민(先民)은 옛 성현이다. 정(程)은 법(法)이고, 유(猶)는 도(道)이며,

詳說

○ 安成劉氏曰 : "詩中, 猷猶字, 通用, 故前章訓謀, 此訓道, 而徽猷與大猷, 又皆訓道."581)

안성 유씨가 말하였다 : "시에서 '유(猷)'자와 '유(猶)'자는 통용되기 때문에 앞의 장에서는 '모(謀)'로 풀이했고, 여기의 장에서는 '도(道)'라고 풀이했는데, '아름다운 도(徽猷)'라는 것과 '큰 도(大猷)'라는 것은 또 모두 '도(道)'라고 풀이한 것이다."582)

經, 常, 潰

경(經)은 떳떳함이고, 궤(潰)는

---

579) 叶, 平聲 : 『시전대전(詩傳大全)』에도 동일하게 되어 있다.
580) 叶, 側陘反 : 『시전대전(詩傳大全)』에도 동일하게 되어 있다.
581) 『시전대전(詩傳大全)』에 안성 유씨의 말로 실려 있다.
582) 『시전대전(詩傳大全)』에는 "안성 유씨가 말하였다 : '시에서 「유(猷)」자와 「유(猶)」자는 통용되기 때문에 앞의 장에서는 '유(猶)'를 「모(謀)」로 풀이했고, 여기의 장에서는 '도(道)'라고 풀이했는데, 「아름다운 도(徽猷)」라는 것과 「질서정연한 큰 도(大猷)」라는 것은 또 모두 '유(猷)'로 된 것을 또한 '도(道)'라고 풀이한 것이다.安成劉氏曰 : 詩中, 猷猶字, 通用. 故前章猶訓謀, 而徽猷, 與秩秩大猷, 又皆作猷, 亦訓道.)"라고 되어 있다.

詳說

○ 潰音誤.

'궤(潰)'는 『언해』의 음이 잘못되었다.

朱註

遂也. ○ 言哀哉,

이룸이다. ○ 가엾다!

詳說

○ 與前篇哀哉, 同

가엾다는 것은 앞의 편에서 '가엾다'는 것과 같다.

朱註

今之爲謀, 不以先民爲法, 不以大道爲常, 其所聽而爭者, 皆淺末之言

지금의 도모하는 자들이여. 선민(先民)을 법으로 삼지 아니하며 대도(大道)를 떳떳함으로 삼지 아니하고, 듣고 다투는 것이 모두 천근하고 지엽적인 말이거늘,

詳說

○ 邇

'천근하고 지엽적이다(淺末)'는 것은 경문에서 '천근하다(邇)'는 것이다.

朱註

以是相持, 如將築室, 而與行道之人謀之,

이것을 가지고 서로 버티니, 집을 지으려 하면서 길가는 사람과 도모하여

詳說

○ 爭.

'버틴다(持)'는 것은 경문에서 '다툰다(爭)'는 것이다.

○ 添人字.

'인(人)'자를 더하였다.

朱註
人人得爲異論,
사람마다 각기 이론(異論)을 하는 것과 같으니,

詳說
○ 添此句.
이 구를 더하였다.

其能有成也哉
어찌 완성함이 있을 수 있겠는가?

詳說
○ 潰于成, 猶言底于成也.
'완성함을 이루다(潰于成)'는 것은 '완성함에 이른다(底于成)'는 것과 같다.

朱註
古語曰 : "作舍道邊, 三年不成." 蓋出於此
옛날 말에 "길가에 집을 지으면 3년이 되어도 이루지 못한다."라고 하였으니, 아마도 여기에서 나온 듯하다.

詳說
○ 見後漢書曹褒傳.
옛날 말은 『한서』「조포전(曹褒傳)」에 있다.

○ 論也.
경문의 의미 설명이다.

[2-5-1-5]

國雖靡止, 或聖或否,

국론이 비록 정해지지 않았는데 성스럽기도 하며 그렇지 못하기도 하며

詳說

○ 方九反, 叶補美反.583)

'부(否)'의 음은 '방(方)'과 '구(九)'의 반절이고, 협운으로 '보(補)'와 '미(美)'의 반절이다.

民雖靡膴, 或哲或謀,

인민이 비록 많지 않으나 명철하기도 하며 지모가 있기도 하며

詳說

○ 火吳反.584)

'무(膴)'의 음은 '화(火)'와 '오(吳)'의 반절이다.

○ 叶, 莫徒反.585)

'모(謀)'는 협운으로 '막(莫)'과 '도(徒)'의 반절이다.

或肅或艾, 如彼泉流, 無淪胥以敗.

엄숙하기도 하며 다스려진 이도 있으니, 저 흐르는 물과 같아서 빠져서 서로 패하지 아니할까!

詳說

○ 音乂.586)

---

583) 方九反, 叶補美反 : 『시전대전(詩傳大全)』에도 동일하게 되어 있다.
584) 火吳反 : 『시전대전(詩傳大全)』에도 동일하게 되어 있다.
585) 叶, 莫徒反 : 『시전대전(詩傳大全)』에도 동일하게 되어 있다.
586) 音乂 : 『시전대전(詩傳大全)』에도 동일하게 되어 있다.

'애(艾)'의 음은 '애(乂)'이다.

○ 叶, 蒲寐反.587)
'패(敗)'는 협운으로 '포(蒲)'와 '매(寐)'의 반절이다.

○ 泉流, 一作流泉.
'천류(泉流)'는 어떤 판본에는 '류천(流泉)'으로 되어 있다.

朱註

賦也. 止, 定也. 聖, 通明也. 膴, 大也, 多也. 艾, 與乂同, 治也. 淪, 陷, 胥, 相也. ○ 言國論雖不定,

부(賦)이다. 지(止)는 정(定)함이다. 성(聖)은 통명(通明)함이다. 무(膴)는 큼이고, 많음이다. 애(艾)는 예(乂)와 같으니, 다스림이다. 윤(淪)은 빠짐이고, 서(胥)는 서로이다. ○ "국론(國論)이 비록 정해지지 않았으나

詳說

○ 添論字.
'논(論)'자를 더했다.

朱註

然有聖者焉, 有否者焉, 民
성스러운 자도 있고 그렇지 못한 자도 있으며, 백성이

詳說

○ 民之善者.
백성은 백성들 중에 선한 자이다.

朱註

雖不多, 然有哲者焉, 有謀者焉, 有肅者焉, 有艾者焉. 但王不用善, 則雖有

---

587) 叶, 蒲寐反 : 『시전대전(詩傳大全)』에도 동일하게 되어 있다.

善者, 不能自存,
비록 많지 않으나 명철한 자도 있고 지모가 있는 자도 있으며, 엄숙한 자도 있고 잘 다스려진 자도 있다. 다만 왕이 선한 말을 쓰지 아니하니, 비록 선한 자가 있으나 스스로 보존하지 못할 것이니,

詳說

○ 添三句.
세 구를 더했다.

朱註

將如泉流之不反, 而淪胥以至於敗矣.
흘러가는 물이 돌아오지 못함과 같아서 빠져서 서로 패함에 이르고 만다."고 말한 것이다.

詳說

○ 慶源輔氏曰 : "以是戒王, 庶其愛護而扶持之, 無使至於此極也."588)

경원 보씨가 말하였다 : "이것으로 왕을 경계하여 애호하고 붙들고 지켜서 이런 극단적인 지경에 이르지 않기를 바란 것이다."589)

朱註

聖哲謀肅艾, 卽洪範
성스러움(聖), 명철함(哲), 지모(謀), 엄숙(肅), 다스림(艾)은 바로「홍범(洪範)」에서

---

588) 『시전대전(詩傳大全)』에 경원 보씨의 말로 실려 있다.
589) 『시전대전(詩傳大全)』에는 "경원 보씨가 말하였다 : '…. 백성들이 많지 않을지라도 명철하고 지모있으며 엄숙하고 다스려지는 자들이 있는데, 단지 왕이 그들을 등용하지 못할 것을 근심할 뿐이다. 왕이 등용하지 않는다면 다섯 재주가 있을지라도 모두 흐르는 물이 다시 돌아오지 않는 것처럼 서로 실패에 빠지게 한다. 그러므로 이것으로 왕을 경계하여 애호하고 붙들고 지켜서 이런 극단적인 지경에 이르지 않기를 바란 것이다. ….'(慶源輔氏曰 : …. 人民雖不多, 而有哲謀肅艾者焉, 但患王不能用之耳. 王不能用, 則雖有五者之才, 皆將如泉流之不反, 而相與淪陷於敗. 故以是戒王, 庶其能愛護而扶持之, 無使至于此極也. ….)"라고 되어 있다.

詳說
○ 周書.
「홍범」은 「주서」이다.

五事之德,
다섯 가지 일에서의 덕이니,

詳說
○ 貌言視聽思.
표정짓고 말하며 보고 들으며 생각하는 것이다.

豈作此詩者, 亦傳箕子之學也與.

아마도 이 시를 지은 자는 또한 기자(箕子)의 학문을 전수한 것 같다.

詳說
○ 或也
'기(豈)'는 '아마도'이다.

○ 平聲.
'여(與)'는 평성이다.

○ 安成劉氏曰:"洪範次序, 與此不同者, 彼以人事發見先後爲序, 此則便文以叶韻耳."590)
안성 유씨가 말하였다 : "「홍범」에서 차례가 여기와 같지 않은 것은 저기에서는 인사에서 선후로 발현하는 것을 순서로 한 것이고, 여기에서는 글을 편하게 협운으로 한 것일 뿐이다."591)

---

590) 『시전대전(詩傳大全)』에 안성 유씨의 말로 실려 있다.
591) 『시전대전(詩傳大全)』에는 "안성 유씨가 말하였다 : '기자가 홍범구주를 진술함에 그 두 번째가 표정짓고 말하며 보고 들으며 생각하는 다섯 가지 일이다. 표정짓는 덕은 공손해서 엄숙하게 하는 것이고, 말하는 덕은 따르며 또 하는 것이며, 보는 덕은 밝아서 명철하게 하는 것이고, 듣는 덕은 총명해서 도모하는 것이며, 생각하는 덕은 깊어서 성스럽게 되는 것이다. 그 차례가 여기와 같지 않은 것은 저기에서는 인사에서 선후로 발현하는 것을 순서로 한 것이고, 여기에서는 글을 편하게 협운으로 한 것일 뿐이다.'(安成劉氏曰

○ 慶源輔氏曰 : "觀此章及第三章, 則其有得於箕子之學, 蓋深矣."592)

경원 보씨가 말하였다 : "여기의 장과 3장을 보면 아마도 기자의 학문에서 터득한 것이 깊은 것 같다."593)

○ 論也.

경문의 의미 설명이다.

[2-5-1-6]

不敢暴虎, 不敢馮河,

감히 범을 맨손으로 잡지 못함과 감히 황하를 맨몸으로 건너지 못함을

詳說

○ 皮冰反.594)

'빙(馮)'의 음은 '피(皮)'와 '빙(冰)'의 반절이다.

人知其一, 莫知其佗.

사람들은 그 한 가지만 알고 그 다른 것은 알지 못하도다.

詳說

○ 音拖.

: 箕子陳洪範九疇, 其二爲貌言視聽思之五事. 貌之德, 恭而作肅, 言之德, 從而作乂, 視之德, 明而作哲, 聽之德, 聽而作謀, 思之德, 睿而作聖. 其次序與此不同者, 彼以人事發見先後爲序, 此則便文以叶韻耳.)"라고 되어 있다.

592) 『시전대전(詩傳大全)』에 경원 보씨의 말로 실려 있다.

593) 『시전대전(詩傳大全)』에는 "경원 보씨가 말하였다 : '…. 백성들이 많지 않을지라도 명철하고 지모있으며 엄숙하고 다스려지는 자들이 있는데, 단지 왕이 그들을 등용하지 못할 것을 근심할 뿐이다. 왕이 등용하지 않는다면 다섯 재주가 있을지라도 모두 흐르는 물이 다시 돌아오지 않는 것처럼 서로 실패에 빠지게 한다. 그러므로 이것으로 왕을 경계하여 애호하고 붙들고 지켜서 이런 극단적인 지경에 이르지 않기를 바란 것이다. 이것으로 보면 이 시를 지은 대부는 그 마음의 도량이 넓고 크며 지려가 깊고 길며, 학문이 넓고 넉넉함을 모두 알 수 있다. 여기의 장과 3장을 보면 아마도 기자의 학문에서 터득한 것이 깊은 것 같다.' (慶源輔氏曰 : …. 人民雖不多, 而有哲謀肅艾者焉, 但患王不能用之耳. 王不能用, 則雖有五者之才, 皆將如泉流之不反, 而相與淪陷於敗. 故以是戒王, 庶其能愛護而扶持之, 無使至于此極也. 由是觀之, 則作是詩之大夫, 其心量之廣大, 志慮之深長, 學問之博洽, 皆可見矣. 觀此章及第三章, 則其有得於箕子之學, 蓋深矣.)"라고 되어 있다.

594) 皮冰反 : 『시전대전(詩傳大全)』에도 동일하게 되어 있다.

'타(佗)'의 음은 '타(拖)'이다.

戰戰兢兢, 如臨深淵,

전전(戰戰)하고 긍긍(兢兢)하여 깊은 못에 임하듯이 하며 얇은

詳說

○ 叶, 一均反.595)

'연(淵)'은 협운으로 음은 '일(一)'과 '균(均)'의 반절이다.

如履薄冰.

얼음을 밟듯이 하노라.

朱註

賦也. 徒搏曰暴, 徒涉曰馮, 如馮几然也. 戰戰, 恐也. 兢兢, 戒也. 如臨深淵, 恐墜也, 如履薄冰恐陷也. ○ 衆人之慮, 不能及遠, 暴虎馮河之患

부(賦)이다. 맨손으로 잡는 것을 포(暴)라 하고, 맨몸으로 건너는 것을 빙(馮)이라 하니, 궤에 의지함과 같은 것이다. 전전(戰戰)은 두려워함이고, 긍긍(兢兢)은 경계함이다. 깊은 못에 임하듯이 한다는 것은 떨어질까 두려워함이고, 얇은 얼음을 밟듯이 한다는 것은 빠질까 두려워함이다. ○ 중인(衆人)의 생각은 먼 데 미치지 못해 맨손으로 범을 잡고 맨몸으로 황하를 건너는 우환을

詳說

○ 一.

우환은 경문에서 한 가지이다.

近而易見, 則知避之, 喪國亾家之禍

가까이 해서 보기 쉬우면 이것을 피할 줄 알면서도 나라가 망하고 집안이 망하는 재앙이

---

595) 叶, 一均反 : 『시전대전(詩傳大全)』에도 동일하게 되어 있다.

詳說

○ 去聲.
'이(易)'는 거성이다.

○ 去聲
'상(喪)'은 거성이다.

○ 他.
재앙은 경문에서 다른 것이다.

朱註

隱於無形, 則不知以爲憂也. 故曰, 戰戰兢兢, 如臨深淵, 如履薄冰, 懼及其禍之詞也.
무형(無形)에 숨어 있으면 이것을 근심할 줄을 모른다. 그러므로 말하기를 "전전(戰戰)하고 긍긍(兢兢)하여 깊은 못에 임하듯이 하고 얇은 얼음을 밟듯이 한다."고 하였으니, 화(禍)에 미칠까 두려워하는 것이다.

詳說

○ 以論釋之.
경문의 의미 해석으로 풀이했다.

朱註

小旻, 六章, 三章章八句, 三章章七句.
「소민」은 6장으로 3장은 장이 8구이고, 3장은 장이 7구이다.

朱註

蘇氏曰小旻小宛小弁小明四詩, 皆以小名篇, 所以別其爲小雅也. 其在小雅者, 謂之小, 故其在大雅者謂之召旻大明, 獨宛弁闕焉, 意者, 孔子刪之矣. 雖去其大, 而其小者, 猶謂之小, 蓋卽用其舊也.
소씨(蘇氏)가 말하였다. "「소민(小旻)」・「소완(小宛)」・「소반(小弁)」・「소명(小明)」 네 시(詩)는 모두 소(小)라고 편명(篇名)을 하였으니, 이는 소아(小雅)의 시(詩)임을 구별하기 위함이다. 소아(小雅)에 있는 것을 소(小)라고 하였기 때문에 대아(大雅)에 있는 것을 「소민(召旻)」, 「대명(大明)」이라하였고, 유독 완(宛)과 반(弁)은 빠졌으니, 생각컨대 공자가 산정한 듯하다. 비록 대아(大雅)의 것을 빼버렸으나 소아(小雅)의 것을 아직도 소(小)라고 말한 것은 대개 곧 옛 것을 그대로 쓴 것이다."

詳說

○ 音苑, 下同.
'완(宛)'은 음이 '원(苑)'으로 아래에서도 같다.

○ 音盤, 下同.
'변(弁)'은 음이 '반(盤)'으로 아래에서도 같다.

○ 彼列反
'별(別)'의 음은 '피(彼)'와 '열(列)'의 반절이다.

○ 音邵.
'소(召)'의 음은 '소(邵)'이다.

○ 以召代大
'소(召)'로 '대(大)'를 대신한 것이다.

[2-5-2-1]

宛彼鳴鳩, 翰飛戾天.

작은 저 명구(鳴鳩)여 날개로 날아 하늘에 이르도다.

詳說

○ 音苑.
'완(宛)'의 음은 '원(苑)'이다.

○ 胡旦反.596)

'한(翰)'의 음은 '호(胡)'와 '단(旦)'의 반절이다.

○ 叶, 鐵因反.597)
'천(天)'은 협운으로 '철(鐵)'과 '인(因)'의 반절이다.

我心憂傷, 念昔先人. 明發不寐, 有懷二人.

내 마음에 근심하고 서글퍼하는지라 옛 선인을 생각하노라. 날이 새도록 잠을 이루지 못하여 부모 두 분을 생각하노라

朱註
興也. 宛
흥(興)이다. 완(宛)은

詳說
○ 諺音恐誤.
『언해』의 음이 흘린 것 같다.

朱註
小貌, 鳴鳩, 斑鳩也.
작은 모양이고, 명구(鳴鳩)는 반구(斑鳩)이다.

詳說
○ 陸氏曰："項有繡文."598)
육씨가 말하였다："목에 수놓은 것 같은 무늬가 있다."599)

朱註
翰, 羽, 戾, 至也. 明發, 謂將旦, 而光明開發也. 二人, 父母也. ○ 此大夫
한(翰)은 깃이고, 여(戾)는 이름이다. 명발(明發)은 아침이 되려고 밝아오는 것을

---
596) 胡旦反：『시전대전(詩傳大全)』에도 동일하게 되어 있다.
597) 叶, 鐵因反：『시전대전(詩傳大全)』에도 동일하게 되어 있다.
598) 『시전대전(詩傳大全)』에 육씨의 말로 실려 있다.
599) 『시전대전(詩傳大全)』에는 "육씨가 말하였다 : '비둘기와 비슷하고 목에 수놓은 것 같은 무늬가 있다.'(陸氏曰：似鶌鳩, 項有繡文.)"라고 되어 있다.

말한다. 이인(二人)은 부모(父母)이다. ○ 여기는 대부가

詳說

○ 仍小序說.
「소서」의 설명을 그대로 따른 것이다.

朱註

遭時之亂, 而兄弟相戒以免禍之詩. 故言彼宛然之小鳥, 亦翰飛而至于天矣, 則我心之憂傷, 豈能不念昔之先人哉.
세상의 난을 만나서 형제가 서로 재앙을 면할 것을 경계한 시이다. 그러므로 "저 완연(宛然)히 작은 새도 날개로 날아서 하늘에 이르니, 내 마음의 근심과 슬픔으로 어찌 옛 선인을 생각하지 않을 수 있겠는가?

詳說

○ 以人而不如鳥可乎
사람이면서 새만도 못해서야 되겠는가?

朱註

是以明發不寐, 而有懷乎父母也,
이 때문에 날이 새도록 잠들지 못하며 부모를 생각한다."고 말하였으니,

詳說

○ 先人, 汎言之, 二人, 切言之.
선인은 일반적으로 말한 것이고, 두 분은 절실하게 말한 것이다.

朱註

言此以爲相戒之端.
이것을 말하여 서로 경계하는 단서로 삼은 것이다.

詳說

○ 此句, 論也.
이 구는 경문의 의미 설명이다.

○ 慶源輔氏曰 : "兄弟相戒, 而首及父母者, 宜也."600)
경원 보씨가 말하였다 : "형제가 서로 경계해서 먼저 부모를 언급한 것은 마땅한 것이다."601)

[2-5-2-2]

人之齊聖, 飮酒溫克, 彼昏不知, 壹醉日富.

엄숙하고 성스러운 사람은 술을 마시되 온순함으로 이겨내거늘, 저 혼우(昏愚)하여 알지 못하는 자들은 취함에 한결같아 날로 심해지도다.

詳說
○ 叶, 筆力反.602)
'부(富)'는 협운으로 음은 '필(筆)'과 '력(力)'의 반절이다.

各敬爾儀. 天命不又.

각기 네 위의를 공경할지어다. 천명은 또다시 오지 않느니라.

詳說
○ 叶, 夷益反.603)
'우(又)'는 협운으로 '이(夷)'와 '익(益)'의 반절이다.

朱註
賦也. 齊, 肅也. 聖, 通明也. 克, 勝也. 富, 猶甚也. 又, 復也.
부(賦)이다. 제(齊)는 엄숙함이고, 성(聖)은 통명(通明)함이다. 극(克)은 이겨냄이다.

---

600) 『시전대전(詩傳大全)』에 경원 보씨의 말로 실려 있다.
601) 『시전대전(詩傳大全)』에는 "경원 보씨가 말하였다 : '형제가 서로 경계해서 화를 면했으니, 말을 하면서 먼저 부모를 언급하는 것은 마땅한 것이다.'(慶源輔氏曰 : 兄弟相戒以免禍, 則發言而首及於父母者宜也.)"라고 되어 있다.
602) 叶, 筆力反 : 『시전대전(詩傳大全)』에도 동일하게 되어 있다.
603) 叶, 夷益反 : 『시전대전(詩傳大全)』에도 동일하게 되어 있다.

부(富)는 심(甚)과 같다. 우(又)는 '다시'이다.

詳說
○ 去聲, 下同.
'부(復)'는 거성으로 아래에서도 같다.

○ 言齊聖之人, 雖醉猶溫恭, 自持以勝, 所謂不爲酒困也.
○ 엄숙하고 성스러운 사람은 비록 취할지라도 오히려 온순하고 공손함으로 자신을 지켜서 이겨내니, 이른바 술에게 곤궁함을 당하지 않는다는 것이다.

詳說
○ 出論語子罕.
『논어』「자한」이 출처이다.

朱註
彼昏然而不知者, 則一於醉而日甚矣. 於是, 言各敬謹爾之威儀.
저 어두워서 알지 못하는 자들은 취함에 한결같아 날로 심해진다. 이에 "각기 너의 위의를 공경하고 삼갈지어다.

詳說
○ 慶源輔氏曰 : "昏亂於酒, 則必自喪其威儀."604)
경원 보씨가 말하였다 : "술에 어두워 난잡하게 되면 반드시 저절로 그 위의를 잃게 된다."605)

朱註
天命已去, 將不復來, 不可以不恐懼也.
천명이 떠나고 나면 다시 오지 않을 것이니, 두려워하지 않아서는 안된다."라고

---

604) 『시전대전(詩傳大全)』에 경원 보씨의 말로 실려 있다.
605) 『시전대전(詩傳大全)』에는 "경원 보씨가 말하였다 : '당시 사람들은 윗사람이 하는 대로 변해 술에 어두워 난잡하게 되니, 여기의 형제는 서로 경계해서 먼저 이것을 언급한 것은 또한 당연한 것이다. 술에 어두워 난잡하게 되면 반드시 저절로 그 위의를 잃게 된다. ….(慶源輔氏曰 : 時人方化上所爲, 昏亂於酒, 則此兄弟相戒, 而首及於此者亦宜也. 昏亂於酒, 則必自喪其威儀. ….)"라고 되어 있다.

말한 것이다.

詳說

○ 添此句.
이 구를 더했다.

○ 慶源輔氏曰 : "不可恃天, 常如此.606)
경원 보씨가 말하였다 : "하늘의 떳떳함을 믿지 않아야 하는 것은 이와 같다."607)

朱註

時王以酒敗德, 臣下化之, 故此兄弟相戒, 首以爲說.
당시에 왕이 술로써 덕을 무너뜨려 신하들이 그렇게 변했기 때문에 이 형제가 서로 경계함에 먼저 이것을 말한 것이다.

詳說

○ 慶源輔氏曰 : "此章言時俗所習, 以致相戒之意."608)
경원 보씨가 말하였다 : "여기의 장은 시속에 익숙한 것을 말해 서로 경계하게 한 것이다."609)

○ 濮氏曰 : "或是相戒之人, 嘗有酒德之敗."610)
복씨가 말하였다 : "혹 서로 경계하는 사람에게 주덕(酒德)의 실패가 있었을 수 있다."611)

---

606) 『시전대전(詩傳大全)』에 경원 보씨의 말로 실려 있다.
607) 『시전대전(詩傳大全)』에는 "경원 보씨가 말하였다 : '…. 술에 어두워 난잡하게 되면 반드시 저절로 그 위의를 잃게 되기 때문에 서로 경계하여 각기 스스로 자신의 위의를 공경하고 삼가는 것이다. 「천명은 또다시 오지 않느니라.」는 것은 하늘의 떳떳함을 믿지 않아야 하는 것이 이와 같다는 것이다.(慶源輔氏曰 : …. 昏亂於酒, 則必自喪其威儀, 故相戒各自敬謹我身之威儀. 天命不又, 蓋言不可恃天之常如此. ….)"라고 되어 있다.
608) 『시전대전(詩傳大全)』에 경원 보씨의 말로 실려 있다.
609) 『시전대전(詩傳大全)』에는 "경원 보씨가 말하였다 : '1장은 부모를 그리워 생각하는 것을 말해 서로 경계하는 단서를 끌어낸 것이고, 2장은 시속에 익숙한 것을 말해 서로 경계하게 한 것이다.(慶源輔氏曰 : 一章言思念父母, 以發相戒之端, 二章言時俗所習, 以致相戒之意, ….)"라고 되어 있다.
610) 『시전대전(詩傳大全)』에 복씨의 말로 실려 있다.
611) 『시전대전(詩傳大全)』에는 "복씨가 말하였다 : '여기의 시는 형제가 서로 경계하는 말이니, 혹 그 사람들에게 주덕(酒德)의 실패가 있었을 수 있다.'(濮氏曰 : 此詩兄弟相戒之辭, 或是其人嘗有酒德之敗. ….)"라고 되어 있다.

[2-5-2-3]

中原有菽, 庶民采之.

언덕 가운데 콩이 있거늘 서민들이 거두도다.

詳說

○ 音叔.612)

'숙(菽)'의 음은 '숙(叔)'이다.

○ 采, 此禮反.613)

'채(采)'는 협운으로 '차(此)'와 '예(禮)'의 반절이다.

螟蛉有子, 蜾蠃負之.

명령(螟蛉)이 새끼를 두거늘 과라(蜾蠃)가 업어가도다.

詳說

○ 音冥.614)

'명(螟)'의 음은 '명(冥)'이다.

○ 音零.615)

'령(蛉)'의 음은 '령(零)'이다.

○ 音果.616)

'과(蜾)'의 음은 '과(果)'이다.

○ 音裸

'라(蠃)'의 음은 '라(裸)'이다.

---

612) 音叔 : 『시전대전(詩傳大全)』에도 동일하게 되어 있다.
613) 采, 此禮反 : 『시전대전(詩傳大全)』에도 동일하게 되어 있다.
614) 音冥 : 『시전대전(詩傳大全)』에도 동일하게 되어 있다.
615) 音零 : 『시전대전(詩傳大全)』에도 동일하게 되어 있다.
616) 音果 : 『시전대전(詩傳大全)』에도 동일하게 되어 있다.

○ 叶, 蒲美反.617)

'부(負)'는 협운으로 음은 '포(蒲)'와 '미(美)'의 반절이다.

教誨爾子, 式穀似之.

네 아들을 잘 가르쳐서 선(善)을 써서 너와 똑같게 하라.

詳說

○ 叶, 養里反.618)

'사(似)'는 협운으로 음은 '양(養)'과 '리(里)'의 반절이다.

朱註

興也. 中原, 原中也. 菽, 大豆也. 螟蛉, 桑上小靑蟲也, 似步屈.

흥(興)이다. 중원(中原)은 언덕 가운데이다. 숙(菽)은 대두(大豆)이다. 명령(螟)은 뽕나무 위의 작은 푸른 벌레이니, 보굴(步屈)과 비슷하다.

詳說

○ 兼比.

비(比)를 겸하였다.

○ 尺蠖.

'보굴(步屈)'은 '나방의 유충(尺蠖)'이다.

朱註

蜾蠃, 土蜂也, 似蜂而小腰, 取桑蟲, 負之於木空中, 七日而化爲其子.

과라(蜾蠃)는 땅벌이니, 벌과 같은데 허리가 작으니, 뽕나무 벌레를 취하여 나무 구멍 속에 업어다 두면 7일에 그 새끼로 변한다.

詳說

○ 音孔

---

617) 叶, 蒲美反 : 『시전대전(詩傳大全)』에도 동일하게 되어 있다.
618) 叶, 養里反 : 『시전대전(詩傳大全)』에도 동일하게 되어 있다.

'공(空)'의 음은 '공(孔)'이다.

○ 本草註曰 : "揵土作房. 嘗坼視之, 亦生子, 如半粟米, 大所負蟲, 却在下.619)
『본초』의 주에서 말하였다 : "흙을 날라 집을 만든다. 일찍이 그것이 터져서 보니 역시 새끼가 나오는 것이 쌀알 부스러기와 같았고, 큰 것들이 벌레를 업어다가 아래에 두었다."620)

○ 按, 所負蟲, 爲其子之食, 不但桑蟲也, 亦形化而非變化也. 集傳蓋仍舊說耳.
살펴보건대, 벌레를 업어다가 그 자식의 먹거리로 하니, 뽕나무 벌레뿐만 아니고, 또한 형태가 변해도 변화가 아니다. 「집전」에서는 구설을 그대로 따랐을 뿐이다.

朱註

式, 用, 穀, 善也. ○ 中原有菽, 則庶民采之矣, 以興善道人皆可行也,
식(式)은 씀이고, 곡(穀)은 선함이다. ○ 언덕 가운데 콩이 있으면 서민들이 이것을 거둠으로써 선한 도를 사람들이 모두 행할 수 있음을 흥하였고,

詳說

○ 穀.
선한 도는 '선(穀)'이다.

○ 式.
'행하다(行)'는 것은 '하라(式)'는 것이다.

---

619) 『시전대전(詩傳大全)』에 『본초』 주의 말로 실려 있다.
620) 『시전대전(詩傳大全)』에는 "『본초』의 주에서 말하였다 : '땅벌이라고 이름 붙였을지라도 흙 속에 굴을 만들지 않으니, 흙을 날라 집을 만든다고 말할 뿐이다. 가는 허리에 무리에 암컷이 없으면, 모두 푸른 벌레를 취해 자신의 새끼로 변하기를 가르치며 빈다. 일찍이 집이 터졌는데 보니, 또 새끼가 나오는 것이 쌀알 부스러기와 같았고, 큰 것들이 벌레를 업어다가 새끼들의 아래에 두었다.'(本草注曰 : 雖名土蜂, 不就土中爲窟, 謂揵土作房耳. 細腰物無雌, 皆取青蟲, 教祝變成己子. 嘗拆窠而視之, 亦生子, 如半粟米, 大所負蟲, 却在子下.)"라고 되어 있다.

朱註

螟蛉有子, 則蜾蠃負之, 以興不似者可教而似也. 教誨爾子, 則用善而似之可也.

명영이 새끼를 두면 과라가 업어감으로써 불초자를 가르쳐서 똑같게 할 수 있음을 흥하였다. 네 아들을 잘 가르치면 선을 써서 똑같게 해야 되는 것이다.

詳說

○ 似我.

똑같게 하는 것은 자신과 같게 하는 것이다.

○ 四句興二句.

네 구가 두 구를 흥하였다.

朱註

善也似也, 終上文兩句所興而言也,

선(善)과 사(似)는 위의 글 두 구에서 흥한 것을 종결하여 말한 것이니,

詳說

○ 庶民采之, 蜾蠃負之

서민들은 거두고 과라는 업어가는 것이다.

○ 照應上二興字.

위에서 두 번의 '흥(興)'자와 호응한다.

戒之以不惟獨善其身,

홀로 자기 몸을 선하게 할 뿐만 아니라,

詳說

○ 四字出孟子盡心.

네 글자는 『맹자』「진심」이 출처이다.621)

○ 承上章敬爾儀.
위의 장에서 '네 위의를 공경할지어다.'라는 것을 이어받았다.

朱註

又當敎其子, 使爲善也.
또 마땅히 그 자식을 가르쳐서 선하게 하여야 함을 경계한 것이다.

詳說

○ 二句論也.
두 구는 경문의 의미 설명이다.

○ 慶源輔氏曰 : "兄弟相戒免禍, 而上念其父母, 下慮及其子, 其或可謂懇至矣."622)
경원 보씨가 말하였다 : "형제가 서로 화를 면하기를 경계하며 위로 그 부모를 생각하고 아래로 그 자식을 염려하니, 혹 정성이 지극하다고 할 수 있다."623)

[2-5-2-4]

題彼脊令, 載飛載鳴. 我日斯邁,

저 척령(脊令)을 보니 바로 날아 바로 울도다. 내 날로 매진하거든

詳說

○ 大計反.624)
'제(題)'의 음은 '대(大)'와 '계(計)'의 반절이다.

---

621) 네 글자는 『맹자』「진심」이 출처이다 : 『맹자』「진심상」에 "곤궁해지면 자기의 몸 하나만이라도 선하게 하고, 뜻을 펴게 되면 온 천하 사람들과 그 선을 함께 나눈다.(窮則獨善其身, 達則兼善天下.)"라는 말이 있다.
622) 『시전대전(詩傳大全)』에 경원 보씨의 말로 실려 있다.
623) 『시전대전(詩傳大全)』에 "경원 보씨가 말하였다 : '선한 도는 사람들이 모두 행할 수 있어 불초자를 가르칠 수 있으니, 떳떳한 본성을 비슷하게 동일하게 하기 때문이다. 형제가 서로 화를 면하기를 경계하며 위로 그 부모를 생각하고 아래로 그 자식을 염려하니, 그 뜻에 정성이 지극하다고 할 수 있다.'(慶源輔氏曰 : 善道, 人皆可行, 不似者可敎, 而似同一秉彝故也. 兄弟相戒以免禍, 而上念其父母, 下慮及其子, 則其意可謂懇至矣.)"라고 되어 있다.
624) 大計反 : 『시전대전(詩傳大全)』에도 동일하게 되어 있다.

○ 音零.625)

'령(令)'의 음은 '령(零)'이다.

|而月斯征. 夙興夜寐, 無忝爾所生.|

너도 달도 나아가라. 일찍 일어나고 밤늦게 자서 너를 낳아주신 분을 욕되게 하지 말지어다.

|詳說|

○ 叶, 桑經反.626)

'생(生)'은 협운으로 음은 '상(桑)'과 '경(經)'의 반절이다.

|朱註|

興也.
흥(興)이다.

|詳說|

○ 兼比.

'비(比)'를 겸하였다.

○ 與常棣參看.

「상체(常棣)」와 참고해서 보라.

|朱註|

題, 視也. 脊令, 飛則鳴, 行則搖. 載, 則,
제(題)는 보는 것이다. 척령(脊令)은 날면 울고 걸어가면 몸을 흔든다. 재(載)는 '바로'이고,

|詳說|

○ 猶且也.

바로는 또와 같다.

---

625) 音零 : 『시전대전(詩傳大全)』에도 동일하게 되어 있다.
626) 叶, 桑經反 : 『시전대전(詩傳大全)』에도 동일하게 되어 있다.

朱註

而, 汝, , 辱也. ○ 視彼脊令, 則且飛而且鳴矣, 我旣日斯邁, 則汝亦月斯征矣.

이(而)는 너이며, 첨(忝)은 욕됨이다. ○ 저 척령(脊令)을 보면 또 날아가기도 하고 또 울기도 하니, 내 이미 날로 매진하거든 너는 또한 달로 나아가야 할 것이다.

詳說

○ 躬自厚, 而薄責於兄弟.
　자신에게는 두텁게 하고 형제를 책하는 데는 가볍게 했다.

○ 慶源輔氏曰 : "以脊令之載飛載鳴, 興兄弟之各有所進之道."
　경원 보씨가 말하였다 : "척령이 바로 날고 바로 우는 것으로 형제가 각기 나아가야 할 도가 있음을 흥하였다."627)

朱註

言當各務努力, 不可暇逸取禍, 恐不及相救恤也,

각기 힘써 노력해야 하고, 한가하고 안일하게 하여 화를 취해서는 안되며, 미처 서로 구휼하지 못할까 염려스러우니,

詳說

○ 添三句.
　세 구를 더했다.

朱註

夙興夜寐, 各求無忝於父母而已.

일찍 일어나고 밤늦게 자서 각기 부모를 욕되게 함이 없기를 구해야 할 뿐이라는 말이다.

---

627) 『시전대전(詩傳大全)』에는 "경원 보씨가 말하였다 : '척령이 바로 날고 바로 우는 것으로 형제가 각기 나아가야 할 도가 있음을 흥하였다. 혹 같지 않을지라도 모두 부모님께 욕되게 하지 않기를 구해야 되는 것이다.'(慶源輔氏曰 : 以脊令之載飛載鳴, 興兄弟之各有所進之道. 雖或不同, 然俱求無忝辱於父母, 可也. ….)"라고 되어 있다.

詳說
○ 終首章有懷二人之意.
첫 장에서 두 분을 생각하는 의미를 종결했다.

○ 所生, 謂所從生.
낳아준 분은 따라서 낳아준 분을 말한다.

○ 朱子曰：" 此章裏面意思, 却有說不得底, 今人讀詩, 於意味却不曾得."
주자가 말하였다：" 여기의 장에서 내면의 의미는 오히려 말할 수 없는 것이 있으니, 요즘 사람들은 시를 읽으면서 의미에서 도리어 알 수 없는 것이 있다."

[2-5-2-5]
交交桑扈, 率場啄粟.
이리저리 날아다니는 상호(桑扈)여 마당을 따라 곡식을 쪼아먹도다.

詳說
○ 音戶.628)
'호(扈)'의 음은 '호(戶)'이다.

哀我塡寡, 宜岸宜獄.
가엾은 우리 병들고 약한 자여 안옥(岸獄)에 마땅하다 하도다.

詳說
○ 音顚.
'전(塡)'의 음은 '전(顚)'이다.

握粟出卜, 自何能穀.
곡식을 한 움큼 쥐고 나와 점을 치면서 어디로부터 하여야 선 할꼬 묻노라.

---

628) 音戶：『시전대전(詩傳大全)』에도 동일하게 되어 있다.

> 朱註

興也.

흥(興)이다.

>> 詳說

○ 兼比.

'비(比)'를 겸하였다.

○ 此章鳴鳩螟蛉脊令桑扈, 皆取鳥蟲爲興.

여기의 장에서 명구·명령·척령·상호는 모두 새와 벌레를 취해 흥한 것이다.

> 朱註

交交, 往來之貌.

교교(交交)는 왕래하는 모양이다.

>> 詳說

○ 蒙黃鳥註, 而省飛字

「황조」의 주를 이어 '비(飛)'자를 생략하였다.

> 朱註

桑扈, 竊脂, 也俗呼靑觜, 肉食

상호(桑扈)는 절지(竊脂)로 세속에서는 청자(靑觜)라 부르니, 육식(肉食)을 하고

>> 詳說

○ 上聲.

'자(觜)'는 상성이다.

○ 以肉爲食.

고기로 음식을 삼는다.

> 不食粟.

곡식을 먹지 않는다.

詳說

○ 淮南子曰 : "馬不食脂, 桑扈不食粟."629)

회남자가 말하였다 : "말은 기름진 것을 먹지 않고, 상호는 곡식을 먹지 않는다."

朱註

塡與瘨同, 病也. 岸, 亦獄也. 韓詩作犴

전(塡)은 전(瘨)과 같으니, 병듦이다. 안(岸)도 옥(獄)이다. 『한시(韓詩)』에는 안(犴)으로 되어 있으니,

詳說

○ 安成劉氏曰 : "野犬所以守, 故以獄爲犴."630)

안성 유씨가 말하였다 : "들개가 지키는 곳이기 때문에 옥(獄)을 안(犴)으로 한 것이다."631)

朱註

鄕亭之繫曰犴, 朝廷曰獄.

향정(鄕亭)에서 구속하는 곳을 ( )이라 하고, 조정(朝廷)에 있는 것을 옥(獄)이라 한다.

詳說

○ 鄕與亭.

'향정(鄕亭)'은 '향(鄕)'과 '정(亭)'이다.

○ 音朝.

---

629) 『시전대전(詩傳大全)』에 동래 여씨가 『회남자』의 말을 인용한 것으로 동일하게 실려 있다.
630) 『시전대전(詩傳大全)』에 안성 유씨의 말로 실려 있다.
631) 『시전대전(詩傳大全)』에는 "안성 유씨가 말하였다 : '『자서(字書)』에는 「안(犴)을 한편으로 한(豻)으로 한다. 한(豻)은 오랑캐 땅에서의 개다.」라고 하였다. 들개가 지키는 곳이기 때문에 옥(獄)을 한(犴)으로 한 것이다.'(安成劉氏曰 : 字書云, 犴一作豻, 豻, 胡地犬也. 野犬所以守, 故以獄爲犴.)"라고 되어 있다.

'조(朝乙)'의 음은 '조(朝)'이다.

○ 出韓詩外傳.
『한시외전』이 출처이다.

朱註
○ 鳳不食粟, 而今則率場啄粟矣, 病寡, 不宜岸獄, 今則宜岸宜獄矣. 言王不恤鰥寡, 喜陷之於刑辟也.
○ 상호(桑鳳)는 곡식을 먹지 않는데, 지금은 마당을 따라가며 곡식을 쪼아 먹고, 병들고 약한 자들은 안옥(岸獄)에 마땅하지 않는데 지금엔 안옥에 마땅하다 한다. "왕이 홀아비와 과부를 구휼하지 아니하고 형벌에 빠뜨리기를 좋아하는 것이다."

詳說
○ 循也
'솔(率)'은 따라가는 것이다.

○ 埤亦反
'벽(辟)'의 음은 '비(埤)'와 '역(亦)'의 반절이다.

○ 慶源輔氏曰 ; "如我之病困孤獨, 或不免於羅織之禍."632)
경원 보씨가 말하였다 : "이를테면 내가 병들고 곤궁한 것은 혹 그물질하는 화를 면하지 못한 것이다."633)

朱註
然不可不求所以自善之道,
그러나 스스로 선(善)하게 하는 방법을 찾지 않을 수 없기

---

632) 『시전대전(詩傳大全)』에 경원 보씨의 말로 실려 있다.
633) 『시전대전(詩傳大全)』에는 "경원 보씨가 말하였다 : '5장에서는 또 왕이 빈곤한 자와 홀아비·과부를 구휼하지 않은 것에 대해 말했으니, 이를테면 내가 병들고 곤궁한 것은 현 시대에 혹 그물질하는 화를 면하지 못했다는 것이다. ….(慶源輔氏曰 : … 五章, 則又言王不恤貧困鰥寡, 如我之病困孤獨, 當今之世, 或不免於羅織之禍. ….)"라고 되어 있다.

詳說

○ 補三句.

세 구를 더했다.

朱註

故握持其粟

때문에 곡식을 한 움큼 쥐고

詳說

○ 以酬卜者.

점치는 보수로 주는 것이다.

朱註

出而卜之曰何自

나와서 점(占)을 치면서 말하기를 "어디로부터 하여야

詳說

○ 從何處.

'하자(何自)'는 '어디에서부터'이다.

而能善乎

선할 수 있을꼬?"라고 한 것이다.

詳說

○ 塡寡二句, 汎言, 握粟二句, 自謂也.

'병들고 약한 자' 두 구절은 넓게 말한 것이고, '곡식을 한 움큼 쥔다.'는 두 구절은 스스로 말한 것이다.

朱註

言握粟以見其貧窶之甚.

곡식을 한 움큼 쥔다고 말함으로써 가난함이 심함을 나타낸 것이다.

詳說

○ 音現.

'현(見)'의 음은 '현(現)'이다.

○ 二句, 論也

두 구는 경문의 의미 설명이다.

○ 慶源輔氏曰:"貧窶如是, 而猶不忘自善之道, 然後爲君子."634)

경원 보씨가 말하였다 : "이처럼 가난하고 어려워도 오히려 스스로 선하게 되는 도를 잊지 않은 연후에 군자가 되는 것이다."

○ 按, 此與北門賢者之窶貧同矣.

살펴보건대, 여기는 「북문」에서 현자가 어렵고 가난 한 것과 같다.

[2-5-2-6]

溫溫恭人, 如集于木,

유순하고 공손한 사람이 나무에 앉은 듯하며,

惴惴小心, 如臨于谷.

두렵고 두려운 소심한 자가 골짜기에 임한 듯하다.

詳說

○ 音贅.

'췌(惴)'의 음은 '췌(贅)'이다.

戰戰兢兢, 如履薄冰.

전전긍긍하며 살얼음을 밟는 듯하노라.

---

634) 『시전대전(詩傳大全)』에 경원 보씨의 말로 거의 동일하게 실려 있다.

朱註

賦也. 溫溫, 和柔貌. 如集于木, 恐隊也, 如臨于谷, 恐隕也.

부(賦)이다. 온온(溫溫)은 화(和)하고 유순한 모양이다. 나무에 앉은 듯하다는 것은 떨어질까 두려워함이고, 골짜기에 임한 듯하다는 것은 빠질까 두려워함이다.

詳說

○ 音隊.635)

'대(隊)'의 음은 '추(墜)'이다.

○ 惴諺音誤.

'췌(惴)'는 『언해』의 음이 잘못되었다.

○ 慶源輔氏曰 : "上四句, 指他人言, 下二句, 自謂也. 言今處亂世, 溫柔恭敬之人, 則恐隊惴惴小心之人, 則恐隕, 我其可不戰兢哉."636)

경원 보씨가 말하였다 : "위의 네 구는 다른 사람을 가리켜 말한 것이고, 아래의 두 구는 스스로 말한 것이다. 지금 난세에 온유하고 공손한 사람은 떨어질까 두려워하고 두려운 소심한 자는 빠질까 두려워하니, 내가 어찌 전전긍긍하지 않겠는가?"637)

○ 鄭氏曰 : "衰亂之世, 賢人君子, 雖無罪, 猶恐懼."638)

정씨가 말하였다 : "쇠란한 시대에 현인과 군자는 죄가 없을지라도 오히려 염려하고 두려워한다."

○ 此與第二章, 其意略同.

---

635) 音隊 : 『시전대전(詩傳大全)』에도 동일하게 되어 있다.
636) 『시전대전(詩傳大全)』에 경원 보씨의 말로 실려 있다.
637) 『시전대전(詩傳大全)』에는 "경원 보씨가 말하였다 : '유순하고 공손한 사람과 두렵고 두려운 소심한 자는 모두 다른 사람을 가리켜 말한 것이고, 전전긍긍하는 것은 스스로 말한 것이다. 지금 난세에 온유하고 공손한 사람은 나무에 앉은 듯하며 떨어질까 두려워하고 두렵고 두려운 소심한 자는 골짜기에 임한 듯하며 빠질까 두려워하니, 내가 어찌 살얼음을 밟는 듯하며 전전긍긍하지 않겠는가?'(慶源輔氏曰 : 溫溫恭人, 惴惴小心, 皆指他人言也. 戰戰兢兢, 則自謂也. 言今處亂世, 溫柔恭敬之人, 則如集于木而恐隊也. 惴惴小心之人, 則如臨于谷而恐隕也. 我其可不戰戰兢兢, 如履薄氷哉.)"라고 되어 있다.
638) 『시전대전(詩傳大全)』에 정씨의 말로 동일하게 실려 있다.

여기는 2장과 그 의미가 대충 같다.

朱註

小宛六章, 章六句.
「소완」은 6장으로 장은 6구이다.

朱註

此詩之詞, 最爲明白, 而意極懇. 至說者, 必欲爲刺王之言,
이 시의 말은 아주 명백하면서도 뜻이 간곡하다. 그런데 해설하는 자가 굳이 왕을 풍자한 말로 삼으려 하였기 때문에,

詳說

○ 小序曰 : "幽王."
「소서」에서 말하였다 : "왕은 유왕(幽王)이다."

○ 鄭氏曰 : "厲王."
정씨가 말하였다 : "왕은 여왕(厲王)이다."

朱註

故其說, 穿鑿破碎, 無理尤甚. 今悉改定, 讀者詳之.
그 해설이 천착하고 갈라져서 무리함이 더욱 심했다. 그러므로 이제 모두 개정하였으니, 읽는 자들은 상세히 살펴보아야 할 것이다.

詳說

○ 濮氏曰 : "感念存沒, 意極懇至, 每誦之, 令人悽愴."[639]
복씨가 말하였다 : "산 자와 죽은 자를 생각함에 뜻이 지극히 간절하니, 매번 외움에 사람들을 슬프게 한다."[640]

---

[639] 『시전대전(詩傳大全)』에 복씨의 말로 실려 있다.
[640] 『시전대전(詩傳大全)』에는 "복씨가 말하였다 : '여기의 시는 형제가 서로 경계하는 말이니, 혹 그 사람들에게 주덕(酒德)의 실패가 있을 수 있다. 「서」에서 왕을 풍자했다고 한 것은 잘못된 것이다. 산 자와 죽은 자를 생각함에 뜻이 지극히 간절하니 매번 외움에 사람들을 슬프게 한다.'(濮氏曰 : 此詩, 兄弟相戒之辭. 或是其人嘗有酒德之敗. 序謂刺王, 非矣. 感念存沒, 意極懇至, 每誦之, 令人悽愴.)"라고 되어 있다.

[2-5-3-1]

弁彼鸒斯, 歸飛提提.

날개치는 저 갈가마귀여 돌아가면서 날기를 한가롭게 하도다.

詳說

○ 音盤
'반(弁)'의 음은 '반(盤)'이다.

○ 音豫.641)
'여(鸒)'의 음은 '예(豫)'이다.

○ 叶, 光霽反.642)
'사(斯)'는 협운으로 음은 '광(光)'과 '재(霽)'의 반절이다.643)

○ 音匙.
'시(提)'의 음은 '시(匙)'이다.

民莫不穀, 我獨于罹. 何辜于天. 我罪伊何. 心之憂矣, 云如之何.

다른 사람들은 불행한 이가 없거늘 나만이 홀로 근심하노라.
하늘에 무슨 죄를 지었는고 내 죄가 무엇인고?
마음에 근심함이여 어찌하리오!

朱註

興也. 弁, 飛拊翼貌. 鸒, 雅烏也, 小而多羣, 腹下白, 江東呼爲鵯烏, 斯, 語辭也.

---

641) 音豫:『시전대전(詩傳大全)』에도 동일하게 되어 있다.
642) 叶, 光霽反:『시전대전(詩傳大全)』에는 다소 다르게 되어 있다.
643)『시전대전(詩傳大全)』에는 "'사(斯)'는 협운으로 음은 '선(先)'과 '재(霽)'의 반절이다.(叶, 先霽反)"라고 되어 있다.

흥(興)이다. 반(弁)은 날며 날개치는 모양이다. 여(鸒)는 갈가마귀로 작고 떼가 많으며 배 아래가 흰데, 강동(江東) 지방에서는 필오(鵯烏)라 부른다. 사(斯)는 어조사이다.

詳說

○ 鴉通.
  '아(雅)'는 '아(鴉)'와 통한다.

○ 音疋, 又音卑.
  '필(鵯)'의 음은 '필(疋)'이고, 또 '비(卑)'이다.

○ 孔氏曰 : "猶蕭斯柳斯."644)
  공씨가 말하였다 : "'저 쑥대'와 '저 버드나무'와 같다."645)

朱註

提提, 羣飛安閒之貌. 穀, 善, 罹, 憂也. ○ 舊說, 幽王太子宜臼, 被廢而作此詩. 言弁彼鸒斯, 則歸飛提提矣. 民莫不善, 而我獨于憂, 則鸒斯之不如也. 何辜于天, 我罪伊何者, 怨而慕也. 舜號泣于旻天, 曰父母之不我愛, 於我何哉.

시시(提提)는 떼지어 날며 편안하고 한가한 모양이다. 곡(穀)은 좋음이고, 이(罹)는 근심함이다. ○ 구설은 유왕의 태자 의구가 폐출을 당하고 이 시를 지었다는 것이다. '날개 치는 저 갈가마귀는 돌아가면서 날기를 한가롭게 한다. 다른 사람들은 좋지 않은 이가 없는데 나만이 홀로 근심하니 나는 갈가마귀만도 못하다는 말이다. '하늘에 무슨 죄를 지었는고, 내 죄가 무엇인고?'라는 것 것은 원망하고 사모한 것이다. 순임금이 민천(旻天)에 울부짖으며 "부모가 나를 사랑하지 않음은 나에게 무슨 죄가 있기 때문인가?"라고 하였으니,

詳說

---

644) 『시전대전(詩傳大全)』에 공씨의 말로 실려 있다.
645) 『시전대전(詩傳大全)』에는 "공씨가 말하였다 : '「쫑긋한 저 쑥대에 이슬방울이 무르익었구나.」와 같고, 「무성한 저 버드나무.」와 같다.'(孔氏曰 : 猶蓼彼蕭斯, 菀彼柳斯.)"라고 되어 있다.

○ 猶樂也.

'선(善)'은 '락(樂)'과 같다.

○ 平聲.

'호(號)'는 평성이다.

○ 見孟子萬章.

『맹자』「만장」에 있다.646)

朱註

蓋如此矣.

이와 같은 것이다.

詳說

○ 詳見章下.

장의 아래에 자세하게 있다.

朱註

心之憂矣, 云如之何, 則知其無可柰何, 而安之之詞也.

'마음에 근심함이여, 어찌하리오.'라는 것은 그 어쩔 방법이 없음을 알고 편안히 여긴다는 말이다.

詳說

○ 以論釋之.

경문의 의미 설명으로 풀이한 것이다.

[2-5-3-2]

踧踧周道, 鞫爲茂草.

---

646)『맹자』「만장」에 있다 :『맹자』「만장상」에 "나는 힘을 다해 밭을 갈고 공손히 자식된 직분을 할 따름이니, 부모께서 나를 사랑하지 않음은 나에게 무슨 죄가 있기 때문인가.(我竭力耕田, 共爲子職而已矣, 父母之不我愛, 於我何哉.)"라는 말이 있다.

평탄한 큰 길이여 막혀서 무성한 풀밭이 되리로다.

> 詳說

○ 音笛.
  '축(踧)'의 음은 '적(笛)'이다.

○ 叶, 徒苟反.647)
  '도(道)'는 협운으로 '도(徒)'와 '구(苟)'의 반절이다.

○ 音菊.
  '국(鞠)'의 음은 '국(菊)'이다.

○ 叶, 此苟反.648)
  '초(草)'는 협운으로 '차(此)'와 '구(苟)'의 반절이다.

> 我心憂傷, 怒焉如擣.

내 마음의 근심과 슬픔이여 서글픔이 방아질하는 듯하노라.

> 詳說

○ 乃歷反.649)
  '녁(怒)'의 음은 '내(乃)'와 '력(歷)'의 반절이다.

○ 音擣, 叶丁口反.650)
  '도(擣)'의 음은 '도(搗)'이고 협운으로 '정(丁)'과 '구(口)'의 반절이다.651)

> 假寐永歎, 維憂用老,

---

647) 叶, 徒苟反 : 『시전대전(詩傳大全)』에도 동일하게 되어 있다.
648) 叶, 此苟反 : 『시전대전(詩傳大全)』에도 동일하게 되어 있다.
649) 歷反 : 『시전대전(詩傳大全)』에도 동일하게 되어 있다.
650) 音搗, 叶丁口反 : 『시전대전(詩傳大全)』에는 다소 다르게 되어 있다.
651) 『시전대전(詩傳大全)』에는 "'도(擣)'의 음은 '정(丁)'과 '노(老)'의 반절이고, 협운으로 '정(丁)'과 '구(口)'의 반절이다.(丁老反, 叶丁口反.)"라고 되어 있다.

가매(假寐)하는 중에 길이 탄식하여 근심 때문에 늙으니,

|詳說|

○ 叶, 魯口反.652)

  '노(老)'는 협운으로 음은 '노(魯)'와 '구(口)'의 반절이다.

|心之憂矣, 疢如疾首.|

마음에 근심하는지라 병듦이 머리가 아픈 듯하노라.

|詳說|

○ 音疹.

  '진(疢)'의 음은 '진(疹)'이다.

|朱註|

興也. 踧踧, 平易也. 周道, 大道也. 鞠, 窮, 惄, 思, 擣, 舂也. 不脫衣冠而寐, 曰假寐.

흥(興)이다. 축축(踧踧)은 평이(平易)함이다. 주도(周道)는 큰 길이다. 국(鞠)은 막힘이요, 역(惄)은 생각함이요, 도(擣)는 방아를 찧는 것이다. 의관(衣冠)을 벗지 않고 자는 것을 가매(假寐)라 한다.

|詳說|

○ 去聲.

  '이(易)'는 거성이다.

○ 暫寐.

  '가매(假寐)'는 깜빡 조는 것이다.

|朱註|

疢猶疾也. ○ 踧踧周道, 則將鞠爲茂草矣,

---

652) 叶, 魯口反:『시전대전(詩傳大全)』에도 동일하게 되어 있다.

진(疹)은 질(疾)과 같다. ○ 평탄한 큰 길이 막혀 무성한 풀밭이 될 것이고,

詳說

○ 其事似賦, 而其體則興也.

그 일로는 부(賦) 같은데, 그 문체로는 흥(興)이다.

朱註

我心憂傷, 則惄焉如擣矣.

내 마음의 근심과 슬픔은 근심하여 방아를 찧는 듯하다.

詳說

○ 疊山謝氏曰 : "如有物擣其心也."653)

첩산 사씨가 말하였다 : "그것이 내 마음을 방아 찧는 것 같은 것이다."654)

朱註

精神憒眊, 至於假寐之中, 而不忘永歎, 憂之之深. 是以未老, 而老也. 疹, 如疾首,

정신이 혼몽하여 깜빡 조는 중에도 길이 탄식함을 잊지 못함에 이르니, 근심함이 깊은 것이다. 이 때문에 늙을 나이가 못되었는데도 늙은 것이다. 병듦이 머리 아픔과 같다면

詳說

○ 孔氏曰頭痛也.655)

공씨가 말하였다 : "머리 아픔은 두통이다."

朱註

則又憂之甚矣.

---

653) 『시전대전(詩傳大全)』에 첩산 사씨의 말로 실려 있다.
654) 『시전대전(詩傳大全)』에는 "첩산 사씨가 말하였다 : 「서글픔이 방아질하는 듯하노라.」라는 것은 그 슬픔으로 아주 아파 그것이 내 마음을 방아 찧는 것 같은 것이다. ….(疊山謝氏曰 : 惄焉如擣, 其悲至痛, 如有物之擣其心也. ….)"라고 되어 있다.
655) 『시전대전(詩傳大全)』에 공씨의 말로 거의 비슷하게 실려 있다.

또 근심함이 심한 것이다.

> 詳說
>
> ○ 豐城朱氏曰 : "凡三言憂憂之, 而至於痛, 至於衰, 至於病也." 656)
>
> 풍성 주씨가 말하였다 : "모두 세 번 근심한다고 말했으니, 괴롭게 되고, 늙게 되고 아프게 되는 것이다."657)

[2-5-3-3]

維桑與梓, 必恭敬止,

뽕나무와 추자나무도 반드시 공경하면,

> 詳說
>
> ○ 叶, 獎里反.658)
>
> '재(梓)'는 협운으로 음은 '장(獎)'과 '리(里)'의 반절이다.

靡瞻匪父, 靡依匪母.

우러러볼 것이 아버지 아님이 없으며 의지할 것이 어머니 아님이 없도다.

> 詳說
>
> ○ 叶, 滿彼反.659)
>
> '모(母)'는 협운으로 음은 '만(滿)'과 '피(彼)'의 반절이다.

不屬于毛, 不離于裏.

---

656) 『시전대전(詩傳大全)』에 풍성 주씨의 말로 실려 있다.
657) 『시전대전(詩傳大全)』에는 "풍성 주씨가 말하였다 : '여기의 장에서 근심한다는 말은 모두 세 번 말했으니, 「서글품이 방아질하는 듯하노라.」는 것은 근심해서 괴롭게 되는 것이고, 「근심 때문에 늙는다」는 것은 늙게 되는 것이며, 「병듦이 머리가 아픈 듯하노라.」는 것은 아프게 되는 것이다.'(豐城朱氏曰 : 此章憂之一字, 凡三言之, 怒焉如擣, 憂之而至於痛也, 維憂用老, 憂之而至於衰也, 疢如疾首, 憂之而至於病也.)"라고 되어 있다.
658) 叶, 獎里反 : 『시전대전(詩傳大全)』에도 동일하게 되어 있다.
659) 叶, 滿彼反 : 『시전대전(詩傳大全)』에도 동일하게 되어 있다.

터럭에도 연결되지 않으며 가슴속에 걸리지도 않는가?

詳說

○ 音燭.660)

'촉(爥)'의 음은 '촉(燭)'이다.

天之生我, 我辰安在.

하늘이 나를 낳음이여 나의 때는 어디에 있는고?

詳說

○ 叶, 此里反.661)

'재(在)'는 협운으로 음은 '차(此)'와 '리(里)'의 반절이다.

○ 止字爲韻.

'지(止)'자가 운이다.

朱註

興也. 桑梓, 二木, 古者, 五畝之宅, 樹之牆下,

흥(興)이다. 뽕나무와 추자나무는 두 나무로 옛날에 다섯 묘의 집 담장 아래에 심어서

詳說

○ 諺音誤.

'재(梓)'는 『언해』의 음이 잘못되었다.

○ 見孟子盡心.

『맹자』「진심」에 있다.662)

---

660) 音爥 : 『시전대전(詩傳大全)』에도 동일하게 되어 있다.
661) 叶, 此里反 : 『시전대전(詩傳大全)』에도 동일하게 되어 있다.
662) 『맹자』「진심」에 있다 : 『맹자』「양혜왕상」에 "5묘의 집 가장자리에 뽕나무를 심으면 50세 된 자가 비단옷을 입을 수 있다.(五畝之宅, 樹之以桑, 五十者可以衣帛矣.)"라는 말이 있다.

以遺子孫, 給蠶食, 具器用者也.
자손에게 물려주어 누에 먹이로 공급하고, 기용(器用)을 마련하게 한 것이다.

詳說

○ 去聲.
'유(遺)'는 거성이다.

○ 安成劉氏曰 : "桑以給蠶, 梓以具器. 然此民居之制也, 蓋託以起興耳."663)
안성 유씨가 말하였다 : "뽕나무는 누에에게 주고, 추자나무는 기구를 갖추었다. 그러나 이것은 백성들이 살 때의 제도로 대개 이것에 의탁해서 흥을 일으켰을 뿐이다."664)

朱註

瞻者, 尊而仰之, 依者, 親而倚之. 屬, 連也. 毛, 膚體之餘氣末屬也.
첨(瞻)은 높여서 우러름이고, 의(依)는 친히 하여 의지함이다. 촉(屬)은 연결됨이다. 모(毛)는 살과 몸에서 남은 기운과 끝에 있는 것이다.

詳說

○ 如字.
'속(屬)'은 본래의 음 대로 읽는다.

朱註

離, 麗也. 裏, 心腹也. 辰, 猶時也. ○ 言桑梓, 父母所植, 尚且必加恭敬,
이(離)는 걸림이다. 이(裏)는 심복(心腹)이다. 신(辰)은 때와 같다. ○ 뽕나무와 추자나무도 부모가 심으신 것이면 오히려 반드시 공경을 하는데,

---

663) 『시전대전(詩傳大全)』에 안성 유씨의 말로 실려 있다.
664) 『시전대전(詩傳大全)』에는 "안성 유씨가 말하였다 : '옛날에 한 사내는 오묘의 땅을 받았으니, 집 이묘 반은 읍에 있었고, 이묘 반은 밭에 있었다. 사방을 빙 둘러 담장 아래 뽕나무를 심어 누에에게 주고, 추자나무를 심어 기구를 갖추었다. 그러나 이것은 백성들이 살 때의 제도로 대개 이것에 의탁해서 흥을 일으켰을 뿐이다.(安成劉氏曰 : 古者一夫受五畝, 宅二畝半在邑, 二畝半, 在田. 四圍牆下植木桑, 以給蠶食, 梓以具器用. 然此民居之制也, 蓋託以起興耳.)"라고 되어 있다.

詳說

○ 音離.
'리(麗)'의 음은 '리)'이다.

○ 亦其事似賦, 而其體則興也.
또한 그 일로는 부(賦) 같은데, 그 문체로는 흥(興)이다.

朱註

況父母至尊至親, 安莫不瞻依也.
하물며 부모는 지극히 높고 지극히 가까우시니 마땅히 우러러보고 의지하지 않을 수 없다.

詳說

○ 與莫高匪山文勢, 參看.
「막고비산」의 문체와 참고해서 보라.

朱註

然父母之不我愛,
그러나 부모가 나를 사랑하지 않으니,

詳說

○ 照前註.
앞의 주를 참조하라.

朱註

豈我不屬于父母之毛乎. 豈我不離于父母之裏乎.
어쩌면 내가 부모의 털에도 연결되지 않았단 말인가. 어쩌면 내가 부모의 마음속에 걸리지도 않는단 말인가.

詳說

○ 孔氏曰 : "爲父所放, 並言母者, 以人皆有父母之恩, 故連言之."665)

공씨가 말하였다 : "아버지에게 내쳐졌는데 아울러 어머니를 말했으니, 사람은 모두 부모의 은혜가 있기 때문에 이어서 말한 것이다."666)

朱註

無所歸咎

허물을 돌릴 곳이 없어서

詳說

○ 照節南山註.

「절남산」의 주를 참조하라.

朱註

則推之於天, 曰豈我生時

하늘에 미루어 "어쩌면 내가 태어난 때가

詳說

○ 鄭氏曰 : "六物吉凶."

정씨가 말하였다 : "육물의 길흉이다."

○ 孔氏曰 : "歲時日月星辰."667)

공씨가 말하였다 : "세시와 일월과 성신이다."668)

朱註

不善哉.

---

665) 『시전대전(詩傳大全)』에 공씨의 말로 실려 있다.
666) 『시전대전(詩傳大全)』에는 "공씨가 말하였다 : '태자는 아버지에게 일을 당했을 뿐인데 아울러 어머니를 말했으니, 사람은 모두 부모의 은혜가 있기 때문에 이어서 말한 것이다.(孔氏曰 : 太子爲父所故耳, 幷言母者, 以人皆有父母之恩, 故連言之.)"라고 되어 있다.
667) 『시보전(詩補傳)』에 진후(晉侯)와 백하(伯瑕)의 문답으로 실려 있다.
668) 『시보전(詩補傳)』에 『좌씨전』에서 진후가 '백하에게 무엇을 육물이라고 하는가?'라고 하니, '세시와 일월과 성신입니다.'라고 답하였다.(左氏傳, 晉侯謂伯瑕, 曰何謂六物. 對曰, 歲時日月星辰.)"라는 말이 있다.

좋지 못한가?

> 詳說

○ 疊山謝氏曰 : "不知天生我之時, 果在何歟."669)

첩산 사씨가 말하였다 : "하늘이 나를 낳은 때를 알지 못하니, 진실로 어디에 있어야 하겠는가?"670)

○ 猶言我獨無生時乎, 我之生時, 竟如何也.

'나만 태어난 때가 없는가? 나의 태어난 때는 끝내 어디인가?'라고 말하는 것과 같다.

> 朱註

何不祥至是也.

어찌 상서롭지 못함이 이 지경인가?"라고 한 것이다.

> 詳說

○ 添此句.

이 구를 더했다.

[2-5-3-4]

> 菀彼柳斯, 鳴蜩嘒嘒,

무성한 저 버드나무에 우는 매미가 혜혜(嘒嘒)하며,

> 詳說

○ 音鬱.671)

'울(菀)'의 음은 '울(鬱)'이다.

---

669) 『시전대전(詩傳大全)』에 첩산 사씨의 말로 실려 있다.
670) 『시전대전(詩傳大全)』에는 "첩산 사씨가 말하였다 : '부모가 나를 사랑해주지 않아 그 기쁨을 구했으나 얻지 못해 「하늘이 나를 낳은 때를 알지 못하니, 진실로 어디에 있어야 할까?」라고 하였으니, 알 수 없다는 것이다.'(疊山謝氏曰 : 父母不我愛, 求其說, 而不可得, 曰不知天生我之時, 果在何歟. 不可得而知也.)"라고 되어 있다.
671) 音鬱 : 『시전대전(詩傳大全)』에도 동일하게 되어 있다.

○ 音條.672)

'조(鯈)'의 음은 '조(鯈)'이다.

○ 呼惠反.673)

'혜(嘒)'의 음은 '호(呼)'와 '혜(惠)'의 반절이다.

|有淮者淵, 萑葦淠淠.|

깊은 연못에 갈대가 많고 많도다.

|詳說|

○ 千罪反.674)

'최(漼)'의 음 '천(千)'과 '죄(罪)'의 반절이다.675)

○ 音丸.676)

'추(萑)'의 음은 '환(丸)'이다.677)

○ 韋鬼反.678)

'위(葦)'의 음은 '위(韋)'와 '귀(鬼)'의 반절이다.

○ 孚計反.679)

'비(淠)'의 음은 '부(孚)'와 '계(計)'의 반절이다.

|譬彼舟流, 不知所屆,|

비유하건대 저 배의 흐름이 이를 곳을 알지 못함과 같으니,

---

672) 音條 : 『시전대전(詩傳大全)』에도 동일하게 되어 있다.
673) 呼惠反 : 『시전대전(詩傳大全)』에도 동일하게 되어 있다.
674) 千罪反 : 『시전대전(詩傳大全)』에는 다소 다르게 되어 있다.
675) 『시전대전(詩傳大全)』에는 "'최(漼)'의 음은 '우(于)'와 '죄(罪)'의 반절이다.(于罪反)"라고 되어 있다.
676) 音丸 : 『시전대전(詩傳大全)』에는 다르게 되어 있다.
677) 『시전대전(詩傳大全)』에는 "'추(萑)'의 음은 '구(九)'이다.(音九)"라고 되어 있다.
678) 韋鬼反 : 『시전대전(詩傳大全)』에도 동일하게 되어 있다.
679) 孚計反 : 『시전대전(詩傳大全)』에도 동일하게 되어 있다.

詳說

○ 音戒, 叶居氣反.680)

'계(屆)'의 음은 '계(戒)'이고, 협운은 '거(居)'와 '기(氣)'의 반절이다.

心之憂矣, 不遑假寐.

마음에 근심하는지라 가매(假寐)할 겨를도 없노라.

朱註

興也. 菀, 茂盛貌. 蜩, 蟬也. 嘒嘒, 聲也. 漼, 深貌. 淠淠, 衆也. 屆, 至, 遑, 暇也. ○ 菀彼柳斯, 則鳴蜩嘒嘒矣. 有漼者淵, 則萑葦淠淠矣. 今我獨見棄逐,

흥(興)이다. 울(菀)은 무성한 모양이다. 조(蜩)는 매미이다. 혜혜(嘒嘒)는 소리이다. 최(漼)는 깊은 모양이다. 비비(淠淠)는 많은 것이다. 계(屆)는 이름이고, 황(遑)은 겨를이다. ○ 무성한 저 버드나무엔 우는 매미가 혜혜(嘒嘒)하고, 깊은 연못엔 갈대가 많고 많다. 그런데 나는 지금 홀로 버림을 받으며 축출을 당했으니,

詳說

○ 補此句.

이 구를 더했다.

朱註

如舟之流于水中, 不知其何所至乎.

배가 물 가운데 흘러가서 그 어느 곳에 가 닿을지 알지 못함과 같구나.

詳說

○ 臨川王氏曰:"所謂如窮人無所歸."681)

임천 왕씨가 말하였다:"이른바 궁색한 사람이 돌아갈 곳이 없는 것과 같다는 것이다."682)

---

680) 音戒, 叶居氣反:『시전대전(詩傳大全)』에도 동일하게 되어 있다.
681) 『시전대전(詩傳大全)』에 임천 왕씨의 말로 실려 있다.
682) 『시전대전(詩傳大全)』에는 "임천 왕씨가 말하였다: '배의 흐름이 둥둥 흘러가며 그칠 곳이 없는 것이 이

○ 慶源輔氏曰 : "物之大者, 無所不容, 以興今王乃不能容其子何哉.683)

경원 보씨가 말하였다 : "큰 사물은 받아들일 곳이 없는 것으로 이제 왕이 이에 그 자식을 무엇 때문에 용납할 수 없는지를 흥하였다."684)

○ 自歎蜩萑之不如也.

매미나 갈대만도 못함을 스스로 탄식하였다.

朱註
是以憂之之深, 昔猶假寐,

이 때문에 근심함이 깊어서 옛날에는 그래도 잠깐 졸기도 했었는데,

詳說
○ 照前章.

앞의 장을 참조하라.

朱註
而今不暇也.

이제는 겨를이 없는 것이다.

[2-5-3-5]
鹿斯之奔, 維足伎伎,

사슴은 도망갈 적에 발걸음이 느릿느릿하고,

詳說

른바 궁색한 사람이 돌아갈 곳이 없는 것과 같다는 것이다.(臨川王氏曰 : 舟流者, 蕩漾而無所止也, 所謂若窮人無所歸也.)"라고 되어 있다.
683) 『시전대전(詩傳大全)』에 경원 보씨의 말로 실려 있다.
684) 『시전대전(詩傳大全)』에는 "경원 보씨가 말하였다 : '큰 사물은 받아들일 곳이 없는 것으로 이제 왕이 이에 그 자식을 무엇 때문에 용납할 수 없는지를 흥해서 하였으니, 가령 배가 물을 따라 흘러가면서 어디 멈출 곳이 없는 것과 같다.'(慶源輔氏曰 : 見物之大者, 無所不容, 以興今王乃不能容其子, 使如舟之流於水中, 而無所屈何哉.)"라고 되어 있다.

○ 其宜反.685)

'기(伎)'의 음은 '기(其)'와 '의(宜)'의 반절이다.

雉之朝雊, 尚求其雌.

꿩은 아침에 울 적에 오히려 그 암컷을 찾는다.

詳說

○ 音垢.

'구(雊)'의 음은 '구(垢)'이다.

○ 叶, 千西反.686)

'자(雌)'는 협운으로 음은 '천(千)'과 '서(西)'의 반절이다.

譬彼壞木, 疾用無枝,

비유하건대 저 병든 나무가 병 때문에 가지가 없음과 같은데,

詳說

○ 胡罪反.687)

'괴(壞)'의 음은 '호(胡)'와 '죄(罪)'의 반절이다.

心之憂矣, 寧莫之知.

마음에 근심함을 어찌 알지 못하는고?

朱註

興也. 伎伎, 舒貌, 宜疾而舒, 留其羣也.
흥(興)이다. 기기(伎伎)는 느린 모양으로, 빨리 해야 할 경우에 느림은 그 무리들에 남기 위해서이다.

---

685) 其宜反:『시전대전(詩傳大全)』에도 동일하게 되어 있다.
686) 叶, 千西反:『시전대전(詩傳大全)』에도 동일하게 되어 있다.
687) 胡罪反:『시전대전(詩傳大全)』에도 동일하게 되어 있다.

詳說

○ 聚羣.

무리지어 있기 위한 것이다.

朱註

雊, 雉鳴也. 壞, 傷病也. 寧, 猶何也. ○ 鹿斯之奔, 則足伎伎然, 雉之朝雊, 亦知求其妃匹. 今我獨見棄逐,

구(雊)는 꿩의 울음이다. 괴(壞)는 상하고 병듦이다. 영(寧)은 하(何)와 같다. ○ 사슴은 달아날 적에도 발걸음이 느릿느릿하며 꿩은 아침에 울 적에 또한 그 배필을 찾을 줄 안다. 지금 나만 버림과 축출을 당하였으니,

詳說

○ 音配.

'비(妃)'음은 '배(配)'이다.

○ 亦補此句.

또한 이 구를 더했다.

朱註

如傷病之本, 憔悴而無枝.

상하고 병든 나무가 초췌하여 가지가 없는 것과 같다.

詳說

○ 眉山蘇氏曰 : "物無不思於其親者, 今王獨棄其子, 何哉."[688]

미산 소씨가 말하였다 : "사람들은 그 어버이를 생각하지 않음이 없는데, 지금 왕만 그 자식을 버려둠은 어째서인가?"[689]

---

688) 『시전대전(詩傳大全)』에 미산 소씨의 말로 실려 있다.
689) 『시전대전(詩傳大全)』에는 "미산 소씨가 말하였다 : '사슴은 뛰어가면서도 그 무리에 남으려고 하고, 꿩은 울면서도 그 암컷을 찾으며, 사람들은 그 어버이를 생각하지 않음이 없는데, 지금 왕만 그 자식을 버려둠은 어째서인가?'(眉山蘇氏曰 : 鹿走而留其羣, 雉鳴而求其雌, 物無不有思於其親者, 今王獨棄其子, 何哉.)"라고 되어 있다.

○ 慶源輔氏曰 : "其意又切於前章矣."690)
경원 보씨가 말하였다 : "그 의미가 또 앞장보다 절실하다."691)

○ 自歎鹿雉之不如也.
사슴이나 꿩만도 못함을 스스로 한탄하였다.

朱註
是以憂之而人莫之知也.
이 때문에 근심하는데도 사람들이 아무도 알지 못한다.

詳說
○ 他人之不知, 固也, 父母亦不知, 何哉.
다른 사람들이 알지 못하는 것은 본래 그런 것이지만 부모가 또한 알지 못하는 것은 어째서인가?

[2-5-3-6]
相彼投兎, 尙或先之,
저 달려드는 토끼를 보고도 오히려 먼저 빠져나가게 해주고,

詳說
○ 去聲.
'상(相)'은 거성이다.

○ 去聲, 叶, 蘇晉反.692)
'선(先)'은 거성이고, 협운으로 음은 '소(蘇)'와 '진(晉)'의 반절이다.693)

---

690) 『시전대전(詩傳大全)』에 경원 보씨의 말로 실려 있다.
691) 『시전대전(詩傳大全)』에는 "경원 보씨가 말하였다 : '사람들이 그 어버이를 돌보지 않음이 없음을 드러내어 자신만 버림과 축출을 당한 것이 이를테면 초췌하게 병든 나무가 가지 없는 것처럼 어째서인가?'라고 흥하였으니, 그 의미가 또 앞장보다 절실하다.'(慶源輔氏曰 : '以見夫物無不顧其親者, 以興己獨見棄逐, 如病木之悴, 而無枝, 何哉, 其意, 又切於前章矣.')"라고 되어 있다.
692) 去聲, 叶, 蘇晉反 : 『시전대전(詩傳大全)』에는 다소 다르게 되어 있다.
693) 『시전대전(詩傳大全)』에는 "'선(先)'의 음은 '소(蘇)'와 '천(薦)'의 반절이고, 협운으로 음은 '소(蘇)'와 '진(晉)'의 반절이다.(蘇薦反, 叶, 蘇晉反.)"라고 되어 있다.

|行有死人, 尚或墐之,|

길가에 죽은 사람이 있으면 오히려 혹 이를 묻어주는데,

|詳說|

○ 音覲.694)

'근(墐)'의 음은 '근(墐)'이다.

|君子秉心, 維其忍之.|

군자의 마음가짐은 잔인하기도 하도다.

|心之憂矣, 涕旣隕之.|

마음의 근심으로 눈물을 이미 떨어뜨리노라.

|詳說|

○ 音蘊.695)

'운(隕)'의 음은 '온(蘊)'이다.

|朱註|

興也. 相, 視, 投, 奔, 行, 道, 墐, 埋, 秉, 執, 隕, 墜也. ○ 相彼被逐, 而投人之兎, 尚或有哀其窮, 而先脫之者, 道有死人, 尚或有哀其暴露, 而埋藏之者, 蓋皆有不忍之心焉. 今王信讒, 棄逐其子, 曾視投兎死人之不如,

흥(興)이다. 상(相)은 봄이고, 투(投)는 달아남이며, 행(行)은 길이고, 근(墐)은 묻음이며, 병(秉)은 잡음이고, 운(隕)은 떨어짐이다. ○ 저 쫓김을 당해 사람에게 달려드는 토끼를 보고 오히려 혹 그 곤궁함을 애처롭게 여겨서 앞으로 나아가 빠져나가게 해주는 자가 있고, 길에 죽은 사람이 혹 그 드러나 있는 것을 애처롭게 여겨 묻어주는 자가 있으니, 이는 모두 차마 그대로 두고 볼 수 없는 마음이 있어서이다. 그런데 지금 왕은 참소하는 말을 믿어서 그 자식을 버리고 쫓아내어 일찍이 달려드는 토끼와 죽은 사람을 보는 것만도 못하니,

---

694) 音覲: 『시전대전(詩傳大全)』에도 동일하게 되어 있다.
695) 音蘊: 『시전대전(詩傳大全)』에도 동일하게 되어 있다.

詳說

○ 殣同.

'근(墐)'은 '근(殣)'과 같다.

○ 進前.

앞으로 나아가게 한다.

○ 步卜反.

'폭(暴)'의 음은 '보(步)'와 '복(卜)'의 반절이다.

○ 補四句.

네 구를 더했다.

朱註

則其秉心, 亦忍矣, 是以心憂而涕隕也.

그 마음가짐이 잔인하기도 하니, 이 때문에 마음에 근심하여 눈물을 흘리는 것이다.

詳說

○ 略下二之字.

아래의 두 '지(之)'자를 생략하였다.

[2-5-3-7]

君子信讒, 如或醻之,

군자가 참소하는 말을 믿음이 혹 권하는 술잔을 받아마시듯 하고,

詳說

○ 市由反, 叶, 市救反.696)

'수(醻)'의 음은 '시(市)'와 '유(由)'의 반절이고, 협운으로 음은 '시(市)'와 '구

---

696) 市由反, 叶市救反 : 『시전대전(詩傳大全)』에도 동일하게 되어 있다.

(救)'의 반절이다.

君子不惠, 不舒究之. 伐木掎矣, 析薪杝矣,

군자가 사랑하지 않는지라 서서히 살피지 아니하도다.
나무를 벨 때에도 위를 떠받치고 장작을 쪼갤 때에도 결을 따르는데,

詳說

○ 音己, 叶, 居何反.697)
　'기(掎)'의 음은 '기(己)'이고, 협운으로 음은 '거(居)'와 '하(何)'의 반절이다.698)

○ 音侈, 叶, 湯何反.699)
　'치(杝)'의 음은 '치(侈)'이고, 협운으로 음은 '탕(湯)'과 '하(何)'의 반절이다.700)

舍彼有罪, 予之佗矣.

저 죄 있는 자를 버려두고 나에게 죄를 가하도다.

詳說

○ 音捨.701)
　'사(舍)'의 음은 '사(捨)'이다.

○ 音唾, 叶, 湯何反.702)
　'타(佗)'의 음은 '타(唾Z)'이고, 협운으로 음은 '탕(湯)'과 '하(何)'의 반절이다.

朱註

賦而興也. 醻, 報,

---

697) 音己, 叶居何反 :『시전대전(詩傳大全)』에는 다소 다르게 되어 있다.
698)『시전대전(詩傳大全)』에는 "'기(掎)'의 음은 '기(寄)'와 '피(彼)'의 반절이고, 협운으로 음은 '거(居)'와 '하(何)'의 반절이다.(寄彼反, 叶, 居何反.)"라고 되어 있다.
699) 音侈, 叶湯何反 :『시전대전(詩傳大全)』에는 다소 다르게 되어 있다.
700)『시전대전(詩傳大全)』에는 "'치(杝)'의 음은 '칙(敕)'과 '씨(氏)'의 반절이고, 협운으로 음은 '탕(湯)'과 '하(何)'의 반절이다.(敕氏反, 叶湯何反.)"라고 되어 있다.
701) 音捨 :『시전대전(詩傳大全)』에도 동일하게 되어 있다.
702) 音唾, 叶湯何反 :『시전대전(詩傳大全)』에는 다소 다르게 되어 있다.

부(賦)이며서 흥(興)이다. 수(醻)는 보답함이고,

詳說

○ 上四句.
부는 위의 네 구이다.

○ 下四句.
흥은 아래의 네 구이다.

○ 孔氏曰酬古字通用.703)
공씨가 말하였다 : "수(醻)는 '수(酬)'와 옛 글자에서 통용된다."704)

朱註

惠, 愛, 舒, 緩, 究, 察也. 掎, 倚也, 以物倚其巓也. 柂, 隨其理也. 佗, 加也. ○ 言王惟讒是聽, 如受醻爵, 得即飮之,

혜(惠)는 사랑이며, 서(舒)는 느림이고, 구(究)는 살핌이다. 기(掎)는 기댐으로 물건으로써 그 위를 떠받치는 것이다. 치(柂)는 그 결을 따르는 것이다. 타(佗)는 가함이다. ○ 왕이 참소하는 말만 들으면 마치 권하는 술잔을 받으면 그대로 바로 마시듯이 하여

詳說

○ 孔氏曰 : "旅酬."705)
공씨가 말하였다 : "서로 술을 주고받는 것이다."706)

朱註

---

703) 『시전대전(詩傳大全)』에 공씨의 말로 실려 있다.
704) 『시전대전(詩傳大全)』에는 "공씨가 말하였다 : '수(醻)는 '수(酬)'와 옛 글자에서 통용된다. 여기에서는 참소를 들으면 바로 받아들여 행하는 것이 술을 주고받는 것과 같다고 한 것이다.(孔氏曰 : 醻, 酬古字通用. 此喩得讒, 即受而行之, 如旅酬也.)"라고 되어 있다.
705) 『시전대전(詩傳大全)』에 공씨의 말로 실려 있다.
706) 『시전대전(詩傳大全)』에는 "공씨가 말하였다 : '수(醻)는 '수(酬)'와 옛 글자에서 통용된다. 여기에서는 참소를 들으면 바로 받아들여 행하는 것이 술을 주고받는 것과 같다고 한 것이다.(孔氏曰 : 醻, 酬古字通用. 此喩得讒, 即受而行之, 如旅酬也.)"라고 되어 있다.

曾不加惠愛, 舒緩而究察之.
일찍이 은혜를 가해 서서히 살피지 아니한다.

> 詳說
> ○ 一釋兩不字.
> 한 번에 풀이로 '부(不)'자를 두 번 해석하는 것이다.

朱註
夫苟舒緩而究察之, 則讒者之情得矣.
만일 서서히 살핀다면 참소하는 자의 실정을 알게 될 것이다.

> 詳說
> ○ 音扶.
> '부(夫)'의 음은 '부(扶)'이다.
>
> ○ 添二句.
> 두 구를 더했다.

朱註
伐木者, 尚倚其巔,
나무를 베는 자도 오히려 그 위를 떠받치고,

> 詳說
> ○ 支其巔, 使勿妄仆.
> 그 위를 지탱해서 함부로 쓰러지지 않게 한다.

朱註
析薪者, 尚隨其理, 皆不妄挫折之,
장작을 쪼개는 자도 오히려 그 결을 따라서, 모두 함부로 꺾고 부러트리지 않는데,

詳說

○ 添此句.
이 구를 더했다.

朱註

今乃舍彼有罪之讒人,
지금 마침내 저 죄가 있어 참소하는 사람을 버려두고

詳說

○ 一作捨.
'사(舍)'는 어떤 판본에는 '사(捨)'로 되어 있다.

○ 褒姒伯服.
포사와 백복이다.707)

○ 補讒人字.
'참인(讒人)'이라는 글자를 더했다.

朱註

而加我以非其罪, 曾伐木析薪之不若也. 此則興也.
나에게 죄가 아닌 것으로 죄를 가하니, 일찍이 나무를 베고 장작을 쪼개는 것만도 못하는 것이다. 이것은 흥(興)이다.

[2-5-3-8]

莫高匪山, 莫浚匪泉.

더없이 높은 것이 산이 아니겠으며 더없이 깊은 것이 샘이 아니겠는가?

---

707) 포사와 백복이다 : 주나라 유왕이 처음에 신후(申后)를 사랑하여 태자 의구(宜臼)를 낳았는데, 뒤에 포사(褒姒)를 총애하여 백복(伯服)을 낳았다. 포사가 신후와 태자를 참소하니, 유왕이 신후와 태자를 폐하여 내쫓았다. 신후와 태자가 신(申)으로 쫓겨 가자, 신후(申后)의 아버지인 신후(申侯)가 노하여 견융(犬戎)과 함께 주나라를 쳐 유왕을 희(戲) 땅의 여산(驪山) 아래에서 죽였다. 그러자 제후들이 동쪽으로 옛 태자를 신(申)에서 맞이하여 돌아와 왕으로 세우니 이가 평왕(平王)이며, 주나라가 드디어 서울을 동쪽으로 옮기어 동주(東周)가 되었다.

詳說

○ 叶, 所旃反.708)
'산(山)'은 협운으로 '소(所)'와 '전(旃)'의 반절이다.

詳說

○ 音濬.
'준(浚)'의 음은 '준(濬)'이다.

君子無易由言. 耳屬于垣.

군자가 내는 말을 함부로 하지 말지어다. 귀가 담장에 붙어 있느니라.

詳說

○ 去聲.
'이(易)'는 거성이다.

○ 音燭.709)
'촉(屬)'의 음은 '촉(燭)'이다.

無逝我梁, 無發我笱, 我躬不閱, 遑恤我後.

내 어량에 가지 말고 내 통발을 꺼내지 말았으면 하니,
내 몸도 주체하지 못하는데 하물며 내 뒤를 근심하랴.

朱註

賦而比也.
부(賦)이면서 비(比)이다.

詳說

○ 上四句.

---

708) 叶, 所旃反 :『시전대전(詩傳大全)』에도 동일하게 되어 있다.
709) 音燭 :『시전대전(詩傳大全)』에도 동일하게 되어 있다.

부는 위의 네 구이다.

○ 下四句.
비는 아래의 네 구이다.

朱註
山極高矣, 而或陟其巔,
산이 아주 높아도 그 꼭대기에 오를 수 있으며,

詳說
○ 補此句.
이 구를 더했다.

朱註
泉極深矣, 而或入其底.
샘물이 지극히 깊어도 그 바닥에 들어 갈 수 있다.

詳說
○ 補此句.
이 구를 더했다.

○ 朱子曰 : "此只是賦, 非以上兩句興下兩句."710)
주자가 말하였다 : "이것은 부일뿐이지 위의 두 구가 아래의 두 구를 흥하는 것이 아니다."711)

○ 按, 此文體, 只如謂山蓋卑之類耳.
살펴보건대, 여기의 문체는 단지 산이 대개 낮은 것이라고 말한 것과 같다.

---

710) 『시전대전(詩傳大全)』에는 주자에게 묻는 말로 실려 있다.
711) 『시전대전(詩傳大全)』에는 "물었다 : '여기의 네 구는 어느 것도 위의 두 구를 가지고 아래의 두 구를 흥한 것이 아닙니까?' 주자가 답하였다 : '이것은 단지 부일뿐입니다. 대체로 산처럼 높은 것이 없고 샘처럼 깊은 것이 없는 것으로 여겨지지만 군자가 또한 말을 함부로 하지 않는 것은 역시 듣는 사람이 있을까 염려하기 때문입니다.'(問 : 此四句, 莫是以上兩句興下兩句耶. 朱子曰 : 此只是賦. 蓋以爲莫高如山, 莫浚如泉, 而君子亦不可易而言, 亦恐有人聞之也.)"라고 되어 있다.

|朱註|

故君子不可易於其言, 恐耳屬于垣者,
그러므로 군자가 그 말을 함부로 하지 아니하나니, 담에 귀를 붙이고 있는 자가

|詳說|

○ 永嘉陳氏曰 : "王無輕發言, 小人之爲讒者, 屬耳於垣壁間, 以窺伺之."712)

영가 진씨가 말하였다 : "왕은 가볍게 말하지 말아야 하니, 참소하는 소인들이 담 벽 사이에 귀를 붙이고 엿보기 때문이다."713)

|朱註|

有所觀望左右,
관망하고 좌우로 하면서

|詳說|

○ 觀望而左右之, 或曰觀望於左右
관망하고 좌우로 하는 것인데, 어떤 이는 "좌우로 관망한다."고 하였다.

|朱註|

而生讒譖也.
참소하는 말을 할까 두려워해서이다.

|詳說|

○ 添二句.
두 구를 더했다.

|朱註|

---

712) 『시전대전(詩傳大全)』에 영가 진씨의 말로 실려 있다.
713) 『시전대전(詩傳大全)』에는 "영가 진씨가 말하였다 : '왕은 가볍게 말하지 말아야 한다. 참소하는 소인들이 언제나 담 벽 사이에 귀를 붙이고 엿보고 참소로 해치기 때문이고, 또한 군자의 향배가 어떤지 엿보기 때문이다.(永嘉陳氏曰 : 王無輕發言. 小人之爲讒者, 尙屬耳於垣壁間, 以窺伺之, 讒賊之生也, 亦伺君子之向背如何耳.)"라고 되어 있다.

王於是卒以褒姒爲后, 伯服爲太子,
왕이 이때 마침내 포사를 후비로 삼고 백복을 태자로 삼았기

> 詳說

○ 先補說.
　먼저 보충해서 말하였다.

> 朱註

故告之曰, 毋逝我梁, 毋發我笱,
때문에 "내 어량에 가지 말아 내 통발을 꺼내지 말았으면 하건마는

> 詳說

○ 無.
　'무(毋)'는 무(無)이다.

○ 臨川王氏曰 : "太子放逐, 而其憂終不忘國也."714)
　임천 왕씨가 말하였다 : "태자가 추방되었는데도 그 근심은 끝내 나라를 잊지 못하였다."715)

> 朱註

我躬不閱, 遑恤我後,
내 몸도 주체하지 못하거늘, 하물며 내 떠난 뒤를 근심하겠는가."라고 고해 말한 것이니,

> 詳說

○ 臨川王氏曰 : "無如之何, 自決之辭."716)

---

714)『시전대전(詩傳大全)』에 임천 왕씨의 말로 실려 있다.
715)『시전대전(詩傳大全)』에는 "'임천 왕씨가 말하였다 :「어량에 가서 통발을 꺼내지 말라.」라는 것은 태자가 추방되었는데도 그 근심은 끝내 나라를 잊지 못하는 것이다. 「내 몸도 주체하지 못하는데 하물며 내 뒤를 근심하라.」라는 것은 어떻게 할 수 없어 스스로 결단하는 말이다.'(臨川王氏曰 : 毋逝梁發笱者, 太子放逐, 而其憂終不忘國也. 我躬不閱, 遑恤我後者, 無如之何, 自決之辭.)"라고 되어 있다.
716)『시전대전(詩傳大全)』에 임천 왕씨의 말로 실려 있다.

임천 왕씨가 말하였다 : "어떻게 할 수 없어 스스로 결단하는 말이다."717)

○ 按, 谷風之棄婦, 亦用此四句, 蓋古有是語耳.
살펴보건대, 「곡풍」에서의 버려진 부녀도 이 네 구를 사용했으니, 옛날에 이런 말이 있었기 때문일 뿐이다.

朱註
蓋比辭也. 東萊呂氏曰 : "唐德宗將廢太子,
대개 비(比)하는 말이다. 동래여씨(東萊呂氏)가 말하였다. "당나라 덕종이 태자를 폐위하고

詳說
○ 順宗.
태자는 순종이다.

朱註
而立舒王,
서왕을 세우려 하자,

詳說
○ 名誼, 昭靖太子子, 德宗取爲子.
이름이 의이다. 소정 태자의 아들인데 덕종을 그를 아들로 삼았다.

朱註
李泌諫之, 且曰'願陛下還宮, 勿露此意. 左右聞之, 將樹功於舒王, 太子危矣.'
이필이 이에 대해 간하고 또 말하기를 '원컨대 폐하께서는 궁궐로 돌아가신 다음, 이러한 뜻을 드러내지 마소서. 좌우에서 이 말을 들으면 서왕에게 공을 세우려 하

---

717) 『시전대전(詩傳大全)』에는 "'임천 왕씨가 말하였다 : 「어량에 가서 통발을 꺼내지 말라.」라는 것은 태자가 추방되었는데도 그 근심은 끝내 나라를 잊지 못하는 것이다. 「내 몸도 주체하지 못하는데 하물며 내 뒤를 근심하랴.」라는 것은 어떻게 할 수 없어 스스로 결단하는 말이다.(臨川王氏曰 : 毋逝梁發筍者, 太子放逐, 而其憂終不忘國也. 我躬不閱, 遑恤我後者, 無如之何, 自決之辭.)"라고 되어 있다.

여 태자가 위태롭게 될 것입니다.'라고 하였다.

詳說

○ 唐相.
이필은 당나라의 재상이다.

○ 見唐書本傳.
『당서』「본전」에 있다.

○ 廢立事相類, 故引而證之.
폐하고 세우는 일은 서로 비슷하기 때문에 인용해서 증명한 것이다.

朱註

此正君子無易由言, 耳屬于垣之謂也. 小弁之作, 太子旣廢矣, 而猶云爾者, 蓋推本亂之所由生, 言語以爲階也
이것은 바로 '군자가 내는 말을 쉽게 하지 말지어다. 귀가 담장에 붙어 있다.'라고 하는 말이다. 「소반(小弁)」이 지어짐은 태자가 이미 폐위된 뒤인데 여전히 이렇게 말한 것은 혼란이 생기는 까닭이 말로 시작되었음 미루어 근본한 것이다."

詳說

○ 如此.
'이(爾)'는 '이처럼'이다.

○ 論也.
경문의 의미 설명이다.

○ 慶源輔氏曰 : "此章, 總其始終言之."[718]
경원 보씨가 말하였다 : "여기의 장에서는 그 시종을 총괄하여 말하였다."[719]

---

718) 『시전대전(詩傳大全)』에 경원 보씨의 말로 실려 있다.
719) 『시전대전(詩傳大全)』에는 "경원 보씨가 말하였다 : '여기의 장에서는 그 시종을 총괄하여 말하였다. ….' (慶源輔氏曰 : 此章, 則摠其始終言之. ….)"라고 되어 있다.

朱註

小弁八章, 章八句.
「소변」은 8장으로 장은 8구이다.

朱註

幽王娶於申, 生太子宜臼, 後得褒姒, 而惑之生子伯服, 信其讒, 黜申后逐宜臼, 而宜臼作此以自怨也. 序以爲太子之傅, 述太子之情, 以爲是詩, 不知其何所據也.
유왕이 신(申)나라에서 장가들어 태자 의구를 낳았는데, 뒤에 포사를 얻고 그에게 미혹되어 아들 백복을 낳자 그의 참소하는 말을 믿고는 신후를 축출하고 의구를 쫓아내니, 의구가 이 시를 지어서 스스로 원망한 것이다. 「서」에서 '태자의 사부가 태자의 심정을 기술하여 이 시를 지었다.'라고 하였으니, 무엇을 근거한 것인지 알지 못하겠다.

詳說

○ 國名.
'신(申)'은 나라 이름이다.

○ 按, 孟子註用此說.
살펴보건대, 『맹자』의 주에서 이 설을 사용했다.

朱註

傳曰 : 高子曰, 小弁, 小人之詩也.
『전』에서 말하였다 : "'고자(高子)가 「소반(小弁)」은 소인(小人)의 시(詩)입니다.'라고 하였습니다.' 하자,

詳說

○ 去聲.
'전(傳)'은 거성이다.

○ 孟子告子.
『전』은 『맹자』 「고자」이다.

○ 蓋以此小字, 認作小人之小, 而不知其指小雅耳.
여기에서의 '소(小)'자를 '소인(小人)'의 '소(小)'자로 한 것으로 생각하지만 소아(小雅)를 가리켰는지도 모르겠다.

朱註

孟子曰, 何以言之. 曰, 怨. 曰, 固哉高叟之爲詩也.
맹자가 말하였다. '무엇을 말하는가?' '원망했기 때문입니다.' '고루하구나! 고수가 시를 해석함이여.

詳說

○ 滯也.
'고(固)'는 막혔다는 것이다.

○ 治也.
'위(爲)'는 다스린다는 것이다.

朱註

有人於此, 越人關弓而射之, 則己談笑而道之, 無他疏之也, 其兄關弓而射之, 則己垂涕泣而道之, 無他戚之也.
여기에 사람이 있으니, 월나라 사람이 활을 당겨 쏘려 하거든 자기가 말하고 웃으면서 타이르는 것은 다름이 아니라 그를 소원히 여기기 때문이고, 그 형이 활을 당겨 쏘려 하거든 자기가 눈물을 떨구며 타이름은 다름이 아니라 그를 친척으로 여기기 때문이다.

詳說

○ 彎同, 下同.
'관(關)'은 '만(彎)'과 같으니 아래에서도 같다.

○ 音石.
'석(射)'의 음은 '석(石)'이다.

○ 親之
'척지(戚之)'는 친척으로 여긴다는 것이다.

朱註

小弁之怨, 親親也. 親親, 仁也, 固矣, 夫高叟之爲詩也. 曰凱風, 何以不怨. 曰凱風, 親之過, 小者也, 小弁, 親之過, 大者也. 親之過, 大而不怨, 是愈疏也, 親之過, 小而怨, 是不可磯也.

「소반(小弁)」의 원망은 어버이를 친히 한 것이다. 어버이를 친히 함은 인(仁)이니, 고집불통이로구나! 고수(高)의 시(詩)를 해석함이여.' 「개풍(凱風)」에서는 어찌하여 원망하지 않았습니까?" "「개풍(凱風)」은 어버이의 과실이 작은 것이고, 「소반(小弁)」은 어버이의 과실이 큰 것이니, 어버이의 과실이 큰 데도 원망하지 않는다면 이것은 더욱 소원해지는 것이고, 어버이의 과실이 작은데도 원망한다면 이것은 기(磯)할 수 없는 것이니,

詳說

○ 音扶.
'부(夫)'의 음은 '부(扶)'이다.

○ 邶風.
「개풍(凱風)」은 「패풍(邶風)」이다.

○ 母不可微激其子也.
그 자식을 미미하게 격하게 하지 않을 수 없는 것이다.

朱註

愈疏, 不孝也, 不可磯, 亦不孝也. 孔子曰, 舜其至孝矣, 五十而慕.

더욱 소원함도 불효이고, 기(磯)할 수 없음도 또한 불효이다. 공자가 '순임금은

그 지극한 효자로 50세까지 사모했다.'라고 하셨다.'"

詳說

○ 朱子曰 : "舜猶怨慕, 小弁之怨, 不爲不孝也."[720]

주자가 말하였다 : "순임금도 오히려 원망하고 사모했으니, 「소반」의 원망은 불효가 아니다."

○ 豐城朱氏曰 : "小弁處父子之變, 白華, 處夫婦之變, 聖人備錄於經, 所以著周室禍敗之由. 小弁前六章, 皆興, 辭婉而切, 猶有望之之意, 處父子之間, 則然也. 白華八章, 皆比, 辭簡而莊, 不無責之之意, 處夫婦之間則然也. 小弁, 其哀痛迫切之意, 具於首章, 其下不過自此而推之耳. 宐臼, 中人之資, 聖人姑取其一節之可觀耳, 固不敢以大舜之事望之也."[721]

풍성 주씨가 말하였다 : "「소반」은 부자의 변란에 대처하는 것이고, 「백화」는 부부의 변란에 대처하는 것인데, 성인이 경에 갖춰 기록했으니, 주나라 왕실의 재앙과 패망의 연유를 나타내기 위한 것이다. 「소반」의 앞 6장은 모두 흥으로 말이 은근하면서도 절실하여 여전히 바라는 의미가 있으니, 부자의 사이에서 그런 것이다. 「백화」 8장은 모두 비로 말이 간략하면서도 엄숙하여 책하지 않음이 없는 의미이니, 부부의 사이여서 그런 것이다. 「소반」은 애통하고 절박한 의미가 첫 장에 갖추어졌으니, 그 아래는 여기에서 미룬 것에 불과하다. 의구는 중인의 자질이라 성인이 잠시 볼만한 그 한 절을 취했던 것이니, 진실로 감히 위대한 순임금의 일로 바라봐서는 안된다."[722]

---

720) 『시전대전(詩傳大全)』에 주자의 말로 거의 비슷하게 실려 있다.
721) 『시전대전(詩傳大全)』에 풍성 주씨의 말로 실려 있다.
722) 『시전대전(詩傳大全)』에는 "풍성 주씨가 말하였다 : '「소반」의 시는 부자의 변란에 대처하는 것이고, 「백화」의 시는 부부의 변란에 대처하는 것인데, 성인이 경에 갖춰 기록하여 주나라 왕실의 재앙과 패망의 연유를 나타내고 또 천리와 백성들의 법이 민멸되어서는 안됨을 드러내기 위한 것이다. 그러나 일찍이 상고해 보면, 「소반」의 시에서 앞의 6장은 모두 흥이고, 「백화」의 시는 그 8장이 모두 비이다. 「소반」의 말은 은근하면서도 절실하여 여전히 바라는 의미가 있으니, 부자의 사이에서 그런 것이다. 「백화」의 말은 간략하면서도 엄숙하여 책하지 않음이 없는 의미이니, 부부의 사이여서 그런 것이다. 「소반」의 시는 애통하고 절박한 의미가 첫 장에 갖추어졌으니, 그 아래는 여기에서 미룬 것에 불과하다.'(豐城朱氏曰 : 小弁之詩, 處父子之變, 白華之詩, 處夫婦之變, 聖人備錄於經, 所以著周室禍敗之由, 又以見天理民彝之不容泯也. 然嘗考之, 小弁之詩, 其前六章, 皆興, 白華之詩, 其八章皆比. 小弁之詞, 婉而切, 猶有望之之意, 處父子之間則然也. 白華之詞, 簡而莊, 不無責之之意, 處夫婦間則然也. 小弁之詩, 其哀痛迫切之意, 具於首章, 其下不過自此而推之耳.)"라고 되어 있다.

○ 按, 趙岐王充蔡邕, 皆以爲伯奇之詩, 雖無背於孟子之說, 而非毛鄭之意, 故集傳不取之云

살펴보건대, 조기·왕충·채옹이 모두 백기의 시로 여긴 것은 맹자의 설명과 등지는 것은 없을지라도 모씨나 정씨의 의미는 아니기 때문에 「집주」에서 취하지 않은 것이라고 했던 것이다.

[2-5-4-1]

悠悠昊天, 曰父母且,

유유한 호천이 부모이셔서

詳說

○ 音疽.

'저(且)'의 음은 '저(疽)'이다.

無罪無辜, 亂如此憮.

죄도 없고 잘못도 없거늘 어지러움이 이와 같이 심하단 말인가?

詳說

○ 火吳反.[723]

'무(憮)'의 음은 '화(火)'와 '오(吳)'의 반절이다.[724]

昊天已威, 予愼無罪,

호천의 위엄이 아주 심하나 내 살펴보건대 죄가 없고,

詳說

○ 叶, 紆胃反.[725]

'위(威)'는 협운으로 음은 '우(紆)'와 '위(胃)'의 반절이다.

---

[723] 火吳反 : 『시전대전(詩傳大全)』에는 다소 다르게 되어 있다.
[724] 『시전대전(詩傳大全)』에는 "'무(憮)'의 음은 '대(大)'와 '오(吳)'의 반절이다.(大吳反)"라고 되어 있다.
[725] 叶, 紆胃反 : 『시전대전(詩傳大全)』에도 동일하게 되어 있다.

○ 叶, 音悴.726)
   '죄(罪)'는 협운으로 음은 '췌(悴)'이다.

昊天泰憮, 予愼無辜.
호천의 위엄이 심히 크나 내 살펴보건대 잘못이 없도다.

朱註

賦也. 悠悠, 遠大之貌. 且, 語辭. 憮, 大也. 已泰, 皆甚也. 愼, 審也.
부(賦)이다. 유유(悠悠)는 멀고 큰 모양이다. 저(且)는 어조사(語助詞)이다. 무(憮)는 큼이다. 이(已)와 태(泰)는 모두 심함이다. 신(愼)은 살펴봄이다.

詳說
○ 毛氏曰 : "誠也."
   모씨가 말하였다 : "정성스럽게 함이다."

朱註
○ 大夫傷於讒, 無所控告, 而訴之於天,
대부가 참소로 해를 당함에 고할 곳이 없어 하늘에 하소연하여

詳說
○ 照節南山註.
   「절남산」의 주를 참조하라.

朱註

曰悠悠昊天, 爲人之父母, 胡爲使無罪之人, 遭亂如此其大也. 昊天之威, 已甚矣, 我審無罪也, 昊天之威, 甚大矣
"유유한 호천은 사람들의 부모인데 어찌하여 무죄한 사람이 어지러움을 이처럼 크게 만나게 하는고. 호천의 위엄이 아주 심하나, 내 살펴보건대 죄가 없으며, 호천(昊天)의 위엄이 심히 크나

---

726) 叶, 音悴:『시전대전(詩傳大全)』에도 동일하게 되어 있다.

詳說

○ 本文蒙上威字.
　본문에서 위의 '위(威)'자를 이어받았다.

朱註

我審無辜也, 此
　내 살펴보건대 잘못이 없다."라고 하였으니, 이것은

詳說

○ 一有自字.
　어떤 판본에는 '자(自)'자가 있다.

朱註

訴而求免之詞也
　하소연하여 면하기를 구하는 말이다.

詳說

○ 添此句.
　이 구를 더했다.

○ 華谷嚴氏曰 : "首章傷己被讒."727)
　화곡 엄씨가 말하였다 : "첫 장에서 자신을 해코지하여 참소를 당한 것이다."

[2-5-4-2]

亂之初生, 僭始旣涵,
어지러움이 처음 생겨남은 불신의 단서를 받아주기 때문이고,

詳說

○ 音譜.

---

727) 『시전대전(詩傳大全)』에 화곡 엄씨의 말로 거의 동일하게 실려 있다.

'참(僭)'의 음은 '참(譖)'이다.

○ 音含.728)
'함(涵)'의 음은 '함(含)'이다.

|亂之又生, 君子信讒. 君子如怒, 亂庶遄沮,|

어지러움이 또 생겨남은 군자가 참소하는 말을 믿기 때문이니라.
군자가 참소하는 말을 듣고 만일 노한다면 어지러움이 행여 빨리 그칠 것이고,

|詳說|

○ 叶, 奴五反.729)
'노(怒)'는 협운으로 '노(奴)'와 '오(五)'의 반절이다.

○ 市專反.730)
'천(遄)'의 음은 '시(市)'와 '전(專)'의 반절이다.

○ 上聲.
'저(沮)'는 상성이다.

|君子如祉, 亂庶遄已.|

군자가 선한 말을 듣고 만일 기뻐한다면 어지러움이 행여 빨리 종식되리라

|詳說|

○ 音恥.731)
'지(祉)'의 음은 '치(恥)'이다.

|朱註|

---

728) 音含 : 『시전대전(詩傳大全)』에도 동일하게 되어 있다.
729) 叶, 奴五反 : 『시전대전(詩傳大全)』에도 동일하게 되어 있다.
730) 市專反 : 『시전대전(詩傳大全)』에도 동일하게 되어 있다.
731) 音恥 : 『시전대전(詩傳大全)』에도 동일하게 되어 있다.

賦也. 僭始不信之端也.
부(賦)이다. 참소는 불신의 단서에서 시작된다.

> 詳說
> ○ 僭.
>> 불신은 어긋남이다.
>
> ○ 始.
>> '단(端)'은 시작이다.

朱註
涵, 容受也. 君子, 指王也. 遄, 疾, 沮, 止也. 祉, 猶喜也. ○ 言亂之所以生者, 由讒人以不信之言始入, 而王涵容, 不察其眞僞也.
함(涵)은 용납하여 받아들임이다. 군자는 왕(王)을 가리킨다. 천(遄)은 빠름이고, 저(沮)는 그침이다. 지(祉)는 희(喜)와 같다. ○ 어지러움이 생겨나는 까닭은 참소하는 사람이 불신의 말을 가지고 처음 들어가면 왕이 용납하여 받아들여서 그 진위를 살피지 않기 때문이고,

> 詳說
> ○ 添此句.
>> 이 구를 더했다.

朱註
亂之又生者, 則旣信其讒言而用之矣. 君子見讒人之言
어지러움이 또 생겨남은 이미 그 참소하는 말을 믿고 쓰기 때문이다. 군자가 참소하는 사람의 말을 보고

> 詳說
> ○ 添五字.
>> 다섯 글자를 더했다.

朱註

若怒而責之, 則亂庶幾遄沮矣, 見賢者之言,
만일 노하여 꾸짖는다면 어지러움이 행여 빨리 그칠 것이고, 현자의 말을 보고

詳說
○ 補五字.
다섯 글자를 보충했다.

朱註
若喜而納之, 則亂庶幾遄已矣. 今涵容不斷,
만일 기뻐하여 받아들인다면 어지러움이 행여 빨리 종식될 것이다. 그런데 이미 불신의 말을 받아들여 결단하지 아니하고

詳說
○ 都玩反.
'단(斷)'의 음은 '도(都)'와 '완(玩)'의 반절이다.

朱註
讒信
참소하는 말과 믿을 수 있는 말을

詳說
○ 是讒是信.
바로 참소하는 것과 바로 믿을 수 있는 있는 것이다.

朱註
不分. 是以讒者益勝, 而君子益病也. 蘇氏曰 : "小人爲讒於其君, 必以漸入之, 其始也進而嘗之, 君容之而不拒, 知言之無忌,
구분하지 않는다. 이 때문에 참소하는 자가 더욱 기승을 부리고 군자가 더욱 병드는 것이다. 소씨(蘇氏)가 말하였다. "소인이 그 임금에게 참언을 할 때에는 반드시 점점 들어가게 되는데, 처음에 참소하는 말을 올려 시험해보아 임금이 용납해주고 막지 않거든 말함에 기탄할 것이 없음을 알고는

詳說

○ 雖言之, 無可憚.

말을 해도 꺼릴 것이 없는 것이다.

朱註

於是復進. 既而君信之, 然後亂成.

이에 다시 올린다. 이미 그렇게 되어 임금이 이것을 믿고 그런 다음에 어지러움이 이루어지는 것이다."

詳說

○ 去聲.

'부(復)'는 거성이다.

○ 華谷嚴氏曰 : "次章言亂生於讒, 讒生於優柔不斷, 所謂懷狐疑之心者, 來讒賊之口, 持不斷之意者, 開羣枉之門也."732)

화곡 엄씨가 말하였다 : "두 번째 장에서는 어지러움은 참소에서 생기고, 참소는 우유부단한 것에 생기니, 이른바 여우처럼 의심하는 마음이 있는 자가 참소하여 해치는 입으로 결단하지 못하는 마음을 지키는 것이 모든 것을 굽히게 되는 문을 열어놓는 것이다."733)

[2-5-4-3]

君子屢盟, 亂是用長,

군자가 자주 맹약을 하는 지라 어지러움이 이 때문에 조장되고,

詳說

---

732) 『시전대전(詩傳大全)』에 화곡 엄씨의 말로 실려 있다.
733) 『시전대전(詩傳大全)』에는 "화곡 엄씨가 말하였다 : '두 번째 장에서는 어지러움은 참소에서 생기고, 참소는 우유부단한 것에 생기니, 이른바 여우처럼 의심하는 마음이 있는 자가 참소하여 해치는 입으로 결단하지 못하는 마음을 지키는 것이 모든 것을 굽히게 되는 문을 열어놓는 것이다. 이제 충신과 참소를 구분하지 못하니, 이 때문에 간사함과 올바름이 뒤죽박죽이 되어 시비가 자리를 바꿔 천하가 혼란하게 되는 것이다.'(華谷嚴氏曰 : 次章言亂生於讒, 讒生於優柔不斷, 所謂懷狐疑之心者, 來讒賊之口, 持不斷之意者, 開羣枉之門也. 今忠讒不分, 是以邪正渾淆, 是非易位, 而亂天下也.)"라고 되어 있다.

○ 叶, 謨郞反.734)

'맹(盟)'은 협운으로 음은 '모(謨)'와 '랑(郞)'의 반절이다.

詳說
○ 上聲, 叶直良反.735)

'장(長)'은 상성이고, 협운으로 음은 '직(直)'과 '량(良)'의 반절이다.736)

君子信盜, 亂是用暴, 盜言孔甘, 亂是用餤. 盜言孔甘, 亂是用餤.

군자가 참소하는 사람을 믿는지라 어지러움이 이 때문에 심해지며, 참소하는 말을 매우 달게 여기는지라 어지러움이 이 때문에 진전되도다.

詳說
○ 音談.737)

'담(餤)'의 음은 '담(談)'이다.

匪其止共, 維王之邛.

맡은 일을 공손히 수행하는 것이 아니라 왕을 병들게 할 뿐이로다.

詳說
○ 音恭.738)

'공(共)'의 음은 '공(恭)'이다.

○ 音笻.

'공(邛)'의 음은 '공(笻)'이다.

---

734) 叶, 謨郞反 : 『시전대전(詩傳大全)』에도 동일하게 되어 있다.
735) 上聲, 叶直良反 : 『시전대전(詩傳大全)』에는 다소 다르게 되어 있다.
736) 『시전대전(詩傳大全)』에는 '장(長)'은 '정(丁)'과 '장(丈)'의 반절이고, 협운으로 음은 '직(直)'과 '량(良)'의 반절이다.(丁丈反, 叶直良反)"라고 되어 있다.
737) 音談 : 『시전대전(詩傳大全)』에도 동일하게 되어 있다.
738) 音恭 : 『시전대전(詩傳大全)』에도 동일하게 되어 있다.

朱註

賦也. 屢, 數也.

부(賦)이다. 누(屢)는 자주이다.

詳說

○ 音朔.

'삭(數)'의 음은 '삭(朔)'이다.

朱註

盟, 邦國有疑, 則殺牲歃血, 告神以相要束也.

맹(盟)은 방국(邦國)에 의심스러운 일이 있으면 희생을 잡아 피를 발라서 신에게 아뢰고 서로 약속하는 것이다.

詳說

○ 三山李氏曰 : "春秋傳, 伯有之亂, 鄭伯與其臣下盟, 蓋盟者, 生於君臣相疑而致也."[739]

삼산 이씨가 말하였다 : "『춘추전』에 백유의 난에 정백이 그 신하들과 맹약하였으니, 맹약은 군신이 서로 의심해서 하는 것이다."[740]

朱註

盜指讒人也.

도(盜)는 참소하는 사람을 가리킨다.

詳說

○ 西山眞氏曰 : "讒人乘間伺隙以中君子, 如穿窬之盜然.[741]

서산 진씨가 말하였다 : "참소하는 사람은 틈을 타고 엿봄으로써 군자를 적중시키니, 벽에 구멍을 뚫고 들어가는 도둑과 같은 것이다."

---

[739] 『시전대전(詩傳大全)』에 삼산 이씨의 말로 실려 있다.
[740] 『시전대전(詩傳大全)』에는 '삼산 이씨가 말하였다 : 『춘추전』을 살펴보면, 백유의 난에 정백이 그 신하들과 맹약한 것과 같으니, 맹약은 군신이 서로 의심해서 하는 것이다.'(三山李氏曰 : 考之春秋傳, 如伯有之亂, 鄭伯與其臣下盟, 蓋盟者, 生於君臣相疑而致也.)"라고 되어 있다.
[741] 『시전대전(詩傳大全)』에 서산 진씨의 말로 동일하게 실려 있다.

朱註

僭, 譖, 邛, 病也. ○ 言君子不能已亂

담(僭)은 나아감이요, 공(邛)은 병듦이다. ○ 군자가 어지러움을 종식시키지 못하고,

詳說

○ 承上章末.
위의 장에서 끝을 이어받았다.

朱註

而屢盟以相要, 則亂是用長矣, 君子不能聖譖,

여러 번 맹약하여 서로 약속하면 어지러움이 이 때문에 조장되고, 군자가 참언(讒言)을 막지 못하고

詳說

○ 約也.
'요(要)'는 '약(約)'이다.

○ 音卽, 疾也.
'즐(聖)'의 음은 '즉(卽)'으로 병으로 본다는 것이다.

○ 二字, 出書舜典.
'즐참(聖譖)' 두 글자는 『서경』「순전」이 출처이다.742)

朱註

而信盜以爲虐, 則亂是用暴也矣,

참소하는 사람을 믿어 포악한 짓을 하면 어지러움이 이 때문에 심해지며,

詳說

---

742) 즐참(聖譖)' 두 글자는 『서경』「순전」이 출처이다 : 『서경』「순전」에 "나는 참소하는 말이 선한 사람의 일을 해쳐 사람들을 놀라게 하는 것을 미워한다.(朕聖讒說殄行, 震驚朕師.)"라는 말이 있다.

○ 急.
  '폭(暴)'은 심하게 된다는 것이다.

朱註
讒言之美, 如食之甘, 使人嗜之而不厭, 則亂是用進矣.
참소하는 말을 아름답게 여기기를 맛있는 음식과 같이 여겨 사람들이 이것을 즐기고 싫어하지 않게 하면 어지러움이 이 때문에 진전된다.

詳說
○ 猶長也.
  '진(進)'은 조장된다는 것과 같다.

朱註
然此讒人不能供其職事,
그러나 이 참소하는 사람은 그 맡은 일에 복무하지 못하고

詳說
○ 匪.
  '불(不)'은 '비(匪)'이다.

○ 恭
  '공(供)'은 '공(恭)'이다.

○ 止語辭.
  '지(止)'는 어조사이다.

○ 上下二字語倒.
  위아래로 두 글자는 말이 거꾸로 된 것이다.

朱註
徒以爲王之病而已. 夫良藥苦口, 而利於病, 忠言逆耳, 而利於行,

다만 왕을 병들게 할 뿐이다. 양약은 입에 쓰나 병에 이롭고, 충언은 귀에 거슬리나 행동에 이로운 것이니,

詳說

○ 音扶
'부(夫)'의 음은 '부(扶)'이다.

○ 出漢書張良傳.
『한서』「장량전」이 출처이다.743)

朱註

維其言之甘而悅焉, 則其國豈不殆哉.
말이 달다고 하여 좋아한다면 그 나라가 어찌 위태롭게 되지 않겠는가?

詳說

○ 夫以下論也.
'부(夫)' 이하는 경문의 의미 설명이다.

○ 華谷嚴氏曰 : "三章言信讒致亂."744)
화곡 엄씨가 말하였다 : "3장에서는 참소를 믿으면 어지럽게 된다고 말하였다."

○ 安成劉氏曰 : "此上三章, 先刺聽讒者, 下三章則專刺讒人."745)
안성 유씨가 말하였다 : "여기 위의 세 장에서는 먼저 참소를 듣는 사람을 풍자하였고, 아래의 세 장에서는 오로지 참소하는 사람을 풍자하였다."

[2-5-4-4]

奕奕寢廟, 君子作之,

---

743) 『한서』「장량전」이 출처이다 : 『사기(史記)』「유후세가(留侯世家)」에 "충성스러운 말은 귀에 거슬리지만 행실에는 이롭고, 독한 약은 입에 쓰지만 병에는 이롭다.(忠言逆耳利於行, 毒藥苦口利於病.)"라는 말이 있다.
744) 『시전대전(詩傳大全)』에 화곡 엄씨의 말로 거의 동일하게 실려 있다.
745) 『시전대전(詩傳大全)』에 안성 유씨의 말로 동일하게 실려 있다.

크고 큰 침묘를 군자가 만들었고,

|秩秩大猷, 聖人莫之. 他人有心, 予忖度之,|

질서정연한 큰 도를 성인이 정하셨느니라.
타인이 가지고 있는 마음을 내가 헤아리노니,

|詳說|

○ 七損反.746)
　'촌(忖)'의 음은 '칠(七)'과 '손(損)'의 반절이다.

○ 音鐸.747)
　'탁(度)'의 음은 '탁(鐸)'이다.

|躍躍毚兎, 遇犬獲之.|

빠르고 빠른 교활한 토끼가 개를 만나면 잡히느니라.

|詳說|

○ 音笛.
　'적(躍)'의 음은 '적(笛)'이다.

○ 士咸反.748)
　'참(毚)'의 음은 '사(士)'와 '함(咸)'의 반절이다.749)

○ 叶, 黃郭反.750)
　'획(獲)'은 협운으로 음은 '황(黃)'과 '곽(郭)'의 반절이다.

|朱註|

---

746) 七損反 : 『시전대전(詩傳大全)』에도 동일하게 되어 있다.
747) 音鐸 : 『시전대전(詩傳大全)』에도 동일하게 되어 있다.
748) 士咸反 : 『시전대전(詩傳大全)』에는 다소 다르게 되어 있다.
749) 『시전대전(詩傳大全)』에는 "'참(毚)'의 음은 '상(上)'과 '함(咸)'의 반절이다.(上咸反)"라고 되어 있다.
750) 叶, 黃郭反 : 『시전대전(詩傳大全)』에도 동일하게 되어 있다.

興而比也.
흥이비(興而比)이다.

> 詳說
> ○ 上六句.
> 흥은 위의 여섯 구이다.
>
> ○ 下二句.
> 비는 아래의 여섯 구이다.

朱註
奕奕, 大也, 秩秩, 序也. 猷道, 莫定也
혁혁(奕奕)은 큼이고, 질질(秩秩)은 차례이다. 유(猷)는 도(道)이고, 막(莫)은 정함이다.

> 詳說
> ○ 毛氏曰謀也
> 모씨가 말하였다 : "도모하는 것이다."

朱註
躍躍, 跳疾貌,
적적(躍躍)은 뛰고 빠른 모양이고,

> 詳說
> ○ 慶源輔氏曰 : "跳梁恣肆之意."751)
> 경원 보씨가 말하였다 : "도약하며 함부로 나대는 의미이다."752)

朱註

---

751) 『시전대전(詩傳大全)』에 경원 보씨의 말로 실려 있다.
752) 『시전대전(詩傳大全)』에는 "경원 보씨가 말하였다 : '적적에는 도약하며 함부로 나대는 의미가 있다.'(慶源輔氏曰 : 躍躍, 有跳梁恣肆之意. ….)"라고 되어 있다.

毚, 狡也. ○ 奕奕寢廟, 則君子作之, 秩秩大猷, 則聖人莫之, 以興他人有心則予得而忖度之,

참(毚)은 교활함이다. ○ 크고 큰 침묘는 군자가 지었고, 질서정연한 큰 도는 성인이 정하였으니, 그것으로써 타인이 간직한 마음은 내가 헤아릴 수 있음을 흥하였고,

詳說

○ 朱子曰 : "本意, 只是惡讒人, 却以寢廟大猷起興, 便見其所見極大, 形於言者, 無非義理之極致也."753)

주자가 말하였다 : "본의는 다만 참소하는 사람을 미워하는 것이지만 침묘와 큰 도를 가지고 흥을 일으켰으니, 곧 아주 큰 것에 대해 본 것을 말로 드러내는 경우는 의리의 극치가 아님이 없다는 것이다."754)

朱註

而又以躍躍毚兎遇犬獲之,
또 빠르고 빠른 교활한 토끼가 개를 만나면 잡히는 것을 가지고

詳說

○ 見獲.
잡힘을 당하는 것이다.

朱註

比焉, 反覆興比, 以見讒人之心, 我皆得之, 不能隱其情也.
비유하였으니, 반복하여 흥(興)하고 비(比)해서 참인(讒人)의 마음은 내가 모두 알아서 그 실정을 숨길 수 없음을 나타낸 것이다.

---

753) 『시전대전(詩傳大全)』에 주자의 말로 실려 있다.
754) 『시전대전(詩傳大全)』에는 "주자가 말하였다 : '시인이 본 것은 이처럼 극도로 큰데, 장에서 「본의」는 다만 말을 잘 하고 참소하는 사람을 미워하는 것이지만 오히려 크고 큰 침묘와 질서정연한 큰 도를 가지고 흥을 일으켰으니, 곧 아주 큰 것에 대해 본 것을 말로 드러내는 경우는 의리의 극치가 아님이 없다는 것이다. ….'(朱子曰 : 詩人所見, 極大如此, 章本意, 只是惡巧言讒譖之人, 却以奕奕寢廟秩秩大猷起興, 便見其所見極大, 形於言者, 無非義理之極致也. ….)"라고 되어 있다.

詳說

○ 音福.
'복(覆)'의 음은 '복(福)'이다.

○ 音現
'현(見)'의 음은 '현(現)'이다.

○ 慶源輔氏曰 : "有似乎狡兔遇犬, 無所逃矣."755)
경원 보씨가 말하였다 : "교활한 토끼가 개를 만나 도망갈 곳이 없는 것과 유사하다."756)

○ 華谷嚴氏曰 : "四章言己知讒人之情也."757)
화곡 엄씨가 말하였다 : "4장에서는 자신이 참소하는 사람의 실정을 안다고 말하였다."

[2-5-4-5]
荏染柔木, 君子樹之,

임염(荏染)한 부드러운 나무를 군자가 심었고,

詳說

○ 音飪.
'임(荏)'의 음은 '임(飪)'이다.

○ 叶, 上主反.758)

---

755) 『시전대전(詩傳大全)』에 경원 보씨의 말로 실려 있다.
756) 『시전대전(詩傳大全)』에는 "경원 보씨가 말하였다 : '적적에는 도약하며 함부로 나대는 의미가 있다. 참소하는 자는 남뛰며 함부부 사람을 해치면서 스스로 사람들이 아무도 자신을 모른다고 여기는데, 어느 날 아침 지혜로운 자가 나타나게 되면 그 실정과 가식이 드러나 숨길 수 없게 되니, 진실로 교활한 토끼가 나대다가 갑자기 개를 만나 도망갈 곳이 없는 것과 유사하다.(慶源輔氏曰 : 躍躍有跳梁恣肆之意. 讒者方且跳梁恣肆以害人, 自謂人莫得而知己也, 一旦遇智者臨之, 則其情僞顯露, 不可得而隱矣, 誠有似乎狡兔之躍躍, 而忽遇犬馬, 則無所逃矣.)"라고 되어 있다.
757) 『시전대전(詩傳大全)』에 화곡 엄씨의 말로 동일하게 실려 있다.
758) 叶, 上主反:『시전대전(詩傳大全)』에는 다소 다르게 되어 있다.

'수(樹)'는 협운으로 음은 '상(上)'과 '주(主)'의 반절이다.759)

|往來行言, 心焉數之.|

오고 가는 길가의 말을 마음에 분변하느니라.

|詳說|

○ 所主反.760)

'수(數)'의 음은 '소(所)'와 '주(主)'이 반절이다.

|蛇蛇碩言, 出自口矣.|

편안하고 느린 훌륭한 말은 입으로부터 나옴이 당연하거니와

|詳說|

○ 音移.

'사(蛇)'의 음은 '이(移)'이다.

○ 叶, 孔五反.761)

'구(口)'는 협운으로 음은 '공(孔)'과 '오(五)'의 반절이다.

|巧言如簧, 顔之厚矣.|

생황(笙簧)과 같은 공교로운 말은 얼굴이 두껍기 때문이니라.

|詳說|

○ 叶, 胡五反.762)

'후(厚)'는 협운으로 '호(胡)'와 '오(五)'의 반절이다.

---

759) 『시전대전(詩傳大全)』에는 "'수(樹)'는 협운으로 음은 '사(士)'와 '주(主)'의 반절이다.(叶, 士主反.)"라고 되어 있다.
760) 所主反 : 『시전대전(詩傳大全)』에도 동일하게 되어 있다.
761) 叶, 孔五反 : 『시전대전(詩傳大全)』에도 동일하게 되어 있다.
762) 叶胡五反 : 『시전대전(詩傳大全)』에도 동일하게 되어 있다.

[朱註]
興也. 荏染, 柔貌.
흥(興)이다. 임염(荏染)은 부드러운 모양이다.

[詳說]
○ 一作也.
'모(貌)'는 어떤 판본에는 '야(也)'자로 되어 있다.

[朱註]
柔木, 桐梓之屬, 可用者也. 行言, 行道之言也. 數, 辨也. 蛇蛇, 安舒也.
유목(柔木)은 오동나무와 가래나무 같은 것들이니, 재목으로 쓸 수 있다. 행언(行言)은 길가의 말이다. 수(數)는 분변함이다. 이이(蛇蛇)는 편안하고 펴짐이다.

[詳說]
○ 一作貌.
'야(也)'자는 어떤 판본에는 '모(貌)'자로 되어 있다.

[朱註]
碩, 大也, 謂善言也. 顔厚者, 頑不知恥也. ○ 荏染柔木,
석(碩)은 큼이니, 훌륭한 말을 말한다. 안후(顔厚)라는 것은 완악하여 부끄러워할 줄을 모르는 것이다. ○ 임염(荏染)의 부드러운 나무는

[詳說]
○ 易生之木.
쉽게 사는 나무이다.

[朱註]
則君子樹之, 矣往來行言
군자가 심었고, 오고가는 길가의 말은

詳說
○ 道路之言, 故謂之往來.
　길가에서의 말이기 때문에 '오고가는'이라고 말하였다.

○ 汎指也, 非但謂讒言也.
　넓게 가리켰으니, 참소하는 말뿐이 아니다.

朱註
則心能辨之矣. 若善言出於口者宜也, 巧言如簧,
마음에 분변할 수 있다. 선한 말이 입에서 나오는 것으로 말하면 당연하거니와 생황(笙簧)과 같은 공교로운 말이

詳說
○ 西山眞氏曰 : "悅人聽."763)
　서산 진씨가 말하였다 : "사람들이 듣기에 기쁜 것이다."764)

○ 輕發.
　가볍게 말하는 것이다.

朱註
則豈可出於口哉.
어찌 입에서 나올 수 있겠는가?

詳說
○ 添此句.
　이 구를 더했다.

---

763) 『시전대전(詩傳大全)』에 서산 진씨의 말로 실려 있다.
764) 『시전대전(詩傳大全)』에는 "서산 진씨가 말하였다 : '간사하고 공교로운 말은 사람들이 듣기에 생황처럼 기쁜 것이지만 부끄러움을 알게 하면 하지 않는다.'(西山眞氏曰 : 憸巧之言, 悅可人聽, 如笙簧, 然使其知愧, 則不爲矣.)"라고 되어 있다.

朱註
言之, 徒可羞愧, 而彼顏之厚,
이것을 말하는 것은 부끄러울 뿐인데 저들은 얼굴이 두꺼워서

> 詳說
> ○ 者.
> 두꺼운 자들이다.

朱註
不知以爲恥也. 孟子
부끄러워할 줄을 알지 못한다. 맹자가

> 詳說
> ○ 盡心.
> 『맹자』「진심」이다.765)

朱註
曰, 爲機變之巧者, 無所用恥焉. 其斯人之謂與.
"기변(機變)의 공교로움을 하는 자는 부끄러움을 쓸 곳이 없다."라고 하였으니, 이 사람을 말함일 것이다.

> 詳說
> ○ 平聲.
> '여(與)'는 평성이다.
>
> ○ 論也.
> 경문의 의미 설명이다.
>
> ○ 安成劉氏曰 : "五章言讒人出言無恥也."766)

---

765) 『맹자』「진심」이다 : 『맹자』「진심상(盡心上)」에 "임시변통으로 기교를 부리는 자는 부끄러워하는 마음을 쓸 곳이 없다.(爲機變之巧者, 無所用恥焉.)"라는 말이 있다.

안성 유씨가 말하였다 : "5장에서는 참소하는 사람이 말을 함에는 부끄러움이 없다고 말한 것이다."

[2-5-4-6]
|彼何人斯. 居河之麋.|

저 사람은 누구인고? 하수(河水)의 가에 살도다.

|詳說|

○ 音眉.767)

'미(麋)'의 음은 '미(眉)'이다.

|無拳無勇, 職爲亂階.|

힘도 없고 용맹도 없으나 오로지 어지러움의 통로를 만들도다.

|詳說|

○ 音權.768)

'권(拳)'의 음은 '권(權)'이다.

○ 叶, 居奚反.769)

'계(階)'는 협운으로 '거(居)'와 '해(奚)'의 반절이다.770)

|既微且尰, 爾勇伊何.|

이미 정강이 병들고 수종다리 되었으니 네 용맹이 무엇인고?

|詳說|

○ 市勇反.771)

---

766) 『시전대전(詩傳大全)』에 안성 유씨의 말로 동일하게 실려 있다.
767) 音眉 : 『시전대전(詩傳大全)』에도 동일하게 되어 있다.
768) 音權 : 『시전대전(詩傳大全)』에도 동일하게 되어 있다.
769) 叶, 居奚反 : 『시전대전(詩傳大全)』에는 다소 다르게 되어 있다.
770) 『시전대전(詩傳大全)』에는 "'계(階)'는 협운으로 '거(居)'와 '계(溪)'의 반절이다.(叶, 居溪反.)"라고 되어 있다.

'종(樅)'의 음은 '시(市)'와 '용(勇)'의 반절이다.

爲猶將多, 爾居徒幾何.

꾀하기를 크게 하고 많이 하나 너와 함께 하는 무리가 몇이나 되는고?

詳說

○ 音紀, 叶居希反.772)

'기(幾)'의 음은 '기(紀)'이고, 협운으로 음은 '거(居)'와 '희(希)'의 반절이다.

○ 斯伊字爲韻.

'사(斯)'자와 '이(伊)'자가 운이다.

朱註

賦也. 何人, 斥讒人也. 此必有所指矣, 賤而惡之, 故爲不知其姓名, 而曰何人也.

부(賦)이다. 하인(何人)은 참소하는 사람을 가리켜 배척한 것이니, 이것은 반드시 지적한 상대가 있는 것인데, 그를 천히 여기고 미워하기 때문에 그 성명을 모르는 것처럼 하여 하인(何人)이라고 말한 것이다.

詳說

○ 去聲.

'오(惡)'는 거성이다.

○ 只斥其地, 而不露其名.

단지 그 땅을 배척해서 그 이름을 드러내지 않은 것이다.

朱註

斯, 語辭也. 水草交, 謂之麋.

---

771) 市勇反 : 『시전대전(詩傳大全)』에도 동일하게 되어 있다.
772) 音紀, 叶居希反 : 『시전대전(詩傳大全)』에도 동일하게 되어 있다.

사(斯)는 어조사이다. 물과 풀이 교차하는 곳을 미(麋)라고 한다.

> 詳說

○ 三山李氏曰 : "左氏所謂孟諸之麋, 是也."773)
삼산 이씨가 말하였다 : "좌씨에서 이른바 맹저의 가가 이런 경우이다."

○ 湄通.
'미(麋)'는 '미(湄)'와 통한다.

> 朱註

拳, 力, 階, 梯也. 骭瘍爲微, 腫足爲尰. 猶, 謀, 將, 大也.
권(拳)은 힘이요, 계(階)는 통로이다. 정갱이가 병든 것을 미(微)라 하고, 발에 종기가 난 것을 종(尰)이라 한다. 유(猶)는 꾀이고, 장(將)은 큼이다.

> 詳說

○ 骭音恨, 脛也.
'한(骭)'은 음이 '한(恨)'으로 정강이이다.

○ 音羊, 瘡也.
'양(瘍)'은 '양(羊)'으로 상처난 것이다.

○ 諺音誤.
'종(尰)'은 『언해』의 음이 잘못되었다.

> 朱註

○ **言此讒人居下濕之地, 雖無拳勇可以爲亂,**
여기의 참소하는 사람이 낮고 축축한 땅에 살고, 비록 힘과 용맹으로 어지럽게 할 수는 없을지라도

---

773) 『시전대전(詩傳大全)』에 삼산 이씨의 말로 동일하게 실려 있다.

詳說

○ 添四字.
네 글자를 더하였다.

○ 亂之事.
어지러운 일이다.

朱註

而讒口交鬪,
참소하는 입으로 서로 다투며,

詳說

○ 補此句.
이 구를 더하였다.

朱註

專爲亂之階梯. 又有微尰之疾,
오로지 어지러움의 통로를 만들 뿐이다. 또 정강이가 병들고 수종다리가 되었으니,

詳說

○ 孔氏曰 : "是涉水所爲."774)
공씨가 말하였다 "물에 돌아다녀 그렇게 된 것이다."775)

朱註

亦何能勇哉, 而爲讒謀,
또한 어찌 용감할 수 있겠는가마는 참소하는 꾀를 하는 짓이

---

774) 『시전대전(詩傳大全)』에 공씨가 곽박의 말을 인용한 것으로 실려 있다.
775) 『시전대전(詩傳大全)』에는 "공씨가 말하였다 : '곽복이 말하였다 : 「정강이는 무릎과 정강이이다. 종기는 부스럼이다. 무릎과 정강이 아래에 부스럼이 있는 것은 물에 돌아다녀 그렇게 된 것이다.」'(孔氏曰 : 郭璞云, 骭, 膝脛也. 瘍, 瘡也. 膝脛之下, 有瘡腫, 是涉水所爲.)"라고 되어 있다.

詳說

○ 補讒字.

'참(讒)'자를 더하였다.

朱註

則大且多如此, 是必有助之者矣.

크고 많음이 이와 같으니, 이것은 반드시 그를 돕는 자가 있는 것이다.

詳說

○ 補此句.

이 구를 더하였다.

朱註

然其所與居之徒衆, 幾何人哉, 言亦不能甚多也

그러나 "그 함께 있는 무리가 몇이나 되는고?"라는 것은 또한 별로 많지 못함을 말한 것이다.

詳說

○ 添此句.

이 구를 더하였다.

○ 必是此讒人自謂有勇且恃黨盛, 故云耳.

반드시 여기의 참소하는 사람이 스스로 용기가 있고 의지할 무리가 많다고 했기 때문에 말한 것일 뿐이다.

○ 東萊呂氏曰 : "本亦易驅除, 特王不悟耳."776)

동래 여씨가 말하였다 : "근본적으로 또한 쉽게 몰아낼 수 있는데 단지 깨우치지 못한 것일 뿐이다."777)

---

776) 『시전대전(詩傳大全)』에 경원 보씨가 동래의 말을 인용하는 것으로 실려 있다.
777) 『시전대전(詩傳大全)』에는 "경원 보씨가 말하였다 : '동래는 천박하여 여겼을 뿐만 아니라 또 그 근본을 말한 것은 또한 쉽게 몰아낼 수 있는데, 단지 왕이 깨우치지 못한 것일 뿐이라고 여긴 것이니, 옳다.'(慶源輔氏曰 : 東萊以爲非特賤之, 且言其本, 亦易驅除, 特王不悟耳者, 是也. ….)"라고 되어 있다.

○ 華谷嚴氏曰 : "卒章斥讒人而賤惡之也.778)

화곡 엄씨가 말하였다 : "끝의 장에서 참소하는 사람을 배척하여 천박하게 여기고 미워한 것이다."

朱註

巧言六章, 章八句.
「교언」은 6장으로 장은 8구이다.

以五章巧言二字名篇.
5장은 「교언」 두 글자로 편명을 삼았다.

詳說

○ 取篇之中間語名篇, 亦詩之一例也.
편에 있는 말로 편명을 삼는 것도 시의 한 사례이다.

[2-5-5-1]

彼何人斯, 其心孔艱.

저 사람은 누구인고? 그 마음이 몹시 험하도다.

詳說

○ 艱, 居銀反.779)
'간(艱)'은 협운으로 음은 '거(居)'와 '은(銀)'의 반절이다.

胡逝我梁, 不入我門.

어찌하여 내 어량(魚梁)에 가면서 내 문에 들어오지 않는고?

詳說

○ 門, 眉貧反.780)

---

778) 『시전대전(詩傳大全)』에 화곡 엄씨의 말로 동일하게 실려 있다.
779) 艱, 居銀反 : 『시전대전(詩傳大全)』에도 동일하게 되어 있다.

'문(門)'은 협운으로 '미(眉)'와 '빈(貧)'의 반절이다.

伊誰云從, 維暴之云.

저 누구를 따르는고 포공(暴公)이라 하도다.

詳說

○ 人字爲韻.

'인(人)'자가 운이다.

朱註

賦也. 何人, 亦若不知其姓名也.

부(賦)이다. 하인(何人)도 그 성명(姓名)을 모른다고 한 것과 같다.

詳說

○ 照上篇註.

위의 편의 주를 참조하라.

朱註

孔, 甚, 艱, 險也. 我, 舊說以爲蘇公也.

공(孔)은 '몹시'이고, 간(艱)은 험함이다. 아(我)는 구설(舊說)에 '소공(蘇公)'이라 하였고,

詳說

○ 蓋司寇蘇忿生之後.

사구 소분생의 후손이다.

朱註

暴, 暴公也, 皆畿內諸侯也. ○ 舊說, 暴公爲卿士, 而譖蘇公, 故蘇公作詩以絶之. 然不欲直斥暴公, 故但指其從行者,

---

780) 叶, 眉貧反:『시전대전(詩傳大全)』에도 동일하게 되어 있다.

포(暴)는 '포공(暴公)'이라 하였으니, 모두 기내(畿內)의 제후이다. ○ 구설(舊說)에 "포공이 경사가 되어 소공을 참소하였기 때문에 소공이 시를 지어 거절한 것이다. 그러나 곧바로 포공을 가리켜 배척하고 싶지 않았기 때문에 단지 그 수행하는 자를 가리켜 말하면서

詳說
○ 相從而行
서로 따라서 가는 자들이다.

朱註
而言彼何人者,
'저 어떤 사람인고.

詳說
○ 斯.
'사(斯)'이다.

朱註
其心甚險. 胡爲往我之梁
그 마음이 몹시 험하도다. 어찌하여 내 어량(魚梁)에 가면서

詳說
○ 主彼而言往
저 사람을 주로해서 가는 것을 물은 것이다.

朱註
而不入我之門乎. 旣而問其所從, 則暴公也.
내 문에 들어오지 않는가? 이윽고 그 따르는 사람을 물으니, 포공이었다.

詳說

○ 慶源輔氏曰 : "一二句責之, 而不爲已甚之辭, 三四句疑之, 而猶有望之之意. 五六句始明言之, 而亦無忿懟之辭, 可謂忠厚矣."781)

경원 보씨가 말하였다 : "첫 번째와 두 번째 구에서는 책하면서도 너무 심한 말을 하지 않았고, 세 번째와 네 번째 구에서는 의심하면서도 여전히 바라는 뜻이 있다. 다섯 번째와 여섯 번째의 구에서는 분명하게 말하면서도 또한 분노하고 원망하는 마음이 없으니, 충후하다고 할 수 있다."782)

朱註
夫以從暴公, 而不入我門, 則暴公之譖己也明矣. 但舊說, 於詩無明文可考,
포공을 따르면서 내 문에 들어오지 않는다면 포공이 나를 참소함이 분명하다.'고 한 것이다."라고 하였다. 다만 구설은 시에 근거할 만한 분명한 글이 없으니,

詳說
○ 音扶.

'부(夫)'의 음은 '부(扶)'이다.

○ 有暴無蘇.

포공은 있고 소공은 없다.

朱註
未敢信其必然耳.
그 반드시 그러한 지 믿을 수 없노라.

詳說

---

781) 『시전대전(詩傳大全)』에 경원 보씨의 말로 실려 있다.
782) 『시전대전(詩傳大全)』에는 "경원 보씨가 말하였다 : '「저 사람은 누구인고? 그 마음이 몹시 험하도다」라는 것은 책하면서도 너무 심한 말을 하지 않은 것이고, 「어찌하여 내 어량(魚梁)에 가면서 내 문에 들어오지 않는고?」라는 것은 의심하면서도 여전히 바라는 뜻이 있는 것이다. 「저 누구를 따르는고 포공(暴公)이라 하도다.」라는 것은 분명하게 말하면서도 또한 분노하고 원망하는 마음이 없는 것이니, 충후하다고 할 수 있다.'(慶源輔氏曰 : 彼何人斯, 其心孔艱, 責之也, 而不爲已甚之辭, 胡逝我梁, 不入我門, 疑之也, 而猶有望之之意. 伊誰云從, 維暴云云, 始明言之, 而其情旣不得而遁然, 亦無忿懟之辭也, 可謂忠厚矣.)"라고 되어 있다.

○ 夫以下論也.
'부(夫)' 이하는 경문의 의미 설명이다.

[2-5-5-2]
二人從行, 誰爲此禍. 胡逝我梁, 不入唁我. 始者不如今, 云不我可.

두 사람이 따라 걸어가나니 누가 이 재앙을 만들었는고? 어찌하여 내 어량(魚梁)에 가되 나에게 들어와 위문하지 않는고? 처음에는 지금처럼 나를 안된다고 하지는 않았었느니라.

朱註
賦也. 二人, 暴公與其徒也.
부(賦)이다. 이인(二人)은 포공(暴公)과 그 무리이다.

詳說
○ 卽上章從行者.
곧 앞의 장에서 따라서 가는 자이다.

朱註
唁, 弔失位也. ○ 言二人相從而行, 不知誰譖己,
언(唁)은 지위를 잃음을 위문하는 것이다. ○ 두 사람이 서로 따라 걸어가니, 누가 나를 참소하여

詳說
○ 補譖字.
'참(譖)'자를 더하였다.

朱註
而禍之乎.
화(禍)를 입혔는지를 알지 못하겠다.

詳說

○ 譖之使失位.
　참소하여 지위를 잃게 했다.

朱註

旣使我得罪矣,
이미 내가 죄를 얻게 하였고,

詳說

○ 添此句.
　이 구를 더하였다.

朱註

而其逝我梁也, 又不入而唁我, 汝始者與我, 親厚之時,
내 어량(魚梁)에 가면서 또 들어와 나를 위문하지 아니하니, 네가 처음에 나와 더불어 친후(親厚)할 때에는

詳說

○ 補此句.
　이 구를 더 하였다.

朱註

豈嘗如今, 不以我爲可乎.
어찌 일찍이 지금과 같이 나를 안된다고 하였겠는가?

詳說

○ 慶源輔氏曰 : "猶爲不知之辭, 曰二人誰禍我乎. 譖者, 自無面目以見, 然其自解, 則必曰不足見也, 故曰不以我爲可."783)
경원 보씨가 말하였다 : "오히려 알지 못한다는 말로 '두 사람 중에 누가 나에

---

783) 『시전대전(詩傳大全)』에 경원 보씨의 말로 실려 있다.

게 재앙을 입혔는가?'라고 하였다. 참소한 자는 본래 볼 면목이 없지만 그 스스로 풀어버렸다면 반드시 '볼 필요가 없기 때문이다.'라고 할 것이기 때문에 '나를 안된다.'라고 한 다는 것이다."784)

○ 與谷風末二句, 同意.

「곡풍」의 끝 두 구와 같은 의미이다.

[2-5-5-3]

彼何人斯. 胡逝我陳. 我聞其聲, 不見其身. 不愧于人, 不畏于天.

저 사람이 누구인고? 어찌하여 내 뜰아래 길을 가는고? 내 그 소리는 들었는데 그 몸은 보지 못하였노라. 사람에게는 부끄럽지 않거니와 하늘에게 두렵지 아니한가?

詳說

○ 叶, 鐵因反.785)

'천(天)'은 협운으로 '철(鐵)'과 '인(因)'의 반절이다.

朱註

賦也. 陳, 堂塗也, 堂下至門之徑也. ○ 在我之陳, 則又近矣,

부(賦)이다. 진(陳)은 당(堂) 아래 길이니, 당하(堂下)에서 문(門)까지의 길이다. ○ 나의 진(陳)에 있다면 더 가까우니,

詳說

○ 入門矣, 視梁又近矣.

---

784) 『시전대전(詩傳大全)』에는 "경원 보씨가 말하였 : '그 사람이 나를 참소한 것을 분명하게 알지라도 오히려 알지 못한다는 말로 「두 사람이 따라 걸어가나니 누가 나를 참소하여 이 재앙을 만들었는고?」라고 하였다. 이제 내 어량에 가면서도 나에게 들어와 위문하지 않은 것은 참소한 사람이 본래 사람을 볼 면목이 없기 때문이다. 그런데 스스로 풀어버린 자는 반드시 「내가 이 사람을 보지 않는 것은 이 사람이 볼 필요가 없기 때문이다」라고 한다. 그러므로 꾸짖으면서 「네가 처음에 나와 친후할 때에는 어찌 지금처럼 나를 안된다고 하였던고?」라고 한 것이다.(慶源輔氏曰 : 雖已明知其人之譖已, 而猶爲不知之辭, 曰二人從行, 誰人譖我, 而爲此禍. 今乃逝我之梁, 而不入唁我乎, 大抵譖人者, 自是無面目以見人. 然其所以自解者, 則必曰我之所以不見此人者, 以此人之不足見也. 故詰之曰, 爾始者與我親厚之時, 豈嘗如今不以我爲可乎.)"라고 되어 있다.

785) 叶, 鐵因反 : 『시전대전(詩傳大全)』에도 동일하게 되어 있다.

문에 들어왔으니, 어량보다 또 가까운 것이다.

朱註
聞其聲,
그 소리는 들었는데,

詳說
○ 慶源輔氏曰 : "知其逝我梁, 逝我陳, 是聞其聲也."786)
경원 보씨가 말하였다 : "내 어량에 가고 내 뜰에 간 것을 안다는 것은 그 소리를 들었기 때문이다."787)

朱註
而不見其身, 言其蹤迹之詭秘也.
그 몸은 보지 못했다는 것은 그 종적이 괴이하고 비밀스럽다는 말이다.

詳說
○ 潛入我陳, 或爲窺伺耳.
내 어량에 잠입해서 혹 엿보려는 것일 뿐이다.

朱註
不愧于人, 則以人爲可欺也, 天不可欺,
사람에게 부끄럽지 않다면 사람은 속일 수 있다고 하겠거니와 하늘은 속일 수 없는 것이니,

詳說
○ 補二句
두 구를 더하였다.

---

786) 『시전대전(詩傳大全)』에 경원 보씨의 말로 실려 있다.
787) 『시전대전(詩傳大全)』에는 "경원 보씨가 말하였다 : '내 어량에 가고 내 뜰에 간 것을 안다는 것은 그 소리를 들었다는 것이고, 나를 보지 않았다는 것은 그 몸을 보지 못했다는 것이다. ….'(慶源輔氏曰 : 知其逝我梁, 逝我陳是聞其聲, 而不入見我, 是不見其身. ….)"라고 되어 있다.

朱註

女獨不畏于天乎柰何其譖我也
네 홀로 하늘에 두렵지 아니한가. 어찌하여 나를 참소하는고?

詳說

○ 音汝.
'여(女)'의 음은 '여(汝)'이다.

○ 補此句.
이 구를 더했다.

○ 慶源輔氏曰 : "古人責人, 往往至天而極, 雨無正, 所謂胡不相 畏不畏于天. 亦是意也."788)
경원 보씨가 말하였다 : "옛 사람들이 남을 책할 때에는 왕왕 하늘에 이르러 극도로 하였으니,「우무정」에서 이른바 '어찌 서로 두려워하지 않으리오. 하늘이 두렵지 않은가?'라는 것도 이런 의미이다."789)

[2-5-5-4]

彼何人斯. 其爲飄風.
저 사람은 누구인고? 그 표풍(飄風)이로다.

詳說

○ 叶, 孚愔反.790)
'풍(風)'은 협운으로 음은 '부(孚)'와 '음(愔)'의 반절이다.

胡不自北, 胡不自南,

---

788)『시전대전(詩傳大全)』에 경원 보씨의 말로 실려 있다.
789)『시전대전(詩傳大全)』에는 "경원 보씨가 말하였다 : '…. 옛 사람들이 남을 책할 때에는 왕왕 하늘에 이르러 극도로 하였으니, 이를테면「우무정」에서 이른바「어찌 서로 두려워하지 않으리오. 하늘이 두렵지 않은가?」라고 한 것도 이런 의미이다.'(慶源輔氏曰: …. 古人責人往往至天而極, 如兩無正, 所謂胡不相畏不畏于天. 亦是意也.)"라고 되어 있다.
790) 叶, 孚愔反:『시전대전(詩傳大全)』에도 동일하게 되어 있다.

어찌하여 북쪽으로부터도 아니하고, 어찌하여 남쪽으로부터도 아니하며,

> 詳說

○ 叶, 尼心反.791)
　'남(南)'은 협운으로 음은 '니(尼)'와 '심(心)'의 반절이다.

> 胡逝我梁. 祇攪我心.

어찌하여 내 어량(魚梁)에 가는고? 다만 내 마음을 혼란하게 하도다.

> 詳說

○ 音支.792)
　'지(祇)'의 음은 '지(支)'이다.

○ 音絞.
　'교(攪)'의 음은 '교(絞)'이다.

> 朱註

賦也. 飄風, 暴風也. 攪, 擾亂也. ○ 言其往來之疾, 若飄風然.
부(賦)이다. 표풍(飄風)은 폭풍(暴風)이다. 교(攪)는 어지럽게 함이다. ○ '그 왕래함의 빠름이 표풍(飄風)과 같다.

> 詳說

○ 所謂來如飄風, 去如驟雨也.
　이른바 오는 것이 폭풍과 같고 가는 것이 소나기와 같다는 것이다.

> 朱註

自北自南, 則與我不相値也,
북쪽으로부터 하고 남쪽으로부터 한다면, 나와 서로 만나지 않을 것인데,

---

791) 叶, 尼心反 :『시전대전(詩傳大全)』에도 동일하게 되어 있다.
792) 音支 :『시전대전(詩傳大全)』에도 동일하게 되어 있다.

詳說

○ 補此句.
　이 구를 더하였다.

○ 或云, 註之文勢, 似謂何不疾行如飄風之自南自北, 而必與我巧相值乎, 更詳之.
　어떤 이는 '주의 어투가 어찌 표풍이 남쪽으로부터 북쪽으로부터 오는 것처럼 빠르게 나와 공교롭게 서로 만나지 않겠는가?'라고 하였는데, 다시 자세히 살펴봐야 할 것이다.

朱註
今則逝我之梁, 則適所以攪亂我心而已.
지금 나의 어량에 가니, 다만 내 마음을 교란시킬 뿐이다.'는 말이다.

[2-5-5-5]
爾之安行, 亦不遑舍,
네가 느릿느릿 갈 때에도 또한 머무를 겨를이 없었거니,

詳說

○ 舍, 商居反.[793]
　'사(舍)'는 협운으로 음은 '상(商)'과 '거(居)'의 반절이다.

爾之亟行, 遑脂爾車.
네가 빨리 간다면서 네 수레에 기름칠할 겨를이 있겠는가?

詳說

○ 音棘.
　'극(亟)'의 음은 '극(棘)'이다.

---

793) 舍, 商居反 :『시전대전(詩傳大全)』에도 동일하게 되어 있다.

壹者之來, 云何其盱.

한 번만 와준다면 어찌하여 이처럼 멀리 바라보겠는가?

詳說
○ 音吁.
'우(盱)'의 음은 '우(吁)'이다.

朱註
賦也. 安, 徐, 遑, 暇, 舍, 息, 亟, 疾, 盱,
부(賦)이다. 안(安)은 느림이고, 황(遑)은 겨를이며, 사(舍)는 쉼이고, 극(亟)은 빠름이며, 우(盱)는

詳說
○ 諺音誤.
'우(盱)'는 『언해』의 음이 잘못되었다.

朱註
望也. 字林,
바라봄이다. 『자림(字林)』에서

詳說
○ 晉呂忱所著.
진의 여침이 지은 것이다.

朱註
云盱張目也, 易曰盱豫悔,
"우(盱)는 눈을 크게 뜨는 것이다."라고 하였고, 『주역(周易)』에서 "우예(豫)는 후회한다."라고 하였으며,

詳說

○ 豫卦.

『주역』은 「예괘」이다.

○ 朱子曰 : "盱, 上視也. 六三上視於四, 而下溺於豫, 宜有悔也."794)

주자가 말하였다 : "'우(盱)'는 위로 보는 것이다. 육삼이 위로 사를 보고 아래로 즐김에 빠지니, 당연히 뉘우침이 있는 것이다."795)

朱註

三都賦云, 盱衡而誥, 是也.

『삼도부(三都賦)』에서 "눈을 크게 뜨고 바라보면서 말한다."라고 한 것이 여기에 해당한다.

詳說

○ 晉左思所作.

진의 좌사가 지은 것이다.

○ 三都賦註曰 : "盱, 張目也. 眉上曰衡, 謂擧眉揚目也. 誥, 告也."796)

『삼도부』 주에서 말하였다 : "'우(盱)'는 눈을 크게 뜨는 것이다. 눈썹 위를 형(衡)이라고 하니 눈썹을 올리며 눈을 치켜뜨는 것이다. '고((誥)'는 말하는 것이다."797)

朱註

---

794) 『시전대전(詩傳大全)』에 경원 보씨의 말로 실려 있다.
795) 『시전대전(詩傳大全)』에는 「예괘」 육삼효 「본의」에서 말하였다 : '우(盱)는 위로 보는 것이다. 육음이 중정하지 못하면서 사와 가깝기 때문에 육삼이 위로 사를 보고 아래로 즐김에 빠지니, 당연히 뉘우침이 있는 것이다.'(豫六三爻本義曰, 盱, 上視也, 陰不中正, 而近於四, 故六三上視於四, 而下溺於豫, 宜有悔者也.)"라고 되어 있다.
796) 『시전대전(詩傳大全)』에 안성 유씨가 인용한 말로 실려 있다.
797) 『시전대전(詩傳大全)』에는 "안성 유씨가 말하였다 : '좌태충 『위도부』에서 말하였다 : 「위국 선생이 이에 눈을 크게 뜨고 바라보면서 말하였다.」 주에는 우(盱)는 눈을 크게 뜨는 것이다. 눈썹 위를 형(衡)이라고 하니 눈썹을 올리며 눈을 치켜뜨는 것이다. 고(誥)는 말하는 것이라고 되어 있다.(安成劉氏曰 : 左太冲, 魏都賦云, 魏國先生, 乃盱衡而誥. 注, 盱, 張目也. 眉上曰衡, 謂擧眉揚目也. 誥, 告也.)"라고 되어 있다.

○ 言爾平時徐行, 猶不暇息, 而況亟行, 則何暇脂其車哉.
네가 평상시 서행할 때에도 오히려 쉴 겨를이 없었는데, 하물며 빨리 간다면 어느 겨를에 수레에 기름을 칠하겠는가?

詳說

○ 脂車, 則當少息.
수레에 기름칠을 하려면 잠시 쉬어야 한다.

朱註

今脂其車, 則非亟也. 乃託以亟行, 而不入見我, 則非其情矣.
그런데 이제 수레에 기름을 치는 것은 급한 것이 아니다. 그런데 마침내 급히 간다고 칭탁하여 들어와 나를 만나보지 아니하는 것은 그 실정이 아닌 것이다.

詳說

○ 實情.
'정(情)'은 실정이다.

○ 補四句.
네 구를 더하였다.

朱註

何不一來見我, 如何
어찌 하여 한 번 와서 나를 만나보지 아니하고, 어떻게

詳說

○ 一有而字.
어떤 판본에는 '이(而)'자가 있다.

朱註

使我望女之切乎.
내가 너를 바라기를 간절하게 하는가?

|詳說|

○ 音汝, 一作汝.
  '여(女)'의 음은 '여(汝)'이고, 어떤 판본에는 '여(汝)'로 되어 있다.

○ 本文正說而註反釋釋之, 如卷耳云, 何吁矣之語勢
  본문에서는 똑바로 말했는데, 주에서는 해석을 반대로 해서 풀었으니, 「권이(卷耳)」에서 '어찌하면 좋을꼬!'라고 한 어투와 같다.

[2-5-5-6]
|爾還而入, 我心易也,|

네가 돌아가다가 들어온다면 내 마음 기뻐할 텐데,

|詳說|

○ 去聲, 叶以支反.798)
  '이(易)'는 거성이고, 협운으로 음은 '이(以)'와 '지(支)'의 반절이다.799)

|還而不入, 否難知也. 壹者之來, 俾我祇也.|

돌아갈 때에도 들어오지 아니하니 들어오지 않음을 알기 어렵도다.
한 번만 온다면 나를 편안하게 하리라.

|朱註|

|賦也. 還, 反, 易, 說,|

부(賦)이다. 환(還)은 돌아감이고, 이(易)는 기쁨이며,

|詳說|

○ 悅同, 下同.
  '열(說)'은 '열(悅)'과 같고 아래에서도 같다.

---

798) 去聲, 叶以支反:『시전대전(詩傳大全)』에는 다소 다르게 되어 있다.
799) 『시전대전(詩傳大全)』에는 "'이(易)'의 음은 '이(以)'와 '추(豉)'의 반절이고, 협운으로 음은 '이(以)'와 '지(支)'의 반절이다.(以豉反, 叶以支反.)"라고 되어 있다.

朱註
祇. 安也. ○ 言爾之往也, 旣不入我門矣,

기(祇)는 편안함이다. ○ 네가 갈 때에 이미 내 문에 들어오지 않았거니와

詳說
○ 承首章.

첫 장을 이어받았다.

朱註
儻還而入, 則我心猶庶乎其說也, 還而不入, 則爾之心

만약 돌아갈 때에라도 들어온다면 내 마음이 오히려 기쁠 수 있거늘 돌아갈 때에도 들어오지 않으니, 네 마음을

詳說
○ 否之之心.

통하지 않은 마음이다.

朱註
我不可得而知矣. 何不一來見我, 而使我心安乎.

내 알 수 없다. 어찌하여 한번 와서 나를 만나보아 내 마음을 편안하게 하지 않는가?

詳說
○ 三山李氏曰 : "亦以見譖人愧, 不敢來也.800)

삼산 이씨가 말하였다 : "또한 참소한 사람이 부끄러워 감히 오지 못함을 알 수 있다.

朱註
董氏曰 : "是詩至此, 其辭益緩, 若不知其爲譖矣.

---

800) 『시전대전(詩傳大全)』에 삼산 이씨의 말로 거의 동일하게 실려 있다.

동씨(董氏)가 말하였다. "이 시(詩)는 여기에서 그 말이 더욱 완곡하니, 그가 참소함을 모른 듯하다."

詳說

○ 當考.
'동씨(董氏)'는 누구인지 상고해 봐야 한다.

○ 論也.
경문의 의미 설명이다.

[2-5-5-7]
伯氏吹壎, 仲氏吹篪,

백씨가 질나발을 불면 중씨는 젓대를 부는지라,

詳說

○ 況袁反.801)
'훈(壎)'의 음은 '황(況)'과 '원(袁)'의 반절이다.

○ 音池.802)
'호(篪)'의 음은 '지(池)'이다.

及爾如貫. 諒不我知, 出此三物, 以詛爾斯.

너와 한 꿰미에 있는 듯한데, 진실로 나를 모른다고 하면, 이 세 물건을 꺼내어 너와 맹약하리라.

詳說

○ 側助反.803)

---

801) 況袁反:『시전대전(詩傳大全)』에도 동일하게 되어 있다.
802) 音池:『시전대전(詩傳大全)』에도 동일하게 되어 있다.
803) 側助反:『시전대전(詩傳大全)』에도 동일하게 되어 있다.

'저(詛)'의 음은 '측(側)'과 '조(助)'의 반절이다.

○ 叶, 先齎反.804)
'사(斯)'는 협운으로 '선(先)'과 '재(齎)'의 반절이다.

朱註
賦也. 伯仲兄弟也, 俱爲王臣, 則有兄弟之義矣. 樂器土曰壎,
부(賦)이다. 백중(伯仲)은 형제이니, 함께 왕의 신하가 되었으면 형제간의 의리가 있는 것이다. 악기 중에 흙으로 만든 것을 질나발이라 하니,

詳說
○ 諺音誤.
'훈(壎)'은 『언해』의 음이 잘못되었다.

朱註
大如鵝子, 銳上平底, 似稱錘, 六孔.
크기가 거위알 만하고, 위가 뽀족하고 밑이 평평하며 저울추와 같고 구멍이 여섯이다.

詳說
○ 去聲.
'칭(稱)'은 거성이다.

○ 直追反.
'추(錘)'의 음은 '직(直)'과 '추(追)'의 반절이다.

○ 孔氏曰 : "燒土爲之."805)
공씨가 말하였다 : "흙을 구워 만든다."806)

---

804) 叶, 先齎反 :『시전대전(詩傳大全)』에도 동일하게 되어 있다.
805) 『시전대전(詩傳大全)』에 공씨의 말로 실려 있다.
806) 『시전대전(詩傳大全)』에는 "공씨가 말하였다 : '훈(壎)은『주례』「소사직」에는 훈(塤)으로 되어 있으니 옛날과 지금의 글자가 다른 것이다. 주에서는「흙을 구워 만든다.」라고 하였다.(孔氏曰 : 壎, 周禮小師職作塤,

朱註

竹曰篪, 長尺四寸, 圍三寸,
대나무로 만든 것을 지(篪)라 하니, 길이가 한 척 사촌이고, 둘레가 삼촌이며,

詳說

○ 徑一寸.
지름은 한촌이다.

朱註

七孔, 一孔上出, 徑三分
일곱 구멍이 있고, 한 구멍은 위로 나 있으며, 지름이 삼분이어서

詳說

○ 指孔.
구멍을 가리킨다.

朱註

凡八孔, 橫吹之. 如貫, 如繩之貫物也, 言相連屬也.
모두 여덟 구멍이니, 가로로 이것을 분다. 여관(如貫)은 노끈으로 물건을 꿰는 것과 같은 것이니, 서로 연결됨을 말한 것이다.

詳說

○ 音燭.
'촉(屬)'의 음은 '촉(燭)'이다.

朱註

諒, 誠也. 三物, 犬豕雞也, 刺其血以詛盟也.
양(諒)은 진실로이다. 삼물(三物)은 개·돼지·닭이니, 찔러 그 피를 내어서 맹약을 하는 것이다.

古今字異耳. 注云, 燒土爲之.)"라고 되어 있다.

詳說
○ 孔氏曰："詛小於盟, 見左襄十一年及定六年."807)
공씨가 말하였다 : "작은 것들로 맹약한 것이 『좌전』 양공 11년과 정공 6년에 있다."

○ 臨川王氏曰："三物, 如鄭莊公, 令出雞犬豭, 以詛射潁考叔者, 毛遂取雞狗馬血, 以盟也. 蓋古盟詛如此."808)
임천 왕씨가 말하였다 : "세 물건은 이를테면 정의 장공이 닭과 개와 수태지를 꺼내 사영고숙에게 맹세하고, 모수가 닭과 개와 말의 피를 취해 맹세한 것과 같다. 옛날에는 이처럼 맹약했다."

朱註
○ 伯氏吹壎, 而仲氏吹篪, 言其心相親愛, 而聲相應和也.
백씨(伯氏)가 질나팔을 불거든 중씨(仲氏)가 젓대를 분다는 것은 그 마음이 서로 친애하고 소리가 서로 호응하여 조화롭다는 말이다.

詳說
○ 去聲.
'화(和)'는 거성이다.

朱註
與汝如物之在貫,
너와 물건이 한 꿰미에 있는 듯하니,

詳說
○ 及.
'여(與)'는 '급(及)'이다.

---

807) 『시전대전(詩傳大全)』에 공씨의 말로 실려 있다.
808) 『시전대전(詩傳大全)』에 임천 왕씨의 말로 동일하게 실려 있다.

○ 孔氏曰 : "與汝義如兄弟, 和如壎箎, 勢相次比, 如物之相貫.809)
공씨가 말하였다 : "너와 의리가 있는 것이 형제 같고, 화합함이 질나발과 젓대 같으며, 형세가 서로 잇고 따르는 것이 물건이 서로 꿰어 있는 것 같다."

朱註
豈誠不我知
어찌 진실로 나를 알지 못하고

詳說
○ 不知我之無罪.
내가 죄가 없음을 알지 못한다.

朱註
而譖我哉.
나를 참소하는가?

詳說
○ 補二句.
두 구를 더하였다.

朱註
苟曰誠不我知, 則出此三物, 以詛之可也
만일 진실로 모른다고 한다면, 이 세 가지 물건을 꺼내서 맹약을 해도 된다.

[2-5-5-8]
爲鬼爲蜮, 則不可得,

귀신이 되고 물여우가 된다면 볼 수가 없거니와

---

809)『시전대전(詩傳大全)』에 공씨의 말로 동일하게 실려 있다.

詳說

○ 音域.810)

'역(蜮)'의 음은 '역(域)'이다.

有靦面目, 視人罔極.

버젓이 면목이 있어 사람을 봄이 다함이 없노라.

詳說

○ 音腆.

'전(靦)'의 음은 '전(腆)'이다.

作此好歌, 以極反側.

이 좋은 노래를 지어서 너의 반측(反側)하는 모양을 다 말하노라.

朱註

賦也. 蜮, 短狐也,

부(賦)이다. 역(蜮)은 단호(短狐)이니,

詳說

○ 孔氏曰 : "如鼈三足."811)

공씨가 말하였다 : "자라처럼 세 발이다."812)

朱註

江淮水, 皆有之, 能含沙, 以射水中人影,

강(江)과 회수(淮水)에 모두 있으니, 모래를 머금고 있다가 물속에 비치는 사람의 그림자에게 쏘면,

---

810) 音域 : 『시전대전(詩傳大全)』에도 동일하게 되어 있다.
811) 『시전대전(詩傳大全)』에 공씨의 말로 실려 있다.
812) 『시전대전(詩傳大全)』에는 "공씨가 말하였다 : '역(蜮)은 자라처럼 세 발이다. 육기는 「사영이라고도 하는데, 모래를 머금고 있다고 그림자를 쏘면 종기가 나는 것이 열병과 같다.」라고 하였다.'(孔氏曰 : 蜮, 如鼈三足. 陸璣云, 一名射影. 含沙射影, 其瘡如疥.)"라고 되어 있다.

詩集傳詳說 卷之十 377

詳說

○ 埤雅曰 : "有長角橫在口前, 如弩. 以氣爲矢, 因水勢以射人, 俗呼水弩, 鵝能食之."813)

『비아』에서 말하였다 : "입 앞에 긴 뿔이 가로로 있어 쇠뇌와 같다. 기운을 화살로 하여 물의 기세에 따라 사람을 쏘니, 세속에서는 수노라고 부르는데, 거위가 그것을 잡아먹는다."

朱註

其人輒病,

그 사람은 곧 병이 드는데,

詳說

○ 陸氏璣曰 : "其瘡如疥."814)

육기가 말하였다 : "종기가 나는 것이 열병과 같다."815)

朱註

而不見其形也.

그 형체를 볼 수가 없다.

詳說

○ 人不得見其形.

사람들이 그 형체를 볼 수 없다.

朱註

覵, 面見人之貌也.

전(覵)은 얼굴로 남을 보는 모양이다.

---

813) 『시전대전(詩傳大全)』에 『비아』의 말로 실려 있다.
814) 『시전대전(詩傳大全)』에 공씨가 육기의 말을 인용한 것으로 실려 있다.
815) 『시전대전(詩傳大全)』에는 "공씨가 말하였다 : '⋯. 육기는 「사영이라고도 하는데, 모래를 머금고 있다고 그림자를 쏘면 종기가 나는 것이 열병과 같다.」라고 하였다.'(孔氏曰 : ⋯. 陸璣云, 一名射影. 含沙射影, 其瘡如疥.)"라고 되어 있다.

詳說

○ 擧面以見人, 猶言顔厚也.

얼굴을 들어 사람들 보는 것이 두꺼운 얼굴이라고 말하는 것과 같다.

朱註

好, 善也. 反側, 反覆,

호(好)는 좋음이다. 반측(反側)은 반복하여

詳說

○ 音福.

'복(覆)'의 음은 '복(福)'이다.

朱註

不正直也 ○ 言汝爲鬼爲蜮, 則不可得而見矣,

정직(正直)하지 않은 것이다. ○ 네가 귀신이 되고 물여우가 된다면 볼 수가 없거니와

詳說

○ 補見字.

'견(見)'자를 더하였다.

朱註

汝乃人也,

너는 바로 사람이어서

詳說

○ 添此句.

이 구를 더하였다.

朱註

覥然有面目, 與人相視, 無窮極之時,
전연(然)히 면목(面目)이 있어 사람과 서로 봄이 다할 때가 없으니,

詳說
○ 添時字.
'시(時)'자를 더하였다.

朱註
豈其情終不可測哉.
어찌 그 실정을 끝내 측량하지 못하겠는가?

詳說
○ 補此句.
이 구를 더하였다.

朱註
是以作此好歌,
이 때문에 이 좋은 노래를 지어서

詳說
○ 臨川王氏曰 : "作此詩, 將以絶之, 而曰好歌者, 有欲其悔悟之心焉.816)
임천 왕씨가 말하였다 : "이 시를 지어 절교하려고 하면서 '좋은 노래로 뉘우치고 깨닫는 마음이 있도록 한 것이다.'라고 한 것이다."

朱註
以究極爾反側之心也.
너의 반측(反側)하는 마음을 다 말하는 것이다.

詳說

---

816) 『시전대전(詩傳大全)』에 임천 왕씨의 말로 거의 동일하게 실려 있다.

○ 補心字.
'심(心)'자를 더하였다.

朱註

何人斯八章, 章六句.
「하인사」는 8장으로 장은 6구이다.

此詩與上篇文意相似,
이 시는 위의 편과 문의가 서로 비슷하니,

詳說

○ 篇首一句, 承上篇末章首句.
편의 첫 머리 한 구는 위의 편에서 끝장의 첫 구를 이어받았다.

朱註

疑出一手. 但上篇先刺聽者, 此篇專責讒人耳.
의심컨대 한 사람의 손에서 나온 듯하다. 다만 위의 편에서는 먼저 참소를 들어주는 자를 풍자하였고, 여기의 편에서는 오로지 참소하는 사람을 꾸짖었을 뿐이다.

詳說

○ 通論二篇.
두 편을 통론하였다.

王氏曰 : "暴公不忠於君, 不義於友, 所謂大故也, 故蘇公絶之. 然其絶之也, 不斥暴公, 言其從行而已, 不著其譖也, 示以所疑而已, 旣絶之矣, 而猶告以壹者之來, 俾我祇也, 蓋君子之處己也忠, 其遇人也恕. 使其由此悔悟, 更以善意從我, 固所願也,
왕씨(王氏)가 말하였다. "포공(暴公)은 임금에게 충성하지 아니하고, 붕우간에 의리를 지키지 아니하였으니 이른바 대고(大故)이기 때문에 소공(蘇公)이 그와 절교한 것이다. 그러나 절교할 때에 포공을 가리켜 배척하지 아니하고 그 수행하는 자를 말했을 뿐이고, 그가 참소함을 드러내지 아니하고 의심하는 바를 보였을 뿐이며, 이미 절교하였지만 오히려 '한 번 온다면 나를 편안하게 할 것이다.'라고 말하였으니, 군자의 처신은 충(忠)으로 하고, 사람을 대우하기를 서(恕)로 한다. 가령 이로 말미암아 뉘우치고 깨달아서 다시 선의(善意)로써 나를 따른다면 내가 진실로 원하는 것이고,

詳說

○ 上聲.
'처(處)'는 상성이다.

○ 此句, 出孟子公孫丑.
이 구는 『맹자』「공손추」가 출처이다.817)

朱註

雖其不能如此, 我固不爲已甚,
비록 이와 같지 못할지라도 나는 진실로 너무 심하게 하지 못하니,

詳說

○ 四字, 出孟子離婁.
네 글자는 『맹자』「이루」가 출처이다.818)

朱註

豈若小丈夫然哉.
어찌 속 좁은 사내처럼

詳說

○ 此句, 亦出孟子公孫丑.

---

817) 이 구는 『맹자』「공손추」가 출처이다 : 『맹자』「공손추하」에 "왕이 맹자를 찾아뵙고 '지난날에 뵙기를 원했으나 뵐 수 없었는데, 모시게 되자 온 조정 사람들이 매우 기뻐했습니다. 그런데 이제 또다시 과인을 버리고 돌아가시니, 잘 모르겠습니다만 앞으로 계속 뵐 수 있겠습니까?'라고 하자, 맹자께서 '감히 청하지는 못할지언정, 진실로 원하는 바입니다.'라고 하였다.(王就見孟子曰, 前日願見而不可得, 得侍, 同朝甚喜. 今又棄寡人而歸, 不識, 可以繼此而得見乎. 對曰, 不敢請耳, 固所願也.)"라는 말이 있다.
818) 네 글자는 『맹자』「이루」가 출처이다 : 『맹자』「이루하」에 "공자께서는 너무 심한 것은 하지 않으셨다.(仲尼, 不爲已甚者.)"라는 말이 있다.

이 구도 『맹자』「공손추」가 출처이다.819)

朱註

一與人絶, 則醜詆固拒, 唯恐其復合也."
한 번 남과 절교하면 추하게 꾸짖고 굳게 거절하여 행여 다시 합할까 두려워하겠는가?"

詳說

○ 去聲.
  '부(復)'는 거성이다.

[2-5-6-1]

萋兮斐兮, 成是貝錦.

조금 문채(文彩)가 있는 것으로 이 패금(貝錦)을 이루도다.

詳說

○ 音妻.
  '처(萋)'의 음은 '처(妻)'이다.

○ 孚匪反.820)
  '비(斐)'의 음은 '부(孚)'와 '비(匪)'의 반절이다.

彼譖人者, 亦已大甚.

저 남을 참소하는 자여 또한 너무 심하도다.

詳說

---

819) 이 구도 『맹자』「공손추」가 출처이다 : 『맹자』「공손추하」에 "내가 어찌 속 좁은 사내처럼 임금에게 간하여 받아 주지 않으면 성을 내며 얼굴에 노기를 드러내고, 한번 떠나면 하루 종일 쉬지 않고 간 뒤에야 묵겠느냐?(予豈若是小丈夫然哉, 諫於其君而不受則怒, 悻悻然見於其面, 去則窮日之力而後宿哉.)"라는 말이 있다.

820) 孚匪反 : 『시전대전(詩傳大全)』에도 동일하게 되어 있다.

○ 音泰.821)

'태(大)'의 음은 '태(泰)'이다.

○ 食荏反.822)

'심(甚)'의 음은 '식(食)'과 '임(荏)'의 반절이다.

朱註

比也

비(比)이다.

詳說

○ 兼賦.

부(賦)를 겸하였다.

朱註

萋斐, 小文之貌. 貝, 水中介蟲也, 有文彩似錦.

처비(萋斐)는 조금 문채(文彩)나는 모양이다. 패(貝)는 물속의 패갑류로 문채가 있어 비단과 비슷하다.

詳說

○ 埤雅曰 : "錦文如貝, 謂之貝錦.823)

『비아』에서 말하였다 : "비단의 무늬가 조개와 같은 것을 패금이라고 한다."

朱註

○ 時有遭讒, 而被宮刑, 爲巷伯者,

이때 참소를 만나 궁형(宮刑)을 당하여 항백(巷伯)이 된 자가 있어서

詳說

---

821) 音泰 : 『시전대전(詩傳大全)』에도 동일하게 되어 있다.
822) 食荏反 : 『시전대전(詩傳大全)』에도 동일하게 되어 있다.
823) 『시전대전(詩傳大全)』에 『비아』의 말로 실려 있다.

○ 照篇名.
편명을 참조하라.

○ 鄭氏曰 : "若今宦者."824)
정씨가 말하였다 : "지금의 환관과 같다."825)

朱註
作此詩. 言因萋斐之形而文致之, 以成貝錦, 以比讒人者, 因人之小過, 而飾成大罪也. 彼爲是者, 亦已大甚矣.
이 시를 지었다. 처비(萋斐)의 형상으로 말미암아 문채를 내어 패금(貝錦)을 이룸을 말함으로써 남을 참소하는 자가 사람의 작은 허물을 가지고 큰 죄를 꾸며 이룸을 비유한 것이다. 저 자가 이런 짓을 하는 것은 또한 너무 심하도다.

詳說
○ 去聲.
'문(文)'은 거성이다.

○ 已當訓旣, 諺釋與大字義, 相疊耳.
'이(已)'는 '기(旣)'로 풀이해야 하니, 『언해』의 해석에서는 '대(大)'자의 의미와 서로 중첩했을 뿐이다.

[2-5-6-2]
哆兮侈兮, 成是南箕.
조금 벌어지고 벌어진 것으로 남쪽 기성(箕星)을 이루도다.

詳說
○ 昌者反.826)

---

824) 『시전대전(詩傳大全)』에 정씨의 말로 실려 있다.
825) 『시전대전(詩傳大全)』에 "정씨가 말하였다 : '궁은 그 불알을 제거하는 것이니, 지금의 환관과 같다.'(鄭氏曰 : 宮者, 割其勢, 若今宦者也.)"라고 되어 있다.
826) 昌者反 : 『시전대전(詩傳大全)』에도 동일하게 되어 있다.

'치(哆)'의 음은 '창(昌)'과 '자(者)'의 반절이다.

○ 尺是反.827)
'치(侈)'의 음은 '척(尺)'과 '시(是)'의 반절이다.

|彼譖人者, 誰適與謀.|
저 남을 참소하는 자여 누구를 주로 하여 함께 꾀하는고?

|詳說|

○ 音的, 下同
'적(適)'의 음은 '적(的)'으로 아래에서도 같다.

○ 叶, 謨悲反.828)
'모(謀)'는 협운으로 음은 '모(謨)'와 '비(悲)'의 반절이다.

|朱註|
|比也. 哆侈, 微張之貌. 南箕, 四星,|
비(比)이다. 치(哆)와 치(侈)는 조금 벌어진 모양이다. 남기(南箕)는 네 별로

|詳說|

○ 兼賦.
부(賦)를 겸하였다.

○ 開離.
열어서 벌리고 있는 것이다.

○ 安成劉氏曰 : "箕星常見於南方, 故謂南箕."829)

---

827) 尺是反:『시전대전(詩傳大全)』에도 동일하게 되어 있다.
828) 叶, 謨悲反:『시전대전(詩傳大全)』에도 동일하게 되어 있다.
829)『시전대전(詩傳大全)』에 안성 유씨의 말로 실려 있다.

안성 유씨가 말하였다 : "기성은 항상 남쪽에 있기 때문에 남기(南箕)라고 하는 것이다."830)

|朱註|
二爲踵, 二爲舌.
둘은 발꿈치가 되고 둘은 혀가 된다.

|詳說|
○ 在上.
발꿈치가 되는 것은 위에 있다.

○ 在下.
혀가 되는 것은 아래에 있다.

|朱註|
其踵狹而舌廣, 則大張矣.
그 발꿈치가 좁고 혀가 넓으니, 너무 벌어진 것이다.

|詳說|
○ 指舌.
혀를 가리킨다.

○ 豐城朱氏曰 : "喩讒者, 能因疑似, 而構成實罪也.831)
풍성 주씨가 말하였다 : "참소한 자가 의심이 비슷한 것으로 말미암아 함부로 실제의 죄를 만든 것을 비유한 것이다."832)

---

830) 『시전대전(詩傳大全)』에는 "안성 유씨가 말하였다 : '곧 기성으로 항상 남쪽에 있기 때문에 남기(南箕)라고 하는 것이다.'(安成劉氏曰 : 卽箕星也, 常見於南方, 故謂南箕.)"라고 되어 있다.
831) 『시전대전(詩傳大全)』에 풍성 주씨의 말로 실려 있다.
832) 『시전대전(詩傳大全)』에는 "풍성 주씨가 말하였다 : '처비(萋斐)로 패백(貝錦)을 이룬다는 것은 참소한 자가 의심이 비슷한 것으로 말미암아 함부로 실제의 죄를 만든 것을 비유한 것이다. ….'(豐城朱氏曰 : 萋斐以成貝錦, 喩讒人者能因細小而飾成大罪也. ….)"라고 되어 있다.

朱註

適, 主也, 誰適與謀, 言其謀之閟也
적(適)은 주장함이니, '누구를 주로 하여 함께 꾀하는고?'라고 한 것은 그 꾀가 비밀스러움을 말한 것이다.

詳說

○ 秘不可知也, 亦若不知之辭也
비밀스러움은 알아서는 안되니, 또한 알지 못한다는 말과 같은 것이다.

[2-5-6-3]

緝緝翩翩, 謀欲譖人.

집집(緝緝)하고 편편(翩翩)하여 꾀하여 남을 참소하고자 하는구나.

詳說

○ 七立反.833)
'집(緝)'의 음은 '칠(七)'과 '립(立)'이 반절이다.

○ 音篇, 叶批賓反.834)
'편(翩)'의 음은 '편(篇)'이고, 협운으로 음은 '비(批)'와 '빈(賓)'의 반절이다.

愼爾言也. 謂爾不信.

네 말을 삼갈지어다. 너더러 거짓말 한다 이르리라.

詳說

○ 叶, 斯人反.835)
'신(信)'은 협운으로 음은 '사(斯)'와 '인(人)'의 반절이다.

---

833) 七立反 : 『시전대전(詩傳大全)』에도 동일하게 되어 있다.
834) 音篇, 叶批賓反 : 『시전대전(詩傳大全)』에도 동일하게 되어 있다.
835) 叶, 斯人反 : 『시전대전(詩傳大全)』에도 동일하게 되어 있다.

朱註
賦也. 緝緝, 口舌聲. 或曰, 緝,
부(賦)이다. 집집(緝緝)은 남의 입에 오르내리는 소리이다. 어떤 이는 "집(緝)은

詳說
○ 句.
여기서 구두해야 한다.

朱註
緝人之罪也,
남의 죄를 얽어 만드는 것이다."라고 하고,

詳說
○ 羅織成之.
그물처럼 얽어 만드는 것이다.

朱註
或曰, 有條理貌, 皆通. 翩翩, 往來貌. 譖人者, 自以爲得意矣.
어떤 이는 "조리(條理)가 있는 모양이다."라고 하는데, 모두 통한다. 편편(翩翩)은 왕래하는 모양이다. 남을 참소하는 자는 스스로 뜻을 얻었다고 생각한다.

詳說
○ 襯首句意.
첫 구의 뜻에 가깝다.

朱註
然不愼爾言, 聽者, 有時而悟,
그러나 네 말을 삼가지 않다가 네 말을 들어주었던 자가 어느 때든 깨달음이 있게 되면

詩集傳詳說 卷之十　389

詳說

○ 補此句.
이 구를 더하였다.

朱註

且將以爾爲不信矣.
너더러 거짓말한다 할 것이다.

詳說

○ 非欲其譖己之必信也, 蓋謂爾不信, 而譖不得行, 則爾將反受是戒之之辭也. 下章詳之
그가 자신을 참소할 것을 반드시 믿고자 하는 것이 아니라 네가 믿겨지지 않아 참소가 행해지지 않으면 네가 도리어 이런 경계를 받게 될 것이라는 말이다. 아래의 장에서 자세히 있다.

[2-5-6-4]

捷捷幡幡, 謀欲譖言.
빠르고 빠르게 번복하여 꾀하며 참언을 하고자 하는구나.

詳說

○ 音翻, 叶芬遷反.836)
'번(幡)'의 음은 '번(翻)'이고, 협운으로 음은 '분(芬)'과 '전(遷)'의 반절이다.837)

豈不爾受, 旣其女遷.
어찌 너의 참언을 받아들이지 않으리오마는 이윽고 너에게 옮겨가리라.

詳說

---

836) 音翻, 叶芬遷反:『시전대전(詩傳大全)』에는 다소 비슷하게 되어 있다.
837)『시전대전(詩傳大全)』에는 "'번(幡)'의 음은 '방(芳)'과 '번(煩)'의 반절이고, 협운으로 음은 '분(芬)'과 '전(遷)'의 반절이다.(芳煩反, 叶, 芬遷反.)"라고 되어 있다.

○ 音汝.838)

'여(女)'의 음은 '여(汝)'이다.

朱註

賦也. 捷捷, 儇利貌.

부(賦)이다. 서서(捷捷)은 빠른 모양이고,

詳說

○ 許全反.

'현(儇)'의 음은 '허(許)'와 '전(全)'의 반절이다.

○ 毛氏曰 : "猶緝緝也."839)

모씨가 말하였다 : "집집(緝緝)과 같다."

朱註

幡幡, 反覆貌.

번번(幡幡)은 반복(反覆)[번복]하는 모양이다.

詳說

○ 音福.

'복(覆)'의 음은 '복(福)'이다.

○ 毛氏曰 : "猶翩翩也."840)

모씨가 말하였다 : "편편(翩翩)과 같다."

朱註

王氏曰 : "上好譖則, 固將受女.

왕씨(王氏)가 말하였다. "윗사람이 참언을 좋아하면 진실로 너의 말을 받아줄 것

---

838) 音汝: 『시전대전(詩傳大全)』에도 동일하게 되어 있다.
839) 『모시주소(毛詩注疏)』에 동일하게 되어 있다.
840) 『모시주소(毛詩注疏)』에 동일하게 되어 있다.

이다.

> 詳說
> ○ 去聲, 下同.
> '호(好)'는 거성으로 아래에서도 같다.

> ○ 譖言入.
> 참소하는 말이 먹힌다.

朱註
然好譖不已, 則遇譖之禍, 亦旣遷而及女矣.
그러나 참언을 좋아하고 그치지 않는다면 참소를 만나는 화(禍)가 또한 이미 옮겨 가 너에게 미칠 것이다."

> 詳說
> ○ 華谷嚴氏曰 : "汝能譖人, 人亦譖汝."841)
> 화곡 엄씨가 말하였다 : "네가 남을 참소하면 남도 너를 참소한다는 것이다."842)

朱註
曾氏曰 : "上章及此皆忠告之辭."
증씨(曾氏)가 말하였다 : "위의 장과 여기는 모두 충고(忠告)하는 말이다."

> 詳說
> ○ 論也.
> 경문의 의미 설명이다.

> ○ 慶源輔氏曰 : "上章末句, 自譖者而言, 此章末句, 自聽者而言,

---
841) 『시전대전(詩傳大全)』에 화곡 엄씨의 말로 실려 있다.
842) 『시전대전(詩傳大全)』에는 "화곡 엄씨가 말하였다 : '네가 남을 참소하면 남도 너를 참소하니, 화가 너에게로 옮겨 미친다는 것이다.'(華谷嚴氏曰 : 汝能譖人, 人亦能譖女, 其禍將遷及女矣.)"라고 되어 있다.

皆必至之理, 故以之忠告, 庶其知畏而不敢肆耳."843)

경원 보씨가 말하였다 : "위의 장의 끝구에서는 참소하는 자를 가지고 말하였고, 여기 장의 끝구에서는 듣는 자를 가지고 말하였는데, 모두 반드시 그렇게 되는 이치이기 때문에 그것으로 충고했으니, 두려운 줄 알고 감히 함부로 하지 않기를 바란 것이다."844)

[2-5-6-5]

驕人好好, 勞人草草. 蒼天蒼天, 視彼驕人, 矜此勞人.

교만한 사람은 즐겁고 즐겁거늘 수고로운 사람은 근심하고 근심하도다.
창천아, 창천아 저 교만한 사람을 살피사 이 수고로운 사람을 불쌍히 여기소서.

詳說

○ 叶, 鐵因反.845)

'천(天)'은 협운으로 '철(鐵)'과 '인(因)'의 반절이다.

朱註

賦也. 好好, 樂也. 草草, 憂也. 驕人譖行, 而得意, 勞人遇譖, 而失度失儀, 其狀如此

부(賦)이다. 호호(好好)는 즐거움이고, 초초(草草)는 근심함이다. 교만한 사람은 참소가 행해져서 뜻을 얻고, 수고로운 사람은 참소를 만나서 법도(法度)를 잃으니, 그 형상이 이와 같은 것이다.

詳說

○ 音洛.

'락(樂)'의 음은 '락(樂)'이다.

---

843) 『시전대전(詩傳大全)』에 경원 보씨의 말로 실려 있다.
844) 『시전대전(詩傳大全)』에는 "경원 보씨가 말하였다 : '「네 말을 삼갈지어다. 너더러 거짓말 한다 이르리라.」는 것은 참소하는 자를 가지고 말하였고, 「어찌 너의 참언을 받아들이지 않으리오마는 이윽고 너에게 옮겨가리라.」는 것은 듣는 자를 가지고 말하였는데, 모두 반드시 그렇게 되는 이치이기 때문에 그것으로 참소하는 자에게 충고했으니, 두려운 줄 알고 감히 함부로 하지 않기를 바란 것이다.'慶源輔氏曰 : 愼爾言也, 謂爾不信, 自譖者而言也, 豈不爾受, 旣其女遷, 自聽者而言也, 皆所必至之理, 故以之忠告於爲譖者, 庶乎其知所畏而不敢肆耳."라고 되어 있다.
845) 叶, 鐵因反 : 『시전대전(詩傳大全)』에도 동일하게 되어 있다.

○ 王氏曰 : "以王之不明, 無所告訴, 而告之於天也."846)
왕씨가 말하였다 : "왕이 명철하지 못하니, 고할 곳이 없어 하늘에 고하는 것이다."847)

○ 慶源輔氏曰 : "視彼驕人, 庶有以抑遏沮止之, 矜此勞人, 庶有以扶持安之也."848)
경원 보씨가 말하였다 : "저 교만한 사람을 보고 억누르고 막아 멈추기를 원했고, 이 수고로운 사람을 애석하게 여겨 돕고 지켜서 편안하기를 원했다."

[2-5-6-6]
彼譖人者, 誰適與謀.
저 남을 참소하는 자여 누구를 주로 하여 함께 꾀하는고?

詳說
○ 叶, 掌與反.849)
'자(者)'는 협운으로 음은 '장(掌)'과 '여(與)'의 반절이다.

○ 叶, 滿補反.850)
'모(謀)'는 협운으로 음은 '만(滿)'과 '보(補)'의 반절이다.

取彼譖人, 投畀豺虎.
저 참소하는 자를 잡아다가 승냥이와 호랑이에게 던져주리라.

詳說
○ 士皆反.851)

---

846) 『시전대전(詩傳大全)』에는 신안 호씨의 말로 실려 있다.
847) 『시전대전(詩傳大全)』에는 "신안 호씨가 말하였다 : '왕씨가 말하였다 : 「창천아 창천아」라고 한 것은 왕이 명철하지 못하니, 고하고 하소연할 곳이 없어 하늘에 고하는 것이다.'(新安胡氏曰 : 王氏云, 蒼天蒼天, 蓋以王之不明, 無所告愬, 而言之於天也.)"라고 되어 있다.
848) 『시전대전(詩傳大全)』에 경원 보씨의 말로 거의 비슷하게 실려 있다.
849) 叶, 掌與反 : 『시전대전(詩傳大全)』에도 동일하게 되어 있다.
850) 叶, 滿補反 : 『시전대전(詩傳大全)』에도 동일하게 되어 있다.

'시(豺)'의 음은 '사(士)'와 '개(皆)'의 반절이다.852)

豺虎不食, 投畀有北. 有北不受, 投畀有昊.

승냥이와 호랑이가 먹지 않거든 북방(北方)의 불모지에 던져주리라.
북방(北方)이 받아주지 않거든 하늘에 던져주리라.

詳說

○ 叶, 承呪反.853)

'수(受)'는 협운으로 음은 '승(承)'과 '주(呪)'의 반절이다.

○ 叶, 許侯反.854)

'호(昊)'는 협운으로 '허(許)'와 '후(侯)'의 반절이다.

朱註

賦也. 再言彼譖人者, 誰適與謀者,

부(賦)이다. "저 참소하는 자여 누구를 주로 하여 함께 꾀했는고?"라고 두 번 말한 것은

詳說

○ 照二章.

2장을 참조하라.

朱註

甚嫉之, 故重言之也. 或曰衍文也.

심히 미워하기 때문에 거듭 말한 것이다. 어떤 이는 연문(衍文)이라 한다.

詳說

---

851) 士皆反 : 『시전대전(詩傳大全)』에는 다소 다르게 되어 있다.
852) 『시전대전(詩傳大全)』에는 "'시(豺)'의 음은 '상(上)'과 '개(皆)'의 반절이다.(上皆反)"라고 되어 있다.
853) 叶, 承呪反 : 『시전대전(詩傳大全)』에도 동일하게 되어 있다.
854) 叶, 許侯反 : 『시전대전(詩傳大全)』에도 동일하게 되어 있다.

○ 去聲.
'중(重)'은 거성이다.

○ 然後, 與下章文句敵.
그런 다음에 아래 장의 문구와 대등해진다.

朱註
投, 棄也.
투(投)는 버림이다.

詳說
○ 埤雅曰 : "豺虎以殺爲性."855)
『비아』에서 말하였다 : "승냥이와 호랑이는 죽이는 것을 본성으로 한다."856)

○ 豺, 諺音誤.
'시(豺)'는 『언해』의 음이 잘못되었다.

朱註
北, 北方寒涼不毛之地也.
북(北)은 북방(北方)의 추운 불모지이다.

詳說
○ 安成劉氏曰 : "不生草木五穀, 投於彼, 使凍飢之也."857)
안성 유씨가 말하였다 : "초목과 오목이 나지 않으니, 저 곳에 던져놓아 굶어죽게 하는 것이다."858)

---

855) 『시전대전(詩傳大全)』에 『비아』의 말로실려 있다.
856) 『시전대전(詩傳大全)』에는 "『비아』에서 말하였다 : '승냥이와 호랑이는 죽이는 것을 본성으로 하니, 당연히 먹지 않는 것이 없다.(埤雅曰 : 豺虎以殺爲性, 則宜無所不食. ….)"라고 되어 있다.
857) 『시전대전(詩傳大全)』에 안성 유씨의 말로 실려 있다.
858) 『시전대전(詩傳大全)』에는 "안성 유씨가 말하였다 : '아득한 북방의 땅은 아주 추워 초목과 오목이 나지 않으니, 저 곳에 참소하는 사람을 던져놓아 굶어죽게 하는 것이다.(安成劉氏曰 : 窮北之地多寒, 不生草木五穀, 投棄讒人於彼, 使凍饑之也.)"라고 되어 있다.

○ 西山眞氏曰 : 舜治四凶, 以禦魑魅, 大學於不仁之人, 欲屛諸四夷, 詩人之情, 亦若是也.859)
서산 진씨가 말하였다 : "순임금이 사흉을 다스려 도깨비를 막았고,『대학』에서 어질지 못한 사람에 대해 사방 오랑캐의 땅으로 내쫓도록 하였으니, 시인의 심정도 이와 같은 것이다."860)

朱註

不食不受, 言讒譖之人,
먹지 않고, 받아주지 않는다는 것은 참소하는 사람은

詳說

○ 下譖人, 與上譖人, 不同, 而諺解一槪釋之, 恐更詳.
아래에서 참소하는 사람과 위에서 참소하는 사람은 같지 않은데,『언해』에서는 하나로 풀이했으니. 자세히 살펴봐야 할 것이다.

朱註

物所共惡也. 昊, 昊天也,
사람들이 함께 미워하는 것임을 말한 것이다. 호(昊)는 호천(昊天)이니,

詳說

○ 去聲, 下同.
'오(惡)'는 거성으로 아래에서도 같다.

○ 卽上章所云蒼天也.
곧 위의 장에서 말한 창천이다.

朱註

---

859)『시전대전(詩傳大全)』에 서산 진씨의 말로 실려 있다.
860)『시전대전(詩傳大全)』에는 "서산 진씨가 말하였다 : 참소하는 사람의 해로움은 아주 심하기 때문에 시인이 미워한 것도 심하다. 순임금이 사흉을 다스려 도깨비를 막았고,『대학』에서 어질지 못한 사람에 대해 사방 오랑캐의 땅으로 내쫓도록 하였으니, 시인의 심정도 이와 같은 것이다.西山眞氏曰 : 讒人爲害至深, 故詩人疾之亦甚. 舜之治四凶也, 以禦魑魅, 而大學於不仁之人, 欲屛諸四夷, 詩人之情, 亦若是也.)"라고 되어 있다.

投畀昊天, 使制治也其罪. ○ 此皆設言, 以見欲其死亾之甚也.
하늘에 던져 주어 그 죄를 제재(制裁)하게 한 것이다. ○ 이것은 모두 가설로 말해 그가 죽기를 바람이 심함을 나타낸 것이다.

|詳說|

○ 音現.
'현(見)'의 음은 '현(現)'이다.

○ 孔氏曰 : "止於天."
공씨가 말하였다 : "하늘에 머물라는 것이다."

|朱註|
故曰, "好賢如緇衣,
그러므로 말하기를 "어진이를 좋아하기를 「치의(緇衣)」와 같이 하고,

|詳說|

○ 去聲.
'호(好)'는 거성이다.

○ 已見鄭緇衣.
이미 「정」「치의」에 있다.

|朱註|
惡惡如巷伯.
악(惡)을 미워하기를 「항백(巷伯)」과 같이 한다."라고 한 것이다.

|詳說|

○ 如字.
'악(惡)'은 본래의 음 대로 읽는다.

○ 出禮記緇衣.
『예기』「치의」가 출처이다.

○ 言惡之之甚也, 相鼠其次也.
미워하는 것이 심하다는 말이니,「상서(相鼠)」는 그 다음이다.

[2-5-6-7]
楊園之道. 猗于畝丘.
양원(楊園)의 길이여 묘구(畝丘)에 얹혀 있도다.

詳說
○ 音倚.
'의(猗)'의 음은 '의(倚)'이다.

○ 叶, 祛奇反.
'구(丘)'는 협운으로 음은 '거(祛)'와 '기(奇)'의 반절이다.

寺人孟子, 作爲此詩, 凡百君子, 敬而聽之.
시인(寺人)인 맹자가 이 시를 짓노니, 모든 군자들은 공경하며 들을지어다.

朱註
興也. 楊園, 下地也. 猗, 加也. 畝丘, 高地也. 寺人, 內小臣, 蓋以讒被宮, 而爲此官也
흥(興)이다. 양원(楊園)은 낮은 지역이다. 의(猗)는 가(加)함이다. 묘구(畝丘)는 높은 지역이다. 시인(寺人)은 궁에서 소신(小臣)인데, 참소하는 말로 궁형을 당해 여기의 관원이 된 자이다.

詳說
○ 兼比.
비를 겸하였다.

○ 首章註參看.
첫장의 주를 참고해서 보라.

○ 安成劉氏曰：" 周禮天官, 寺人寺之言侍也. 侍王而掌內人之戒令."861)
안성 유씨가 말하였다 : "『주례』「천관」에서 시인(寺人)이 모신다(寺)'는 것은 '모신다(侍)'는 것을 말하니, 왕을 모시고 궁내 사람들의 계령을 담당하는 것이다."862)

朱註
孟子, 其字也 ○ 楊園之道, 而猗于畝丘, 以興賤者之言, 或有補於君子也.
맹자(孟子)는 그의 자(字)이다. ○ 양원(楊園)의 길이 묘구(畝丘)에 얹혀 있다는 것으로써 천한 자의 말이 혹 군자에게 보탬이 있음을 흥(興)한 것이다.

詳說
○ 益也
'보(補)'는 유익함이다.

○ 二句興四句.
두 구가 네 구를 흥하였다.

朱註
蓋譖始於微者, 而其漸將及於大臣.
참소 하는 말이 미천한 자에게서 시작되어 그 점차 파급되는 것은 대신에게 미칠 것이다.

詳說

---

861) 『시전대전(詩傳大全)』에 안성 유씨의 말로 실려 있다.
862) 『시전대전(詩傳大全)』에는 "안성 유씨가 말하였다 : '『주례』「천관」에서 시인(寺人)의 관은 모두 다섯 사람으로 모신다는 것은 모신다는 것을 말하니, 대청에서 왕을 모시고 궁내 사람들과 여성 관리의 계령을 담당하는 것으로 대개 환관이다.'(安成劉氏 : 周禮天官寺人之官, 凡五人, 寺之, 言侍也, 侍王於路寢, 而掌王之內人及女宮之戒令, 蓋奄人也.)"라고 되어 있다.

○ 寺人.
미천한 자는 시인(寺人)이다.

○ 君子.
대신은 군자이다.

朱註
故作詩, 使聽而謹之也.
그러므로 시를 지어서 이를 듣고 삼가게 한 것이다.

詳說
○ 補謹字.
'근(謹)'자를 더하였다.

○ 己旣不免, 而戒人使免此, 寺人之仁也.
자신은 이미 면하지 못했으니, 사람들을 경계시켜 이것을 면하게 했으니, 시인(寺人)의 어짊이다.

朱註
劉氏曰:"其後王后太子及大夫, 果多以讒廢者."
유씨가 말하였다. "그 후에 왕후(王后)와 태자(太子)와 대부(大夫)들이 과연 참언(讒言) 때문에 폐출(廢黜)을 당한 자가 많았다."

詳說
○ 慶源輔氏曰:"末流之禍, 豈止及大臣而已, 王后太子, 亦不免."863)
경원 보씨가 말하였다 : "말류의 화라고 어찌 대신에게만 그치겠는가? 왕후와 태자도 면하지 못한다."864)

---

863) 『시전대전(詩傳大全)』에 경원 보씨의 말로 실려 있다.
864) 『시전대전(詩傳大全)』에는 "경원 보씨가 말하였다 : '참소가 미미한 것에서 시작되는데, 나아가 시험해봐서 임금이 받아들이면 참소하는 자의 기세가 더욱 씩씩해지고 마음이 더욱 커지니, 말류의 화라고 어찌 대신에게만 그치겠는가? 왕후와 태자라도 혹 면하지 못한다. …'(慶源輔氏曰 : 譖始於微者, 進而嘗之也,

○ 董氏曰 : "幽王之世, 大臣傷於讒, 如蘇公, 小臣傷於讒, 如孟子, 則上下其得以免乎."865)
동씨가 말하였다 : "유왕의 세대에 대신이 참소에 다친 것은 소공과 같고, 소신이 참소에 다친 것은 맹자와 같으니, 위아래로 어찌 면할 수 있었겠는가?"

○ 定宇陳氏曰 : "巧言何人斯巷伯三篇, 其述讒言之禍, 與譖人之情狀, 可謂極矣."866)
정우 진씨가 말하였다 : "「교언」·「하인사」·「항백」 세 편에서 참소하는 말의 화와 참소하는 사람의 정황에 대해 기술한 것은 지극하다고 할 수 있다."

○ 安成劉氏曰 : "董867)氏此言, 蓋從小序, 以此爲幽王時詩也. 集傳既引其說, 而未嘗明言其爲幽王詩, 讀者當自得之."868)
안성 유씨가 말하였다 : "동씨의 이 말은 「소서」에 따라 이것을 유왕 때의 시로 여긴 것이다. 『집전』에서는 이미 그 설을 인용했으나 그것이 유왕 때의 시인지 분명하게 말하지 못했으니, 독자들이 스스로 터득해야 할 것이다."

朱註

巷伯七章, 四章章四句, 一章五句, 一章八句, 一章六句.
「항백」은 7장으로 네 장은 장이 4구이고, 한 장은 5구이며, 한 장은 8구이고, 한 장은 6구이다.

巷, 是宮內道名, 秦漢所謂永巷, 是也,
항(巷)은 궁내(宮內)의 길 이름이니, 진한(秦漢)시대의 이른바 영항(永巷)이라는 것이 여기에 해당하고,

詳說

君若受之, 則譖者之氣, 益壯而心益大, 末流之禍, 豈止及其大臣而已哉. 雖王后太子, 或有所不免. ….)"라고 되어 있다.
865) 『시전대전(詩傳大全)』에 동씨의 말로 거의 비슷하게 실려 있다.
866) 『시전대전(詩傳大全)』에 정우 진씨의 말로 동일하게 실려 있다.
867) '동(董)'자는 『시집전상설』에 '유(劉)'자로 되어 있는 것을 『사고전서』를 참고하여 수정한 것이다.
868) 『시전대전(詩傳大全)』에 안성 유씨의 말로 동일하게 실려 있다.

○ 安成劉氏曰 : "宮中之長巷, 幽閉宮女之有罪者, 武帝時改爲掖庭, 周宣姜后, 嘗待罪永巷, 是也."869)

안성 유씨가 말하였다 : "궁중의 장항에 죄 있는 궁녀를 유폐시켰던 것을 무제시에 고쳐서 액정(掖庭)으로 만들었다. 주 선왕의 강후가 일찍이 영항에서 죄를 기다렸던 것이 여기에 해당한다."870)

朱註

伯, 長也. 主宮內道官之長, 卽寺人也, 故以名篇

백(伯)은 장(長)이다. 궁내의 길을 주관하는 관원의 장(長)이 바로 시인(寺人)이기 때문에 편명(篇名)으로 한 것이다.

詳說

○ 上聲, 下同.

'장(長)'은 상성으로 아래에서도 같다.

○ 曹氏曰 : "其官爲寺人, 而職掌永巷, 故稱巷伯."871)

조씨가 말하였다 : "그 관리가 시인(寺人)이고, 직분이 영항을 담당했기 때문에 항백이라고 한 것이다."872)

○ 按, 詩末旣表出寺人, 又就詩外, 而以巷伯名篇, 可見其被刑傷痛之甚也.

살펴보건대, 시의 끝에 이미 시인을 드러냈고, 또 시의 밖에서 항백으로 편명을 붙였으니, 그가 형을 받아 아주 상처받고 애통하게 여김을 알 수 있다.

朱註

---

869) 『시전대전(詩傳大全)』에 안성 유씨의 말로 실려 있다.
870) 『시전대전(詩傳大全)』에는 "안성 유씨가 말하였다 : '삼보황도'에서 말하였다 : 「영(永)은 장(長)이다. 궁중의 장항에 죄 있는 궁녀를 유폐시켰던 것을 무제시에 고쳐서 액정(掖庭)으로 만들었다. 주의 선왕 강후가 일찍이 영항에서 죄를 기다렸던 것이 여기에 해당한다.'(安成劉氏曰 : 三輔黃圖云, 永長也. 宮中之長巷, 幽閉宮女之有罪者. 武帝時改爲掖庭, 周宣王姜后, 嘗待罪永巷, 是也.)"라고 되어 있다.
871) 『시전대전(詩傳大全)』에 조씨의 말로 실려 있다.
872) 『시전대전(詩傳大全)』에는 "조씨가 말하였다 : '항은 궁내의 사람들이 기거하는 곳이고, 백은 장이다. 그 관리가 시인(寺人)이고, 직분이 영항을 담당했기 때문에 항백이라고 한 것이다.(曹氏曰 : 巷者, 內人之所居. 伯者, 長也. 其官爲寺人, 而職掌永巷, 故稱巷伯焉.)"라고 되어 있다.

班固司馬遷贊,
반고(班固)의 사마천찬(司馬遷贊)에서

　|詳說|
　○ 字孟堅, 東漢安陵人.
　　반고는 자가 맹견으로 동한 때의 안릉 사람이다.

　○ 謂漢書, 司馬遷傳贊也.
　　『한서』「사마천전」의 찬을 말한다.

|朱註|
云, 迹其所以自傷悼, 小雅巷伯之倫
"그 스스로 서글퍼한 것을 생각해 보건대, 소아(小雅) 항백(巷伯)의 무리이다."라고 하였으니,

　|詳說|
　○ 遷遭腐刑, 仕爲宦官, 故云然耳.
　　사마천이 거세당하는 형벌로 환관이 되었기 때문에 그렇게 말했을 뿐이다.

|朱註|
其意, 亦謂巷伯本以被譖而遭刑也.
그 뜻은 또한 항백(巷伯)이 본래 참소를 입어 형벌을 당하였음을 말한 것이다.

　|詳說|
　○ 與毛傳合.
　　『모전』과 합치한다.

|朱註|
而楊氏曰, "寺人, 內侍之微者, 出入於王之左右, 親近於王, 而日見之, 宜無間之可伺矣, 今也亦傷於讒, 則疏遠者可知. 故其詩曰, 凡百君子敬而聽之,

使在位知戒也

그런데 양씨(楊氏)는 말하기를 "시인(寺人)은 내시 중에 미천한 자로서 왕의 좌우로 출입하며 왕을 가까이서 날마다 뵈니, 당연히 엿볼 만한 틈이 없을 듯한데, 이제 또한 참소하는 말의 폐해를 입었으니, 멀리 있는 자들은 알 만하다. 그러므로 시에서 '모든 군자들이여! 공경하며 들을지어다.'라고 하여 지위에 있는 자들이 경계할 줄 알게 하였다."라고 하였으니,

> 詳說
>
> ○ 楊說止此.
>
> 양씨의 설명은 여기까지이다.

朱註

其說不同.

그 말이 똑같지 않다.

> 詳說
>
> ○ 被譖爲寺人, 以寺人被譖.
>
> 참소를 당해 시인이 된 것과 시인으로 참소를 당한 것이다.

朱註

然亦有理, 姑存於此云.

그러나 또한 일리(一理)가 있으니, 잠시 여기에 두노라.

> 詳說
>
> ○ 以備一義.
>
> 이것으로 하나의 의미를 갖추는 것이다.

[2-5-7-1]

習習谷風, 維風及雨. 將恐將懼, 維予與女,

습습(習習)한 곡풍(谷風)이여 바람과 비로다.
공구(恐懼)할 적엔 나와 너 뿐이더니,

詳說

○ 音汝.873)
'여(女)'의 음은 '여(汝)'이다.

將安將樂, 女轉棄予.

안락하게 되어서는 네 도리어 나를 버리는가?

詳說

○ 音洛.874)
'락(樂)'의 음은 '락(洛)'이다.

○ 叶, 演女反.875)
'여(予)'는 협운으로 음은 '연(演)'과 '여(女)'의 반절이다.

朱註

興也. 習習, 和調貌. 谷風, 東風也. 將, 且也.
흥(興)이다. 습습(習習)은 조화롭고 고른 모양이다. 곡풍(谷風)은 동풍(東風)이다.
장(將)은 장차이다. 공구(恐懼)는 위난(危難)과 우환(憂患)의 때를 이른다.

詳說

○ 猶方也
'차(且)'는 '바야흐로'와 같다.

---

873) 音汝:『시전대전(詩傳大全)』에도 동일하게 되어 있다.
874) 音洛:『시전대전(詩傳大全)』에도 동일하게 되어 있다.
875) 叶, 演女反:『시전대전(詩傳大全)』에도 동일하게 되어 있다.

朱註

恐懼, 謂危難憂患之時也. ○ 此, 朋友相怨之詩, 故言習習谷風, 則維風及雨矣, 將恐將懼之時則維予與女矣.
공구(恐懼)는 위난과 우환의 때를 말한다. ○ 이것은 붕우간(朋友間)에 서로 원망한 시이기 때문에 "습습(習習)한 동풍(東風)은 바람과 비이고, 공구(恐懼)할 때에는 나와 너 뿐이었다.

詳說

○ 維風及雨, 與維予與女, 相應.
'바람과 비로다.'와 '나와 너 뿐이더니'가 서로 호응한다.

○ 毛氏曰 : "風雨相感, 朋友相須."876)
모씨가 말하였다 : "바람과 비는 서로 호응하고 붕우는 서로 기다린다."

朱註

奈何將安將樂, 而女轉棄予哉
그런데 어찌하여 안락하게 되면서는 네 도리어 나를 버리는가?"라고 한 것이다.

[2-5-7-2]
習習谷風, 維風及頹.

습습(習習)한 곡풍(谷風)이여 바람과 회오리바람이로다.

詳說

○ 徒雷反.877)
'퇴(頹)'의 음은 '도(徒)'와 '뢰(雷)'의 반절이다.

將恐將懼, 寘予于懷,

공구(恐懼)할 때에는 나를 품안에 두더니,

---

876) 『모시주소(毛詩注疏)』에 동일하게 실려 있다.
877) 徒雷反 : 『시전대전(詩傳大全)』에도 동일하게 되어 있다.

> [詳說]

○ 之豉反.878)

'치(眞)'의 음은 '지(之)'와 '시(豉)'의 반절이다.

○ 叶, 胡隈反.879)

'회(懷)'는 협운으로 음은 '호(胡)'와 '외(隈)'의 반절이다.

> 將安將樂, 棄予如遺.

안락하게 되어서는 나를 버리기를 잊은 듯이 하도다.

> [詳說]

○ 叶, 夷回反.880)

'유(遺)'는 협운으로 '이(夷)'와 '회(回)'의 반절이다.

> [朱註]
> 興也.

흥(興)이다.

> [詳說]

○ 風與予相應, 仍如上章.

바람과 내가 서로 호응하는 것이 곧 위의 장과 같다.

> [朱註]
> 頹, 風之焚輪者也.

퇴(頹)는 바람이 불타오르는 것과 같은 것이다.

> [詳說]

○ 蓋謂其氣如焚, 而回旋如輪也.

---

878) 之豉反:『시전대전(詩傳大全)』에도 동일하게 되어 있다.
879) 叶, 胡隈反:『시전대전(詩傳大全)』에도 동일하게 되어 있다.
880) 叶, 夷回反:『시전대전(詩傳大全)』에도 동일하게 되어 있다.

그 기세가 불타는 듯하고, 도는 것이 바퀴 같다.

○ 毛氏曰 : "風薄相扶而上."881)
모씨가 말하였다 : "바람이 가볍게 서로 떠받치며 올라가는 것이다."

○ 孔氏曰 : "廻風從上下, 曰頹."882)
공씨가 말하였다 : "도는 바람이 위아래로 따르는 것을 회오리바람이라고 한다.

朱註
寘, 與置同. 置于懷, 親之也, 如遺, 忩去
치(寘)는 치(置)와 같으니, 품안에 둔다는 것은 가까이 하는 것이고, 잊은 듯이 한다는 것은 잊어버려서 다시는 마음속에 두고 살피지 않는 것이다.

詳說
○ 忘而去之.
잊어서 버린 것이다.

朱註
而不復存省也.
다시는 마음속에 두고 살피지 않는 것이다.

詳說
○ 去聲.
'부(復)'는 거성이다.

○ 悉井反.
'성(省)'의 음은 '실(悉)'과 '정(井)'의 반절이다.

○ 疊山謝氏曰 : "進人若將加諸膝, 退人若將墜諸淵."883)

---
881) 『모시주소(毛詩注疏)』에 동일하게 실려 있다.
882) 『시전대전(詩傳大全)』에 공씨의 말로 동일하게 실려 있다.

첩산 사씨가 말하였다 : "사람을 나오게 할 때는 무릎에 올려놓을 듯이 하다가 사람을 물러가게 할 때는 못에 빠뜨릴 듯이 한다."884)

[2-5-7-3]

習習谷風, 維山崔嵬,

습습(習習)한 곡풍이 산 높은 곳에서 불어오나

詳說

○ 徂回反.885)

'최(崔)'의 음은 '조(徂)'와 '회(回)'의 반절이다.

○ 五回反.886)

'외(嵬)'의 음은 '오(五)'와 '회(回)'의 반절이다.

無草不死, 無木不萎,

죽지 않는 풀이 없으며 시들지 않는 나무가 없거늘,

詳說

○ 叶, 於回反.887)

'위(萎)'는 협운으로 음은 '어(於)'와 '회(回)'의 반절이다.

忘我大德, 思我小怨.

나의 큰 은덕(恩德)을 잊고 나의 작은 원망을 생각하는가?

---

883) 『시전대전(詩傳大全)』에 첩산 사씨의 말로 실려 있다.
884) 『시전대전(詩傳大全)』에는 "첩산 사씨가 말하였다 : '나를 품안에 둔다는 것은 사람을 나오게 할 때는 무릎에 올려놓을 듯이 한다는 것이고, 나를 버리기를 잊은 듯이 한다는 것은 사람을 물러가게 할 때는 못에 빠뜨릴 듯이 한다는 것이다.'(疊山謝氏曰 : 寘予于懷, 是進人若將加諸膝. 棄予如遺, 是退人, 若將墜諸淵.)"라고 되어 있다.
885) 徂回反 : 『시전대전(詩傳大全)』에도 동일하게 되어 있다.
886) 五回反 : 『시전대전(詩傳大全)』에도 동일하게 되어 있다.
887) 叶, 於回反 : 『시전대전(詩傳大全)』에도 동일하게 되어 있다.

詳說

○ 叶韻未詳.888)

'원(怨)'은 협운이 자세하지 않다.

朱註

比也.

비(比)이다.

詳說

○ 兼賦

부를 겸하였다.

○ 如凱風首章之比

「개풍(凱風)」첫 장에서의 비와 같다.

朱註

崔嵬, 山巓也.

최외(崔嵬)는 산마루이다.

詳說

○ 視卷耳註, 又別是一義也.

「권이(卷耳)」의 주에 비교하면 또 별도로 하나의 의미이다.

朱註

○ 習習谷風, 維山崔嵬, 則風之所被者, 廣矣. 然猶無不死之草, 無不萎之木,

습습(習習)한 곡풍이 산의 높은 곳에서 불어오면 바람이 불어 입혀지는 것이 넓다. 그러나 오히려 죽지 않는 풀이 없고 시들지 않는 나무가 없는데,

---

888) 叶韻未詳:『시전대전(詩傳大全)』에도 동일하게 되어 있다.

詳說

○ 去聲.
'피(被)'는 거성이다.

○ 風能長養物, 亦能殺物, 所被廣, 以比大德, 草死木萎, 以比小怨, 言有大德矣, 而又不能無小怨也.
바람은 사물을 길러 자라게 할 수 있고 또한 사물을 죽일 수 있어 입히는 곳이 넓다는 것은 큰 덕으로 비유한 것이고, 초목이 죽고 시든다는 것 작은 원망으로 비유한 것이니, 큰 덕이 있으면서 또 작은 원망이 없을 수 없다는 말이다.

朱註

況於朋友豈可以忘大德而思小怨乎.
하물며 붕우간에 큰 은덕을 잊고 작은 원망을 생각하는가?

詳說

○ 慶源輔氏曰 : "大德, 謂朋友之義, 出於天者, 小怨, 謂懟語忿色, 生於人者. 忘大德思小怨, 必是當時有此實事, 故末章明言之, 以戒其不可如是也."889)
경원 보씨가 말하였다 : "큰 덕은 붕우간의 의리가 하늘에서 나온다는 것을 말하고, 작은 원망은 화내는 말과 성내는 얼굴빛이 사람에게 나온다는 것을 말한다. 큰 덕을 잊고 작은 원망을 생각한다는 것은 반드시 당시에 이것이 실제로 있었던 것이기 때문에 장의 끝에서 분명히 말해 이와 같아서는 안된다는 것을 경계한 것이다."890)

朱註

或曰, "興也."

---

889) 『시전대전(詩傳大全)』에 경원 보씨의 말로 실려 있다.
890) 『시전대전(詩傳大全)』에는 "경원 보씨가 말하였다 : '큰 덕은 붕우간의 의리가 하늘에서 나온다는 것을 말하고, 작은 원망은 화내는 말과 성내는 얼굴빛이 사람에게 나온다는 것을 말한다. 큰 덕을 잊고 작은 원망을 생각한다는 것은 반드시 당시에 이것이 실제로 있었던 것이기 때문에 장의 끝에서 바람으로 말미암아 비유해서 분명히 말해 이와 같아서는 안된다는 것을 경계한 것이다. 어떤 이가 흥으로 여기는 것은 사례에 구애를 받은 것일 뿐이다. 그런데 비로 여기는 것만 못하다는 것이 이런 경우이다.(慶源輔氏曰 : 大德, 謂朋友之義, 出於天者, 小怨, 謂懟語忿色, 生於人者. 忘大德思小怨, 必是當時人有如此實事, 故末章因風以爲比, 而明言之, 以戒其不可如是也. 或以爲興者, 拘於例耳. 然不若以爲比之, 是也.)"라고 되어 있다.

어떤 이는 "흥(興)이다."라고 하였다.

> 詳說

○ 慶源輔氏曰 : "以爲興者拘於例耳. 然不若以爲比之, 是也."891)
경원 보씨가 말하였다 : "사례에 구애를 받은 것일 뿐이다. 그런데 비로 여기는 것만 못하다는 것이 이런 경우이다."892)

○ 按, 或意蓋以四句興二句也. 然上下無應, 雖以上二章之例求之, 亦不當爲興云.
살펴보건대, 어떤 이의 생각은 네 구가 두 구를 흥한다는 것이다. 그런데 위아래로 호응이 없으니, 위의 두 장의 사례로 구하더라도 흥으로 여겨서는 안된다.

> 朱註

谷風三章, 章六句.
「곡풍」은 3장으로 장은 6구이다.

> 詳說

○ 藍田呂氏曰 : "急則相求, 緩則相棄. 恩厚不知, 怨小必記, 皆小人之交."893)
남전 여씨가 말하였다 : "급할 때는 서로 찾고, 느긋할 때는 서로 버린다. 깊은 은혜와 두터운 덕은 모르고 원망은 작아도 반드시 기억하니, 모두 소인의 교제이다."

[2-5-8-1]

> 蓼蓼者莪, 匪莪伊蒿.

---

891) 『시전대전(詩傳大全)』에 경원 보씨의 말로 실려 있다.
892) 『시전대전(詩傳大全)』에는 "경원 보씨가 말하였다 : '…. 큰 덕을 잊고 작은 원망을 생각한다는 것은 반드시 당시에 이것이 실제로 있었던 것이기 때문에 장의 끝에서 바람으로 말미암아 비유해서 분명히 말해 이와 같아서는 안된다는 것을 경계한 것이다. 어떤 이가 흥으로 여기는 것은 사례에 구애를 받은 것일 뿐이다. 그런데 비로 여기는 것만 못하다는 것이 이런 경우이다.(慶源輔氏曰 : …. 忘大德思小怨, 必是當時人有如此實事, 故末章因風以爲比, 而明言之, 以戒其不可如是也. 或以爲興者, 拘於例耳. 然不若以爲比之, 是也.)"라고 되어 있다.
893) 『시전대전(詩傳大全)』에 남전 여씨의 말로 거의 동일하게 실려 있다.

길고 긴 아름다운 쑥이라 여겼더니 그게 아니라 저 나쁜 쑥이로다.

詳說

○ 音六.894)

'륙(蓼)'의 음은 '육(六)'이다.

○ 五河反.895)

'아(莪)'의 음은 '오(五)'와 '하(河)'의 반절이다.

○ 呼毛反.896)

'호(蒿)'의 음은 '호(呼)'와 '모(毛)'의 반절이다.

哀哀父母, 生我劬勞.

슬프고 슬픈 부모님이여, 나를 낳으시느라 몹시 수고하셨도다.

朱註
比也.
비(比)이다.

詳說

○ 兼賦.

부를 겸하였다.

朱註
蓼蓼
육(蓼)은

詳說

○ 一無一蓼字.

---
894) 音六:『시전대전(詩傳大全)』에도 동일하게 되어 있다.
895) 五河反:『시전대전(詩傳大全)』에도 동일하게 되어 있다.
896) 呼毛反:『시전대전(詩傳大全)』에도 동일하게 되어 있다.

어떤 판본에는 '륙(蔆)' 한 글자가 없다.

朱註
長大貌. 莪, 美菜也, 蒿, 賤草也.
장대한 모양이다. 아(莪)는 아름다운 나물이고, 호(蒿)는 천한 풀이다.

詳說
○ 華谷嚴氏曰 : "莪, 蘿蒿也. 蒿, 草中之高者也. 管子曰, 嘉穀不生, 而蓬蒿藜藜秀."897)
화곡 엄씨가 말하였다 : "아름다운 쑥은 나호(蘿蒿)이다. 나쁜 쑥은 잡초 중에 높이 자라는 것이다. 관자가 말하였다 : '좋은 곡식이 나지 않고 봉호와 질려가 높이 자란다.'고 하였다."

朱註
○ **人民勞苦, 孝子不得終養,**
인민이 노고로 효자가 봉양을 끝까지 마치지 못하여

詳說
○ 去聲, 下同.
'양(養)'은 거성으로 아래에서도 같다.

○ 鄭氏曰 : "二親病歿, 時在戍所."
정씨가 말하였다 : "어버이 두 분이 병으로 돌아가셨는데, 그때에 국경에 있었다."

○ 永嘉陳氏曰 : "孝子行役, 而喪其親."898)
영가 진씨가 말하였다 : "효자가 수자리에 갔는데, 그 부모가 돌아가신 것이다."

---

897) 『시전대전(詩傳大全)』에 화곡 엄씨의 말로 거의 동일하게 실려 있다.
898) 『시전대전(詩傳大全)』에 영가 진씨의 말로 실려 있다.

朱註

而作此詩. 言昔謂之莪, 而今非莪也, 特蒿而已, 以比父母生我, 以爲美材可賴, 以終其身, 而今乃不得其養以死. 於是乃言父母生我之劬. 而重自哀傷也.

이 시를 지었다. 옛날엔 아름다운 쑥이라고 생각했었는데 이제 아름다운 쑥이 아니고, 나쁜 쑥일 뿐임을 말함으로써 부모가 나를 낳으실 때에 아름다운 재질에 의뢰하여 몸을 마칠 수 있다고 여겼는데, 이제 그 봉양을 얻지 못하여 돌아가심을 비유한 것이다. 이에 부모님이 나를 낳으시느라 몹시 수고하심을 말하고, 거듭 스스로 서글퍼한 것이다.

詳說

○ 去聲.

'중(重)'은 거성이다.

[2-5-8-2]

蓼蓼者莪, 匪莪伊蔚.

길고 큰 아름다운 쑥이라 여겼더니 그게 아니라 저 제비쑥이로다.

詳說

○ 音尉.899)

'위(蔚)'의 음은 '위(尉)'이다.

哀哀父母, 生我勞瘁.

슬프고 슬픈 부모님 이시여. 나를 낳으시느라 몹시 수고하셔서 병드셨도다.

朱註

比也. 蔚, 牡菣也, 三月始生, 七月始華.

비(比)이다. 위(蔚)는 제비쑥으로 3월에 처음 나오고, 7월에 처음 꽃이 피는데,

---

899) 音尉 : 『시전대전(詩傳大全)』에도 동일하게 되어 있다.

> 詳說

○ 音僅.

'긴(鼓)'의 음은 '근(僅)'이다.

○ 音花, 下同.

'화(華)'는 음이 '화(花)'로 아래에서도 같다.

> 朱註

如胡麻, 華而紫赤, 八月爲角, 似小豆, 角銳而長.

호마(胡麻)의 꽃과 같고, 자적색(紫赤色)이며, 8월에 각(角)[껍질]이 되니, 소두(小豆)와 같고 뾰족하게 각지고 길다.

> 詳說

○ 華谷嚴氏曰 : "一名馬薪蒿, 蒿之尤麤大者也.900)

화곡 엄씨가 말하였다 : "'마신호(馬薪蒿)'로 불리기도 하는데, 쑥보다 거칠고 큰 것이다."

> 朱註

瘁, 病也.

췌(瘁)는 병듦이다.

---

900) 『시전대전(詩傳大全)』에 화곡 엄씨의 말로 동일하게 실려 있다.

[2-5-8-3]

缾之罄矣, 維罍之恥. 鮮民之生, 不如死之久矣.

작은 병이 텅 빔이여, 큰 병의 수치로다.
하찮은 백성의 삶이여, 죽음만 같지 못한 지 오래되었도다.

詳說

○ 上聲.
    '선(鮮)'은 상성이다.

○ 叶, 擧里反.901)
    '구(久)'는 협운으로 음은 '거(擧)'와 '리(里)'의 반절이다.

無父何怙, 無母何恃. 出則銜恤, 入則靡至.

아버지가 없으면 누구를 믿으며 어머니가 없으면 누구를 믿을꼬!.
가면 근심을 품고 들어오면 이를 곳이 없노라.

朱註

比也. 缾, 小, 罍, 大, 皆酒器也.
비(比)이다. 병(缾)은 작고 뇌(罍)는 큰데, 모두 술그릇이다.

詳說

○ 兼賦.
    부를 겸하였다.

○ 錯訓.
    번갈아 풀이하였다.

朱註

罄, 盡, 鮮, 寡, 恤, 憂, 靡, 無也. ○ 言缾資於罍, 而罍資缾,

---

901) 叶, 擧里反:『시전대전(詩傳大全)』에도 동일하게 되어 있다.

경(罄)은 다함이고, 선(鮮)은 적음이며, 휼(恤)은 근심이고, 미(靡)는 없음이다. ○ 작은 병은 큰 병에게 의뢰하고 큰 병은 작은 병에게 의뢰하니,

> 詳說

○ 猶賴也.
　'자(資)'는 의뢰함과 같다.

○ 罍有酒, 可分寫於缾.
　큰 병에 술이 있으니, 작은 병에 나눠 옮겨 놓을 수 있다.

> 朱註

猶父母與子, 相依爲命也. 故缾罄矣, 酒盡乃罍之恥,
부모와 자식이 서로 의지하여 목숨을 부지함과 같은 것이다. 그러므로 작은 병이 텅빔은 그야말로 큰 병의 수치이니,

> 詳說

○ 無可資予缾也.
　나의 작은 병에 의뢰할 수 없는 것이다.

> 朱註

猶父母不得其所,
부모가 살 곳을 얻지 못함은

> 詳說

○ 不得養以終.
　봉양해서 돌아가시게 할 수 없는 것이다.

> 朱註

乃子之責.
바로 자식의 책임인 것과 같은 것이다.

詳說

○ 安成劉氏曰 : "以缾比父母, 以罍比子, 但取其相資之義, 而不取義於小大也. 左昭二十四年, 鄭子大叔引此而曰, 王室之不寧, 晉之恥也. 以缾喻周, 以罍喻晉, 亦不取小大之義也."902)

안성 유씨가 말하였다 : "작은 병으로 부모를 비유했고, 큰 병으로 자식을 비유하면서 다만 서로 의뢰하는 의리만 취하고 크고 작은 것에서 의리를 취하지는 않았다. 『좌전』 소공 24년에 정(鄭)의 자태숙이 이것을 인용하여 '왕실이 편안하지 않은 것은 진의 수치이다.'라고 하면서 작은 병으로 주를 비유하고 큰 병으로 진을 비유하는 것도 크고 작은 의리를 취하지 않은 것이다."

朱註

所以窶獨之民,

이 때문에 곤궁하고 외로운 백성들은

詳說

○ 鮮.

'궁독(窶獨)'은 본문에서 '선(鮮)'이다.

○ 自謂也

스스로 말한 것이다.

朱註

生不如死也. 蓋無父則無所怙, 無母則無所恃. 是以出則中心銜恤, 入則如無所歸也

삶이 죽음만 못하게 된 것이다. 아버지가 없으면 믿을 곳이 없고 어머니가 없으면 의지할 곳이 없다. 이 때문에 나가면 중심에 근심을 품고, 들어오면 돌아갈 곳이 없음과 같은 것이다.

詳說

---

902) 『시전대전(詩傳大全)』에 안성 유씨의 말로 실려 있다.

○ 慶源輔氏曰："玩此四句, 眞能道孝子之情, 非身履而親歷之, 不知其味也."903)
경원 보씨가 말하였다 : "이 네 구를 완미하면 진실로 효자의 심정에 통할 수 있으니, 몸소 실천하고 친히 겪어보지 않으면 그 의미를 알지 못할 것이다."

[2-5-8-4]
父兮生我, 母兮鞠我, 拊我畜我, 長我育我,

아버지여 나를 낳으시고 어머니여 나를 길러 주시니,
나를 어루만지고 나를 길러주시며, 나를 자라게 하고 나를 키워주시며,

詳說

○ 音撫.904)
'부(拊)'의 음은 '무(撫)'이다.

○ 喜六反.905)
'휵(畜)'의 음은 '희(喜)'와 '육(六)'의 반절이다.

○ 上聲.
'장(長)'은 상성이다.

顧我復我, 出入腹我, 欲報之德, 昊天罔極.

나를 돌아보고 나를 다시 돌아보시며 출입할 때에 나를 가슴속에 두시니,
그 은덕을 갚고자 할진댄 하늘처럼 다함이 없도다.

朱註
賦也. 生者, 本其氣也.
부(賦)이다. 낳았다는 것은 그 기(氣)에 근본해서 말한 것이다.

---

903) 『시전대전(詩傳大全)』에 경원 보씨의 말로 동일하게 실려 있다.
904) 音撫 : 『시전대전(詩傳大全)』에도 동일하게 되어 있다.
905) 喜六反 : 『시전대전(詩傳大全)』에도 동일하게 되어 있다.

詳説
○ 氣之始也
기의 시작이다.

鞠畜, 皆養也.
국(鞠)과 휵(畜)은 모두 기름이다.

詳説
○ 錯訓.
번갈아가며 풀이했다.

朱註
拊, 拊循也,
부(拊)는 어루만짐이고,

詳説
○ 諺音誤.
'부(拊)'은 『언해』의 음이 잘못되었다.

○ 長樂劉氏曰 : "防其驚也, 則拊之."906)
장락 유씨가 말하였다 : "놀랄 것에 대비해서 어루만져주시는 것이다."

朱註
育, 覆育也.
육(育)은 덮어서 키워줌이다.

詳説
○ 孔氏曰 : "謂寒暑, 身體嫗之, 覆近而愛育之."907)
공씨가 말하였다 : "한서에 몸을 길러주는 것을 말하니, 덮어 가까이 두고 사랑

---

906) 『시전대전(詩傳大全)』에 장락 유씨의 말로 동일하게 실려 있다.
907) 『시전대전(詩傳大全)』에 공씨의 말로 거의 비슷하게 실려 있다.

하며 키워주는 것이다."

朱註

顧, 旋視也,
고(顧)는 돌아봄이고,

詳說

○ 孔氏曰 : "謂去之而反顧也."908)
공씨가 말하였다 : "나가면서도 되돌아보시는 것이다."

朱註

復, 反覆也,
복(復)은 반복함이며,

詳說

○ 音覆.
'복(覆)'의 음은 '복(覆)'이다.

○ 丘氏曰 : "不能暫捨也."909)
구씨가 말하였다 : "잠시도 버려둘 수 없으신 것이다."

朱註

腹, 懷抱也.
복(腹)은 회포(懷抱)이다.

詳說

○ 孔氏曰 : "謂置之於懷抱."910)

---

908) 『시전대전(詩傳大全)』에 공씨의 말로 동일하게 실려 있다.
909) 『시전대전(詩傳大全)』에 구씨의 말로 동일하게 실려 있다.
910) 『시전대전(詩傳大全)』에 공씨의 말로 동일하게 실려 있다.

공씨가 말하였다 : "품에 두시는 것을 말한다."

朱註

罔, 無, 極, 窮也 ○ 言父母之恩如此,
망(罔)은 없음이고, 극(極)은 다함이다. ○ 부모(父母)의 은혜(恩惠)가 이와 같으니,

詳說

○ 疊山謝氏曰 : "此章形容父母愛子之心, 盡之矣. 生如天之生物, 鞠如地之養物, 長如南風之長養萬物. 拊者, 撫其身體, 察其肥瘠, 畜者, 謹其出入, 藏之堂奧之中, 育者, 發舒其志氣, 開導其聰明, 顧者, 父母行, 則回顧, 復者, 兒行則追喚, 腹者, 懷抱於腹間. 人能深思九字之義, 必不忘父母之恩矣."911)

첩산 사씨가 말하였다 : "부모가 자식을 사랑하는 마음이 극진함을 형용하였다. 하늘이 사물을 낳듯이 낳아주시고, 땅이 사물을 길러주듯이 길러주시며, 남풍이 만물을 자라게 하듯이 자라게 해주신다. 어루만진다는 것은 그 신체를 어루만지며 살쪘는지 말랐는지 살피는 것이고, 길러준다는 것은 출입을 삼가며 집안 깊숙한 곳에 두는 것이며, 키워준다는 것은 그 의기를 펴게 하고 총명을 개도하는 것이고, 돌아본다는 것은 부모가 나갈 때에는 돌아본다는 것이며, 다시 돌아본다는 것은 아이가 나가면 따라다니며 부르는 것이고, 가슴에 둔다는 것은 품에 껴안아주는 것이다. 사람들이 이 아홉 가지 글자의 의미를 깊이 생각하면 반드시 부모님의 은혜를 잊지 못할 것이다."912)

---

911) 『시전대전(詩傳大全)』에 첩산 사씨의 말로 실려 있다.
912) 『시전대전(詩傳大全)』에는 "첩산 사씨가 말하였다 : '여기의 장에서는 부모가 자식을 사랑하는 마음이 극진함을 형용하였다. 하늘이 사물을 낳듯이 낳아주시고, 땅이 사물을 길러주듯이 길러준다. 어루만진다는 것은 그 신체를 어루만지며 살쪘는지 말랐는지 살피고 옴이 올랐는지 걱정하는 것이다. 길러준다는 것은 출입을 삼가고 그 기거를 살피며 집안 깊숙한 곳에 두고 감히 문 바깥으로 나가지 못하게 하니, 오직 병들까 걱정하는 것이다. 길러준다는 것은 남풍이 만물을 자라게 하듯이 자라게 하고 그 신체를 조화롭게 하며 그 혈기를 길러주고 밤낮으로 장대하게 되기를 바라는 것이다. 길러준다는 것은 『주역』에서 덕을 길러준다고 한 것과 같으니, 맹자가 그 영재를 교육하여 그 덕성을 함양하고 그 지기를 펴게 하며 총명을 개도면서 밤낮으로 성인이 되기를 바라는 것이다. 돌아본다는 것은 부모가 나가는데 아이가 따라오지 않으면 돌아본다는 것이며, 다시 돌아본다는 것은 아이가 나가는데, 부모가 따라가지 않은 경우에는 쫓아가서 부르는 것이다. 가슴에 둔다는 것은 품에 껴안아주는 것으로 부모가 갈 곳이 있어 문을 나설 때 그 자식을 품에 안고 참아놓지 못하는 것이고, 부모가 밖에서 돌아와 이미 문으로 들어와서는 그 자식을 품에 안고 놓지 않으려고 하는 것이다. 아홉 가지 글자의 의미를 깊이 생각하면 반드시 부모님의 은혜를 잊지 못할 것이다.'(疊山謝氏曰 : 此章形容父母愛子之心, 盡之矣. 生我, 如天之生物也, 鞠我, 如地之養物也. 拊者, 撫摩其身體, 察其肥瘠, 憂其疥癬也. 畜者, 謹其出入, 察其起居, 藏之堂奧之中, 不敢縱之門庭之外, 惟恐其病疾也. 長者, 如南風之長養萬物, 調和其體, 滋養其血氣, 日夜冀其長大. 育者, 如易曰育德, 孟子曰教育英才, 涵養其德性, 發舒其志氣, 開導其聰明, 日夜望其成人也. 顧者, 父母行, 而兒不隨, 則回顧之也.

朱註

欲報之以德,
덕(德)으로써 갚고자 하면

詳說

○ 補以字.
'이(以)'자를 더하였다.

朱註

而其恩之大
그 은혜의 큼이

詳說

○ 補此句.
이 구를 더했다.

朱註

如天無窮, 不知所以爲報也.
하늘처럼 무궁하여 어떻게 갚을 바를 알지 못하겠는 말이다.

詳說

○ 添此句.
이 구를 더했다.

○ 慶源輔氏曰 : "臣之於君, 其忠有盡, 子之於親, 其孝無窮."913)
경원 보씨가 말하였다 : "신하가 임금에 대해 충성은 다함이 있고, 자식이 부모에 대해 효도는 다함이 없다."914)

復者, 兒行而父母不隨, 則追喚之也. 腹者, 懷抱於腹間也, 父母有所往, 將出門, 懷抱其子, 而未忍捨, 父母自外歸, 旣入門, 懷抱其子, 而未肯置. 人能深思九字之義, 必不忘父母之恩矣.)"라고 되어 있다.
913) 『시전대전(詩傳大全)』에 경원 보씨의 말로 실려 있다.
914) 『시전대전(詩傳大全)』에는 "경원 보씨가 말하였다 : '여기의 장에서는 부모의 은혜에 대해 부(賦)하면서 끝에서야 그것이 하늘처럼 끝이 없어 어떤 것으로도 보답할 수 없는 의미에 대해 탄식하였기 때문에 일찍

[2-5-8-5]

> 南山烈烈, 飄風發發. 民莫不穀, 我獨何害.

남산은 높고 큰데 표풍은 빠르고 빠르도다. 남들은 좋지 않은 이가 없는데 나만 홀로 어찌 해를 당하는고.

詳說

○ 叶音曷.915)

'해(害)'는 협운으로 음은 '갈(曷)'이다.

朱註

興也. 烈烈, 高大貌, 發發, 疾貌. 穀, 善也. ○ 南山烈烈, 則飄風發發矣. 民莫不善

흥(興)이다. 열열(烈烈)은 높고 큰 모양이고, 발발(發發)은 빠른 모양이다. 곡(穀)은 좋음이다. ○ 남산(南山)이 높고 크면 표풍(飄風)이 빠르고 빠르다. 다른 사람들은 좋지 않은 이가 없는데,

詳說

○ 毛氏曰 : 民皆得養其父母.916)

모씨가 말하였다 : "사람들은 모두 그 부모를 봉양할 수 있다."

朱註

而我獨何爲, 遭此害也哉.

나만 어찌하여 이런 해를 당하는고?

詳說

○ 民與山應, 我與風應, 而有風之不如之意.

이 그것에 대해 「신하가 임금에 대해 충성은 다함이 있고, 자식이 부모에 대해 효도는 다함이 없다.」라고 했던 것이다.'(慶源輔氏曰 : 此章則賦父母之恩, 末乃歎其如天之無窮, 無物可以爲報之意, 故嘗謂之說曰, 臣之於君, 其忠有盡, 子之於親, 其孝無窮.」라고 되어 있다.
915) 叶音曷 : 『시전대전(詩傳大全)』에도 동일하게 되어 있다.
916) 『모시주소(毛詩注疏)』에 실려 있다.

남들과 산이 호응하고, 나와 바람이 호응하는데, 바람이 있는 것만도 못하다는 의미이다.

○ 華谷嚴氏曰 : "遭此害而不得終養.917)

화곡 엄씨가 말하였다 : "이런 해를 당해 봉양을 하지 못하였다."918)

[2-5-8-6]
南山律律, 飄風弗弗.

남산은 높고 크거늘 표풍은 빠르고 빠르도다.

詳說
○ 叶, 分聿反.919)

'불(弗)'의 음 '분(分)'과 '율(聿)'의 반절이다.

民莫不穀, 我獨不卒.

남들은 좋지 않은 이가 없는데, 나만 홀로 끝마치지 못하노라.

朱註
興也. 律律, 猶烈烈也, 弗弗, 猶發發也. 卒, 終也, 言終養也.

흥(興)이다. 율률(律律)은 열렬(烈烈)과 같고, 불불(弗弗)은 발발(發發)과 같다. 졸(卒)은 마침이니, 부모의 봉양을 마친다는 말이다.

詳說
○ 去聲.

'양(養)'은 거성이다.

---

917) 『시전대전(詩傳大全)』에 화곡 엄씨의 말로 실려 있다.
918) 『시전대전(詩傳大全)』에는 "화곡 엄씨가 말하였다 : '효자가 부모가 돌아가심을 생각함에 높고 높은 남산을 보면서 빠르고 빠른 표풍에 감동하니, 눈에 서치는 것이 모두 슬픈 것이다. 그래서 남들은 부모를 봉양하지 않은 이가 없는데 나만이 홀로 어찌 해를 당해 봉양을 하지 못하는고?(華谷嚴氏曰 : 孝子念親之沒, 瞻南山之烈烈, 感飄風之發發, 觸目皆悲傷也. 故歎民莫不得以養其父母, 我獨何爲遭此害, 而不得終養乎.)" 라고 되어 있다.
919) 叶, 分聿反 : 『시전대전(詩傳大全)』에도 동일하게 되어 있다.

○ 慶源輔氏曰 : "此兩章末句, 最玩, 蓋末後, 方及其所以不得終養之意."920)
경원 보씨가 말하였다 : "이 두 장의 끝 구는 가장 완미해야 하니, 끝의 뒤에서야 봉양을 마칠 수 없다는 의미를 언급한 것이다."921)

○ 按, 上章末句, 只言其意, 此章末句, 乃及其事以終之.
살펴보건대, 위의 장 끝 구에서는 그 의미만 말했고, 여기의 장의 끝구에서야 그 일을 말해 종결했다.

朱註
蓼莪六章, 四章章四句, 二章章八句.
「육아」는 6장으로 네 장은 장이 4구이고, 두 장은 장이 8구이다.

詳說
○ 韻同, 不可分章, 故爲八句云.
운이 같아 장을 나눌 수 없기 때문에 8구가 되는 것이다.

晉王裒, 以父死非罪, 每讀詩, 至哀哀父母, 生我劬勞, 未嘗不三復流涕. 受業者, 爲廢此篇.
진(晉)나라 왕부는 아버지가 죄 없이 돌아가셔서 매번 『시경(詩經)』을 읽다가 "슬프고 슬픈 부모님이여, 나를 낳으시느라 몹시 수고하셨도다."라는 곳에서 세 번 반복하고 눈물을 흘리지 않은 적이 없었으니, 수업하는 자들이 이 편을 폐지하였다.

詳說
○ 一作魏.
'진(晉)'은 어떤 판본에는 '위(魏)'로 되어 있다.

---

920) 『시전대전(詩傳大全)』에 경원 보씨의 말로 실려 있다.
921) 『시전대전(詩傳大全)』에는 "경원 보씨가 말하였다 : '「나만 홀로 어찌 해를 당하는고? 나만 홀로 어찌 봉양을 하지 못하는고?」라는 두 구는 가장 완미해야 하니, 끝의 뒤에서야 봉양을 마칠 수 없다는 의미를 언급한 것이다.(慶源輔氏曰 : 我獨何爲, 而遭此害也哉, 我獨何爲, 而不得養也哉. 此兩句最玩, 蓋末後方及其所以不得終養之意.)"라고 되어 있다.

○ 字偉元, 營陵人.
'왕부(王裒)'는 자가 위원이고 영릉 사람이다.

○ 王儀.
아버지는 왕의(王儀)이다.

○ 廬陵羅氏曰 : "魏司馬昭, 攻吳而敗. 昭曰, 今日之事, 誰任其咎, 司馬王儀曰, 責在元帥, 昭怒斬之."922)
여릉 나씨가 말하였다 : "위나라의 사마소가 오나라를 공격하다가 패하였다. 소가 '오늘의 일에 대해 누가 그 허물을 질 것인가?'라고 하니, 사마왕가가 '책임은 원수에게 있습니다.'라고 하니, 소가 노하여 그를 죽여 버렸던 것이다."923)

○ 去聲.
'삼(三)'은 거성이다.

詳說

○ 見晉書孝友傳.
『진서』「효우전」에 있다.

詩之感人如此.
시(詩)가 사람을 감동(感動)시킴이 이와 같은 것이다.

詳說

○ 慶源輔氏曰 : "如此然後, 爲善讀詩也."924)
경원 보씨가 말하였다 : "이렇게 된 다음에야 시를 잘 읽은 것이 된다."925)

---

922) 『시전대전(詩傳大全)』에 여릉 나씨의 말로 실려 있다.
923) "여릉 나씨가 말하였다 : '위나라 가평 4년에 사마소가 감군이 되어 오나라를 공격하였는데, 재갈량에 패하여 죽은 자가 수만 명이었다. 소가 '오늘의 일에 대해 누가 그 허물을 질 것인가?'라고 하니, 사마왕가가 '책임은 원수에게 있습니다.'라고 대답하니, 소가 노하여 「사마가 나에게 죄를 씌운단 말인가!」라고 하고 마침내 그를 죽여 버렸다. ….(廬陵羅氏曰 : 魏嘉平四年, 詔司馬昭爲監軍, 攻吳. 吳諸葛, 恪敗之死者, 數萬人. 昭問百今日之事, 誰任其咎. 司馬王儀對曰, 責任元帥. 昭怒曰, 司馬欲委罪於孤耶, 遂斬之. ….)"라고 되어 있다.
924) 『시전대전(詩傳大全)』에 경원 보씨의 말로 실려 있다.
925) 『시전대전(詩傳大全)』에는 "경원 보씨가 말하였다 : '선생이 왕부의 한 일을 실어 시가 사람을 감동시키는 것이 이와 같음을 드러냈으니, 반드시 이렇게 된 다음에야 시를 잘 읽은 것이 된다. ….'(慶源輔氏曰 : 先生載王裒一事, 以見詩之感人如此, 必如是然後, 爲善讀詩也. ….)"라고 되어 있다.

○ 豐城朱氏曰 : "孝子行役, 不得養父母, 而形於咏歎者, 陟岵鴇羽, 皆是, 而獨蓼莪使人誦之流涕, 何也. 陟岵鴇羽, 思念於父母尚存之日, 猶幸來日之可繼也. 蓼莪感傷於父母旣沒之後, 無涯之悲, 孰得而止之. 噫彼父母俱存者, 猶未知是詩之悲. 若父母旣沒, 誦是詩而不三復流涕者, 非人子也."926)

풍성 주씨가 말하였다 "효자가 수자리로 부모를 봉양할 수 없어 읊조리며 영탄한 것을 형용한 것으로는 「척호(陟岵)」와 「보우(鴇羽)」가 모두 이런 것들인데, 「육아」홀로 사람들이 외우며 눈물을 흘리는 것은 무엇 때문인가? 「척호(陟岵)」와 「보우(鴇羽)」는 부모가 여전히 살아 계시는 날을 생각하는 것이고, 「육아」는 부모가 이미 돌아가신 다음을 슬퍼하는 것이니, 끝없는 슬픔을 누가 그치게 할 수 있겠는가? 아! 부모님들이 모두 살아계신 사람들은 여전히 이 시의 슬픔을 알 수 없다. 부모님께서 이미 돌아가신 다음에 이 시를 외우면서 세 번 반복하고 눈물을 흘리지 않는 자는 사람의 자식이 아니다."927)

---

926) 『시전대전(詩傳大全)』에 풍성 주씨의 말로 실려 있다.
927) 『시전대전(詩傳大全)』에는 "풍성 주씨가 말하였다 "효자가 수자리로 부모를 봉양할 수 없어 읊조리며 영탄한 것을 형용한 것으로는 「척호(陟岵)」와 「보우(鴇羽)」가 모두 이런 것들인데, 「육아」의 시만 홀로 사람들이 외울 경우에 눈물을 흘리고 흐느끼며 멈출 수 없는 것은 무엇 때문인가? 말하자면 「척호(陟岵)」와 「보우(鴇羽)」는 부모가 여전히 살아 계시는 날을 생각하는 것이고, 「육아」의 시는 부모가 이미 돌아가신 다음을 슬퍼하는 것이다. 부모가 아직 살아계실 때는 오늘 비어 있을지라도 오히려 다행스럽게도 내일 이어갈 수 있는 것이니, 이것은 오히려 희망이 있는 것이다. 부모님께서 돌아가셨다면 용모를 다시 뵐 수 없고, 음성을 다시 들을 수 없으니, 맛있는 음식과 가벼운 옷이 있을지라도 봉양할 길이 없다. 낳아서 길러주신 어려움을 생각하고, 돌아보고 다시 돌아보시는 수고로움을 생각함에 끝없는 은혜를 이미 갚을 수 없다면 끝없는 슬픔을 또한 누가 그치게 할 수 있겠는가? 이것이 「육아」를 지은 까닭이다. 아! 부모님들이 모두 살아계신 사람들은 여전히 이 시의 슬픔을 알 수 없다. 부모님께서 이미 돌아가신 다음에 이 시를 외우면서 세 번 반복하고 눈물을 흘리지 않는 자는 사람의 자식이 아니다.(豐城朱氏曰 : 孝子行役, 不得以養其父母, 而形於歎咏者, 如陟岵鴇羽, 皆是也, 而蓼莪之詩, 獨使人誦之者, 流涕嗚咽而不能止, 何也. 曰, 陟岵鴇羽, 思念於父母尚存之日, 蓼莪之詩, 感傷於父母旣没之後. 父母尚存, 則雖曠廢於今日, 而猶幸來日之可繼也, 則是猶有望也. 若父母之旣没, 容貌之不可以復見, 音響之不可以復聞, 雖有甘旨輕煖, 無所奉之也. 念生育之艱, 思顧復之勤, 罔極之恩, 旣不可得而報, 則無涯之悲, 亦孰得而止之. 此蓼莪之所以作也. 噫彼父母俱存者, 猶未知是詩之悲也. 若父母旣没, 誦是詩, 而不三復流涕者, 是亦非人子也.)"라고 되어 있다.

[2-5-9-1]

有饛簋飧, 有捄棘匕.

가득한 그릇의 밥이고, 굽은 가시나무 수저로다.

詳說

○ 音蒙.928)
'몽(饛)'의 음은 '몽(蒙)'이다.

○ 音軌.929)
'궤(簋)'의 음 '궤(軌)'이다.

○ 音飧.930)
'손(飧)'의 음은 '손(飧)'이다.

○ 音求.931)
'구(捄)'의 음은 '구(求)'이다.

○ 音比.
'비(匕)'의 음은 '비(比)'이다.

周道如砥, 其直如矢.

주의 길이 숫돌처럼 판판해서 그 곧음이 대쪽 같도다.

詳說

○ 音紙.
'지(砥)'의 음은 '지(紙)'이다.

---

928) 音蒙:『시전대전(詩傳大全)』에도 동일하게 되어 있다.
929) 音孫:『시전대전(詩傳大全)』에도 동일하게 되어 있다.
930) 音丸:『시전대전(詩傳大全)』에도 동일하게 되어 있다.
931) 音求:『시전대전(詩傳大全)』에도 동일하게 되어 있다.

君子所履, 小人所視,

군자가 밟는 것이고 소인들이 우러러보는 바이니,

詳說

○ 叶, 善止反.932)

'시(視)'는 협운으로 음은 '선(善)'과 '지(止)'의 반절이다.

睠言顧之, 潸焉出涕.

이 길을 돌아보고 산연(然)히 눈물을 흘리노라.

詳說

○ 音眷.933)

'권(睠)'의 음은 '권(眷)'이다.

○ 音山

'산(潸)'의 음은 '산(山)'이다.

○ 音體.934)

'체(涕)'이다.

朱註

興也. 饛滿簋貌, 飧熟食也.

흥(興)이다. 몽(饛)은 그릇에 가득한 모양이고, 손(飧)은 익은 밥이다.

詳說

○ 兼賦.

부를 겸하였다.

---

932) 叶, 善止反 : 『시전대전(詩傳大全)』에도 동일하게 되어 있다
933) 音眷 : 『시전대전(詩傳大全)』에도 동일하게 되어 있다
934) 音體 : 『시전대전(詩傳大全)』에도 동일하게 되어 있다

○ 謨音誤
'궤(簋)'는 『언해』의 음이 잘못되었다.

○ 孔氏曰:"禮簋盛黍稷."[935]
공씨가 말하였다 : "예의 그릇에 기장을 담는 것이다."

朱註
捄, 曲貌. 棘匕, 以棘爲匕, 所以載鼎肉而升之於俎也.
구(捄)는 굽은 모양이다. 극비(棘匕)는 가시나무로 수저를 만든 것이니, 솥의 고기를 담아 도마에 올려놓기 위한 것이다.

詳說
○ 禮記雜記注曰:"喪祭用桑, 吉祭以棘爲之."
『예기』「잡기」의 주에서 말하였다 : "상제에는 뽕나무를 사용하고, 길제에는 가시나무로 그것을 한다."

朱註
砥, 礪石, 言平也. 矢, 言直也. 君子在位.
지(砥)는 숫돌이니, 판판함을 말한 것이고, 시(矢)는 곧음을 말한 것이다. 군자는 지위에 있는 자이다.

詳說
○ 之人.
'재위(在位)'는 '지위가 있는 사람(在位之人)'이다.

朱註
履, 行. 小人, 下民也. 睠, 反顧也. 潸, 涕下貌.
이(履)는 감이다. 소인(小人)은 하민(下民)이다. 권(睠)은 되돌아봄이다. 산(潸)은 눈물을 흘리는 모양이다.

---

935) 『시전대전(詩傳大全)』에 공씨의 말로 동일하게 실려 있다.

詳說
○ 賤者.
'하민(下民)'은 천한 자들이다.

○ 序以爲東國困於役, 而傷於財,
서(序)에 "동쪽 나라가 부역(賦役)에 시달리고 재물에 폐해를 입으니,

詳說
○ 財盡於賦斂.
재물이 부역과 세금으로 다하는 것이다.

朱註
譚大夫作此以告病.
담(譚)나라 대부(大夫)가 이 시를 지어서 병폐를 말했다."고 하였다.

詳說
○ 孔氏曰 : "譚國在京師之東."936)
공씨가 말하였다 : "담나라는 경사의 동쪽에 있다."

○ 亦見衛碩人.
또한 「위풍」「석인」에 있다.

朱註
言有饛簋飧, 則有捄棘匕,
그릇에 밥이 가득히 담겨져 있는데 가시나무 수저는 굽어 있으며,

詳說
○ 此篇多言衣食, 故以簋飧起興, 蓋因西人之所事耳.
여기의 편에서는 옷과 음식에 대해 말을 많이 했기 때문에 그릇의 밥으로 흥을

---

936) 『시전대전(詩傳大全)』에 공씨의 말로 동일하게 실려 있다.

일으켰으니, 서쪽의 사람들이 일삼는 것을 따른 것일 뿐이다.

朱註

周道如砥,
주의 길이 숫돌처럼 판판하니,

詳說

○ 東國之大路也. 諺解似作周國之路, 恐合更商.
동쪽 나라의 큰 길이다. 『언해』에서는 주나라의 길로 여긴 것 같은데, 아마 부합하는지 다시 살펴봐야 할 것이다.

朱註

則其直如矢.
그 곧음이 대쪽과 같다.

詳說

○ 二如字, 與二有字相應. 或曰 : 二是字, 亦與之應. 蓋二句興四句, 然以註則字例之, 恐不然
두 번의 '여(如)'자는 두 번의 '유(有)'자와 호응한다. 어떤 이는 "두 번의 '시(是)'자도 '지(之)'와 호응한다."고 하였으니, 두 구가 네 구를 흥한다는 것이다. 그러나 주의 즉(則)로 사례로 하면 그렇지 않은 것 같다.

朱註

是以君子履之, 而小人視焉,
이 때문에 군자가 밟고 소인들이 우러러보았었는데,

詳說

○ 慶源輔氏曰 : "周道, 指道路, 與下章周行一意. 然以正直履視之義觀之, 又似指周之王道而言, 豈本指道路, 而其中亦含此意耶."937)
경원 보씨가 말하였다 : "주의 길은 도로를 가리킨 것이니, 아래의 장에서 '큰 길(周行)'과 한 의미이다. 그러나 바르고 곧은 것 때문에 밟고 우러러보는 것으로 보면 또 주의 왕도를 가리켜 말한 것 같으니, 어찌 「본의」에서 도로를 가리켜 그 속에 이런 의미를 포함시켰겠는가?"938)

朱註
今乃顧之,
지금은 마침내 이 길을 돌아보고서

詳說
○ 承上所視句.
위에서 우러러본다는 구를 이어받은 것이다.

朱註
而出涕者, 則以東方之賦役, 莫不由是
눈물을 흘리는 까닭은 동방(東方)의 부역(賦役)이 이것을 따라

詳說
○ 周道
'시(是)'는 주의 길이다.

朱註
而西輸於周也
서쪽으로 주(周)에 실려 가지 않음이 없기 때문임을 말한 것이다.

詳說

---

937) 『시전대전(詩傳大全)』에 경원 보씨의 말로 실려 있다.
938) 『시전대전(詩傳大全)』에는 "경원 보씨가 말하였다 : '도는 도로의 도일뿐이니, 아래의 장에서 '큰 길(周行)'과 한 의미이다. 그러므로『집해』에서 「동방(東方)의 부역(賦役)이 이것을 따라 서쪽으로 주(周)에 실려 가지 않음이 없기 때문이다.」라고 한 것이니, 바로 곧 도로를 가리켜서 말한 것이다. 그러나 위의 네 구 바르고 곧은 것 때문에 밟고 우러러보는 것으로 보면 또 주의 왕도를 가리켜 말한 것 같으니, 어찌 「본의」에서 도로를 가리켜 말하면서 그 속에 이런 의미를 포함시켰겠는가?'(慶源輔氏曰周 : 道只道路之道, 與下章周行一意, 故集解以爲東方之賦役, 莫不由是, 而西輸於周, 是即指道路而言也. 然以上四句, 正直履視之義觀之, 則又似指周之王道而言, 豈本意只是指道路而言, 而其中亦含此意耶.)"라고 되어 있다.

○ 補二句.
두 구를 더하였다.

[2-5-9-2]」

小東大東, 杼柚其空.

소동(小東)과 대동(大東)에 북과 바디가 모두 비었도다.

詳說

○ 叶, 都郎反.939)
'동(東)'은 협운으로 음은 '도(都)'와 '랑(郎)'의 반절이다.

○ 音佇.
'저(杼)'의 음은 '저(佇)'이다.

○ 音逐.940)
'유(柚)'의 음은 '축(逐)'이다.

○ 叶, 枯郎反.941)
'공(空)'은 협운으로 음은 '고(枯)'와 '랑(郎)'의 반절이다.

糾糾葛屨, 可以履霜. 佻佻公子, 行彼周行,

썰렁한 칡신이여 서리를 밟을 수 있도다.
경박한 공자가 저 큰 길로 가서

詳說

○ 徒彫反942)

---

939) 叶, 都郎反 : 『시전대전(詩傳大全)』에도 동일하게 되어 있다
940) 音逐 : 『시전대전(詩傳大全)』에도 동일하게 되어 있다
941) 叶, 枯郎反 : 『시전대전(詩傳大全)』에도 동일하게 되어 있다
942) 徒彫反 : 『시전대전(詩傳大全)』에도 동일하게 되어 있다

'조(佻)'의 음은 '도(徒)'와 '조(彫)'의 반절이다.

○ 叶, 戶郎反.943)
'항(行)'은 협운으로 음은 '호(戶)'와 '랑(郎)'의 반절이다.

旣往旣來, 使我心疚.

이미 갔다가 이미 오니 내 마음 병들게 하도다.

詳說

○ 叶, 六直反.944)
'래(來)'는 협운으로 음은 '육(六)'과 '직(直)'의 반절이다.

○ 叶, 訖力反.945)
'구(疚)'는 협운으로 '흘(訖)'과 '력(力)'의 반절이다.

朱註

賦也. 小東大東, 東方小大之國也. 自周視之, 則諸侯之國, 皆在東方. 杼持緯者也,

부(賦)이다. 소동(小東)과 대동(大東)은 동방(東方)의 작고 큰 나라이니, 주(周)나라에서 보면 제후국(諸侯國)으로 모두 동방(東方)에 있는 것이다. 저(杼)는 씨줄을 잡는 것이고,

詳說

○ 音緯.
'위(緯)'의 음은 '위(緯)'이다.

○ 曹氏曰 : "梭也."946)

---

943) 叶, 戶郎反:『시전대전(詩傳大全)』에도 동일하게 되어 있다
944) 叶, 六直反:『시전대전(詩傳大全)』에도 동일하게 되어 있다
945) 叶, 訖力反:『시전대전(詩傳大全)』에도 동일하게 되어 있다
946)『시전대전(詩傳大全)』에 조씨의 말로 동일하게 실려 있다.

조씨가 말하였다 : "북이다."

朱註

柚, 受經者也. 空, 盡也. 佻, 輕薄, 不奈勞苦之貌. 公子, 諸侯之貴臣也. 周行, 大路也. 疚, 病也.

축(柚)은 날줄을 받는 것이다. 공(空)은 다함이다. 조(佻)는 경박하여 노고를 견뎌내지 못하는 모양이다. 공자는 제후의 귀한 신하들이다. 주항(周行)은 대로(大路)이다. 구(疚)는 병듦이다.

詳說

○ 耐通.

'내(奈)'는 '내(耐)'와 통한다.

朱註

○ 言東方小大之國, 杼柚皆已空矣,

동방의 작고 큰 나라가 저유(杼柚)이 모두 이미 비어

詳說

○ 杼柚所出之布帛, 盡以充賦斂.

저유에서 나온 베와 비단이 부역과 세검에 모두 충당된 것이다.

朱註

至於以葛屨履霜,

칡신으로써 서리를 밟는 지경이고,

詳說

○ 此章上四, 句言傷於財.

여기 장의 위의 네 구에서는 재물이 상한 것을 말했다.

朱註

而其貴戚之臣, 奔走往來, 不勝其勞使, 我心憂而病也.

귀척(貴戚)의 신하들도 분주히 왕래하며 그 수고로움을 감당하지 못해서 자신의 마음으로 근심하여 병들게 했다고 말한 것이다.

詳說

○ 譚大夫, 亦貴臣之一也.
담의 대부도 귀한 신하 중의 한 사람이다.

○ 此章下四句, 言困於役.
여기 아래 네 구에서는 부역으로 곤궁함을 말하였다.

○ 慶源輔氏曰 : "葛屨履霜, 則冬裘之不備, 可知矣. 旣往旣來, 則言其來往之不一也. 周道一也, 方其盛時, 君子履之, 而小人視焉, 及其衰也, 公子行之而病焉, 時移事變, 人心所感, 不同如此."947)

경원 보씨가 말하였다 : "칡신으로 서리를 밟는 지경이면 겨울 갖옷이 갖추어지지 않았음을 알 수 있다. 이미 갔다가 이미 왔다는 것은 그 왕래가 한결같지 않다는 말이다. 주의 길은 한결같이 한창 성대할 때에는 군자들이 밟고 소인들이 우러러봤는데, 쇠퇴할 때에는 공자들이 다녀서 마음 아파하니, 때와 일이 바뀌어 사람의 마음이 느끼는 것이 이처럼 같지 않은 것이다."948)

[2-5-9-3]

有洌氿泉, 無浸穫薪.

찬 구멍샘에 베어놓은 섶을 적시지 말지어다.

詳說

---

947) 『시전대전(詩傳大全)』에 경원 보씨의 말로 실려 있다.
948) 『시전대전(詩傳大全)』에는 "경원 보씨가 말하였다 : 「썰렁한 칡신이여 서리를 밟을 수 있도다.」라는 것은 심한 것으로 말한 것이다. 칡신으로 서리를 밟는 지경이면 겨울 갖옷이 갖추어지지 않았음을 알 수 있다. 이미 갔다가 이미 왔다는 것은 그 왕래가 한결같지 않다는 말이다. 주의 길은 한결같이 한창 성대할 때에는 군자들이 밟고 소인들이 우러러봤는데, 쇠퇴할 때에는 공자들이 다녀서 사람들의 마음이 아팠다. 때와 일이 바뀌어 사람의 마음이 느끼는 것이 이처럼 같지 않은 것이다.(慶源輔氏曰 : 糾糾葛屨, 可以履霜, 擧其甚者言之也. 以葛屨履霜, 則冬裘之不備, 可知矣. 旣往旣來, 則言其來往之不一也. 周道一也, 方其盛時, 君子履之, 而小人視焉, 及其衰也, 公子行之而人病焉. 時移事變, 而人心所感, 不同如此.)"라고 되어 있다.

○ 音列.949)

'렬(洌)'의 음은 '열(列)'이다.

○ 音軌.950)

'궤(氿)'의 음은 '궤(軌)'이다.

○ 叶, 才勻反.951)

'천(泉)'은 협운으로 '재(才)'와 '균(勻)'의 반절이다.

契契寤歎, 哀我憚人.

계계(契契)히 잠깨어 탄식하니 가엾은 우리 수고로운 사람이로다.

詳說

○ 苦計反.952)

'계(契)'의 음은 '고(苦)'와 '계(計)'의 반절이다.

○ 丁佐反.953)

'탄(憚)'의 음은 '정(丁)'과 '좌(佐)'의 반절이다.

薪是穫薪, 尙可載也.

섶을 이미 거두었으면 행여 싣고 돌아와야 할 것이며,

詳說

○ 叶, 節力反.954)

'재(載)'의 음은 '절(節)'과 '력(力)'의 반절이다.

---

949) 音列 : 『시전대전(詩傳大全)』에도 동일하게 되어 있다
950) 音軌 : 『시전대전(詩傳大全)』에도 동일하게 되어 있다
951) 叶, 才勻反 : 『시전대전(詩傳大全)』에도 동일하게 되어 있다
952) 苦計反 : 『시전대전(詩傳大全)』에도 동일하게 되어 있다
953) 丁佐反 : 『시전대전(詩傳大全)』에도 동일하게 되어 있다
954) 叶, 節力反 : 『시전대전(詩傳大全)』에도 동일하게 되어 있다

哀我憚人, 亦可息也.

가엾은 우리 수고로운 사람이라면 또한 쉬게 하여야 할 것이니라.

朱註
興也.
흥(興)이다.

詳說
○ 一事再興, 是亦詩之一例.
하나의 일로 두 번 흥 했으니, 이것도 시의 한 사례이다.

朱註
冽, 寒意也. 側出曰, 氿泉. 穫, 艾也.
열(冽)은 차갑다는 뜻이다. 옆에서 나오는 것을 궤천(氿泉)이라 한다. 확(穫)은 벰이다.

詳說
○ 刈同.
'애(艾)'는 '예(刈)'와 같다.

朱註
契契, 憂苦也. 憚,
계계(契契)는 근심하고 괴로워함이다. 탄(憚)은

詳說
○ 癉同.
'탄(憚)'은 '단(癉)'과 같다.

朱註
勞也. 尚, 庶幾也. 載, 載以歸也. ○ 蘇氏曰︰薪已穫矣, 而復漬之, 則腐民已勞矣, 而復事之, 則病.
수고로움이다. 상(尙)은 '행여'이다. 재(載)는 싣고 돌아옴이다. ○ 소씨(蘇氏)가 말하였다. "섶을 이미 베었는데 다시 물에 적시면 썩을 것이고, 백성이 이미 수고로운데 다시 일을 시키면 병들 것이다.

|詳說|

○ 去聲, 下同.
거성으로 아래에서도 같다.

○ 音恣.
'지(漬)'의 음은 '자(恣)'이다.

○ 役之.
'사지(事之)'는 부역을 하고 있다는 것이다.

○ 添腐病字.
'썩는다.'는 말과 '병든다.'는 말을 더하였다.

○ 人與薪應.
'인(人)'과 '신(薪)'이 호응한다.

|朱註|

故已艾, 則庶其載而畜之, 已勞, 則庶其息而安之.
그러므로 이미 베었으면 행여 싣고 와서 쌓아두어야 할 것이고, 이미 수고로우면 행여 쉬어 편안하게 해야 할 것이다."

|詳說|

○ 敕六反, 積也.
'축(畜)'의 음은 '칙(敕)'과 '육(六)'의 반절이다.

○ 慶源輔氏曰 : "此章言困於役.955)

경원 보씨가 말하였다 : "여기의 장에서는 부역으로 곤궁함을 말하였다."956)

[2-5-9-4]」
東人之子, 職勞不來,

동인의 자식은 오로지 수고로운데도 위로하지 아니하고,

詳說

○ 音賚, 叶, 六直反.957)

'래(來)'의 음은 '뢰(賚)'이고, 협운으로 음은 '육(六)'과 '직(直)'의 반절이다.

西人之子, 粲粲衣服.

서인의 자식은 선명하고 선명한 의복을 입었도다.

詳說

○ 叶, 蒲北反.958)

'복(服)'은 협운으로 음은 '포(蒲)'와 '북(北)'의 반절이다.

舟人之子, 熊羆是裘,

주인(舟人)의 자식은 곰가죽으로 갖옷을 만들어 입고,

詳說

○ 叶, 梁之反.959)

'구(裘)'는 협운으로 음은 '양(梁)'과 '지(之)'의 반절이다.

---

955) 『시전대전(詩傳大全)』에 경원 보씨의 말로 실려 있다.
956) 『시전대전(詩傳大全)』에는 "경원 보씨가 말하였다 : '위의 두 장에서 이미 재물이 손상됨을 말하였기 때문에 여기의 장에서는 부역으로 곤궁함을 근본적으로 미뤄 말한 것이다.(慶源輔氏曰 : 上兩章, 旣言傷於財, 故此章推本其困於役, 而言之耳.)"라고 되어 있다.
957) 音賚, 叶六直反 : 『시전대전(詩傳大全)』에도 동일하게 되어 있다
958) 叶, 蒲北反 : 『시전대전(詩傳大全)』에도 동일하게 되어 있다
959) 叶, 梁之反 : 『시전대전(詩傳大全)』에도 동일하게 되어 있다

私人之子, 百僚是試.

사인(私人)의 자식은 백관(百官)에 등용되도다.

詳說

○ 叶, 申之反.960)

'시(試)'는 협운으로 '신(申)'과 '지(之)'의 반절이다.

朱註

賦也. 東人, 諸侯之人也. 職, 專主也.

부(賦)이다. 동인(東人)은 제후의 사람이다. 직(職)은 오로지 주장함이다.

詳說

○ 專力, 爲勞事.

전력해서 수고로운 일을 하는 것이다.

朱註

來, 慰撫也. 西人, 京師人也. 粲粲, 鮮盛貌. 舟人, 舟楫之人也.

내(來)는 위로하고 어루만짐이다. 서인은 경사(京師)의 사람이다. 찬찬(粲粲)은 곱고 성한 모양이다. 주인(舟人)은 주집(舟楫)의 사람이다.

詳說

○ 音俯.

'무(撫)'의 음은 '부(俯)'이다.

○ 亦行役所見也.

역시 부역장에 있는 것이다.

朱註

熊羆是裘, 言富也. 私人, 私家皁隷之屬也. 僚, 官, 試, 用也.

---

960) 叶, 申之反 : 『시전대전(詩傳大全)』에도 동일하게 되어 있다.

웅비(熊)의 가죽으로 갖옷을 만들었다는 것은 부유하다는 말이다. 사인(私人)은 사가(私家)의 조례(皁隷)의 등속이다. 요(僚)는 관원이고, 시(試)는 등용함이다.

詳說
○ 濫仕.
합부로 벼슬하는 것이다.

朱註
舟人, 私人, 皆西人也.
주인(舟人)과 사인(私人)은 다 서인(西人)이다.

詳說
○ 蒙上句西人字.
위의 구에서 서인이라는 말을 이었다.

朱註
○ 此言賦役不均, 羣小得志也.
이는 부역(賦役)이 균등치 못하여 군소(群小)가 뜻을 얻었음을 말한 것이다.

詳說
○ 下三章, 皆同此意, 而於賦一邊爲重云
아래의 세 장은 모두 동일하게 이런 의미인데, 부에서 일면 중요한 것이다.

[2-5-9-5]」

| 或以其酒, 不以其漿, 鞙鞙佩璲, 不以其長. |

혹 술을 주더라도 마실 것으로도 여기지 않으며,
길게 늘어진 노리개를 길다 여기지 않도다.

詳說

○ 胡犬反.961)

 '현(鞙)'의 음은 '호(胡)'와 '견(犬)'의 반절이다.

○ 音遂.962)

 '수(璲)'의 음은 '수(遂)'이다.

| 維天有漢, 監亦有光. |

하늘에 은하수가 있으니 봄에 또한 빛이 있으며,

詳說

○ 古暫反.963)

 '감(監)'의 음은 '고(古)'와 '잠(暫)'의 반절이다.

| 跂彼織女, 終日七襄. |

삼각으로 있는 저 직녀성은 종일토록 자리를 일곱 번 바꾸도다.

詳說

○ 丘豉反.964)

 '기(跂)'의 음은 '구(丘)'와 '시(豉)'의 반절이다.

朱註

---

961) 胡犬反 : 『시전대전(詩傳大全)』에도 동일하게 되어 있다
962) 音遂 : 『시전대전(詩傳大全)』에도 동일하게 되어 있다
963) 古暫反 : 『시전대전(詩傳大全)』에도 동일하게 되어 있다
964) 丘豉反 : 『시전대전(詩傳大全)』에도 동일하게 되어 있다

賦也. 靰靰, 長貌. 璲, 瑞也.
부(賦)이다. 현현(靰靰)은 긴 모양이다. 수(璲)는 서옥(瑞玉)이다.

詳說
○ 音睡
'서(璲)'의 음은 '수(睡)'이다.

○ 鄭氏曰 : "以瑞玉爲佩."965)
정씨가 말하였다 : "서옥으로 노리개를 하는 것이다."966)

朱註
漢, 天河也.
한(漢)은 은하수이다.

詳說
○ 孔氏曰 : "水之精華浮上."967)
공씨가 말하였다 : "수의 정화가 위에 떠 있는 것이다."968)

朱註
跂, 隅貌. 織女, 星名, 在漢旁, 三星, 跂然, 如隅也.
기(跂)는 귀퉁이의 모양이다. 직녀(織女)는 별 이름으로 은하수의 가에 있으니, 세 별이 우뚝하여 모퉁이와 같은 것이다.

詳說
○ 東陽許氏曰 : "鼎足而成."969)

---
965) 『시전대전(詩傳大全)』에 정씨의 말로 실려 있다.
966) 『시전대전(詩傳大全)』에는 "정씨가 말하였다 : '패수는 서옥으로 노리개를 하는 것이다.'(鄭氏曰 : 佩璲者, 以瑞玉爲佩.)"라고 되어 있다.
967) 『시전대전(詩傳大全)』에 공씨의 말로 실려 있다.
968) 『시전대전(詩傳大全)』에는 "공씨가 말하였다 : '한은 수의 정기이다. 기가 발해서 올라가니, 정화가 위에 떠 있는 것이다.'(孔氏曰 : 漢, 水之精也. 氣發而升, 精華浮上. ….)"라고 되어 있다.
969) 『시전대전(詩傳大全)』에 동양 허씨의 말로 실려 있다.

동양 허씨가 말하였다 : "솥발 모양으로 이루어졌다."970)

朱註
七襄, 未詳. 傳曰反也, 箋云駕也, 駕, 謂更其肆也.
칠양(七襄)은 자세하지 않다. 전(傳)에는 돌아옴이라 하였고, 전(箋)에는 가(駕)라 하였으니, 가(駕)는 그 줄을 바꿈을 이른다.

詳說
○ 毛傳.
  '전(傳)'은 『모전(毛傳)』이다.

○ 鄭箋.
  '전(箋)'은 『정전(鄭箋)』이다.朱註

○ 平聲下同.
  '갱(更)'은 평성으로 아래에서도 같다.

○ 猶舍也.
  '사(肆)'는 '사(舍)'와 같다.

朱註
蓋天有十二次, 日月所止舍, 所謂肆也. 經星, 一晝一夜, 左旋一周, 而有餘.
하늘에 열 두 위차가 있는데, 해와 달이 머무는 곳이니, 이른바 사(肆)라는 것이다. 경성(經星)은 하루 밤낮에 왼쪽으로 돌아 일주하고 남음이 있다.

詳說
○ 安成劉氏曰 : "日月五星爲緯, 其餘皆爲經星. 經星周布, 與天爲體, 卽天之一周, 而又過一度者也."971)

---

970) 『시전대전(詩傳大全)』에는 "동양 허씨가 말하였다 : '직녀 세 별은 솥발 모양으로 이루어졌는데, 천시원 북쪽에 있다.'(東陽許氏曰 : 織女三星, 鼎足而成, 三角, 在天市垣北.)"라고 되어 있다.
971) 『시전대전(詩傳大全)』에 안성 유씨의 말로 실려 있다.

안성 유씨가 말하였다 : "해와 달과 다섯별이 위가 되고. 그 나머지는 모두 경성이 된다. 경성이 두루 포진해 있으면서 하늘과 몸체가 되니, 곧 하늘을 한 번 돌고 또 1도를 지나는 것이다."972)

朱註

則終日之間, 自卯至酉, 當夏七次也.
그렇다면 하루를 마치는 사이에 묘방(卯方)으로부터 유방(酉方)에 이르면 일곱 위차를 고치게 되는 것이다.

詳說

○ 安成劉氏曰 : "一時歷一次."
안성 유씨가 말하였다 : "1시진은 한 번의 위차를 거치는 것이다."973)

朱註

○ 言東人或饋之以酒, 而西人曾不以爲漿,
"동인이 혹 술을 대접하더라도 서인은 음료로도 여긴 적이 없으며,

詳說

○ 慶源輔氏曰 : "饋西人以酒."974)
경원 보씨가 말하였다 : "서인에게 술을 대접하는 것이다."975)

---

972) 『시전대전(詩傳大全)』에는 "안성 유씨가 말하였다 : '해와 달과 다섯별이 위가 되고. 그 나머지는 모두 경성이 된다. 경성이 두루 포진해 있으면서 하늘과 몸체가 되니, 이른바 경성이 밤낮으로 하루 밤낮으로 왼쪽으로 한 번 하늘을 돌고 나머지가 있는 것이니, 곧 하늘을 한 번 돌고 또 1도를 지나는 것인데, 하늘을 도는 것은 12위차이다. 하루 밤낮이 12시진으로 한 시진에 한 위차를 지나는 것이기 때문에 마침내 낮의 사이는 묘에서 유까지 모두 일곱 위차이다. 직녀성은 7번의 위차를 거치는 것이다.'(安成劉氏曰 : 日月五星爲緯, 其餘皆爲經星. 經星周布與天爲體, 所謂經星一晝夜左旋一周天, 而有餘者, 即天之旋一周, 而又過一度者也, 然周天十二次. 一晝夜十二時, 則一時當歷一次, 故終其晝日之間, 自卯至酉, 凡七次. 織女星當歷七次也.)"라고 되어 있다.
973) 『시전대전(詩傳大全)』에는 "안성 유씨가 말하였다 : '…. 하루 밤낮이 12시진으로 한 시진에 한 위차를 지나는 것이기 때문에 마침내 낮의 사이는 묘에서 유까지 모두 일곱 위차이다. 직녀성은 7번의 위차를 거치는 것이다.'(安成劉氏曰 : …. 一晝夜十二時, 則一時當歷一次, 故終其晝日之間, 自卯至酉, 凡七時. 織女星當歷七次也.)"라고 되어 있다.
974) 『시전대전(詩傳大全)』에 경원 보씨의 말로 실려 있다.
975) 『시전대전(詩傳大全)』에는 "경원 보씨가 말하였다 : …. 이제 동국의 재력이 모두 곤궁한데도 서인에게 술을 대전하니, 음료가 아닌 것처럼 보고, 길게 늘어진 노리개를 주니 길지 않은 것처럼 여긴다. 이처럼 쉽게 보니 반드시 가볍게 사용하는 것이다. 이것이 동국이 원망하고 아파하며 하늘에 하소연하는 까닭이다.(慶源輔氏曰 : …. 今也, 東國財力俱困, 而饋西人以酒, 則視之, 曾不如漿, 與之以鞙然之佩, 則視之, 曾不以爲長. 易視之如此, 則輕用之必矣. 此東國之所以怨病, 而愬之於天也.)"라고 되어 있다.

○ 酒美於漿

술은 음료로 훌륭한 것이다.

○ 其

'장(漿)'은 '기장(其漿)'이다.

朱註

東人或與之以鞙鞙之佩, 而西人曾不以爲長

동인이 혹 길게 늘어진 노리개를 주더라도 서인은 길다고 여긴 적이 없다.

詳說

○ 其

'장(長)'은 '기(其長)'이다.

○ 補東人西人及饋與字.

동인과 서인 및 대접했다는 말을 더했다.

○ 豐城朱氏曰 : "意氣驕溢如此, 貧富勞逸之不均, 吾將曷愬哉."[976)]

풍성 주씨가 말하였다 : "의기가 이처럼 교만해서 넘치고, 가난함과 부유함, 노고와 안일함이 평등하지 않으니, 내가 어디에 하소연하겠는가?"[977)]

朱註

維天之有漢, 則庶乎其有以監我,

하늘에 은하수가 있으면 행여 나를 볼 수 있고,

---

976) 『시전대전(詩傳大全)』에 풍성 주씨의 말로 실려 있다.
977) 『시전대전(詩傳大全)』에는 "풍성 주씨가 말하였다 : '술로 후대했는데 음료로 여기지 않고, 길게 늘어진 노리개인데 길다고 여기지 않는다. 그런 것들을 내놓기가 아주 어려운데, 보기를 아주 하찮게 여긴다. 대개 의기가 이처럼 교만해서 넘친다. 그렇다면 가난함과 부유함, 노고와 안일함이 평등하지 않으니, 내가 어디에 하소연하겠는가? 또한 하늘에 하소연할 수 있을 뿐이다.'(豐城朱氏曰 : 酒之厚而不以爲漿, 佩之鞙鞙, 而不以爲長. 其出之也, 甚艱, 其視之也, 甚賤. 蓋其意氣驕溢類如此. 然則貧富勞逸之不均, 吾將曷愬哉. 亦惟愬之於天而已. ….)"라고 되어 있다.

[詳說]

○ 廬陵歐陽氏曰 : "我民困矣, 雲漢有光, 亦能下降乎. 不言日月之明, 而言雲漢之光者, 謂不能下監也."978)
노릉 구양씨가 말하였다 : "우리 백성이 곤궁함에 은하수에 빛이 있음에 또한 내려주지 않겠는가? 일월의 밝음을 말하지 않고 은하수의 빛을 말한 것은 아래로 살필 수 없음을 말한 것이다."979)

[朱註]

而織女之七襄, 則庶乎其能成文章以報我矣.
직녀성(織女星)이 일곱 번 자리를 바꾸면 행여 문장(文章)을 이루어 나에게 보답할 수 있다는 것이니,

[詳說]

○ 照下章, 而添此句.
아래의 장을 참조해서 이 구를 더한 것이다.

○ 織, 亦衣之事, 故言織女.
'직(織)'도 옷 만드는 일이기 때문에 직녀를 말했다.

[朱註]

無所赴愬,
달려가 하소연할 곳이 없어서

[詳說]

○ 照節南山註.
「절남산」의 주를 참조하라.

---

978) 『시전대전(詩傳大全)』에 여릉 구양씨의 말로 실려 있다.
979) 『시전대전(詩傳大全)』에 "노릉 구양씨가 말하였다 : '우리 백성이 곤궁함에 하늘의 은하수에 빛이 있음에 또한 우리 백성에게 내려주지 않겠는가?. 일월의 밝음을 말하지 않고 은하수의 빛을 말한 것은 아래로 살필 수 없음을 말한 것이다.'(廬陵歐陽氏曰 : 言我民困矣, 天之雲漢有光, 亦能下降我民乎. 其不言日月之明, 而言雲漢之光者, 謂不能下監也.)"라고 되어 있다.

朱註

而言維天庶乎其恤我耳.

오직 하늘이 행여 나를 구휼할 것이라고 말한 것이다.

詳說

○ 一作惟

'유(維)'는 어떤 판본에는 '유(惟)'로 되어 있다.

○ 二句, 論也.

두 구는 경문의 의미 설명이다.

○ 豐城朱氏曰 : "詞之婉而不迫如此, 詩之忠厚可見矣."980)

풍성 주씨가 말하였다 : "말이 완곡하고 박절하지 않기가 이와 같으니, 시의 충후함을 알 수 있다."981)

[2-5-9-6]

雖則七襄, 不成報章,

일곱번 자리를 바꾸나 보답해 줄 문장(文章)을 이루지 못하며,

睆彼牽牛, 不以服箱.

반짝이는 저 견우성은 수레에 멍에하지 못하도다.

詳說

---

980) 『시전대전(詩傳大全)』에 풍성 주씨의 말로 실려 있다.
981) 『시전대전(詩傳大全)』에는 "풍성 주씨가 말하였다 : '술로 후대했는데 음료로 여기지 않고, 길게 늘어진 노리개인데 길다고 여기지 않는다. 그런 것들을 내놓기가 아주 어려운데, 보기를 아주 하찮게 여긴다. 대개 의기가 이처럼 교만해서 넘친다. 그렇다면 가난함과 부유함, 노고와 안일함이 평등하지 않으니, 내가 어디에 하소연하겠는가? 또한 하늘에 하소연할 수 있을 뿐이다. 은하수에 빛이 있으니, 그 또한 나를 볼 수 있는 것이겠지! 직녀성(織女星)이 일곱 번 자리를 바꾸어 그 또한 문장을 이루면 나에게 보답할 수 있다는 것이겠지! 말이 완곡하고 박절하지 않기가 이와 같으니, 시의 충후함을 알 수 있다.'(豐城朱氏曰 : 酒之厚而不以爲漿, 佩之鞗鞗, 而不以爲長. 其出之也, 甚艱, 其視之也, 甚賤. 蓋其意氣驕溢類此. 然則貧富勞逸之不均, 吾將曷愬哉. 亦惟愬之於天而已. 漢之有光, 其亦能監視我也耶. 織女之七襄, 其亦能成文章, 以報我也耶. 其詞之婉. 而不迫如此, 詩之忠厚, 亦可見矣.)"라고 되어 있다.

○ 華板反.982)

'환(睆)'은 '화(華)'와 '판(板)'의 반절이다.

東有啓明, 西有長庚,

동쪽에 계명성이 있고 서쪽에 장경성이 있으며,

詳說

○ 叶, 謨郎反.983)

'명(明)'은 협운으로 음은 '모(謨)'와 '랑(郎)'의 반절이다.

○ 叶, 古郎反.984)

'경(庚)'의 음은 '고(古)'와 '랑(郎)'의 반절이다.

有捄天畢, 載施之行.

굽은 천필성이 있지만 행렬(行列)에 베풀 뿐이로다.

詳說

○ 音杭.

'항(行)'의 음은 '항(杭)'이다.

○ 則坊本, 作有.

곧 방본에는 '유(有)'로 되어 있다.

朱註

賦也. 睆, 明星貌.

부(賦)이다. 환(睆)은 밝은 별의 모양이다.

詳說

---

982) 華板反:『시전대전(詩傳大全)』에도 동일하게 되어 있다
983) 叶, 謨郎反:『시전대전(詩傳大全)』에도 동일하게 되어 있다
984) 叶, 古郎反:『시전대전(詩傳大全)』에도 동일하게 되어 있다

○ 星明之貌.
별이 밝은 모양이다.

朱註

牽牛, 星名.
견우(牽牛)는 별 이름이다.

詳說
○ 毛氏曰 : "河鼓謂之牽牛."985)
모씨가 말하였다 : "하고(河鼓)를 견우라고 한다."

朱註

服, 駕也, 箱, 車箱也.
복(服)은 멍에함이고, 상(箱)은 수레의 상자이다.

詳說
○ 孔氏曰 : "車內容物之處."986)
공씨가 말하였다 : "수레에서 물건을 두는 곳이다."987)

朱註

啓明長庚, 皆金星也, 以其先日而出, 故謂之啓明,
계명(啓明), 장경(長庚)은 다 금성(金星)으로 해보다 먼저 나오기 때문에 계명(啓明)이라 하고,

詳說
○ 去聲下同.
'선(先)'은 거성으로 아래에서도 같다.

---

985) 『시전대전(詩傳大全)』에 『이아』의 말로 동일하게 실려 있다.
986) 『시전대전(詩傳大全)』에 공씨의 말로 실려 있다.
987) 『시전대전(詩傳大全)』에는 "공씨가 말하였다 : '수레에서 두 귀 사이를 상이라고 하니, 수레에서 물건을 두는 곳이다.(孔氏曰 : 兩較之間, 謂之箱, 是車內容物之處.)"라고 되어 있다.

○ 長樂劉氏曰 : "啓日之明."988)
장락 유씨가 말하였다 : "날을 밝히는 밝음이다."989)

朱註

以其後日而入, 故謂之長庚.
해보다 뒤에 들어가기 때문에 장경(長庚)이라 한다.

詳說

○ 去聲, 下同.
'후(後)' 거성으로 아래에서도 같다.

○ 毛氏曰 : "庚續也."990)
모씨가 말하였다 : "경이 이어지는 것이다."

○ 長樂劉氏曰 : "續日之長."991)
장락 유씨가 말하였다 : "날을 길게 잇는 것이다."992)

○ 安成劉氏曰 : "行在日先, 則晨見, 而昏不見, 行在日後, 則昏見, 而晨不見."993)
안성 유씨가 말하였다 : "운행이 해 앞에 있으니, 새벽에 나타나고 저녁에 보이지 않고, 운행이 해 뒤에 있으니, 저녁에 나타나고 새벽에 보이지 않는다."994)

---

988) 『시전대전(詩傳大全)』에 장락 유씨의 말로 실려 있다.
989) 『시전대전(詩傳大全)』에는 "장락 유씨가 말하였다 : '금성은 아침에 동쪽에 있기 때문에 날을 밝히는 밝음이고, 저녁에 서쪽에 있기 때문에 날을 길게 잇는 것이다.'(長樂劉氏曰 : 金星朝在東, 所以啓日之明, 夕在西, 所以續日之長.)"라고 되어 있다.
990) 『시전대전(詩傳大全)』에 모씨의 말로 동일하게 실려 있다.
991) 『시전대전(詩傳大全)』에 장락 유씨의 말로 실려 있다.
992) 『시전대전(詩傳大全)』에는 "장락 유씨가 말하였다 : '금성은 아침에 동쪽에 있기 때문에 날을 밝히는 밝음이고, 저녁에 서쪽에 있기 때문에 날을 길게 잇는 것이다.'(長樂劉氏曰 : 金星朝在東, 所以啓日之明, 夕在西, 所以續日之長.)"라고 되어 있다.
993) 『시전대전(詩傳大全)』에 안성 유씨의 말로 실려 있다.
994) 『시전대전(詩傳大全)』에는 "안성 유씨가 말하였다 : 금성과 수성은 해를 따라다니는데 운행에 일정함이 없어 혹 어떤 때는 해 앞에 있기도 하고 어떤 때는 해 뒤에 있기도 하며, 혹 모두 해 앞에 있기도 하고, 혹 모두 해 뒤에 있기도 한다. 금성의 운행이 해 뒤에 있으면 새벽에 나타나고, 저녁에 보이지 않으며, 운행이 해 앞에 있으면 저녁에 나타나고 새벽에 또 보이지 않는다.(安成劉氏曰 : 金水附日, 而行無定, 在或一在日先, 一在日後, 或俱在日先, 或俱在日後. 金星行在日後, 則晨見, 而昏不見, 行在日先, 則昏見, 而晨又不見也.)"라고 되어 있다.

朱註

蓋金水二星, 常附日而行, 而或先或後, 但金大水小,
금성(金星)과 수성(水星) 두 별은 항상 해를 따라다녀서 혹 먼저 하기도 하고, 혹 뒤에 하기도 하는데, 다만 금성(金星)은 크고 수성(水星)은 작기

詳說

○ 星體大小.
성체의 대소이다.

朱註

故獨以金星爲言也. 天畢, 畢星也, 狀如掩兎之畢.
때문에 금성(金星)만을 말한 것이다. 천필(天畢)은 필성(畢星)으로 모양이 토끼를 잡는 덫과 같다.

詳說

○ 貌曲, 故亦言有捄.
모양이 휘었기 때문에 또한 잡음이 있다고 말한 것이다.

朱註

行, 行列也.
항(行)은 항렬(行列)이다.

詳說

○ 星宿之位.
별자리의 위치이다.

朱註

○ 言彼織女,
저 직녀성(織女星)은

詳說
○ 承上章末句
위의 장의 끝 구를 이었다.

朱註
不能成報我之章,
나에게 보답해줄 문장(文章)을 이루지 못하고,

詳說
○ 我旣以酒佩與西人, 西人當以織之成章者, 報我耳.
내가 이미 술과 노리개를 서인에게 주었으니, 서인은 그것으로 문장을 짜서 이루어야 하는 것은 나에게 보답하기 위한 것일 뿐이다.

朱註
牽牛不可以服我之箱,
견우성(牽牛星)도 나의 수레 상자에 멍에하지 못하며,

詳說
○ 添能可字.
'능(能)'자와 '가(可)'자를 더하였다.

朱註
而啓明長庚天畢者, 亦無實用
계명성(啓明星), 장경성(長庚星), 천필성(天畢星)도 모두 실용이 없고,

詳說
○ 補四字.
네 글자를 더하였다.

○ 廬陵歐陽氏曰 : "織女不能爲我織而成章, 牽牛不能爲我駕車而輸物, 啓明長庚不能助日爲晝俾我營作, 天畢不能爲我掩捕鳥獸."995)
여름 구양씨가 말하였다 : "직녀성은 나를 위해 문장을 짜서 이룰 수 없고, 견우성은 나를 위해 가마를 매어 물건을 나르지 않으며, 계명성과 장경성은 해를 도와 낮을 위해 나에게 수고롭게 일하게 할 수 없고, 천필성은 나를 위해 새와 짐승을 잡지 않는다."996)

○ 上章之天漢, 亦無灌漑洗濯之用.
위의 장에서의 은하수도 물대고 씻는 쓰임이 없다.

○ 輸物掩兎, 亦係食之事, 故言牽牛天畢.
물건을 나르고 토끼를 잡는 것도 먹는 것에 관계된 일이기 때문에 견우성과 천필성을 말하는 것이다.

朱註
但施之行列而已. 至是, 則知天亦無若我何矣.
다만 항렬에 베풀 뿐임을 말한 것이다. 이에 이르면 하늘도 또한 나를 어찌해 줄 수 없음을 안 것이다.

詳說
○ 此句論也.
이 구는 경문의 의미 설명이다.

○ 照上章註.
위의 장의 주를 참조하라.

[2-5-9-7]」

維南有箕, 不可以簸揚,

---

995) 『시전대전(詩傳大全)』에 여름 구양씨의 말로 실려 있다.
996) 『시전대전(詩傳大全)』에는 "여름 구양씨가 말하였다 : '직녀성이 있을지라도 나를 위해 문장을 짜서 이룰 수 없고, 견우성이 있을지라도 나를 위해 가마를 매어 물건을 나르지 않으며, 계명성과 장경성이 있을지라도 해를 도와 낮을 위해 나에게 수고롭게 일하게 할 수 없고, 천필성이 있을지라도 나를 위해 새와 짐승을 잡지 않는다.'(廬陵歐陽氏曰 : 雖有織女, 不能爲我織而成章, 雖有牽牛, 不能爲我駕車而輸物, 雖有啓明長庚, 不能助日爲晝俾我營作, 雖有天畢, 不能爲我掩捕鳥獸.)"라고 되어 있다.

남쪽에 기성(箕星)이 있으나 쪽정이를 까불러 날리지 못하며,

> 詳說

○ 波我反997)

'파(簸)'의 음은 '파(波)'와 '아(我)'의 반절이다.

> 維北有斗, 不可以挹酒漿.

북쪽에 두성(斗星)이 있으나 술과 장물을 뜨지 못하도다.

> 詳說

○ 音揖.998)

'읍(挹)'의 음은 '읍(揖)'이다.

> 維南有箕, 載翕其舌,

남쪽에 기성(箕星)이 있으니 곧 그 혀를 늘어뜨리고 있으며,

> 詳說

○ 音吸.

'흡(翕)'의 음은 '흡(吸)'이다.

> 維北有斗, 西柄之揭.

북쪽에 두성(斗星)이 있으니 서쪽으로 자루를 들고 있도다.

> 詳說

○ 音訐.999)

'갈(揭)'의 음은 '알(訐)'이다.

> 朱註

---

997) 波我反:『시전대전(詩傳大全)』에도 동일하게 되어 있다
998) 音揖:『시전대전(詩傳大全)』에도 동일하게 되어 있다
999) 音訐:『시전대전(詩傳大全)』에도 동일하게 되어 있다

賦也. 箕斗

부(賦)이다. 기(箕)와 두(斗)는

> 詳說
> ○ 安成劉氏曰:"南斗."1000)
> 안성 유씨가 말하였다:"남두이다."1001)

> 朱註
> 二星, 以夏秋之間, 見於南方.
> 두 별로 여름과 가을 사이에 남방에 보인다.

> 詳說
> ○ 音現, 下同.
> '현(見)'의 음은 '현(現)'으로 아래에서도 같다.
>
> ○ 安成劉氏曰:"指昏見爲言."1002)
> 안성 유씨가 말하였다:"저녁과 보이는 것을 가리켜 말한 것이다."1003)

> 朱註
> 云北斗者, 以其在箕之北也.
> 북두(北斗)라고 말한 것은 기성(箕星)의 북쪽에 있기 때문이다.

> 詳說
> ○ 維北有斗.
> 북두(北斗)는 북에 두가 있는 것이다.

1000) 『시전대전(詩傳大全)』에 안성 유씨의 말로 실려 있다.
1001) 『시전대전(詩傳大全)』에는 "안성 유씨가 말하였다:'이것을 남두를 말한 것으로 곧 위의 글에서 여름과 가을 사이에 남방에 보이는 것이다.'(安成劉氏曰:"此謂南斗, 卽上文夏秋之間, 見南方者也.)"라고 되어 있다.
1002) 『시전대전(詩傳大全)』에 안성 유씨의 말로 실려 있다.
1003) 『시전대전(詩傳大全)』에는 "안성 유씨가 말하였다:'6월과 7월 사이에 남방에 보이는 것은 저녁과 보이는 것을 가리켜 말한 것이다.'(安成劉氏曰:六七月間, 見於南方者, 指當時昏見爲言也.)"라고 되어 있다.

○ 主箕而言.
기성을 주로 해서 말한 것이다.

朱註
或曰 : "北斗常見, 不隱者也."
어떤 이는 "북두는 항상 보이고 숨지 않는 것이다."라고 한다.

詳說
○ 七星.
일곱 별이다.

○ 無論冬夏昏曉, 而皆見也.
겨울 여름 저녁 새벽을 막론하고 모두 보이는 것이다.

朱註
翕, 引也. 舌, 下二星也.
흡(翕)은 늘어뜨림이다. 설(舌)은 아래의 두 별이다.

詳說
○ 巷伯註參看.
「항백」의 주를 참조해서 보라.

朱註
南斗柄, 固指西, 若北斗而西柄, 則亦秋時也.
남두성은 자루가 진실로 서쪽을 가리키고 있고, 만일 북두성이 서쪽으로 자루를 들고 있다면 또한 가을인 것이다.

詳說
○ 董氏曰 : "箕. 其踵似箕, 且有舌. 斗, 其方如斗, 且有柄. 箕四星, 二爲踵, 二爲舌, 踵狹而舌廣, 故曰翕."[1004]
동씨가 말하였다 : "기성은 그 발꿈치가 키와 같고 또 혀가 있다. 두성은 그 방

향이 말과 같고 또 자루가 있다. 기성의 네 별은 두 개가 발꿈치이고, 두 개가 혀인데, 발꿈치는 좁고 혀는 없기 때문에 '늘어뜨린다.'라고 한 것이다."1005)

朱註
言南箕, 旣不可以簸揚糠粃, 北斗旣不可以挹酌酒漿,
남쪽의 기성(箕星)은 이미 겨와 쭉정이를 까불어 날리지 못하고, 북두성(北斗星)은 이미 술과 음료를 뜨지 못하며,

詳說
○ 三山李氏曰 : "有名而無實."1006)
삼산 이씨가 말하였다 : "유명무실한 것이다."1007)

○ 照前章酒漿.
앞장의 술과 음료를 참조하라.

朱註
而箕引其舌, 反若有所呑噬,
기성(箕星)은 혓바닥을 늘어뜨리고 있어서 도리어 삼키려는 것이 있는 듯하고,

詳說
○ 補此句.
이 구를 더했다.

朱註

1004) 『시전대전(詩傳大全)』에 동씨의 말로 실려 있다.
1005) 『시전대전(詩傳大全)』에는 "동씨가 말하였다 : '기성은 그 발꿈치가 키와 같고 또 혀가 있다. 두성은 그 방향이 말과 같고 또 자루가 있다. 기성의 네 별은 두 개가 발꿈치이고, 두 개가 혀인데, 발꿈치는 좁고 혀는 없기 때문에 '늘어뜨린다.'라고 한 것이다. 두성은 네 별이 말이고 세 별이 자루이다.(董氏曰 : 箕其, 踵似箕, 且有舌. 斗, 其方如斗, 且有柄. 箕四星, 二爲踵, 二爲舌, 踵狹而舌廣, 故曰翕, 斗四星爲斗, 三星爲柄.)"라고 되어 있다.
1006) 『시전대전(詩傳大全)』에 삼산 이씨의 말로 실려 있다.
1007) 『시전대전(詩傳大全)』에는 "삼산 이씨가 말하였다 : '옛 사람들은 대부분 기성과 두성을 허명으로 여겼다. 이 여러 개의 별은 모두 사람들이 기물로 사용하는 것으로 유명무실하기 그렇게 비유한 것이다.'(三山李氏曰 : 古人多以箕斗爲虛名. 蓋此數星, 皆人間器用之物, 有名而無實, 故以爲喩.)"라고 되어 있다.

斗西揭其柄,
두성(斗星)은 서쪽으로 자루를 들고 있어서

> 詳說
> ○ 高擧.
> 높이 들려 있다.
>
> ○ 諺音誤.
> '게(揭)'는 『언해』의 음은 잘못되었다.

朱註
反若有所挹取於東,
도리어 동쪽에서 떠서 취하려는 것이 있는 듯하니,

> 詳說
> ○ 補此句.
> 이 구를 더했다.
>
> ○ 簸揚挹, 亦食之事, 故言箕斗以終之, 與起興之饛飧, 蓋相爲呼應云.
> 까불어 날리는 것과 뜨는 것도 먹는 일이기 때문에 기성과 두성을 말함으로써 마쳤는데, 흥을 일으키는 가득한 밥과 대개 서로 호응이 된다.

朱註
是天非徒無若我何,
이는 하늘이 나에게 어떻게 해줄 수 없을 뿐만 아니라,

> 詳說
> ○ 照上章註.
> 위의 장의 주를 참조하라.

朱註

乃亦若助西人, 而見困,
이에 또한 서인을 도와주어서 도리어 곤궁함을 당하게 하려는 듯하니,

詳說

○ 一作是.
'견(見)'은 어떤 판본에는 '시(是)'로 되어 있다.

○ 助而困我.
도와주어 나를 곤궁하게 하는 것이다.

朱註

甚怨之辭也.
아주 원망하는 말이다.

詳說

○ 二句論也.
두 구는 경문의 의미 설명이다.

○ 廬陵歐陽氏曰 : "維天有漢以下, 皆述譚人仰訴之詞, 其意言我譚人, 困於供億, 取資於地者, 皆已竭矣. 欲取於天, 又不可得也."1008)
여릉 구양씨가 말하였다 : "'하늘에 은하수가 있으니' 이하는 모두 담의 사람이 우러러 하소연하는 말을 기술했으니, 그 의미는 담의 사람인 나는 공급에 곤궁해져 땅에서 재물을 취할 것이 이미 다해서 하늘에서 취하려고 하나 또 얻을 수 없다는 말이다."1009)

1008) 『시전대전(詩傳大全)』에 여릉 구양씨의 말로 실려 있다.
1009) 『시전대전(詩傳大全)』에는 "여릉 구양씨가 말하였다 : '하늘에 은하수가 있으니' 이하는 모두 담의 사람이 우러러 하소연하는 말을 기술했으니, 그 의미는 담의 사람인 나는 공급에 곤궁해져 땅에서 재물을 취할 것이 이미 다해서 하늘에서 취하려고 하나 또 얻을 수 없다는 말이다. 끝에서 기성과 두성은 쓸 수 없을 뿐만 아니라 기성은 도리어 삼키려는 듯하고, 두성은 도리어 동쪽에서 떠서 취하려는 듯하다고 말하였으니, 모두 원망하여 풍자하는 말인 것이다.'(廬陵歐陽氏曰 : 自維天有漢以下, 皆述譚人仰訴於天之詞, 其意言我譚人, 困於供億, 取資於地者, 皆已竭矣, 欲取於天, 又不可得也. 末言箕斗, 非徒不可用, 箕反若有

○ 慶源輔氏曰 : "二章三章以下, 文意奇逸, 其詞雖若闊疏, 而意脈實相連屬. 作此詩者, 非惟怨得其正, 其亦老於文墨者歟."[1010]

경원 보씨가 말하였다 : "2장과 3장 이하는 문의가 특이하게 속세를 떠난 것 같아 그 말이 트인 것 같을지라도 맥락이 실로 서로 연속되었다. 이 시를 지은 자는 그 바름을 한탄하며 얻을 뿐만이 아니니, 그것도 글쓰기에 노숙했기 때문일 것이다."

朱註

大東七章, 章八句.
「대동」은 7장으로 장은 8구이다.

詳說

○ 不取小東, 而必取大東者, 譚, 蓋侯國之大者耳.
소동을 취하지 않고 굳이 대동을 취한 것은 담은 제후국의 큰 것이기 때문일 뿐이다.

[2-5-10-1]

四月維夏, 六月徂暑.

사월(四月)에 여름이 되면 유월(六月)에 더위가 물러가느니라.

詳說

○ 叶, 後五反.[1011]
'하(夏)'는 협운으로 음은 '후(後)'와 '오(五)'의 반절이다.

先祖匪人. 胡寧忍予.

선조는 사람이 아닌가! 어찌하여 나를 차마 이렇게 하시는고?

所嗟, 斗反若有所挹取於東. 是皆怨諷之詞也.)"라고 되어 있다.
1010) 『시전대전(詩傳大全)』에 경원 보씨의 말로 동일하게 실려 있다.
1011) 叶, 後五反 : 『시전대전(詩傳大全)』에도 동일하게 되어 있다

詳說
○ 叶, 演女反.1012)
'여(予)'는 협운으로 '연(演)'과 '여(女)'의 반절이다.

朱註
興也.
흥(興)이다.

詳說
○ 兼比兼賦, 而其語勢, 與音節, 只是興體. 下二章同.
비를 겸하고 부를 겸하면서 그 어세는 음절과 단지 흥체일 뿐이다. 아래의 두 장도 같다.

朱註
徂, 往也. 四月六月, 亦以夏正數之,
조(徂)는 감이다. 사월(四月)과 유월(六月)도 하나라의 정월로 센 것이니,

詳說
○ 音征.
'정(正)'의 음은 '정(征)'이다.

○ 上聲.
'수(數)'는 상성이다.

○ 照七月註而言亦.
「7월」의 주를 참조해서 '역(亦)'을 말한 것이다.

朱註
建巳建未之月也 ○ 此亦遭亂, 自傷之詩.

1012) 叶, 演女反 :『시전대전(詩傳大全)』에도 동일하게 되어 있다

詩集傳詳說 卷之十　467

건사(建巳)와 건미(建未)의 달이다. ○ 이 또한 난(亂)을 만나 스스로 서글퍼한 시이다.

詳說

○ 小序曰 : "大夫刺幽王."
『소서』에서 말하였다 : "대부가 유왕을 풍자한 것이다."

朱註

言四月維夏, 則六月徂暑矣.
"사월(四月)에 여름이 되면 유월(六月)에 더위가 물러간다.

詳說

○ 廬陵彭氏曰 : "徂暑, 薰灼."
여릉 팽씨가 말하였다 : "더위가 물러가며 더운 것이다."

○ 隨時所遇, 而起興, 下二章同.
때의 만나는 것에 따라 흥을 일으켰으니, 아래의 두 장에서도 같다.

朱註

我先祖豈非人乎. 何忍使我遭此禍也,
우리 선조(先祖)가 어찌 사람이 아니시겠는가. 그런데 어찌하여 차마 내가 이 화를 만나게 하시는고?"라고 하였으니,

詳說

○ 補禍字.
'화(禍)'자를 더하였다.

朱註

無所歸咎之詞也.
허물을 돌릴 곳이 없다는 말이다.

詳說

○ 歸之於先祖, 亦與歸之於天同意.
　선조에게 돌리는 것도 하늘에 돌리는 것과 같은 의미이다.

[2-5-10-2]

秋日凄凄, 百卉具腓.
가을날이 쌀쌀해지는지라 온갖 초목이 모두 병들도다.

詳說

○ 七西反.1013)
　'처(凄)'의 음은 '칠(七)'과 '서(西)'의 반절이다.

○ 許貴反.1014)
　'훼(卉)'의 음은 '허(許)'와 '귀(貴)'의 반절이다.

○ 芳菲反.1015)
　'비(腓)'의 음은 '방(芳)'과 '비(菲)'의 반절이다.

亂離瘼矣, 爰其適歸.
난리를 만나 병드니 어디로 가서 돌아갈꼬?

詳說

○ 音莫.1016)
　'막(瘼)'의 음은 '막(莫)'이다.

○ 家語作奚.1017)

1013) 七西反 :『시전대전(詩傳大全)』에도 동일하게 되어 있다
1014) 許貴反 :『시전대전(詩傳大全)』에도 동일하게 되어 있다
1015) 芳菲反 :『시전대전(詩傳大全)』에도 동일하게 되어 있다
1016) 音莫 :『시전대전(詩傳大全)』에도 동일하게 되어 있다
1017) 家語作奚 :『시전대전(詩傳大全)』에도 동일하게 되어 있다

'원(爰)'는 『가어』에서는 '해(奚)'로 되어 있다.

朱註
興也. 淒淒, 涼風也. 卉, 草, 腓, 病, 離, 憂, 瘼, 病, 奚,
흥(興)이다. 처처(淒淒)는 싸늘한 바람이다. 훼(卉)는 풀이고, 비(腓)는 병듦이며, 이(離)는 근심함이고, 막(瘼)은 병듦이며, 해(奚)는

詳說
○ 以家語爲正.
'해(奚)'는 『가어』를 바름으로 여긴 것이다.

朱註
何, 適, 之也. ○ 秋日淒淒, 則百卉俱具腓矣. 亂離瘼矣,
어찌이고, 적(適)은 감이다.○ 가늘 날이 쌀쌀해지면 온갖 초목이 모두 다 병든다. 난리를 만나 병들면

詳說
○ 亂而憂, 憂而病.
난리가 나서 근심하고, 근심해서 병이 든 것이다.

朱註
則我將何所適歸乎哉
내 어디로 가서 돌아갈꼬?

[2-5-10-3]」

冬日烈烈, 飄風發發. 民莫不穀, 我獨何害.
겨울 날씨가 차갑거늘 표풍(飄風)이 몹시도 급히 불도다. 남들은 불행한 사람이 없거늘 나만이 홀로 어찌 해를 당하는고?

詳說

○ 音曷.1018)

'할(害)'의 음은 '갈(曷)'이다.1019)

○ 音上一有叶字, 當與蓼莪參看, 豈蒙其叶字而省歟.

음(音) 위에 어떤 판본에는 협(叶)자가 있는데, 「육아(蓼莪)」와 참고해서 봐야 하니, 어찌 협(叶)자가 이어졌는데 생략한 것이겠는가?

朱註

興也. 烈烈, 猶栗烈也.

흥(興)이다. 열렬(烈烈)은 스산하다는 것과 같다.

詳說

○ 見七月.

「7월」에 있다.

朱註

發發, 疾貌. 穀, 善也.

발발(發發)은 빠른 모양이다. 곡(穀)은 좋음이다.

詳說

○ 三山李氏曰 : "天下莫不被害, 乃云民莫不善者, 據作詩者之言也."1020)

삼산 이씨가 말하였다 : "천하에서 누구도 해를 당하지 않음이 없는데, 남들은 누구도 좋지 않음이 없다는 것은 시를 지은 자의 말에 의거한 것이다."

朱註

○ 夏則暑, 秋則病, 冬則烈, 言禍亂日進, 無時而息也

여름엔 덥고 가을에는 병들며 겨울에는 추우니, 화란(禍亂)이 날로 진전되어서 쉴

1018) 音曷 : 『시전대전(詩傳大全)』에는 다소 다르게 되어 있다.
1019) 『시전대전(詩傳大全)』에는 "'할(害)'은 협운으로 음은 '갈(曷)'이다.(叶音曷.)"라고 되어 있다.
1020) 『시전대전(詩傳大全)』에 삼산 이씨의 말로 거의 동일하게 실려 있다.

때가 없다는 말이다.

詳說

○ 通論三章.

세 장을 통론한 것이다.

○ 禍亂之進, 如夏而秋, 秋而冬, 而其苦轉甚矣

화란이 진척됨이 여름 같다가 가을이고, 가을 같다가 겨울이니, 그 고통이 점점 심해진다는 것이다.

○ 華陽范氏曰 : "獨不及春, 蓋天地和暢, 萬物發育, 治之象也. 自古治世少, 亂世多, 觀四時, 可知矣."[1021]

화양 범씨가 말하였다 : "봄만 언급하지 않았는데, 천지가 화창하여 만물이 발육되는 것은 다스림의 상이기 때문이다. 옛날부터 치세가 적고 난세가 많은 것은 사시를 보면 알 수 있는 것이다."[1022]

○ 慶源輔氏曰 : "此章, 亦興也, 而先生, 但連上二章爲說. 云云如此說, 則却似賦體, 其不解所以爲興者. 蓋此章之說, 已見於蓼莪矣."[1023]

경원 보씨가 말하였다 : "여기의 장도 흥인데, 선생은 단지 위의 두 장에 이어 설명했을 뿐이다. 이와 같이 설명하는 것이라고 하면 오히려 부(賦)체와 비슷해서 흥이라고 풀이할 수 없는 것이다. 여기 장의 설명은 이미 「육아」에 있다."[1024]

[1021] 『시전대전(詩傳大全)』에 화양 범씨의 말로 있다.
[1022] 『시전대전(詩傳大全)』에는 "화양 범씨가 말하였다 : '여름·가을·겨울을 말하고, 봄만 언급하지 않았는데, 천지가 화창하여 만물이 발육되는 것은 다스림의 상이기 때문이다. 옛날부터 치세가 적고 난세가 많은 것은 사시를 보면 알 수 있는 것이다.'(華陽范氏曰 : 言夏秋冬, 獨不及春, 蓋天氣和暢, 萬物發育, 治之象也. 自古治世少, 亂世多, 觀四時可知矣.)"라고 되어 있다.
[1023] 『시전대전(詩傳大全)』에 경원 보씨의 말로 실려 있다.
[1024] "경원 보씨가 말하였다 : '여기의 장도 흥인데, 선생은 단지 위의 두 장에 이어 설명했을 뿐이다. 여름에는 덥고 가을에는 병들며, 겨울에는 춥다고 한 것은 화란이 날로 진전되어 어느 때고 쉴 틈이 없다는 말이다. 이와 같이 설명하면 오히려 부(賦)체와 비슷해서 흥이라고 풀이할 수 없는 것이다. 여기 장의 설명이 이미 「육아」에 있다.'(慶源輔氏曰 : 此章, 亦興也, 而先生, 但連上二章爲說. 云夏則暑, 秋則病, 冬則烈, 言禍亂日進, 無時而息. 如此說, 則却似賦體, 其不解所以爲興者. 蓋此章之說, 已見於蓼莪篇矣.)"라고 되어 있다.

○ 廬陵彭氏曰 : "遇景生悲, 觸緒增感, 其心無一時, 得以自寬, 吟咏其詞, 可見當時之亂矣.1025)

노릉 팽씨가 말하였다 : "경치를 만나 슬픔이 솟구치고, 실마리에 감동되어 감동을 더하며, 그 마음에 한시도 스스로 관후할 수 없어 그 말을 읊은 것이니, 당시의 혼란을 알 수 있는 것이다."1026)

[2-5-10-4]

山有嘉卉, 侯栗侯梅.

산에 아름다운 나무가 있으니 밤나무와 매화나무로다.

詳說

○ 叶, 莫悲反.1027)

'매(梅)'는 협운으로 음은 '막(莫)'과 '비(悲)'의 반절이다.

廢爲殘賊, 莫知其尤.

변하여 잔악한 적이 되니 그 허물을 알지 못하도다.

詳說

○ 叶, 尤其反.1028)

'우(尤)'는 협운으로 음은 '우(尤)'와 '기(其)'의 반절이다.1029)

朱註

1025) 『시전대전(詩傳大全)』에 노릉 팽씨의 말로 실려 있다.
1026) 『시전대전(詩傳大全)』에는 "노릉 팽씨가 말하였다 : '천지의 운은 수시로 변하고, 사시의 경치는 본래 미추가 없다. 기쁘고 즐거운 것은 만나는 것이 아름다운 경치이기 때문이고, 근심하고 슬퍼하는 것은 감촉되는 것이 추악하기 때문이다. 비유하자면 이제 4월의 대부가 여름에 괴로운 것은 더위가 물러가며 더운 것이고, 가을에 슬픈 것은 온갖 초목이 병드는 것이며, 겨울에 상심하는 것은 표풍이 급히 부는 것으로 이것들은 모두 경치를 만나 슬픔이 솟구치고, 실마리에 감동되어 감동을 더하며, 그 마음에 한시도 스스로 관후할 수 없어 그 말을 읊은 것이니, 당시의 혼란을 알 수 있는 것이다.'(廬陵彭氏曰 : 天地之運, 隨時變遷, 四時之景, 本無美惡. 惟夫歡樂者, 遇之, 則爲美景, 憂愁者, 觸之, 則爲惡. 況今四月之大夫, 夏則苦, 徂暑之薰灼, 秋則悲, 百卉之凋瘁, 冬則傷, 飄風之迅急, 是皆遇景生悲, 觸緒增感, 其心無一時, 得以自寬焉, 吟咏其詞, 可見當時之亂矣.)"라고 되어 있다.
1027) 叶, 莫悲反 : 『시전대전(詩傳大全)』에도 동일하게 되어 있다
1028) 叶, 尤其反 : 『시전대전(詩傳大全)』에는 다소 다르게 되어 있다
1029) 『시전대전(詩傳大全)』에는 "'우(尤)'는 협운으로 음은 '우(于)'와 '기(其)'의 반절이다.(叶, 于其反.)"라고 되어 있다.

興也. 嘉, 善, 侯, 維, 廢, 變, 尤, 過也. ○ 山有嘉卉, 則維栗與梅矣.
흥(興)이다. 가(嘉)는 좋음이고, 후(侯)는 유(維)이며, 폐(廢)는 변함이고, 우(尤)는 허물이다. ○ 산에 아름다운 나무가 있으니 밤나무와 매화나무이다.

詳說

○ 錢氏曰 : "卉, 草也, 通言之, 則草木皆卉也."1030)
전씨가 말하였다 : "'훼(卉)'는 풀인데, 통털어 말하면 초목이 모두 훼(卉)이다."

在位者,
지위(地位)가 있는 자가

詳說

○ 補三字.
세 자를 더하였다.

朱註

變爲殘賊,
변하여 잔악한 적으로 변하니,

詳說

○ 彼乃草木之不如也.
저들은 초목만도 못한 것이다.

朱註

則誰之過哉.
누구의 허물인고?

詳說

○ 不敢斥王.
감히 왕을 지적하지 못하였다.

1030) 『시전대전(詩傳大全)』에 전씨의 말로 동일하게 실려 있다.

[2-5-10-5]

|相彼泉水, 載淸載濁.|

저 흐르는 샘물을 보면 맑았다 흐렸다 하도다.

|詳說|

○ 去聲.
'상(相)'은 거성이다.

○ 叶, 殊玉反.[1031]
'탁(濁)'은 협운으로 음은 '수(殊)'와 '옥(玉)'의 반절이다.

|我日構禍, 曷云能穀.|

나는 날마다 화(禍)를 만나니 언제나 좋아질 수 있겠는가?

|朱註|

興也. 相, 視, 載則, 構
흥(興)이다. 상(相)은 봄이고, 재(載)는 즉(則)이고, 구(構)는

|詳說|

○ 遘通.
'구(構)'는 '구(遘)'와 통한다.

|朱註|

合也 ○ 相彼泉水, 猶有時而淸, 有時而濁,
합함이다. ○ 저 흐르는 샘물을 보면, 오히려 맑을 때도 있고 흐릴 때도 있는데,

|詳說|

○ 諺音誤.

1031) 叶, 殊玉反 : 『시전대전(詩傳大全)』에도 동일하게 되어 있다

'탁(濁)'은 『언해』의 음이 잘못되었다.

朱註

而我乃日日遭害,
나는 마침내 날마다 해를 당하니,

詳說

○ 曾泉水之不如也
이에 샘물만도 못한 것이다.

朱註

則曷云能善乎.
언제나 능히 좋아질 수 있을꼬?

詳說

○ 應前章穀字
앞의 장에서 '곡(穀)'자와 호응한다.

[2-5-10-6]

滔滔江漢, 南國之紀.
도도한 강한이 남국의 강기가 되느니라.

詳說

○ 吐刀反.1032)
'도(滔)'의 음은 '토(吐)'와 '도(刀)'의 반절이다.1033)

盡瘁以仕, 寧莫我有.
수고로움을 다하여 벼슬하는데, 어찌하여 나를 기억해 두지 않는고?

1032) 吐刀反 : 『시전대전(詩傳大全)』에는 '力'자가 없어 『사고전서』와 문맥을 참조해서 역자가 보충했다.
1033) 『시전대전(詩傳大全)』에는 "'도(滔)'는 협운으로 음은 '도(刀)'와 '력(力)'의 반절이다.(叶. 刀力反)"라고 되어 있다.

詳說

○ 叶, 羽己反.1034)

'유(有)'는 협운으로 음은 '우(羽)'와 '기(己)'의 반절이다.

朱註

興也. 滔滔, 大水貌. 江漢二水名. 紀, 綱紀也, 謂經帶包絡之也. 瘁, 病也. 有, 識有也.

흥(興)이다. 도도(滔滔)는 큰 물의 모양이다. 강(江)과 한(漢)은 두 물의 이름이다. 기(紀)는 강기(綱紀)이니, 가로로 둘러 포괄함을 이른다. 췌(瘁)는 병듦이다. 유(有)는 기억해 둠이다.

詳說

○ 音志

'지(識)'의 음은 '지(志)'이다.

朱註

○ 滔滔江漢, 猶爲南國之紀, 今也

○ 도도한 강(江)과 한(漢)도 오히려 남국(南國)의 강기(綱紀)가 되는데, 이제

詳說

○ 自謂.

스스로 말한 것이다.

盡瘁以仕, 而王何其不我有哉

수고로움을 다하여 벼슬했는데도 왕은 어찌하여 그리도 나를 기억해 두지 않는고?

詳說

○ 猶言盡死力

1034) 叶, 羽己反 : 『시전대전(詩傳大全)』에도 동일하게 되어 있다

○ 補王字.

'왕(王)'자를 더했다.

○ 視之如無我, 曾江漢之不如也

내가 없는 것처럼 보니, 강과 한만도 못하다는 것이다.

'진췌(盡瘁)'는 사력을 다했다고 말하는 것과 같다.

[2-5-10-7]」

匪鶉匪鳶, 翰飛戾天.

보라매도 아니고 매도 아닌데 나래로 날아 하늘에 이를까!

詳說

○ 音團.

'순(鶉)'의 음은 '단(團)'이다.

○ 音沿, 叶以旬反.1035)

'연(鳶)'의 음은 '연(沿)'이고, 협운으로 음은 '이(以)'와 '순(旬)'의 반절이다.1036)

○ 叶, 鐵因反.1037)

'천(天)'은 협운으로 '철(鐵)'과 '인(因)'의 반절이다.

匪鱣匪鮪, 潛逃于淵.

전어도 아니고 상어도 아닌데 못에 잠겨 도망할까!

詳說

○ 音氈

1035) 音沿, 叶以旬反:『시전대전(詩傳大全)』에는 다소 다르게 되어 있다
1036)『시전대전(詩傳大全)』에는 "'연(鳶)'의 음은 '이(以)'와 '전(專)'의 반절이고, 협운으로 음은 '이(以)'와 '순(旬)'의 반절이다.(以專反, 叶以旬反.)"라고 되어 있다.
1037) 音揖:『시전대전(詩傳大全)』에도 동일하게 되어 있다

'전(鱣)'의 음은 '전(氈)'이다.

○ 于軌反.1038)
'유(鮪)'의 음은 '우(于)'와 '궤(軌)'의 반절이다.

○ 叶, 一均反.1039)
'연(淵)'은 협운으로 '일(一)'과 '균(均)'의 반절이다.

朱註
賦也.
부(賦)이다.

詳說
○ 慶源輔氏曰 : "此章本亦興體, 但有所託之物, 而無所興之事, 故不可謂之興. 又有四箇匪字, 故亦不可謂之比, 而只得以爲賦也."1040)
경원 보씨가 말하였다 : "이 장은 본래 또한 흥체인데, 단지 의탁하는 사물은 있으나 흥의 일이 없기 때문에 흥이라고 할 수 없는 것이다. 또 네 개의 비(匪)자가 있기 때문에 비라고 할 수 없고, 단지 부(賦)가 될 뿐인 것이다."

鶉,
단(鶉)은

詳說
○ 鷻1041)通.
'순(鶉)'은 '단(鷻)'1042)과 통한다.

1038) 于軌反:『시전대전(詩傳大全)』에도 동일하게 되어 있다
1039) 叶, 一均反:『시전대전(詩傳大全)』에도 동일하게 되어 있다
1040)『시전대전(詩傳大全)』에 경원 보씨의 말로 거의 동일하게 실려 있다.
1041)『시집전상설』에는 '鷻'에서 왼쪽의 '鳥'가 '敦'의 밑에 있다.
1042)『시집전상설』에는 '鷻'에서 왼쪽의 '鳥'가 '敦'의 밑에 있다.

朱註

雕也.

보라매이다.

詳說

○ 埤雅曰 : 似鷹而大, 色黑, 俗呼爲皀鵰."1043)

『비아』에서 말하였다 : "매와 비슷하면서 크고 검은색으로 세상에서는 조조(皀鵰)라고 부른다."1044)

朱註

鳶, 亦鷙鳥也. 其飛上薄雲漢. 鱣鮪, 大魚也. ○ 鶉鳶, 則能翰飛戾天, 鱣鮪, 則能潛逃于淵, 我非是四者, 則亦無所逃矣.

연(鳶)은 또한 사나운 새이니, 그 낢이 위로 운한(雲漢)에 이른다. 전(鱣)과 유(鮪)는 큰 고기이다. ○ 단(鶉)과 연(鳶)은 나래로 날아 하늘에 이를 수 있고, 전(鱣), 유(鮪)는 못에 잠겨 도망할 수가 있는데, 나는 이 네 가지 동물이 아니니, 또한 도망할 곳이 없는 것이다.

詳說

○ 必各反.

'박(薄)'의 음은 '필(必)'과 '각(各)'의 반절이다.

○ 永嘉陳氏曰 : "言雖欲高飛深藏, 而不可得也."1045)

영가 진씨가 말하였다 : "높이 날고 깊이 숨고 싶을지라도 할 수 없다는 말이다."

○ 義, 不忍去也.

의리상 차마 떠나지 못하는 것이다.

1043) 『시전대전(詩傳大全)』에 『비아』의 말로 실려 있다.
1044) 『시집전상설』에는 "『비아』에서 말하였다 : 보라매는 풀을 먹을 수 있고, 매와 비슷하면서 크며 검은색으로 세상에서는 조조(皀鵰)라고 부른다.(埤雅曰 : 鵰, 能食草, 似鷹而大, 黑色, 俗呼爲皀鵰."라고 되어 있다.
1045) 『시전대전(詩傳大全)』에 영가 진씨의 말로 동일하게 실려 있다.

[2-5-10-8]

山有蕨薇, 隰有杞桋.

산에는 고사리가 있거늘 습지에는 기나무와 산대추나무가 있도다.

詳說

○ 音夷.1046)

'이(桋)'의 음은 '이(夷)'이다.

君子作歌, 維以告哀.

군자가 노래를 지어 슬픔을 말하노라.

詳說

○ 叶, 於希反.1047)

'애(哀)'는 협운으로 음은 '어(於)'와 '희(希)'의 반절이다.

朱註

興也. 杞, 枸檵也. 桋, 赤棟也, 樹葉細, 而歧銳皮理錯戾, 好叢生山中,

흥(興)이다. 기(杞)는 구계(枸檵)이다. 이(桋)는 붉은 대추나무로 나뭇잎이 가는데 갈라지고 뾰족하며 껍질과 결이 어긋나며, 산중에 무더기로 자라기를 좋아하고,

詳說

○ 音苟.

'구(枸)'의 음은 '구(苟)'이다.

○ 音計.

'계(檵)'의 음은 '계(計)'이다.

○ 音色.

1046) 音夷 : 『시전대전(詩傳大全)』에도 동일하게 되어 있다
1047) 叶, 於希反 : 『시전대전(詩傳大全)』에도 동일하게 되어 있다

'색(棶)'의 음은 '색(色)'이다.

○ 爲樹.
'수(樹)'는 나무의 특성이다.

○ 去聲.
'호(好)'는 거성이다.

朱註
中爲車輞.
수레의 바퀴 테를 만드는 데 알맞다.

詳說
○ 去聲
'중(中)'은 거성이다.

○ 尤菴曰 : 車之牙也, 車輪之最在外者也. 朱子曰, 輪之所以轉者, 牙之圜也.1048)
우암이 말하였다 : "수레의 바퀴 테로 바퀴의 가장 바깥에 있는 것이다. 주자는 '바퀴가 굴러가는 것은 바퀴 테가 둥글기 때문이다.'라고 하였다."

朱註
○ 山則有蕨薇隰則有杞棶
산에는 고사리가 있고 습지에는 기(杞)나무와 산대추나무가 있다. 군자가 노래를 지음은 슬픔을 말하려 함일 뿐이다.

詳說
○ 此篇所興, 上而天時風日之寒暑, 下而山隰泉水以至草木魚鳥, 靡不畢擧, 所謂觸目生悲也. 君子大夫作歌, 則維以告哀而已.

1048) 『송자대전(宋子大全)』 63권 「답민지숙(答閔持叔)」 실려 있다.

慶源輔氏曰, 告哀而已, 無他事也, 則其情切矣.
여기의 편에서 흥하는 것은 위로 하늘·때·바람·해의 한서이고, 아래로 산·습지·샘에서 초목·물고기·새까지 모두 들지 않는 것이 없으니, 이른바 눈에 닿는 대로 슬픔이 솟구치는 것이다. 군자와 대부가 노래를 지은 것은 슬픔을 말하려는 것일 뿐이다. 경원 보씨가 "슬픔을 말할 뿐이니, 다른 일이 아니라 그 심정이 간절하기 때문이다."라고 하였다.

○ 不敢索言.
감히 찾아서 말하지 않는 것이다.

朱註

四月八章, 章四句.
「사월」은 8장으로 장은 4구이다.

小旻之什, 十篇, 六十五章, 四百十四句.
「소민지십」은 십편에 65장 414구이다.

연구번역자 소개

신창호(申昌鎬)
현) 고려대학교 교수, 고려대학교 박사(동양철학/교육사철학 전공), 고려대학교 교육문제연구소 소장, 한국교육철학학회 회장, 한중철학회 회장 역임, 현) 한국학중앙연구원 이사
저서에는 「『중용』 교육사상의 현대적 조명」(박사학위논문), 『유교의 교육학 체계』 외 다수의 논문·번역·저서가 있음

김학목(金學睦)
전) 고려대학교 연구교수, 건국대학교 박사(한국철학 전공), 해송학당 원장(동양학·사주명리 강의)
저서에는 「박세당의 『신주도덕경』 연구」(박사학위논문), 『한국주역대전』 외 다수의 논문·번역·저서가 있음

빈동철(賓東哲)
현) 고려대학교 철학연구소 연구교수, 미국 인디애나대학 박사(동아시아 언어와 문화/고대 중국 전공)
저서에 「Calligraphy and Scribal Tradition in Early China」(박사학위논문), 「문헌 전통의 물줄기, 그 생성과 저장에 대한 비판적 접근: '논어'의 경우」 외 다수의 논문·번역·저서가 있음

조기영(趙麒永)
전) 고려대학교 연구교수, 연세대학교 박사(한문학 전공), 서정대 교수·연세대국학연구원 연구원
저서에 「하서 김인후 시 연구」(박사학위논문), 『한국시가의 정신세계』 외 다수의 논문·번역·저서가 있음

김언종(金彦鍾)
현) 고려대학교 명예교수, 國立臺灣師範大學(韓國經學 전공), 한국고전번역원 이사 및 고전번역학회 회장 역임, 현) 한국고전번역원장
저서에 「丁茶山論語古今注原義總括考徵」(박사학위논문), 『(역주)시경강의』 외 다수의 논문·번역·저서가 있음

임헌규(林憲圭)
현) 강남대학교 교수, 한국학중앙연구원 박사(동양철학 전공). 동양고전학회 회장 역임, 현) 강남대학교 참인재대학장
저서로 『유가의 심성론 연구-맹자와 주희를 중심으로』(박사학위논문), 『공자에서 다산 정약용까지 - 유교인 문학의 동서철학적 성찰』 외 다수의 논문·번역·저서가 있음

허동현(許東賢)
현) 경희대학교 교수. 고려대학교 박사(한국근대사 전공). 경희대학교 학부대학 학장·한국현대사연구원 원장 역임. 현) 국사편찬위원장
저서로 「1881년 조사시찰단 연구」(박사학위논문), 『한국의 국가 형성과 민주주의』 외 다수의 논문 번역 저서가 있음

시집전상설 5

초판 1쇄 | 2024년 8월 15일

책임역주(주저자) | 신창호
전임역주 | 김학목·빈동철·조기영
공동역주 | 김언종·임헌규·허동현
편　　집 | 강완구
디자인 | S-design
브랜드 | 우물이있는집
펴낸곳 | 써네스트
펴낸이 | 강완구
출판등록 | 2005년 7월 13일 등록번호 제2017-000293호
주　　소 | 서울시 마포구 망원로 94, 203호
전　　화 | 02-332-9384　　팩　스 | 0303-0006-9384
이메일 | sunestbooks@yahoo.co.kr
홈페이지 | www.sunest.co.kr
ISBN 979-11-94166-16-0　94140　값 26,000원
　　　 979-11-94166-11-5　94140 (전 9권)
* <우물이 있는 집>은 써네스트의 인문브랜드입니다.

이 책은 신저작권법에 따라 보호받는 저작물이므로 무단 전재와 복제를 금하며, 내용의 전부 또는 일부를 재사용하려면 반드시 저작권자와 도서출판 써네스트 양측의 동의를 받아야 합니다.
정성을 다해 만들었습니다만, 간혹 잘못된 책이 있습니다. 연락주시면 바꾸어 드리겠습니다.